本书为教育部人文社会科学研究青年基金项目“水浒戏汇辑整理与研究”（18YJCZH157）；菏泽学院科学研究重点项目“水浒戏曲叙录研究”（XY18ZD03）；山东省“十三五”高等学校人文社会科学研究基地水浒文化研究基地资助成果。

孙　琳◎著

清代水浒戏三种考论

新华出版社

图书在版编目（CIP）数据

清代水浒戏三种考论 / 孙琳著 . —北京：新华出版社，2020.6
ISBN 978-7-5166-5137-7
Ⅰ. ①清…　Ⅱ. ①孙…　Ⅲ. ①水浒戏—戏剧文学—文学研究—中国—清代　Ⅳ. ① I207. 37

中国版本图书馆 CIP 数据核字（2020）第 091941 号

清代水浒戏三种考论
作　　者：孙　琳

责任编辑：徐文贤
封面设计：人文在线

出版发行：新华出版社
地　　址：北京石景山区京原路 8 号　　**邮　　编：**100040
网　　址：http://www.xinhuapub.com
经　　销：新华书店
购书热线：010-63077122　　**中国新闻书店购书热线：**010-63072012

照　　排：北京人文在线文化艺术有限公司
印　　刷：天津雅泽印刷有限公司
成品尺寸：170mm × 240mm　1/16
印　　张：21　　**字　　数：**336 千字
版　　次：2020 年 8 月第一版　　**印　　次：**2020 年 8 月天津第一次印刷
书　　号：ISBN 978-7-5166-5137-7
定　　价：85. 00 元

《清代水浒戏曲三种考论》序

《水浒传》传播渠道甚广，影响深远，既有街谈巷议的口头流传，又有小说续书之类的文字传世，还有水浒叶子、人物、情节等的图像传播，而介于文字和口头之间的戏曲形式更是在民间流布最广，其衍化的数量和剧种之繁尤以清代为最。

水浒故事的传播始终是小说与戏曲伴行，最初阶段是话本与杂剧并行互渗，《水浒传》成书以后，随之就有戏曲的改编，成为传播的另一场域。“水浒戏”故事研究自20世纪以来文学研究多有关注，前贤亦已经取得极其丰富的成果，相对而言，还有不少值得深入的地方，比如说小说与戏曲的相互影响问题，讨论的观点从过去简单的一方影响另一方到现在颇为流行的“互文性”即是一种进步。还有借助于不同时期“水浒戏”的不同表现，来研究小说《水浒传》的传播问题，亦是一个值得深入的研究视角。

傅惜华先生辑《水浒戏曲集》嘉惠学界多矣，然于清代则多有遗漏。孙琳是我指导的博士毕业生，他早在博士入学之前即广泛阅读了大量“水浒”题材的作品，包括小说、戏剧和相关评论等，并出版著作《〈水浒传〉续作研究》。他在攻读博士学位期间，参与了国家社科重点项目“水浒戏曲集成”项目的搜集工作，多次到中国国家图书馆、北京大学图书馆、上海图书馆、南京图书馆等广泛接触第一手文献，并就一些戏曲版本发现了一些新的问题。他的博士论文题目即围绕《水浒传》的成书与接受展开，论述小说文本中“忠义观”消长的历史意义，其中对《宣和谱》《忠义璇图》《虎囊弹》的研究是在充分的文献考证基础上作出的，他的博士论文答辩时被评为优秀等次。

资料的汇辑整理是为进一步的研究提供基础，这部《清代水浒戏三种考论》是他承担的一个研究课题。前两节是学位论文部分的摘要，主体部分梳理了清代这三部水浒戏的历史背景、编写过程与对《水浒传》书写的情节的取舍情况，做得非常具体，如《忠义璇图》特殊的编创情况，列出了《宣和谱》和《忠义璇图》的分出提要，显示出了《宣和谱》《忠义璇图》编创的特殊背景，这就蕴含了更深层次的课题，比如《忠义璇图》中李逵形象的减弱，潘金莲故事的增强，以及梁山场外的加入，都与改编的背景、时代有关联，也反映出水浒故事流传的历史脉搏。

孙琳专门对清代的三种水浒戏《忠义璇图》《宣和谱》《虎囊弹》进行了较为深入的研究，虽然涉及面不广，但亦是一种探索，对于了解水浒戏与《水浒传》的关系有所揭示。对此著作的出版，我乐见其成，希望他能续有扩展和深化。

目　录

绪　论

《水浒传》是我国古典小说中的杰出代表，然而水浒故事的传播并不仅仅限于小说形式，像戏曲、图像等非文字媒介形式更是极大地促成了水浒故事的广泛传播。其中水浒戏既是水浒故事流变的一种重要媒介形式，更是水浒故事传播的重要推动方式，亦是我国传统戏曲文化中不可或缺的重要组成部分。

所谓水浒戏，就是指以水浒题材、水浒人物为中心的戏曲创作，自宋元[①]时期已有相关剧目出现，延续至当下仍不断有新的剧作乃至剧种出现，足可见其旺盛的生命力和极大的文化传承功能。以往学界普遍认为水浒戏与小说《水浒传》之间是简单的前后关系，即小说产生之间的水浒戏是小说文本的主要来源，而小说产生之后的水浒戏是来源于小说文本。此种观点忽视了水浒戏本身的独立性与自足性，对于某些戏曲文本的主旨解释失于偏颇。在中国古代，戏曲与小说同为通俗文学的优秀代表，它们之间既有不同的表现形式，又有相互交融、相互借鉴的密切联系，然而由于我国古代教育形式的单一和普及面的狭

① 南宋周密《武林旧事》所载"官本杂剧段数"及元代陶宗仪《辍耕录》所载"院本名目"中未见水浒体裁的戏文著录，在元钟嗣成《录鬼簿》、明贾仲明《续录鬼簿》等中方有著录元代"水浒戏"多种。仅存佚曲的《宣和遗事》《张顺水里报冤》等有人认为是宋代戏文，亦有人认为是元代戏文，兼之内容是否属于"水浒戏"亦尚存争议，在此暂时存疑。以常理论，自南宋时期水浒故事大量传播，除话本形式外，在南宋瓦子勾栏较为普遍的情况下，甚有可能会有水浒故事以戏曲形式进行呈现，因此笼统地将最早出现"水浒戏"的时间定在宋元时期。

窄，在某些方面，水浒戏的民间影响力还稍胜于文字形式的小说，在一定程度上水浒戏亦更能体现水浒故事在不同时代的不同精神体现。

在我国提倡文化自信、倡导传统文化的背景下，传统戏曲文本、演出的研究方兴未艾，水浒戏的研究与整理亦渐成为水浒研究的某一方面热点。而水浒戏与小说《水浒传》之间绝非简单的模拟与前后借鉴关系，而是一种异常复杂的“互文”关系，以跨文本角度展开对水浒戏的系统研究十分必要。“跨文本”建于“互文性”理论基础之上，此理论历经巴赫金孕育，由克里斯蒂娃提出，再经巴特、德里达、热奈特等结构主义及后结构主义理论大师的发扬光大，逐渐成为一个庞大的文艺理论体系，其基本内涵是任何一个单独的文本既是自足的，又是其他文本的镜像。每一文本都是对其他文本的吸收与转化，它们互相参照、相互指涉、相互补充，形成一个潜力无限的开放结构。而我国古代文论话语中的“拟史”“拟诗”“如画”等术语与此甚为相似。

水浒戏产生自宋元，明代起即有人展开对水浒戏的评论与研究，涉及范畴有题材、结构、曲白、音律、人物形象等方面，但多为蜻蜓点水式的评论。如祁彪佳在《远山堂曲品》中评李开先的《宝剑记》：

> 此公不识炼局之法，故重复处颇多。以林冲为谏诤，而后高俅设白虎堂之计，末方出俅子谋冲妻一段，殊费周折。李自负在康对山、王渼陂之上，问王元美曰：“此记何如琵琶？”王曰：“公辞之美，不必言。第令吴中教师十人唱过，随腔字字改妥，乃可尔。”①

祁彪佳此评论涉及情节（炼局）、音律，并与《琵琶记》作为对照，从一定程度上亦体现出当时《宝剑记》影响之大。此外还有一些评论中仿照诗词品评进行戏曲分类，将某些“水浒戏”归诸“能品”“具品”“雅品”“逸品”等，标准不统一，带有一定的随意性。近现代以来，关于水浒戏的研究多以剧目著录为主，亦涉及水浒戏与《水浒传》关系的探讨，并创造出许多新式水浒戏，

---

① （明）祁彪佳：《远山堂曲品》，转引自朱一玄：《水浒传资料汇编》，南开大学出版社 2012 年版，第 525 页。

据不完全统计，民国期间新创水浒戏有近20种，如欧阳予倩的《潘金莲》、田汉的《林冲》、黄鹤的《潘巧云》等，与程善之的《残水浒》等小说水浒续作相映成趣，对水浒故事和人物的解读呈现出诸多崭新的现代因素。

1949年以后，水浒戏的研究主要体现在两个方面。

一是文献整理，傅惜华先生整理的《水浒戏曲集》两册，收集整理元、明、清三代各类水浒戏21种，并对每个剧本之作者、著录书目、版本都做了详尽的考证，为水浒戏研究之发展积累了丰富的资料，可谓居功甚伟。《古本戏曲丛刊》亦对部分水浒戏影印出版，对于文献的保存与传播起到极好的推动作用。1989年王晓家先生出版的《水浒戏考论》收录自宋元至1986年水浒戏290余种[①]，虽多已佚失，仅可见著录，在文献收集方面可说集前此研究之大成，只是在选择和界定水浒戏时有所重复。另有《全元戏曲》《元人杂剧选》《中国戏曲选》《清代杂剧选》等戏曲选集中亦多有水浒戏的收录，并多经整理，比较适合现代人阅读和研究。2016年，北京大学出版社出版了一套"清代宫廷大戏丛刊初编"，其中收录点校的《忠义璇图》，虽属宫廷戏，其中不可避免地存在一些当时官方色彩，但作为水浒戏的集大成者，毕竟汲取了不少元明水浒戏的精华，且是现存唯一一部演绎整个水浒故事的戏曲作品，对于水浒戏的研究和传播大有裨益。

二是水浒戏研究方面，各版本的文学史著作中大多提及水浒戏，将水浒戏作为元曲的杰出代表多有褒扬。刘靖之的《元人水浒杂剧研究》对元代10本水浒杂剧做了全面论述，我国台湾学者谢碧霞所著《水浒戏曲二十种研究》对多部现存水浒戏的内容、结构、主题、角色、音律均进行了全面的勾勒，可惜并未对戏曲与小说、戏曲与时代之间的关系进行深入探究。另有多篇论文表现出水浒戏剧研究在各个领域的开拓，既有人物形象的论述，亦有艺术特色的探讨，更有主题思想的争鸣，足见水浒戏研究的盛况，水浒戏的研究正日渐成为古典戏曲研究中的显学。

综观当下水浒戏研究，繁华的背后是资料整理的尚不全面，傅惜华先生整理的《水浒戏曲集》虽将大部分元、明、清三代的"水浒戏"聚于一处，但至

---

① 其中将不少折子戏单独算作一种，故数目统计时有所重复。

少像《宣和谱》《翠屏山》以及近、现代“水浒戏”等未曾收录。另《古本戏曲丛刊》虽影印有多种水浒戏，但因发行量有限，且未加校点，不单对研究者有一定的限制，更是造成普通读者的阅读和接受的重重障碍。此外，明清之际尚有多种残缺本未加整理而散存于各地图书馆之中，尤其是民国水浒戏一方面是对于《水浒传》接受的一种反映，另一方面亦是新旧戏曲形式变更的良好例证，虽多有著录，但整理、收集极为有限，亟待加以汇辑整理。

清代水浒戏曲的创作既有戏曲形式方面的创新，又有水浒故事新的主题阐释倾向的影响，尤其是清初的几种水浒戏更是呈现出一种“反水浒”[①]的倾向。本书拟通过对《宣和谱》《虎囊弹》《忠义璇图》[②]三种清代水浒戏的考论，抛砖引玉，希望对《水浒传》和水浒戏的传播、衍化研究有一定的推动作用。同时以附录的形式将《宣和谱》和残第一本《忠义璇图》[③]点校整理，以便于进一步的阅读和研究。

---

① 此种“反”并非简单的“反叛”或“批判”，而更多的是呈现出一种反思的态势，像《宣和谱》对宋江的“伪忠义”进行揭示，《忠义璇图》对《水浒传》内容的取舍，《虎囊弹》对鲁达故事的另类阐发等。

② 三种戏曲按创作时间来看顺序应为《宣和谱》《虎囊弹》《忠义璇图》，然因《虎囊弹》整本已佚，仅存数曲于残本《忠义璇图》之中，故本书将三种水浒戏的研究顺序定为《宣和谱》《忠义璇图》《虎囊弹》。

③ 此两种水浒戏迄今尚未见整理本，尤其是残第一本《忠义璇图》不单是二百四十出本《忠义璇图》的初始版本，并收录有部分《虎囊弹》的佚文，具有特殊的版本价值和进一步的研究空间。

第一章　水浒戏概论

除文人的赞、诗及话本外，水浒故事自元代始便以戏曲的形式在民间广为传播，而水浒戏在不同的时代呈现出鲜明的时代特色。元代水浒戏与水浒故事同时流传，反映的是梁山英雄上山之后仗义为民的内容，并以“替天行道”为其主题；明代水浒戏则在小说《水浒传》广泛传播的背景下，体现了“忠义”与水浒故事的难以区分；清代水浒戏伴随小说的被禁而大多处于被禁的状态，同时对“忠义”的反思与对“伪忠义”的批判均有所体现。为了更好地突出清代水浒戏的特点，特对元、明、清的水浒戏内容做一简要介绍。

第一节　元代水浒戏

元代及明初的水浒戏多为杂剧，表现权贵与百姓之间的矛盾，旨在展示上层权贵无法无天、横行霸道，下层百姓则诉苦无门、饱受蹂躏，梁山泊是百姓得以申冤“替天行道”的机构，重点体现的是“忠义”中的“义”。据现存戏曲著录情况，“水浒戏”元代存目者有三十余种，现存者有高文秀《黑旋风双献功》、李文蔚《同乐院燕青博鱼》、康进之《梁山泊李逵负荆》、李致远①《大妇小妻还牢末》、无名氏《争报恩三虎下山》、无名氏《鲁智深喜赏黄花峪》等

① 《元曲选》本题为李致远撰，《古名家杂剧》本题为马致远撰，其他著录多为无名氏作。

六种，多叙梁山人物在特定的时间段[①]下山，因路见不平而挺身为民除害的故事。元代水浒戏因传播的时代及戏曲形式的特殊，故事发生的背景是在宋江等人聚义梁山之后，所体现的核心价值偏重于“义”上，凸显将梁山作为一个“替天行道”机构的寄寓。

一、“替天行道”之“忠义”背景

元朝政府作为“异族”统治，对占人数比重最大的汉人群体实行多方压制。兼之政府职能不完善，吏治腐败、权贵横行，百姓有冤难申、有苦难诉，“公正”“正义”是人们最大的价值期盼与追求。在此时代背景下，“水浒”一类被逼为“盗贼”者对朝廷的“忠”不是元代百姓所乐于接受的，而“替天行道”又不谋求报偿的“义”则颇受民众推崇。

郑振铎先生在《水浒传的演化》一文中对元代水浒戏评价相对较低：

> 各剧里所有的情节，往往雷同，《双献功》《还牢末》《争报恩》以及《燕青博鱼》所写的四剧，其事实几乎是完全相同的。全都是正人被害，英雄报恩，而以奸夫淫妇授首为结束。此可见剧作家想象力的缺乏，更可见他们是跟了当时的民间嗜好而走去的。民间喜看李逵戏，作者便多写李逵，民间喜看杀奸报仇的戏，作者便多写《双献功》一类的戏。至于其他很可取为题材的“水浒故事”，他们却不大肯过问。[②]

里面提到各剧情节相似，剧作者迎合民间嗜好，这是甚有道理的，但由此判断“剧作家想象力缺乏”则失之偏颇。正因元代的种族制度规定，汉人、南人处于被“合法”压迫的地位，抢男霸女、随意侵占百姓的权贵以“法”难以报复，元代百姓才乐于看“李逵”们以“法”外之力“报仇”；正因为衙门无意于主持“正道”，元代百姓才乐于接受梁山的“替天行道”。李逵、燕青只是代号，水浒只是寄托，这正说明了作为法外机构“梁山泊水浒寨”的特殊时代价值体现。

---

① 现存几种元代水浒戏中多有大寨在三月三、九月九给各英雄放假下山的情节。

② 郑振铎：《中国文学论集·水浒传的演化》，岳麓书社2011年版，第116页。

1. 元朝政府的“无道”

元朝政府将天下百姓分为四等，而占天下多数的“汉人”“南人”地位极其低下，不得私藏刀具，不得晚上点灯，而“诸蒙古人与汉人争，殴汉人，汉人勿还报，许诉诸于有司”“诸蒙古人因争及乘醉殴死汉人者，断罚出征，并全烧埋银”[①]，被殴打的汉人在有司里往往会受到进一步的侵害，而打死汉人的蒙古人只需赔钱并被罚“出征”就行，只是这样的处罚在有司的干预下往往也得不到实现。

元初设百官例不给俸，实则半公开的允其贪暴害民，后来虽给官员俸禄，但一般的州县所设官吏仍没有官给俸禄，又没有禄田，由此导致对汉民百姓的盘剥甚为严重。仅仅在元大德七年（1303）一次就发觉全国赃官18473人，赃钞45865锭，冤狱就有5176起，而这些数字还仅仅是下层官吏，有势力的像杨琏真伽被查处时，赃物中有黄金1700两，银6800两，钞116200锭。[②]而以政府名义进行征收的各种税赋、公开的卖官所得收入等，更是动辄数十万计。官吏腐败的背后是众多百姓为交税而卖妻鬻子，甚至被逼走投无路而自杀者动辄成百上千。像《双献功》里白衙内不但强抢他人妻子，还可以暂借官府三日，并仗势将状告自己的孙孔目投入死牢，足见吏治之腐败；而《燕青博鱼》中的杨衙内长一头“黄头发”，又言“花花太岁为第一，浪子丧门世无对。街上小民闻吾怕，则我是势力并行的杨衙内”[③]；此类倚势行凶害人的衙内频见于元代戏曲之中，另白衙内等对白中夹杂“牙不约儿赤”“哑不哑剌步”等颇似蒙古口语，隐指其蒙古权贵的面目。

在元代水浒戏中，社会不公、法制混乱、吏制腐朽等黑暗社会现象令百姓无有申冤之处，只能寄希望于法制之外的“英雄”“侠义”者出现“替天行道”，体现了百姓对既成社会秩序无力改变的无助感。

水浒戏中的李逵、燕青等人正是腐朽社会秩序的反抗者，他们以“公正”

---

① （明）宋濂等：《元史》卷一百五，中华书局2000年版，第1775—1776页。

② 范文澜：《中国通史简编》，新中国书局1949年版，第473页。

③ （元）高文秀：《黑旋风双献功》，傅惜华：《水浒戏曲集》（1），上海古籍出版社1985年版，第18页。

为行事准则，不计个人利害得失，视社会秩序如无物，借助绿林豪杰的法外之行，“替天行道”以申百姓之冤，梁山泊这一法外之地成为“替天行道”的依仗与象征。胡适在《水浒传考证》中明确指出此点：

梁山泊渐渐变成了“替天行道救生民”的忠义堂了！这一变化非同小可。把“替天行道救生民”的招牌送给梁山泊，这是水浒故事的一大变化，既可表示元朝民间的心理，又暗中规定了后来《水浒传》的性质。[①]

朝廷无道而百姓期盼“有道”，梁山泊作为朝廷的对立面成为“替天行道”的机构便顺理成章了。

2.“替天行道”的寄托

除水浒戏之外，元代包公戏数量也有不少，像关汉卿《包待制智斩鲁斋郎》《包待制三勘蝴蝶梦》，李潜夫《包待制智赚灰阑记》，增瑞《王月英月夜留鞋记》，武汉臣《包待制智赚生金阁》，郑廷玉《包龙图智勘后庭花》，无名氏《包待制陈州粜米》《玎玎珰珰盆儿鬼》《包待制智赚合同文字》《神奴儿大闹开封府》《鲠直张千杀妻》等，多写包公勘破冤情、为百姓主持正义之事。《燕青博鱼》里燕青被杨衙内骑马撞倒后的唱词有“我不敢去梁山泊里东路，我则拖的你去开封府南衙”。[②]“梁山泊”与“开封府”对举，成为百姓申诉冤屈之处，成为帮百姓主持公道之所。包公所主持的“南衙开封府”作为百姓心目中主持正义之所的存在与梁山泊亦是甚为接近的。正如佘大平先生所指出的：

它们都深刻地揭露了元代社会的黑暗与腐败，提出了当时的重大社会问题；同时，也是最重要的，这些剧本大都勇敢而尖锐地表达了人民群众不堪忍受苦难和屈辱的折磨，要求改变社会的不公正、向往美好生

---

① 胡适：《胡适古典小说考证·水浒传考证》，云南人民出版社 2015 年版，第 11 页。

② （元）李文蔚：《同乐院燕青博鱼》，傅惜华：《水浒戏曲集》（1），上海古籍出版社 1985 年版，第 20 页。

活的强烈愿望。[①]

像《黄花峪》中刘庆甫妻子被夺后，没有选择去衙门告状，而是直接跑到梁山找宋江，梁山则派出李逵、鲁智深下山替其寻妻、擒凶，为良善伸张正义。《包待制智赚生金阁》里的庞衙内强占郭成的“生金阁”，并强抢其妻又害他性命；《包待制智斩鲁斋郎》里的权贵，光天化日之下霸占人妻；《包待制陈州粜米》里的刘衙内及其子小衙内、女婿杨金吾凶残地欺压百姓，肆意伤害人命，而刘衙内上场自白跟《黄花峪》里的蔡衙内甚为相似：

> 花花太岁为第一，浪子丧门世无对，闻着名儿脑也疼，则我是有权有势的刘衙内。小官刘衙内是也。我是那权豪势要之家，累代簪缨之子；打死人不要偿命，如同房檐上揭一个瓦。[②]

小说《水浒传》中被逼上梁山的林冲故事脱胎于元杂剧中的大批衙内戏。此类衙内戏大都贯穿着霸占民女、夺人之妻的内容，林冲故事就是这些衙内戏的集萃和提炼。其中，无名氏的《蔡衙内夺妻》和《鲁智深喜赏黄花峪》等剧与“水浒”关系更为密切，蔡衙内是蔡京的螟蛉之子，绰号“花花太岁”，《水浒传》中将蔡京换成了高俅。包公戏与水浒戏中所描写的欺压百姓者均为“衙内”类的权贵势要，而普通的“王法”又不会或者不能惩罚于他们，故而只能期望“清官”或“侠客”的出现来主持公道。平复冤狱之后本应由朝廷宣判，使为善者得奖、为恶者得罚，包公代表的开封府便是在用智处罚完为恶之人后，再由包公出面宣判，令善者得赏。

如包公在《包待制陈州粜米》处罚完恶人之后，做一总结性的宣判：

---

① 佘大平：《照耀人心的双日——论元杂剧中的“包公戏”和“水浒戏”》，《湖北大学学报》（哲学社会科学版）1987 年第 3 期。

② （元）无名氏：《包待制陈州粜米》，王季思主编：《全元戏曲》（6），人民文学出版社 1999 年版，第 88 页。

为陈州亢旱不收，穷百姓四散飘流。刘衙内原非令器，杨金吾更是油头。奉敕旨陈州粜米，改官价擅自征收。紫金鎚屈打良善，声冤处地惨天愁。范学士岂容奸蠹，奏君王不赦亡囚。今日个从公勘问，遣小潵手报亲仇。方才见无私王法，留传与万古千秋。[①]

这种“宣判”一方面是整部戏剧的情节总概括，另一方面亦是对良善者的安慰，起到了“天网恢恢、疏而不漏”“不是不报、时候未到”的点睛作用。水浒戏中的梁山泊在情节中叙述权贵之恶行，同样在结尾处进行总结性的“宣判”。如《鲁智深喜赏黄花峪》宋江在忠义堂上宣判：

拿住蔡衙内也，与我拿出去，杀坏了者。您一行人听我下断：则为你倚势挟权，李幼奴守志心坚；强夺了良人妇女，坏风俗不怕青天！虽落草替天行道，明罪犯斩首街前。黑旋风拔刀相助，刘庆甫夫妇团圆。[②]

其他几部元代水浒戏《黑旋风双献功》《同乐院燕青博鱼》《梁山泊黑旋风负荆》《大妇小妻还牢末》《争报恩三虎下山》中亦均有类似的判词，这种模式化的结构突出了梁山的“审判”功能。

梁山泊与开封府在职能上异常相似，而安居梁山泊的宋江与稳坐开封府衙的包公亦起到了同样的文本叙述功能。但二者亦有区别，包公虽是清官，但在惩处恶人时须要遵循法律，因此多用“智断”“智斩”等“合法”方式来为民除害；而梁山泊则不用顾忌法制，正因为宋江他们是“法外之人”，故而可以用自己的计谋、武艺直接“非法”为民除害。另外在元代社会中，包公一类的清官在现实中是几乎没有的，而宋江一类反叛朝廷的“盗贼”则尚有可能行使“替天行道”的职能，故而百姓心目中期盼绿林豪杰挺身而出，为他们平反冤

① （元）无名氏：《包待制陈州粜米》，王季思主编：《全元戏曲》（6），人民文学出版社 1999 年版，第 116 页。

② （元）无名氏：《鲁智深喜赏黄花峪》，傅惜华：《水浒戏曲集》（1），上海古籍出版社 1985 年版，第 93—94 页。

狱、征处恶人，便是顺理成章之事了。

鲁迅在《流氓的变迁》一文中提道：

> 司马迁说："儒以文乱法，而侠以武犯禁"，"乱"之和"犯"，决不是"叛"，不过闹点小乱子而已，而况有权贵如"五侯"者在。……"侠"字渐消，强盗起了，但也是侠之流，他们的旗帜是"替天行道"。①

梁山泊实际上被描绘成了另一方独立世界，其高高立起的"替天行道"大旗显然含有僭号的意味。然而在元代社会中，这一点又是百姓所喜闻乐见的，对"义"的彰显是符合元代民众价值观念的。如《争报恩三虎下山》济州通判赵士谦的小妾王腊梅怀疑梁山好汉徐宁是盗贼，而士谦的妻子李千娇却为之辩护说他不是"贼"：

> 他又不曾杀人放火，他又曾打家截道……他头顶上又不曾戴着红茜巾、白毡帽。他手里又不曾拿着粗檀棍、长朴刀，他身上又不穿着这香绵衲袄。②

从这段辩护词中可见在当时人们的印象里，强盗、贼人、打家劫舍者的装束就应该戴红帽子、穿香绵衲袄和带杆棒朴刀。可见"杆棒朴刀"在元代已经成为盗贼的意象，而在水浒戏中，梁山众人多以普通人的打扮和身份进入社会，与一般意义上的"盗贼"有了一定差异。

二、"替天行道"中的"义"

元杂剧中的水浒戏，除《李逵负荆》之外，与现存小说《水浒传》情节大

---

① 鲁迅：《三闲集·流氓的变迁》，《鲁迅全集》（4），人民文学出版社2005年版，第159页。

② （元）无名氏：《争报恩三虎下山》，傅惜华：《水浒戏曲集》（1），上海古籍出版社1985年版，第66页。

多相差甚远，可视为对宋元有关水浒故事的借题发挥。元代水浒戏中的水浒寨中人员已齐，是这些英雄好汉据守在梁山泊之后为民主持正义的故事。这些水浒戏既没有演绎梁山队伍如何形成与发展，即“逼上梁山”的前因，也没有提及与朝廷、方腊、辽国等势力之间的团体对抗或者招安等结局，是处于时间停滞的静态世界中。

元代水浒戏只是根据剧情设定了一个超脱于官方势力之外的一方乐土，梁山人物是在衙门缺席的情况下不计个人利害仗义而为的“法外”英雄人物。在元代民族压迫、等级压迫的特殊背景下，“法外”行为恰恰是符合时代大众价值观念的。梁山众人替民众平反冤假错案、替百姓伸张正义，均是为了“替天行道”，而这正是当时社会公认价值观“公平”“正义”的突出表现。元代水浒戏中刻意淡化了“忠”的主题，而强化了“行而宜之”的“义”之主题。

1. 哲学意义上的“天”与“天道”

简单来看，替天行道追求的是司法公平，梁山泊为老百姓惩治奸夫淫妇就是替天行道。元代“水浒传”中的“天道”往往跟公平、正义、平冤等结合起来。下面就“天道”做一简单的分析，借此以探元杂剧中的“替天行道”之谓。

从造字方法上来看，“天”是一个会意字，指位于人头顶上方的苍穹空间。汉许慎《说文解字》解释天为“颠也，至高无上，从一大”[①]，言其至高之意。在我国文化传统中，“天”有多重含义，像先秦儒家孔、孟、荀，及董仲舒到程、朱、陆、王，道家老、庄等，多谈“天”“天命”“天意”“天道”等，中国古代哲学中“天命”说早在殷周时期即已流行。从古器物发掘中所见到的甲骨卜辞，彝器铭文，“受命于天”刻辞不止一次出现，说明早在殷周时期，天命观就已经在人们的头脑里扎根了。冯友兰先生曾将古人对天的种种理解概括为五种：

> 曰物质之天，即与地相对之天。曰主宰之天，即所谓皇天上帝，有人格的天、帝。曰运命之天，仍指人生中吾人所无奈何者，如孟子所谓“若夫成功则天也”之天是也。曰自然之天，乃指自然之运行，如《荀子·天论篇》所说之天是也。曰义理之天，乃谓宇宙之最高原理，如

① （汉）许慎撰，（宋）徐铉校定：《说文解字》，中华书局1963年影印版，第7页。

《中庸》所说“天命之为性”之天是也。《诗》《书》《左传》《国语》中所谓之天，除物质之天外，似皆指主宰之天。《论语》中孔子所说之天，亦皆主宰之天也。[①]

“天道”即由“天”作为逻辑起点，“天”必有其规则，是为天道，其字面含义是指“天”的运动变化规律。根据冯友兰先生对“天”的概括，也可将“天道”理解为对应的五种：物质之天的天道，是日月星辰之变化，是日夜之交替，是四季之轮回，天人互不干预；主宰之天的天道，是“天帝”对人世间的管理与控制；运命之天的天道，是天赐予人与生俱来的前途、命运，难以抗拒；自然之天的天道，即万物的规则、万物的道理，一切事物皆有一定之规则；义理之天的天道，是整个宇宙形而上的最高原则，掌控万物与万事。

哲学范畴里的“天道”包括甚多层次，而百姓理解的“天道”多指“主宰之天道”或“运命之天道”，往往跟均贫富、等贵贱的“公平”“正义”直接联系起来。如宋代发生的王小波之乱便与贫富不均直接相关：

本朝王小波、李顺、王均辈啸聚西蜀，盖朝廷初平孟氏，蜀之帑藏归京师，其后言利者争述功利，置博易务，禁私市，商贾不行，蜀民不足，故小波得以激怒其人曰：“吾疾贫富不均，今为汝均之。”贫者附之益众。[②]

然而正如《老子》第七十七章所言：“天之道，损有余而补不足；人之道，则不然，损不足以奉有余。”以“天道”来看，沧海桑田皆可相互转换，高者平之，低者补之，而以“人道”即人类社会现实来看，则往往是贫者益贫、富者益富。故而百姓心中多希望以“天道”来治“人道”，实现“天道公平”。《闹阴司司马貌断狱》里有一段关于“天道”的议论，更是直接代表了旧时一般民众对“天道”的诠释：

① 冯友兰：《中国哲学史》，商务印书馆2011年版，第45页。
② （宋）王辟之：《渑水燕谈录》卷八，中华书局1985年版，第74页。

阎君，你说奉天行道，天道以爱人为心，以劝善惩恶为公。如今世人有等悭吝的，偏教他财积如山；有等肯做好事的，偏教他手中空乏；有等刻薄害人的，偏教他处富贵之位，得肆其恶；有等忠厚肯扶持人的，偏教他吃亏受辱，不遂其愿。作善者常被作恶者欺瞒，有才者反为无才者凌压。有冤无诉，有屈无伸，皆由你阎君判断不公之故。①

“奉天行道”，正是要实行“天道”，以公平、公正为旨归，行善者得赏，行恶者得罚，这是当时社会公认的核心价值观念。如果无法做到公平，则被指作“无天道”，如元纪君祥《赵氏孤儿》第三折：“直恁般歹做作，只除是没天道。”《窦娥冤》里身受冤屈的窦娥亦因“天道”之不公而直骂其枉为天、枉为地。

“天道”在通常情况下应该是公正的，且往往又会与政府机关功能联系在一起，在我国古代“天子”便是“替天”行使“道”的代表，而朝廷则是维护公平的机构。但在元代社会中，百姓心目中并不认可“天子”的正统，现实中的朝廷更是没有“公平”的天道可言，故而只能寄希望于开封府、梁山泊等在“无天道”的情况下“替天行道”的机构。

2. 水浒戏中的“天道”

“替天行道”在小说《水浒传》成书之前，在水浒故事传播中既未见于正史的记载，也未见诸《宣和遗事》等话本，在龚赞、陆诗中亦未有体现，然现存的六出元代水浒戏除《同乐院燕青博鱼》外都提到了“替天行道”，可见在入元之后梁山泊作为行使“替天行道”的职能机构已经深入人心。《李逵负荆》中宋江自白道：“杏黄旗上七个字，替天行道救生民”；《争报恩》中也写道：“忠义堂高搠杏黄旗一面，上写着‘替天行道宋公明’”；《双献功》最后有“宋公明替天行道，到今日庆赏开筵”；《还牢末》有：“俺梁山泊远近驰名，要替天行道公平”；《黄花峪》有：“虽落草替天行道”。梁山泊成为主持公正的“衙门”，与“南衙开封府”相提并论，且基本上所有的处罚都是由李逵等人将恶

① （明）冯梦龙：《喻世明言·闹阴司司马貌断狱》，崇文书局 2015 年版，第 254 页。

人擒往山寨，由宋江宣判，好人得以团圆，恶人被处以死刑。为百姓申冤、扫除恶霸污吏、惩治奸夫淫妇是元代水浒戏中“替天行道”的大致内涵。胡适在《水浒传考证》认为水浒故事之所以发生与流传久远，主要原因有：

> 南宋政治腐败，奸臣暴政使百姓怨恨，北方在异族统治之下受的痛苦更深，故南北民间都养成一种痛恨恶政恶官吏的心理，由这种心理上生出崇拜草泽英雄的心理。①

元杂剧中的所谓“替天行道”，是指当时的朝廷未能行“天道”，未能实现基本的公平与公正，正如《感天动地窦娥冤》中所唱：

> 有日月朝暮悬，有鬼神掌着生死权，天地也，只合清浊分辨，可怎生错看了盗跖、颜渊？为善的受贫穷更命短，造恶的享富贵又寿延。天地也，做得个怕硬欺软，却原来也是这般顺水推船。地也，你不分好歹何为地！天也，你错堪贤愚枉做天！②

窦娥之所以会怨天怨地，正是怨天地不“公道”，无法做到“善有善报、恶有恶报”，而只会错看善恶，欺弱怕强。此等怨怅表面上是指向于天地，实则指向于朝廷、官府的不作为，无法行使“正道”，不能主持“天道”。故而只能向鬼神来诉冤，只能向天地表明自己的冤屈，在更多的时候则只能靠法外机构梁山泊来代行“天道”。

3. 重“义”而轻“忠”

“忠义”在中国专制时代向来居于价值观核心，大多数情况下“忠义”是一个整体，指的是对君主、国家、民族的尽力竭力、至死不悔。但在特定的时代背景下，“忠”和“义”的不同内涵亦会得到不同的偏重对待，“忠”专指

① 胡适：《胡适古典小说考证·水浒传考证》，云南人民出版社2013年版，第5—6页。

② （元）关汉卿：《感天动地窦娥冤》，王季思主编：《全元戏曲》（1），人民文学出版社1999年版，第198页。

一种单向度对君权的服从与遵从，不容丝毫不臣之心，这一点到下文论述“水浒”忠义思想时专门展开；“义”则指相互之间的扶持与帮助，更多地用于同等地位的朋友之间。《中庸》称“义者，宜也，尊贤为大”，唐代韩愈在《原道》中更是直接言到“行而宜之谓之义”，是指在处理人与人关系之时要适宜、得体，尊重“贤者”；《孟子·离娄章句上》：“义，人之正路也。”将义视为“仁”的延伸，是对“正路”的遵循。

元代水浒戏中的“替天行道”隐含着对异族统治的不满，故刻意忽略“忠义”中的“忠”，而更多地偏向于遵循“正路”之“义”；小说《水浒传》中，将天道与朝廷意志即君权结合在一起，所替之天道为君臣之道，即“贪官污吏都杀却，忠心报答赵官家”之谓，故更多地偏向于“忠义”所指中的“忠”。

元代水浒戏中的“替天行道”多体现为惩治那些强抢百姓妻女和财产的权贵行为，这正是“义”中“正义”“公正”的体现。强抢或私通他人之妻妾的现象在元代水浒戏中亦多见，如《双献功》中白衙内私通孙孔目之妻郭念儿并带走，《黄花峪》里蔡衙内强抢刘庆甫之妻李幼奴，《燕青博鱼》里杨衙内私通燕大之妻王腊梅，《还牢末》里赵令史私通李荣祖之妾萧娥并间接害死其正妻，《争报恩》里丁都管私通赵通判之妾王腊梅并陷害其正妻，还有《李逵负荆》里宋刚、鲁智恩强迫夺走王林的女儿满堂娇等亦与之相近。那些与“衙内”私通者往往与丈夫不是“儿女夫妻”，且多参与了陷害自己丈夫或家人的行动，故而多被归之于“淫妇”之类，此为“多行不义”。此类情节在其他元代戏曲中亦多出现，如《鲁斋郎》中鲁斋郎强抢李四等人之妻，《望江亭》中杨衙内强抢谭记儿等。有学者认为这与蒙古统治者在入主中原之前的“抢婚”恶俗有关[①]，但更与社会法制的混乱直接相关，毕竟“抢亲”者大多为有权有势之人，当然还有百姓难以招惹的恶霸。如《窦娥冤》里张驴儿打算强娶窦娥时唱：“帽儿光光，今日做个新郎；袖儿窄窄，今日做个娇客。”[②]《李逵负荆》中李逵调侃宋江时亦有此句，在小说《水浒传》中此句用在小霸王周通身上。从

① 王前程：《元人水浒戏的创作模式与宋元民族意识》，《戏曲艺术》2009年第1期。

② （元）关汉卿：《感天动地窦娥冤》，王季思主编：《全元戏曲》（1），人民文学出版社1999年版，第188页。

街头恶霸到假冒梁山好汉的匪徒再到梁山泊上的人物，强抢民女一事频见，至少说明了此事在元明之际确实是常有发生的。而李逵之所以怒砍杏黄旗，并敢于直斥宋江，正是从“替天行道”的角度表现了对强抢他人妻女一事的极端愤慨，是对“不义”的讨伐。

在特殊的社会背景下，那些“只杀滥官污吏，并不杀孝子节妇”的梁山好汉便成为百姓心中“替天行道”的唯一寄托了，这实是“忠义”在特定时代下的特殊表现。故而李若水等人眼中的“盗贼”被淡化了打家劫舍的恶名和相应行为，只剩下他们路见不平、拔刀相助的侠义形象，“替天行道”的正义性得以凸显。

除此之外，元代散佚的水浒戏尚有数十种，据其题目如《黑旋风乔断案》《黑旋风大闹牡丹园》《黑旋风借尸还魂》《黑旋风诗酒丽春园》《黑旋风穷风月》《燕青射雁》《黑旋风老收心》等来看，多以水浒某一人物为叙事中心，情节相对集中，但普遍与小说《水浒传》情节有所疏离，与忠贞报国等宏大叙事相比，更为关注小人物的生计，充分体现了戏曲、小说并存而各不相涉的时代特色。

第二节　明代水浒戏

明代水浒戏除元代起即大为盛行的杂剧外，涌现出不少篇幅较大、叙事细密、抒情深挚的“传奇”之作。明初水浒戏随时代背景的变化，“忠义”由隐而显，渐成为戏曲表现的偏重之处。而明中后期的几部水浒戏，像《宝剑记》《水浒记》《义侠记》等，与元杂剧相比，创作者从下层文人向士大夫过渡，接受形式从舞台表演向案头阅读过渡，篇幅由一本四折向动辄数十出过渡，角色分配更细致，曲调更丰富，表现人物内心感情更细腻，文人气息渐浓，更兼受小说影响较为直接，戏曲多从生活矛盾向忠奸斗争过渡，更多地体现了“忠义”中的“忠”。同时因小说《水浒传》自明中叶起大为流行，水浒戏曲的创作较多地受到小说的影响，大多截取小说中的某一段或某个人物事迹进行演绎，主题虽有不同偏重，但普遍不离小说情节左右，尤其是受“忠义”观的影响甚为明显。只是在碎片化水浒整体故事的情况下，“忠义”表现得虽相对集中，但更为简单化，也更表层化，这从一定程度上又推动了“水浒忠义”观的普及与传播，与小说文本的传播达成互补效应。

一、明初水浒戏中的“忠义”体现

脉望馆赵琦美钞校元明之间无名氏《梁山五虎大劫牢》《梁山七虎闹铜台》《王矮虎大闹东平府》《宋公明排九宫八卦阵》和明初朱有燉《豹子和尚自还俗》《黑旋风仗义疏财》等[①]因与元代在时间上较为接近，在故事表现上亦与元代水浒戏较为接近，但已有某种变化。

脉望馆钞校的四种元明间水浒戏除表现除暴安良外，还体现出较强的忠君爱国主题，尤其是征辽情节的加入，更使“忠义”落到实处。即使是粗莽的李逵在《宋公明排九宫八卦阵》中亦言：

> 今日个守王条怎敢那移！秉忠心保宋朝，掌三军施虎威，一心待治家邦尽心竭力，经了那几千场厮杀相持。想着俺梁山自在忧愁少，今日在宋国殷勤心不灰，保助着皇基。[②]

《梁山七虎闹铜台》中宋江亦频频发声：“秉心行正直，替天辅皇朝”；“俺一伙英豪，秉忠正，行天道。倘身到皇朝，那其间凌烟把姓标”；“有一日圣明主招安去，扫蛮夷，辅圣朝，麒麟阁都把名标”；“安邦护国称保义，替天行道显忠良，一朝圣主招安去，永保华夷万载昌”[③]。缘于时代背景的变化，《梁山七虎闹铜台》《宋公明排九宫八卦阵》与小说《水浒传》更为接近，“替天行道”中拥有了接受招安并保国安民的“忠义”内涵。

《宋公明排九宫八卦阵》中宋江的上台诗为：“梁山聚义某为魁，独占山东

---

① 《宝剑记》《水浒记》《义侠记》等明中期及以后水浒戏与小说传播时间存在交叉，里面的情节与小说更为接近，主题表现与元代、明初的水浒戏差异较大，在后文专述。

② （明）无名氏：《宋公明排九宫八卦阵》，傅惜华：《水浒戏曲集》(1)，上海古籍出版社 1985 年版，第 187 页。

③ （明）无名氏：《梁山七虎闹铜台》，傅惜华：《水浒戏曲集》(1)，上海古籍出版社 1985 年版，第 181 页，第 160—161 页。

显雄威。收伏水泊归真主，赤心辅佐宋华夷。”① 就此诗而言，宋江之所以占魁为梁山主竟是为了“归真主”，竟是为了护华抗夷。剧中宋江包括李逵均赤心为国，在抗辽过程中立下大功，绝对堪称“忠义”之名。对此《全元戏曲》在介绍中称：

> 此剧写宋江等梁山英雄排九宫八卦阵大破辽兵，与百二十回本《水浒传》征辽部分的故事梗概、人物系列基本一致。它可能在《水浒传》成书过程中，与《水浒传》平行发展，互相渗透，亦可能在《水浒传》成书之后，受《水浒传》的影响写成。②

明初朱有燉《黑旋风仗义疏财》中李逵、燕青路见百姓被贪官逼迫，痛打赵都巡并将所收粮食赠其交纳赋税，后又扮作新娘整治了赵都巡。李逵在见到张叔夜招降的榜文后，立志要“改过从新，到山寨劝大哥情愿首做良民”，“凭着俺能争敢斗荡烟尘，管教那四方宁静乐千春。俺三十六人活擒方腊见明均”。最终生擒方腊，被封都巡。此剧中李逵、燕青猜宋江派人叫自己的意图时，连猜几次：

> 莫不是出水寨与人争竞？
> 莫不是下梁山打探民情？
> 莫不是有冤屈告状要分明？
> 莫不是方腊贼来作耗？
> 莫不是蔡太师忒胡行？
> 莫不是大金家侵界境？
> 莫不是护俺那宋官家去李师师家游幸
> 莫不是护俺那宋官家上元驿里私行？

① （明）无名氏：《宋公明排九宫八卦阵》，傅惜华：《水浒戏曲集》（1），上海古籍出版社1985年版，第181页。

② （明）无名氏：《宋公明排九宫八卦阵》，王季思主编：《全元戏曲》（8），人民文学出版社1999年版，第519页。

莫不是护俺宋官家黑楼子上听弹筝？

莫不是护俺宋官家赵玄奴家开小说杨太尉家按新声？①

除打探民情、与人争竞、申冤抱屈等元杂剧中常见的情节外，还涉及征伐方腊、抵抗金兵、抑压蔡京等"忠义"情节，更有保护"宋官家"私行、游幸之事。虽说护持"宋官家"游幸算不得什么正经事，但保护官家至少在当时亦可算作"忠义"的一个表现，里面有对"宋官家"的调侃与讽刺，但亦体现出与元杂剧截然不同的"忠义"思想来。这与小说《水浒传》里的情节已经比较接近了。

明人邵灿在他的《香囊记》第二十六出"义释"里，有两段宾白：

三军敛手待和戎，扰扰迁都避敌锋。安得上方三尺剑，直从天上斩奸雄。自家不是别人，乃是宋江手下一个兄弟。大宋为秦贼弄权，因辱诸将，契丹占扰中原，势逼南畿，即日迁都临安。士民奔走，哭声载道，其间多有以强凌弱，以众欺寡。俺哥哥着我每沿路巡走，务要抑强制暴，恤寡周贫，行些好事。正是天上人间，方便第一。②

三尺龙泉万卷书，老天生我意何如。山东宰相山西将，彼丈夫兮我丈夫。自家宋江的便是，兄弟三十六人，横行天下，云聚星散，踪迹无定，鸣锣击鼓，剽掠有时。除非黄榜可招安，余下官军收不得……如今宋室南迁，士民奔走，路上强暴，侵凌寡弱。你每马上巡视，但有富豪商旅，分掠他些金帛衣服，如遇孤苦贫穷，就要分赠与他。不可违我号令。③

《香囊记》的故事背景是两宋之交，里面提及宋江等人不但有"招安"之

① （明）朱有燉：《朱有燉集·黑旋风仗义疏财》，赵晓红整理，齐鲁书社 2014 年版，第 287—288 页。

② （明）邵灿：《香囊记》，（明）毛晋编：《六十种曲》（1），中华书局 1958 年影印版，第 74 页。

③ （明）邵灿：《香囊记》，（明）毛晋编：《六十种曲》（1），中华书局 1958 年影印版，第 75 页。

心，更有为国出力之举，而“抑强制暴、恤寡周贫”则是梁山泊众人的一贯行为。“忠义”与“替天行道”在《香囊记》中渐渐融合为一，与小说《水浒传》所呈现的价值观念基本相似。

宋元之间龚开《宋江三十六赞》及《宣和遗事》中有“忠义”的期许，而情节不全；元杂剧中的“忠义”处于隐含状态，而“替天行道”的所指多以主持正义的“义”为主；入明之后，“忠义”成为“替天行道”的一部分，之所以会出现这样的状况，跟时代背景关系密切，对此王平先生曾分析原因：

> 宋与明都是汉族的政权，当面临异族侵扰的危急关头，“替天行道”就是要忠于朝廷，就是为了维护汉族的政权。元朝政权乃是民族的政权，不应向其表示忠义，更不应保护其统治权。因此，元杂剧尽管首次打出了“替天行道”的旗帜，但与《宣和遗事》中“广行忠义，殄灭奸邪”“助行忠义，卫扩国家”有较大距离。也就是说，元杂剧“水浒戏”将“替天行道”四字加于宋江等“贼寇”身上，更注重于普通民众所期盼的社会公平和公正。究其原因，乃是因为本来应有政府或法律给以维护和保证的社会的基本秩序和公正，却因元代吏治极度混乱和腐败而不得实现，于是人们只好将此基本要求寄托于梁山好汉。不难看出，元杂剧“水浒戏”中“替天行道”所替之“天”，实际上是指一种朦胧的天理，所行之“道”实际上是指生存的基本安全和基本秩序。[①]

“替天行道”主要指的是维护基本的公平、正义，而在不同的历史背景下内涵是存在较大差异的。在宋、明时期，百姓往往将“天”与“天子”联系起来理解，“天道”更像是政府应当承担的职能，只是“天子”无法正常实行此职能，故而“替天”便隐含着“替天子”的含义，于是为国立大功，替天子征方腊顺理成章，“替天行道”与“忠义”更容易沟通。元朝统治下的朝廷对汉人实行诸多压制，而“天道”不再，政府更无“公平”职能，百姓心目中的“天”更像是主持公平之天，而“天道”便是简单的“公平、正义之道”，此时

---

① 王平:《〈水浒传〉“替天行道”考论》,《文史哲》2010 年第 1 期。

的“替天行道”便没有了“忠义”于天子而行使职能的含义了。

当然，“替天行道”本身亦隐含着“天”无法或无能“行道”的意思，在这种情况下的“替天行道”隐含着一丝反叛之意，这是梁山故事中早已存在的“法外人”实质，故而同样是维护正义的机构，包公的开封府需要依法行事，在法制无法惩处恶人时便需“用智”；宋江等人的梁山泊则仅需仗义而行，无须考虑法制，故而惩处恶人时更多“用力”。

二、忠奸对立的林冲故事演绎

小说《水浒传》现存可见较早的完整刊印本是明万历年间，它的最初产生时间有元代说、明初说、嘉靖说等多种，现在仍存争议。高儒《百川书志》卷六《史部·野史》中记“《忠义水浒传》一百卷”，而此书的序作于嘉靖十九年（1540），可见嘉靖初年即有一百卷本流传于世，另有记载称武定侯郭勋曾据早先版本进行删修成所谓的武定侯本。据一般情况来看，在刊印本之前定有以手抄形式流传的版本，只是没有保存下来或者说暂时没有发现。就此而言，明代中后期的水浒戏或与小说同时，或稍晚于小说，因此表现的内容便与《水浒传》有着更多的相似，但因选择情节和人物的不同，表现的主题有着不少的变异。

1.《宝剑记》的创作基本情况

嘉靖二十六年（1547）李开先完成《宝剑记》，是以“传奇”这一戏曲样式来再现水浒故事的较早作品。此剧现存嘉靖二十八年增刻本，共五十二出，主叙林冲故事。

龚开《宋江三十六赞》中没有林冲之名号；《宣和遗事》中林冲是押运花石纲的十二制使之一，除随众一起救下杨志共投太行山之外没有单独的故事；《梁山七虎闹铜台》中对林冲略有描写，但非常简单。《宋公明排九宫八卦阵》中共提梁山人物二十二人，但其中没有林冲，可见林冲在早期的水浒故事中事迹是不多的。

李开先（1502—1568），章丘人。嘉靖八年（1529）进士及第，历任户部主事、吏部考功主事、员外郎、郎中等至太常寺少卿，提督四夷馆等。嘉靖二十年（1541）上疏抨击时政，故而被罢官为民。李开先才华出众，不但善于著文作诗，更是热衷于戏曲、小说、民歌等通俗文学的收集、整理和创作，家中藏书丰富，有“词山曲海”之称。就戏曲而言曾撰院本六种合名为《一笑散》，其中《乔坐衙》《昏厮谜》《搅道场》《三枝花大闹土地堂》已佚，仅存《园林午梦》和《打哑禅》；传奇三种，《登坛记》已佚，仅存《宝剑记》《断发记》。

李开先在《一笑散》中有记《水浒传》：

> 崔后渠、熊南沙、唐荆川、王遵岩、陈后冈谓：《水浒传》委曲详尽，血脉贯通，《史记》而下，便是此书。且古来更无有一事而二十册者。倘以奸盗诈伪病之，不知序事之法、学史之妙者也。①

里面所提几人皆为嘉靖时期文士名流：崔铣（1478—1541），字子钟，又字仲凫，号后渠，世称后渠先生，弘治十八年进士，授编修；熊过（1507—？），字叔仁，又号南沙，“嘉靖八才子”之一；唐顺之（1507—1560），字应德，一字义修，号荆川，以博学多闻名于一时；王慎中（1509—1559），字道思，早年因读书于清源山中峰遵岩，号遵岩居士，后号南江，“嘉靖八才子”之首；陈束，约明孝宗弘治十四年至世宗嘉靖二十二年之间（约1501—1543）在世，字约之，号后冈，“嘉靖八才子”之一。崔后渠的评论肯定是在其卒1541年之前，据此由此可知李开先创作《宝剑记》时便有二十册《水浒传》流传于世。

另就《宝剑记》的创作而言，李开先只是最后的写定者，而非始创者，据《宝剑记序》言：

> 坦窝始之，兰谷继之，山泉翁正之，中麓子成之。②

---

① （明）李开先：《李开先全集·时调》，卜键笺校，上海古籍出版社2014年版，第1553页。

② （明）雪簑渔者：《宝剑记序》，见傅惜华编：《水浒戏曲集》（2），上海古籍出版社1985年版，第4页。

王世贞在《曲藻》中也言：

（李开先）所为南剧《宝剑》《登坛记》，亦是改其乡先辈之作。①

至于“其乡先辈”坦窝、兰谷、山泉翁等生平无考。只有李梦阳（1473—1530）在《空同集·陈公六十寿序》提道：

陈公者，鄗人也，年六十矣……公号其居曰“坦窝”，遂自称“坦窝道人”。子某以名进士官至山东参议。其寿之辰也，为正德己卯八月一日。②

“陈公”既然六十寿辰在“正德己卯”（1519），则当出生于1460年。如果说李开先所作《宝剑记》（1547）改编自“陈公”的作品，从年份上来讲十分契合。只是此“坦窝道人”是否为曾作《宝剑记》之坦窝，则并无确证。既经数人之手，则此剧初稿亦即大体框架至少应在嘉靖初年或更早即已完成。在剧中第一出“鹧鸪天”亦云“联金缀玉成新传，换羽移宫按旧腔”，“新旧”之说甚有可能即指改编一事。

2.《宝剑记》中的忠奸冲突

李开先《宝剑记》将林冲与高俅两个人的矛盾转变为忠奸两类人之间的对立，而非简单的以权谋私与以势相欺。戏曲不但整体结构框架与小说有了较大差异，人物林冲亦与小说中的禁军教头差别明显，一出场便是立志除奸佞保国家的忧国忧民忠义之臣，是怀揣“忠义气”而屈居下僚的儒将，时刻准备“虽不能拜将封侯，也当轰轰烈烈作一场”。林冲自我介绍身份时称：

下官姓林、名冲、字武师，本贯汴梁人氏。父乃林皋，官拜成都太

① （明）王世贞：《曲藻》，转引自陈多等选著：《中国历代剧论选注》，湖南文艺出版社1987年版，第128页。

② （明）李梦阳：《空同集·陈公六十寿序》，影印文渊阁四库全书本，总第1262册，第520—521页。

> 守。不幸早亡，撇俺子母孤孀。娶一房媳妇真娘张氏，躬操井臼，甘旨养亲。林冲早承父业，习读诗书，争奈时遭坎坷，身值乱离。方腊入寇，黄榜招贤，吾乃仗剑投于军门。生擒斩首，次第成功，授我征西统制之职。因见圆情子弟封侯，刑余奴辈为王，小人拨弄威权、盗窃名器，因谏言一本，乃被奸臣拨置天子，坐小官毁谤大臣之罪，谪降巡边总旗。幸蒙张叔夜举荐，做了禁军教师，提辖军务。①

出身宦门习读诗书，投笔从戎擒贼获功，因谏被陷而失职，此一经历的添加，令林冲身上的“忠义”色彩更为深厚。在京期间，林冲对高俅、朱勔等人祸乱朝堂、骚扰百姓、招惹边塞等奸佞行为极为不满，再度上疏，将高俅等人比作历史上的奸佞赵高、董卓等。在“忠奸”不两存的朝堂背景下，高俅方设计陷害林冲于白虎堂，继而发配沧州。高衙内调戏林妻反而放在次要冲突之上，且在林冲被排挤发配之后。祁彪佳在《远山堂曲品》中曾认为此情节的调整为“多费周折”之举，实则这样的调整更加突出了忠奸矛盾，林冲被逼上梁山的原因从偶然的家事转化为必然的忠奸对立之国事。

被逼上梁山的背景和根源发生的改变令林冲的性格得以另类呈现，在无奈上梁山之时，林冲内心异常矛盾：

> 好教我有国难投，那搭儿相求救？……专心投水浒，回首望天朝，急走忙逃，顾不得忠和孝……为家国总是徒劳……封侯万里班超，生逼做叛国的红巾，背主的黄巢。②

有国无法相投，有冤无处申诉，抗争终是徒劳，本想如班超般报国立功名标千古，却被逼只得落草为“红巾”“黄巢”。林冲连唱数曲，只为表现那种一

---

① （明）李开先：《宝剑记》，见傅惜华编：《水浒戏曲集》（2），上海古籍出版社 1985 年版，第 6 页。

② （明）李开先：《宝剑记》，见傅惜华编：《水浒戏曲集》（2），上海古籍出版社 1985 年版，第 65—66 页。

步一回头的矛盾与犹豫。此等无奈戏曲中亦借宋江之口言出：

> 只因着朝廷信任童、蔡、高、杨四贼在朝，不修边备，专务花石。朱勔之辈，生事开边。百姓生不能安，死不得葬，使天下豪杰，各皆逃散。[①]

这与《水浒传》中刻意表现宋江不欲上梁山的初衷甚为相近，故而戏曲结尾林冲亦是主动接受招安之人。林冲始终是忠于朝廷的，他的两次谏诤、数次被逼，都是激于对奸佞的义愤，故而在林冲实则是李开先看来：奸佞在历朝历代均难免会占据朝堂，为了皇帝和国家，忠义之士应当亦必须敢于直言进谏；而如果皇帝暂时不醒悟，报国无门的情况下，忠义之士亦可暂时潜迹于草莽之间，待朝堂明辨忠奸之后，再度归正以报国家。林冲之上梁山是被逼的无奈选择，然而又是他欲借正义之师以除奸佞的"曲线救国"方式，在上山之际，林冲对天言志：

> 上苍！上苍！背主为寇，非是林冲不忠，乃被高俅逼迫，略无喘息之地。龙居浅水真非计，终归大海作波涛。专望招抚，再报君恩。不免望阙遥拜上几拜。……谢吾皇涵养林冲雨露仁，效犬马要图尺寸，生逼作不忠臣，遥拜我宋明君。[②]

即使被逼落草，仍要望阙而拜，仍要拜谢明君，足见林冲之上梁山并非不忠，而是践行"忠义"的另类方式。基于除奸护国的初衷，林冲最终率领众绿林豪杰剪除乱国奸佞后接受朝廷招安，其对皇帝的忠义之心是始终未变的。剧末除夫妻家人团圆，招安归正外，又刻意将侯蒙的奏章点出，将祸乱天下的罪责归诸高俅父子身上，为表现皇帝之圣明，"将仇人高俅父子拿送军司，问成

---

① （明）李开先：《宝剑记》，见傅惜华编：《水浒戏曲集》（2），上海古籍出版社 1985 年版，第 71 页。

② （明）李开先：《宝剑记》，见傅惜华编：《水浒戏曲集》（2），上海古籍出版社 1985 年版，第 72 页。

死罪”。这样的处理更符合戏曲“大团圆”模式，只是与小说《忠义水浒传》相比，悲剧意味减弱不少，“忠义”本身所蕴含的矛盾亦表现不深。

戏曲对“忠义”的基本观点与《忠义水浒传》的整体表现甚为接近，这也可以从侧面帮助我们理解李开先选择水浒题材创作戏曲的原因：

> 古来抱大才者，若不得乘时柄用，非以乐事系其心，往往发狂病死。今借以坐消岁月，暗老豪杰，奚不可也？[①]

而所谓的“乐事”，实则是借“水浒”之人物、之情节以寓个人之情怀的言志之作。李开先之上疏被贬之经历，李开先在朝堂之上的所思所感，借林冲之口而言出，借林冲之事而发。在戏曲开首所言：

> 诛谗佞，表忠良，提真托假振纲常。古今得失兴亡事，眼底分明梦一场。[②]

将作者及同时代士人对权奸的愤恨、对忠义的执着、对世事的慨叹与无奈展现得淋漓尽致。此等借曲而言志之事早自明初即已出现，对此吴梅曾指出：

> 有明承金元之余波，而寻常文字，尤易触忌讳，故有心之士，寓志于曲，则诚《琵琶》，曾见赏于太祖，亦足为风气之先导。[③]

“宝剑”作为贯穿全篇的线索，本身即是刚直无曲的象征，在我国古代向来与君子人格紧密结合。戏曲开始以“宝剑”蒙尘喻空有本领与抱负却无机会报国的林冲，但“宝剑”锋芒仍在，壮志仍存。李开先笔下的林冲身负浩然之

---

① （明）姜大成：《宝剑记后序》，见傅惜华编：《水浒戏曲集》（2），上海古籍出版社1985年版，第97页。

② （明）李开先：《宝剑记》，见傅惜华编：《水浒戏曲集》（2），上海古籍出版社1985年版，第5页。

③ 吴梅：《吴梅戏曲论文集·中国戏曲概论》，中国戏曲出版社1983年版，第142页。

气，不顾个人生死得失，面对误国奸佞，毅然出鞘，上书弹劾权奸，誓"将颈血一腥腥把龙袍溅，望天颜不由我一声声分辨"。然而蒙尘宝剑不容于朝堂，高俅以观宝剑为借口陷害林冲，宝剑归于高俅之手，真正的"宝剑"林冲不得不落草梁山。但"宝剑"终有出尘之时，历经各种曲折"宝剑"仍归林冲之手，成为他斩除乱国之"贼"的利器，"忠义"终胜"奸佞"。

《宝剑记》全本少有演出，第三十一出林冲上山之情感表达真挚，后经改编后以《夜奔》为名在舞台上盛演不辍，此单出在《纳书楹曲谱》《万壑清音》《珊瑚集》《月露音》《怡春锦》等中多有收录，并被改编为京剧、弋腔、川剧、汉剧、湘剧、徽剧等，足见"被逼上梁山"一出的巨大舞台感染力。此剧以"忠奸"对立的形式表现"忠义"，与水浒"忠义观"有所差异。

3. 陈与郊的《灵宝刀》

陈与郊的《灵宝刀》是对《宝剑记》的改编，并在卷尾注明：

> 山东李伯华先生旧稿，重加删润。凡过曲引尾二百四支，内：修者七十四支，撰者一百三十支。①

可见陈与郊修改的重点放在唱词和唱腔方面，且是以昆山腔的格律进行的删改②，更加适合舞台演出，而内容方面则更多地借鉴了小说《水浒传》。《灵宝刀》将《宝剑记》起始林冲上疏弹劾高俅一节删掉，而以高俅之子看中林妻故而陷害林冲，贞娘击鼓鸣冤惊动皇帝，皇帝令清官竹之有审查此案，方救得林冲一命。此种处理方式与《水浒传》更为接近，情节趋于合理化，与祁彪佳意见相似，认为《宝剑记》：

> 此公（指李开先）不识练局之法，故重复处颇多，以林冲为诤谏，而

---

① （明）陈与郊：《灵宝刀》，见傅惜华编：《水浒戏曲集》（2），上海古籍出版社1985年版，第157页。

② 汪姗：《试析〈灵宝刀〉改编〈宝剑记〉的得与失》，《安徽文学》2012年第8期。

后高俅设白虎堂之计，末方出俅子谋冲妻一段，殊觉多费周折。①

只是这样的处理方式令宋江与高俅的冲突中少了不少“忠奸”对立的意味，而增添了不少“被逼上梁山”的无奈。

戏曲中的皇帝比小说中更“圣明”一些，而只是被“奸佞”蒙蔽，故而在听闻林冲等请求招安一事时，徽宗言：“我记得高俅曾陷林冲。我与爱卿同游艮岳之时，他妻子申奏，后来竹之有辩白，我已准奏，都饶了他了。”②最终由皇帝颁下招安诏书，赦免林冲等梁山将领无罪，并充分肯定林冲等“扫清君侧，心实匡时”的“忠义”之举，继而量受官职，对皇帝履行“忠义”成为最终团圆的基础，而林冲作为“武曲星”下凡其职责便是匡扶国家。

戏曲中的宋江等人虽聚义于绿林，但皆无作乱之心，却是“屯兵欲翦滔天害”③，是缘于对朝廷坏于奸佞的忧虑而揭竿而起，是身在江湖而心忧社稷的“忠义”之士。林冲在擒捉到高俅父子之后，不言个人被害之仇，多指其乱国之罪：

> 替官家擦乱晦，替儿孙壘祸基。假轩昂都只是狐张虎势，实贪婪那里管越瘦秦肥。依附底即孔、颜，触忤底皆卢、李。装大名炎凉小辈，快私仇公道全亏。你将那九重天子浑谩昧，致令底四海生民总乱离，不道天网恢恢。④

对“奸佞”的批判是一以贯之的。《宝剑记》共五十二出，《灵宝刀》则只有三十五出，却增添了鲁智深桃花山拳打小霸王周通、李逵寿张县乔坐衙及燕

① （明）祁彪佳：《远山堂曲品》，转引自转引自朱一玄：《水浒传资料汇编》，南开大学出版社 2012 年版，第 525 页。

② （明）陈与郊：《灵宝刀》，见傅惜华编：《水浒戏曲集》（2），上海古籍出版社 1985 年版，第 154 页。

③ （明）陈与郊：《灵宝刀》，见傅惜华编：《水浒戏曲集》（2），上海古籍出版社 1985 年版，第 145 页。

④ （明）陈与郊：《灵宝刀》，见傅惜华编：《水浒戏曲集》（2），上海古籍出版社 1985 年版，第 148 页。

青至李师师处讨赦书等小说中的情节，情节的增添应与《水浒传》的广泛传播有关系，只是与《宝剑记》相比，《灵宝刀》减弱了那种忠奸不两立的矛盾冲突，而突出了高朋、陆谦等有权者为一己私利对林冲的欺压与陷害，"忠义观"与小说《忠义水浒传》比较接近。

三、以义寓忠的武松故事演绎

1. 水浒故事中的武松事迹

宋罗烨《醉翁谈录·小说开辟》中提及话本《花和尚》《武行者》，并称之为杆棒之序头，《宣和遗事》中宋江三十六人中有"行者武松"之名，却只为凑数之名，并无任何事迹的铺展与叙述。"行者"本为出门游历之人，在佛教盛行之后则指未曾剃发的修行僧人，亦称"头陀"，多行脚乞食，亦有挂单寺庙者，像《西游记》中的孙悟空亦称"孙行者"。

武松称为"行者"，似与花和尚对称，是其较为固定的绰号。龚开《宋江三十六赞》中行者武松的赞为："汝优婆塞，五戒在身，酒色财气，更要杀人。"[①] 此赞首先指明武松的身份为"优婆塞"，是指在家信佛、行佛道并受了三皈依的男子，虽未出家但要牢守五戒，其中大乘佛教五戒为：一不杀生，二不偷盗，三不邪淫，四不妄语，五不饮酒。只是武松不守戒律，不但犯"酒色财气"之戒，更是犯杀生乃至杀人之戒。可见此赞只是从不守戒律的行者身份或者说"绰号"入手描述武松形象，仍无具体事迹的记载。事迹的缺失令人物品评无处着手，关于武松的评论阙如于宋代，可见人物品评是离不开具体事迹的。

《录鬼簿》记红字李二有《折担儿武松打虎》一剧，可知自元代始武松故事中即有了打虎一事。另介绍"红字李二"时有词曰：

> 梁山泊壮士病杨雄，板达儿掐搜黑旋风，打虎的英俊天生勇，窄袖儿

① （宋）周密撰：《癸辛杂识·宋江三十六赞》，王根林校点，上海古籍出版社 2012 年版，第 82 页。

猛武松。是京兆红字李二文风，才难尽，兴未穷，再编一段全火儿张弘。[①]

由此可知红字李二善创水浒戏，且多为人物单出，涉及武松者有“打虎的英俊天生勇，窄袖儿猛武松”，此处将《武松打虎》《窄袖儿武松》作为两剧著录，其事迹当以打虎为主。

另载高文秀有《双献头武松大报仇》一剧，此处双献头当指杀二人，似演武松杀嫂故事，关于武松的评价可见者有“英俊”“天生勇”“猛”等，可知勇猛是武松的典型性格，这一点至小说成书未有过多变化。只是此剧为高文秀所作为《也是园书目》《曲录》所著录，各版本《录鬼簿》均未著录，《今乐考证》则于《黑旋风双献头》注云“《也是园目》作《双献头武松大报仇》”，明显将二剧误为一剧。

现存元明间所创作《梁山五虎大劫牢》杂剧中，武松为五虎之一，第三折武松上场诗云：“性恶粗疏敢自当，梁山寨上显高强。幼年勇跃能敌对，双拳打虎景阳冈”[②]；明朱有燉所作《黑旋风仗义疏财》第四折武松唱词有“着这厮吃我会脚踢拳搥，你比那金睛兽可又早省我些气力”[③]。可知元明间戏剧中的武松打虎比较流行。

细究武松事迹的变迁，可知宋时罗烨、龚开、《宣和遗事》等主要涉及其行者身份，而入元后红字李二、高文秀的杂剧则与行者身份无关，或许可以理解为演绎武松未作行者之前的行迹。由此可简单推论《水浒传》中武松事迹实有两个不同的系统来源，或为话本、戏曲之不同，或为南方、北方故事之差异。此种不同延续至小说《水浒传》中，表现为武松绰号“行者”得之甚晚，亦甚不合情理：其前期或以职务称“都头武松”，或以事迹称“打虎武松”，为行者本是躲避追捕的权宜之计，上二龙山后却成其固定身份与绰号，既然其从

① （元）钟嗣成等：《校订录鬼簿三种》，王钢校订，中州古籍出版社1991年版，第155页。

② （元明间）无名氏：《梁山五虎大劫牢》，见傅惜华编：《水浒戏曲集》（1），上海古籍出版社1985年版，第132页。

③ （明）朱有燉：《黑旋风仗义疏财》，见傅惜华编：《水浒戏曲集》（1），上海古籍出版社1985年版，第111页。

未真正做过“优婆塞”，又何来破戒之说？至于现存评话与民间传说中称武松曾学艺于少林寺，似可解释“行者”身份之另一来源，相对而言亦更合理一些。

2. 心怀忠义的《义侠记》

沈璟《义侠记》这部专写武松的传奇故事情节基本来自《水浒传》，第一出《家门》中表述：

> 宋世清河，武松名氏，上应星文。自横海郡中，暂辞柴进；景阳岗上，醉打山君。仗义除奸，报兄诛嫂，刺配从容赴孟城。相逢处，孙娘认义，夫婿识张青。孟州喜遇施恩，济弱锄强受蹇迍。向飞云浦里，提刀大闹；鸳鸯楼内，溅血余痕。别馆孤贫，孝姬苦节，正倚孙娘寄客身。还相聚，夫妻党类，同作宋朝臣。①

传奇中武松自幼习学文武艺，壮志欲报帝王家，时时以忠臣良将自比，只是时运未济故落魄江湖。同时传奇中又添加了武松未婚妻贾若真及其母亲魏氏形象，而其名之设即含“假若真”之意，实开《红楼梦》中贾氏取名之先河。

《义侠记》中的武松“幼习韬钤，长闲弓马”，时刻准备着以自己的一身本领为国立功，其驰骋沙场、建功立业的拳拳心意表达无遗。即使在久不得志，困于下僚之时，他亦坚信自己不会久居人下，终有封侯之时，招安成为他的一力主张。

《义侠记》中武松于发配途中路经梁山，被宋江等人挽留，却明确表示不肯落草为“寇”，只盼望“倘得天恩大赦，自有还乡拜访”之日。在十字坡孙二娘夫妇劝他杀掉解差以得自由时，武松亦是极力推辞，不肯将“半生清白”，付诸“一念差讹”。此种曲折，与《水浒传》中宋江初时不肯上梁山甚为相似，正是为了突出武松不肯落草、只求“忠义”的初衷。即使在血溅鸳鸯楼不得不上梁山之时，武松仍表态要：“报国心，天作证，暂时遁迹且偷生，听取金鸡

① （明）沈璟：《义侠记》，见傅惜华编：《水浒戏曲集》（2），上海古籍出版社 1985 年版，第 163 页。

天上声。”[①]

戏曲中除宋江不时表态“俺虽则啸聚在此，日夜指望招安，要与国家出力”之外，其他将领亦是一心忠于朝廷的，并在重阳节聚会时同唱“愿取黄榜招安，为国除患”，表现了希求招安的共同心声。此外，《义侠记》中添加叶子盈这一“忠义”人物，他与柴进意气相投，在柴进遭难之时仍不离不弃，是忠于朋友的贤士，在“忠义”中更偏重于“义”的一方面。

吕天成曾评价此剧：

> 激烈悲壮，具英雄气色。但武松有妻，似赘。叶子盈添出，无紧要。西门庆亦欠斗杀，先生屡贻书于予，云：“此非盛世事，秘勿传。”乃半野商君得本，已梓，优人竞演之矣。[②]

情节之处的添增或许在某些观众看来无有必要，尤其是与小说相比更显拖沓，但正因这些添足之举，令武松形象更符合忠臣良将的标准，亦更易于为民间所接受。吕天成所提及沈璟不欲广传此剧一事，原因是斗杀“西门庆”一事毕竟属于“私斗”，是为“法外之行”，与忠臣良将的行为准则不同，实则体现出对武松事迹中颇多“私斗”的某种批评与反思。

《义侠记》在明清之际经常以折子戏的形式搬演于舞台，如《打虎》《戏叔》《挑帘》《杀嫂》等，甚至亦有因扮武大郎而受称赏者：

> 江陵闽藩理问李太和见召，遍觅名戏，得沈周班，演武松《义侠记》，中有扮武大郎者，举止语言，曲尽其妙。[③]

---

① （明）沈璟：《义侠记》，见傅惜华编：《水浒戏曲集》（2），上海古籍出版社 1985 年版，第 221 页。

② （明）吕天成：《曲品校注》卷下“义侠”，吴有荫校注，中华书局 1990 年版，第 207—208 页。

③ （明）袁中道：《珂雪斋集·游居柿录》卷十一，钱伯城点校，上海古籍出版社 1989 年版，第 1362 页。

入清之后，在《扬州画舫录》中亦多次提及“水浒戏”的演出情况：

黄班三面顾天一，以武大郎擅场，通班因之演《义侠记》全本。人人争胜，遂得名。尝于城隍庙演戏，神前阄《连环记》，台下观者大声鼓噪，以必欲演《义侠记》。不得已，演至服毒，天一忽坠台下，观者以为城隍之灵。年八十余演《鸣凤记》报官，腰脚如二十许人。[①]

以武大郎之扮即可擅场一时，更遑论武松等主角了，足见人们对《义侠记》之喜爱。况且像武大郎亦不是人人可以扮演的，如“孙世华唇不掩齿，触处生趣，独不能扮武大郎、宋献策，人呼为长脚小花面”[②]。戏曲中的武松更贴合民众的期待，尤其是夫妻团聚、同受朝廷颁赏的结局更合大团圆模式，足显民众对武松形象的认可。

小说《歧路灯》第十八回希侨让老生拣旦角雨花儿唱的好戏演，老生询问：“雨花儿唱的《潘金莲戏叔》《武松杀嫂》，好做手，好身法，爷们爱看么？”[③]此处不言所唱何曲，只言内容，表演时老生说完头目后西门庆即上场，被希侨骂“没规矩”，足可见“戏叔、杀嫂”流传之广，人们对戏文之熟悉。

此种流传更是与民间传说充分结合起来：

故东阿有贡胶役，而土人颂之曰：山东有二宝，东阿驴胶阳谷虎皮。虎皮今藏阳谷库，土人传为武松所打死于景阳冈者也。景阳冈在阿城东南廿五里，土人又言明初有阳谷知县武姓者，甚贪虐，有二妻，一潘一金，俱助夫婪索。西门有庆大户，尤被其毒，民人切齿呼之为皮武匠，言其剥割也，又呼为卖饼大郎，言其于小民口边求利也。说虽不经，足以为解。[④]

---

① （清）李斗：《扬州画舫录》，汪北平、涂雨公点校，中华书局1960年版，第124页。

② （清）李斗：《扬州画舫录》，汪北平、涂雨公点校，中华书局1960年版，第127页。

③ （清）李绿园：《歧路灯》，齐鲁书社2008年版，第78—79页。

④ （清）包世臣：《小倦游阁集》卷十七正集十七，清钞本，第638—639页。

本来为小说、戏曲中的情节与人物，却有现实中的人与事进行附会，这实际上亦是一种特殊的阐释。《义侠记》中的武松事迹与小说基本一致，只是在“侠义”的内里上添加了一层“忠义”的外衣，那便是为国报效的初衷以及始终不变的“招安”之心。

四、细节蕴忠义的宋江故事演绎

许自昌《水浒记》大体情节均来源于《水浒传》，主要从智取生辰纲和宋江杀阎婆惜后上梁山两条主线叙述水浒故事。宋江与晁盖的交往中有志气相投的因素，在第二出《论心》中宋、晁二人英雄相惜，直抒胸臆，表达同样对现实奸佞当道的不满以及报国立功的壮志。

《水浒记》借宋江妻子孟氏透彻地指出社会的黑暗现实：

> 我看方今外寇不宁，内乱交作，那些腰金佩玉的，又只管肥家润身，不顾民害；似你这等挺生豪杰，却又婆娑胥吏，困踬簿书。[①]

宋江虽为小吏，但志存高远，欲如晏婴般力挽狂澜、辅佐君王，而绝非甘于自困于书牍之间的平庸之辈。他实为“挺生豪杰”，实为真正的“忠义”之士，此种对国家的“忠义”贯穿整部戏剧。作为主角的宋江面对内忧外患的时局，更是时刻盼望着可以“答君恩一剑时悬，有日名垂鼎铉”，为此他忧虑异常，而忧虑的对象则是：

> 不为一家愁绝，止因万姓心伤。奸佞盈朝，豺狼当道，不思为民为国，但要自利自私。小弟适才接着纸文书，又是为那生辰纲一事，即要差民转运，又要委兵提防，张兄，你只看因他一个生辰，惊动多少地方，刻

① （明）许自昌：《水浒记》，见傅惜华编：《水浒戏曲集》(2)，上海古籍出版社 1985 年版，第 234 页。

剥多少小民。[①]

对奸佞的批判、对生辰纲一事的不满跃然纸上。小说中只讲兄弟义气的晁盖在戏曲中亦成为忧国忧民的“忠义之士”，他时常心怀忧虑：

奸臣弄主权，墨吏酿民怨。我把杞人忧切，漆室愁偏。怕田横倡义咸思变，陈涉凭陵遂揭竿。谁酿乱？濒危不安。诛谗佞，酬吾愿。[②]

在此内忧外患之际，田横、陈涉之辈之所以会思变、揭竿，酿乱者实为“奸臣”，故晁盖之愿只是诛除朝廷奸佞，而无丝毫僭越、反叛之心。晁盖等人劫夺生辰纲的起因亦是“豺狼当涂扰民，英雄发愤，甘共丛神一逞”，是对误国奸佞的抗争。在劫夺生辰纲成功之后，公孙胜还为他人考虑：

我们劫了生辰纲，少不得连累地方，又不是我们倡义的本意了。不若就叫白胜哥出首在本府；待本府来拿我们的时节，贫道设起法来，呼风唤雨，走石飞沙，把官兵惊得他魂不附体，我们竟逃到梁山泊水洼哨聚，岂不两得其便？[③]

“倡义”的动机与主动自首的善后比小说《水浒传》中“大家图个一世快活”更强调了“智取”一事的正义性，而与“忠义”更相近了一些。在作者看来，忠义之士“劫夺生辰纲”是正义之举，是对贪官污吏的揭露与抨击，而此等作为正是“卫护”国家、“卫护”皇帝的一种表现。只是从正常情理上来看，此等“自首”未免显得过于造作。此外晁盖等人早在此时就有上梁山的打算，

① （明）许自昌：《水浒记》，见傅惜华编：《水浒戏曲集》（2），上海古籍出版社 1985 年版，第 253 页。

② （明）许自昌：《水浒记》，见傅惜华编：《水浒戏曲集》（2），上海古籍出版社 1985 年版，第 235 页。

③ （明）许自昌：《水浒记》，见傅惜华编：《水浒戏曲集》（2），上海古籍出版社 1985 年版，第 260 页。

此种设置令宋江的送信少了一些“始作俑者”的“不忠”意味，毕竟不是因为宋江私放的原因晁盖等人方上的梁山。此外，晁盖等人上梁山亦是为了与奸佞斗争到底，故而“忠义堂”出现在晁盖主政的梁山之上，对于朝廷、皇帝的“忠义”于此得以体现。

宋江之所以会上梁山当然是题“反诗”事败所致，然而他的“反诗”、他的不满亦是对奸臣而非对皇帝，故而戏曲中宋江装疯时仍在坚持自己的理想：“看此际玉皇下降，鉴别忠良，任吾主张，任吾放旷。”[①]虽“放旷”而坚守“忠良”，虽落草仍存“忠义”。在戏曲结尾借梁山众好汉之口塑造了“忠义”为国的英雄群像：“锄强诛暴军威壮，扶危济困恩波旷。恁强梁，能如山寨，水浒有余光。”他们的志向则是：“替天行道旌旗漾，看忠义堂颜高敞，管指日招安达帝乡。”[②]“招安”是“忠义之士”的必然选择，亦是他们的理想与抱负。

戏曲在晁盖等人江州劫法场救下宋江后便戛然而止，并未出现众人接受招安并征辽、征方腊等的情节，似乎未将“忠义”进行到底。但《水浒记》创作之时正值《水浒传》广泛传播之时，当时对于《水浒传》的评价又是“忠义”为主，故而无论是创作者还是欣赏者都会自觉地将“忠义”情节脑补完整。戏曲只是在许多细节方面突出了“忠义”，包括宋江、晁盖等人对朝廷奸佞当权的不满与忧虑，宋江不上梁山是源于“忠义”，晁盖等人上梁山亦是源于“忠义”。

在《水浒记》中作者还着意刻画了阎婆惜这一人物，在总共三十二出的戏曲中有十余处涉及阎婆惜，并有端庄、正统的宋江正妻孟氏做对比，有轻佻的张三相映衬，其中有数出涉及阎婆惜的片段如《借茶》《野合》《杀惜》《活捉》等在舞台上频频上演，延续至今。戏曲中宋江无意于娶阎婆惜，在新婚之夜更是直接冷落于她，日后亦不常来，突出了宋江的“仗义”“不好色”；阎婆惜与张三从与宋江婚前的相识，到日后的野合，乃至死后不是想着报仇于宋江而是

---

① （明）许自昌：《水浒记》，见傅惜华编：《水浒戏曲集》（2），上海古籍出版社 1985 年版，第 287 页。

② （明）许自昌：《水浒记》，见傅惜华编：《水浒戏曲集》（2），上海古籍出版社 1985 年版，第 297 页。

“魂招张文远”，阎婆惜身上带有“因情而死”的痕迹，与因情而死、因情而生的杜丽娘产生呼应，体现了明代中后期戏曲表现中重“情”的要素，情感牵涉便更合乎情理，客观效果是增添了戏曲本身的趣味性。

创作于明代中后期的李开先《宝剑记》、陈与郊的《灵宝刀》、许自昌的《水浒记》、沈璟的《义侠记》等明代水浒传奇皆为文人独作，且只关注于水浒故事中的某一人物事迹，与小说《水浒传》相比，情节更为集中，主题更为统一，大大消除了小说文本的复义性。无论是忠奸斗争，还是侠义传奇，均将招安作为梁山众人的共同选择和美好归宿，而诸多细节处更是“忠义”频现，这既是受明代中后期“水浒忠义观”的影响所致，亦从一定程度上推动和普及了“水浒忠义观”的社会广泛传播。“水浒忠义观”在明代中后期的影响达至鼎点。

第三节　清代水浒戏

自明末开始，《水浒传》因其特有的反抗内容，尤其是明末李青山、李自成、张献忠等起义者对小说的某些模仿，令小说文本及其相应的戏曲表演等屡屡列于“禁书”之林，如乾隆十九年（1754）皇帝曾语气严厉地下旨：“将《水浒传》毁其书板，禁其扮演，庶乱言不接，而悍俗还淳等语。”[①] 然而屡禁不止的客观事实至少从一定程度上说明了小说的深入人心，尤其是其富有传奇色彩的情节和人物、替天行道的主题等更是传播日广，另一方面自小说改编的戏剧在民间更是大受欢迎。戏曲与小说文本相比，由叙述体转化为代言体，情感代入感更强，更富直观性，亦消解了文本阅读本身的某些障碍，降低了接受门槛，扩展了水浒故事的传播空间。但作为舞台演出对小说情节必然多有增删等变化，对于小说原有主题的阐释更是起到了巨大的冲击作用。

受时代价值观念的影响，清初创作的水浒戏深受明末金圣叹评点《水浒传》的影响，亦体现了对“水浒忠义”的批判与思考。如《宣和谱》以“宣和”为名，立意中便有批判“宋”（实指明）统治者失误的意图，而以王进、

① 江西按察司衙门刊《定例汇编》卷三《祭祀》，丁淑梅《中国古代禁毁戏剧编年史》，重庆大学出版社 2014 年版，第 388 页。

栾廷玉等《水浒传》中原有的人物剿灭梁山寨，是对宋江“伪忠义”的戏曲表达。清宫廷大戏《忠义璇图》是对水浒戏曲题材的全面整理与加工，而在基本上全本展现宋江等人“忠义”之举的同时，却以“冥判”的方式对宋江等人的“伪忠义”严加谴责。

一、清代水浒戏的改编

清代水浒戏的创作多以改编为主，其中的改编一是直接改编小说《水浒传》的情节。如署名洪升所作《闹高唐》《闹华州》，张子贤《玉麒麟》《河灯赚》《髯虎记》《高唐记》，史集之《清风寨》《双飞石》《鸾刀记》《屏山侠》等虽有佚失，但据其剧名即可略知与《水浒传》情节的对应关系；另唐英《十字坡》，张韬《戴院长神行蓟州道》，李素甫《元宵闹》，范希哲《偷甲记》，沈自晋《翠屏山》，无名氏《闹江州》《清风山》《金兰谊》《大名府》《天星聚》《生辰纲》等现存诸剧，亦多选《水浒传》中某一情节或人物事迹进行演绎，只是其中的主题表现与明代水浒戏中对“忠义”的张扬已有所区别，多展现一种或归隐或反思的形态，尤其是后文重点考论的《宣和谱》《虎囊弹》《忠义璇图》，更是对小说既有承续又有较大主旨改编的典型例子。

清代水浒戏的另一种改编是表演形式的改变，受舞台实际演出的限制，动辄数十出的“传奇”多被节选改编，以“折子戏”的形式呈现于民众面前。像《借茶》《活捉》《拾巾》《杀惜》《放江》《刘唐》《前诱》《后诱》《盗甲》《夜奔》《打虎》《挑帘》《裁衣》《诱叔》《杀嫂》《杀山》《酒楼》等，虽源自《水浒记》《义侠记》《翠屏山》等剧，但在具体演出时又多有变化，地域性、口语化色彩明显，舞台表现更为活泼，异趣于相对平和、稳重的书面形式。此外伴随花、雅之争，各大地方戏曲种类中亦多见“水浒戏”的踪影，就其现存剧本来看，亦展现出迥异于杂剧、传奇的舞台表现特点。

以无名氏所作《鸳鸯笺》为例，虽为王英、扈三娘故事的演绎，但与小说《水浒传》情节已有较大改变，称王英知书，扈三娘明理，二人以鸳鸯笺赋诗唱和，时迁从中暗中传递信件。虽为水浒人物，但小说中的形貌猥琐、好色低能的矮虎反成一能诗能赋的才子，只会偷鸡摸狗的时迁竟成月下老人，促成了小说中的“哑口美人”扈三娘得以充分展现个人的情思，令小说中绝不般配的二人结合减少了刀光剑影和外界的压迫意味，而增添了不少才子佳人的情趣。此剧已佚，《曲海总目提要》有所著录，并录其简略情节：

> 淮北人王英，字子千。侨寓苏州，短小多勇力，粗知书，号矮脚虎。避乱逃生，至郓州境上，闻祝家庄祝龙、祝虎兄弟豪迈，欲往投之。时云龙山公孙胜往投宋江，英与遇于酒肆，二人畅饮，结义而别。祝家庄者，土豪祝太公之家。太公二子，长龙次虎，皆勇悍绝伦。庄东曰李家庄，庄主李应，号扑天雕，与妻杜琼英并骁勇，善使飞刀。庄西曰扈家庄，庄主扈成，其父道隆，祝氏之婿也。道隆已殁，子成为祝太公甥。其妹三娘长大姣好，号一丈青，善使日月双刀，马上惯用红绵套索。李、扈两庄，皆奉祝为主而羽翼之。时祝庄教师栾廷玉死，龙、虎方欲别聘一人，而英适至，兄弟皆待之甚厚。然英谓龙、虎佻达，其心顾倾于宋江。龙与英射猎，扈三娘亦率女侍出猎，猛虎突出，英手搏杀之。三娘见而羡其勇。龙呼英与三娘相见，英窥三娘之美，特钟情焉。时迁于翠屏山睹杨雄、石秀杀潘巧云事，闻秀欲因戴宗投梁山，遂与结伴而行。嗾雄、秀先往，迁抵李应酒肆，偷食其鸡黍酒食，醉卧庭中。应觉欲擒之，迁乃纵火焚其室。自叱①云："我梁山泊好汉时迁也"。应庄失火，乃走诉于祝，而琼英往投三娘。祝太公欲使人追捕时迁，英欲藉迁以通江，遂自请行。途遇郑天寿，英故交也，方偕迁行，问英何往。英不识迁，告欲追贼之故。天寿邀英入己庄，问其行止，英言本意欲投宋江。天寿言非时迁不可，因以迁告。三人共相结。迁见英情状恍惚，假寐窃听之。英念扈三娘不置，中夜出鸳鸯笺一幅，书绝句云："秦国佳人映彩霞，悬山隔水路途赊。有时邀请飞仙至，定折嫦娥镜里花。"迁俟英熟寐，窃其笺，潜诣三娘卧室。三娘亦思英，书一绝于鸳鸯笺云："花影移阶夜已深，空庭寂寞且回身。低头懒上妆台望，人在吴宫月在秦。"诗成，三娘隐几而卧。迁潜以英诗换之。两人见所易笺，各惊骇以为神异。时宋江已招公孙胜入山，欲与祝家庄结为唇齿。胜言王英正投祝氏，可令说祝，江即遣秦明下山觅英。而高

① 原文作"诧"。

俅授祝太公父子为武寨都总，竖大言牌于寨口曰："填平水泊擒晁盖，踏破梁山捉宋江。"秦明见之，怒而击碎，祝虎率众追明。天寿、英、迁冲出，虎乃退去。明出公孙胜书，致江请英之意，三人遂偕明共投梁山。宋江闻大言牌怒，遣头领石秀、花荣、刘唐、张顺等共攻祝家庄。荣、唐、顺皆被擒捉。英请自往招三娘入寨。及战各相认识，英自述姓名及诗笺事，三娘心甚留恋，而一时莫为计，遂擒归禁置空屋，令老仆守之，且戒勿令祝氏兄弟知，盖意欲纳为夫也。祝虎于元宵灯节，见李应妻琼英观灯于扈氏，欲诱奸之。会宋江兵至，应夫妻出战，与三娘并得胜，置酒宴之。虎于筵上捉琼英手，琼英怒诟，为虎母柴氏所知，责骂其子，琼英不复言。虎复用计遣应击燕顺。燕顺者，郑天寿所招清风寨之盗魁，归于宋江者也。虎遣应出，欲潜图琼英，琼英与应谋，诡言家出怪，请虎来护，虎谓得计。亟至李庄，琼英醉之以酒，潜涂其面，令入帐中，唤云妖至。虎家丁入内，虎闻喧攘而出，家丁以为妖，共击杀之。应夫妇同上马去，祝龙闻而追之，琼英飞刀杀龙，遂往投江。江方以荣、唐等被擒，使时迁密往，属为内应，且遣武松、林冲等率兵亟攻之。祝太公无计，使英作书致江，进金银请降。会三娘于阵上为林冲所追，落马陷坑中被擒入寨。江使李应夫妇守之，其兄成又殁于阵。英致江书，并附鸳笺于内，江遂纳祝太公降，使英与三娘结夫妇。共受招安，随征方腊云。①

一百二十回小说《水浒全传》中琼英为没羽箭之良配，三打祝家庄之役中更无此旁逸斜出之情节，结合《宣和谱》对栾廷玉、王进、扈三娘等人物事迹的另类演绎，足可见清代水浒戏创作的某种"另写"意味。

二、清初水浒戏的特点

戏曲与小说相比，更易聚众，更易触动人心，更易引发某种群体情绪。故而在禁毁小说的同时，有清一代对水浒戏的查禁亦是不遗余力。由现存清代水

① 董康编著，北婴补编：《曲海总目提要》卷四十二，人民文学出版社2014年版，第1929—1934页。

浒戏演出剧目来看，有不少水浒戏确实涉及男女之情。像《前诱》《后诱》《挑帘》《诱叔》等，在小说中是为表现武松、石秀的刚直不阿、不贪女色，而落实到戏曲中，难免要在人物语言、动作、表演上凸显闫婆惜、潘金莲、潘巧云的风姿及男女情动之态，如《后诱》中闫婆惜与张文远之间的对话：

（贴①）奴家不晓得什么“莺期燕约”。

（付②）尊嫂。

（贴）什么尊嫂！若说尊嫂，须知“朋友妻、不可戏”了吓！

（付）介没叫偖？

（贴）我么，要叫娘。

（付）吓，阿听见要叫娘乱？介没娘请坐子，让我跪子，叫我个嫡嫡亲亲个骚娘吓！③

二人的对话虽无明显的勾引之意，但在表演时必然女性角色会呈现出某种娇媚之态，这在某些道学之士看来，难免会带有某种“淫”意。除此还有某些戏曲语言口语化色彩浓厚，甚为活泼动人，舞台效果应当很好，但难免有些“不雅”之语，如《戏叔》中武松一怒搬走行李，潘金莲又闹着要休书时，武大郎难免气怒交加：

（丑④）住子！夫妻淘里，罗里无得句说话？开口休书，闭口休书！就是个把兄弟住拉屋里，那就要哩搬起来？

（贴⑤哭打桌介）天吓！还我休书来！

（丑）偖个打家生偖？我也会打个嘘，我打穿吔个卷铜照壁，打碎个火石溜春，滩个镬子底，我毡穿吔个花娘！等我春穿子吔个马桶底，看吔

---

① 闫婆惜。

② 张文远。

③ 黄婉仪编注：《汇编校注缀白裘》三集，台湾学生书局 2017 年版，第 716 页。

④ 武大郎。

⑤ 潘金莲。

那亨撒尿！

（贴）呀啐！气死我也！

（丑）阿呀！我个娘吓！呡是气弗得个，前夜头气子了，放子一夜个屁，亏得我两个膝馒头塞住子。

（贴）没廉耻！

（丑）看你花消粉碎恨难禁，

（贴）无奈强徒苦逼凌！

（丑）须信路遥知马力，

（贴）果然日久见人心！明日快叫他搬。

（丑）就搬耶，臭花娘！

（贴）吓！你骂那个吓？

（丑）罗个骂呡介？

（贴）你说什么花？

（丑）我说娘头上到带介朵好花。

（贴）贼嘴！

（丑）臭花娘骂哉，阿是骂子皇后了？

（贴）吓唷！天杀的！好骂！

（丑）阿唷！好打！我毛穿呡个花娘！弗要箭箭上肚，呡会打，我也会打个嘘！

（贴）你敢打！

（丑）打没打哉，倸毛穿呡个花娘！非但打，我还会踢，我就踢！

（贴）啐！（下）

（丑）个一脚直踢子个毯养个戏房里去哉！（浑下）[①]

此出折子戏来源于明传奇《义侠记》第八出《叱邪》，然而传奇中武大郎

① 黄婉仪编注：《汇编校注缀白裘》四集，台湾学生书局 2017 年版，第 954—955 页。

在听闻潘金莲索要休书时仅有一句“大嫂且息怒，从容再作理会罢”[①]，清代改编其语言风格展现出明显不同的口语化、民间性，插诨打科变令舞台表演更易受到观众的喜爱。

乾隆年间黄文旸等人奉令收集天下曲本，主要的责任恐怕亦是审查，大量水浒戏或者改头换面进行局部调整与修改，或者干脆被禁，不再公开上演。像道光年间专门在苏郡设局禁戏，余治《得一录》卷一五记载此次活动明确规定：“一应昆、徽戏班，只许演唱忠孝节义故事，如有将《水浒》《金瓶梅》《来福山歌》等项奸盗之出，在园演唱者，地方官吏将班头并开戏园之人，严拿治罪，仍追行头变价充公”。[②]“奸盗”作为《水浒传》等的标签被明确禁演。同治七年（1868），江苏巡抚丁日昌也开展了大规模的查禁淫词小说的行动，将《水浒》《西厢》放在一起批评，认为二者是诲淫诲盗的典范，在《札饬禁毁淫词小说》中指出：“大率少年浮薄，以绮腻为风流，乡曲武豪，借放纵为任侠，而愚民鲜识，遂以犯上作乱之事，视为寻常。”[③]淫戏罪在“伤风败俗”[④]，而水浒戏更兼“以凶猛为好汉，以悖逆为奇能……市井无赖见之，辙慕好汉之名，启效尤之志，爰以聚党逞凶为美事，则《水浒》实为教诱犯法之书也”[⑤]。如此“诲盗”之戏更是统治者绝对无法容忍的。

故而某些清代水浒戏中或者回避某些敏感情感，或者进行人物或故事的重新演绎，强调所谓的真忠、真孝、真节、真义，而将水浒众人归之为伪忠、伪孝、伪节、伪义。这种趋向虽然不一定能够完全代表清代水浒戏创作的主流，但至少可以从侧面展现清代水浒接受观念的某些变化。对于此点，《宣和谱》《忠义璇图》《虎囊弹》中均有所体现，故本作选取此三种清代水浒戏以点代面，做一简单考论。

---

① （明）沈璟：《义侠记》，傅惜华编：《水浒戏曲集》第二集，上海古籍出版社1985年版，第175页。

② 丁淑梅：《中国古代禁毁戏剧编年史》，重庆大学出版社2014年版，第471页。

③ 丁淑梅：《中国古代禁毁戏剧编年史》，重庆大学出版社2014年版，第539页。

④ 朱一玄、刘毓忱：《水浒传资料汇编》，南开大学出版社2012年版，第565页。

⑤ 丁淑梅：《中国古代禁毁戏剧编年史》，重庆大学出版社2014年版，第388页。

第二章 《宣和谱》考论

《宣和谱》，是明清之际以戏曲的形式对《水浒传》的另类演绎，整部戏曲借由“水浒”中曾出现过的人物加以独特的情节令“水浒”世界由此崩塌，以“真忠义”揭示“假忠义”。《宣和谱》被人视作“水浒翻案剧”，其题名中亦有“翻水浒”字样，但大体情节仍依水浒，只是立意于对水浒忠义观的批判与反思，且是以文学的形式反思文学，与金圣叹的评论相比稍显隐晦。

第一节 《宣和谱》的创作时间与作者

《宣和谱》现存版本有三，现藏中国国家图书馆，一为清初刻本，正名为《存庐新编宣和谱传奇》，内页简称《宣和谱》，署名为“古吴介石逸叟撰，门下小冯君五云校”，封面、引首和楔子缺，第二十八出“寿圆”有部分残缺，上海图书馆亦藏有此刻本，《古本戏曲丛刊》五集据此影印；二为清初金阊载道堂刻本，曾为吴梅藏书，封面正名为《传奇翻水浒记》，小字题名《宣和谱定本》，署名为“介石逸叟新编”，有引首和楔子，目录处作《宣和谱》并小字注“俗名翻水浒”，缺整个第二十八出；三为民国钞本一册，用硬笔抄写而成，正文题目作《存庐新编宣和谱传奇》，曾为郑振铎藏书，经对勘可知此本为钞清初刻本而成。二种清初刻本除正题稍有差别外，刊刻版式、字体完全一致，每页均为九行二十字，白口，四周单边，均为上下两卷共二十八出，每出有二字标题，较为工整，二版本当是用同一印板先后印刷的。[①]《曲海目》《重订曲海总目》《藤花亭曲话》《今乐考证》等均著录此剧。该剧刊刻时间大约为清初，著录者多只记作者为“古吴介石逸叟”，至于其姓名、字号、生平均无有记载。

一、清初的创作时间考

《宣和谱》最早的著录见于清黄文旸的《曲海目》。《曲海目》可惜未曾留传下来，只有《曲海目》及其序因被李斗《扬州画舫录》卷五转载而得以保存，李斗曾就《曲海目》的撰写背景做了以下记载：

> 乾隆丁酉，巡盐御史伊龄阿奉旨于扬州设局修改曲剧。历经图思阿并伊公两任，凡四年事竣。总校黄文旸、李经，分校凌廷堪、程枚、陈治、荆汝为，委员淮北分司张辅、经历查建珮、板浦场大使汤惟镜。[②]

由此可知修改曲剧一事始于乾隆四十二年（1777），且为奉旨而为。黄文旸因任总校，得以详阅各曲本并于乾隆四十六年（1781）竣工之际著成《曲海目》二十卷，其序曰：

> 乾隆辛丑间，奉旨修改古今词曲。事竣，追忆其盛，拟将古今作者各撮其关目大概，勒成一书。即成，为总目一卷，以记其人之姓氏。然作是事者多自隐其名，而妄作者又多伪托名流以欺世。且其时代先后，尤难考核，即此总目之成，已非易事矣。[③]

正如黄文旸所言，因我国古代小说戏曲地位远不如诗词之正宗，其作者

---

① 叙李自成起义故事的《新世鸿勋》亦有两种板式、字体大体一致的清初刻本，一为庆云楼刻本，一为载道堂刻本，与此情况类似。见周连科主编：《辽宁文化记忆：珍贵古籍》（下），辽宁人民出版社 2014 年版，第 510 页。

② （清）李斗：《扬州画舫录》，汪北平、涂雨公点校，中华书局 1960 年版，第 107 页。

③ （清）李斗：《扬州画舫录》，汪北平、涂雨公点校，中华书局 1960 年版，第 111 页。

往往自隐其名，亦多有伪托名家者，像吉衣道人、雪蓑道人、他山老人、介石逸叟等署名在当时即令人无人查起，更遑论其时代之先后了。清代乾隆年间国家相对安定，在重视思想控制的同时亦十分重视文化典籍的整理，如乾隆八年（1743）谕令修《秘殿珠琳》《石渠宝笈》以整理宫中所藏绘画，九年（1744）谕令修《天禄琳琅》以整理宋元明善本书目，十二年（1747）谕令修《续文献通考》以汇辑各类文献，三十七年（1772）诏开四库馆以收罗天下遗书，四十年（1775）令四库馆臣“务须详慎抉择，使群言悉归雅正”，四十一年（1776）命四库全书馆详核违禁各书并分别销毁，四十七（1782）年第一部《四库全书》缮写完成。修改曲词一事恰逢四库详核违禁书目之时，黄文旸等人的主要任务恐怕正是删改违禁曲词。另外黄文旸他们整理修改后的戏曲必当会送呈御览，这跟诸多宫廷大戏的编纂以及乾隆五十五年（1790）四大徽班进京在时间上大体相近。《曲海目》的编写当亦有上奏御览之意，只是此书仅有“序目”因被李斗《扬州画舫录》卷五转载而得以保存，后人董康参考《乐府考略》整理而成《曲海总目提要》，之所以取此名，正是为“不没文阳（黄文旸）搜集之盛心也”①，同时缘于将《乐府考略》视为《曲海目》之残本的原因。

按《曲海目》首分杂剧、传奇，后大致按作者年代注明戏曲作品与创作者，无名可考者附于后面。按“《宣和谱》介石逸叟作”置于“国朝传奇”条目下，排于其前兼且年代大致可考者有：吴伟业（1609—1672）、袁令昭（1592？—1674）、洪昉思（1645—1704）、尤侗（1618—1704）等，排于其后者朱龙田约1692年前后在世②，就此大致可定介石逸叟活动区间约在顺治、康熙间（1644—1722），另金阊载道堂是清初刻书机构，《宣和谱》亦当刊于此一区间之内。另《宣和谱》中救护宋江的“九天星主”有避讳“九天玄女”之意，而“玄”之讳当于康熙年间或之后，结合以上两点，可知此剧刊刻当在康熙年间。

---

① 吴梅《序》，（清）董康著，北婴补编：《曲海总目提要：附补编》，人民文学出版社2014年版，序第1页。

② （清）李斗：《扬州画舫录》，汪北平、涂雨公点校，中华书局1960年版，第116—121页。

郑振铎先生《西谛书话》亦将《宣和谱》定为康熙间刊本，并将之归为“水浒戏”：

以《水浒传》为题材之杂剧，元明二代最多。高文秀至有“黑旋风专家”之称。明传奇则有沈璟《义侠记》，许自昌《水浒记》，沈自晋《翠屏山》等，至今传唱不衰。但诸作皆同情于水浒英雄，惟《宣和谱》作翻案笔墨（又名《翻水浒》），以王进、栾廷玉、扈成等剿平水浒诸寇为结束。殆受金圣叹腰斩水浒传之影响，并又为俞仲华荡寇志作前驱。[①]

明传奇中《义侠记》叙武松事迹，《水浒记》叙宋江事迹，《翠屏山》叙石秀、杨雄事迹，有诸多借鉴小说《水浒传》之处，其主旨表达亦呈现出较为明显的崇扬水浒态度，郑振铎先生将此类剧作视为同情水浒英雄者，亦为确当。只是在介绍《宣和谱》时称以“剿平水浒诸寇为结束”则有失偏颇，此剧虽有别名为“翻水浒”，却只是以王进等人的“忠、孝、节、义”反衬宋江、王英等人的假忠假义、不孝不节，最终结局仍是梁山诸人全伙接受招安，只是水浒诸人不再是剧中主角，且是在战败的情况下被动接受的招安，与稍后的小说《荡寇志》相比对梁山态度还算是比较怀柔的。《宣和谱》一剧中并未让梁山诸人真正地走向灭亡，应该是介石逸叟参考了正史中宋江因“副贼”被擒而降于张叔夜的记载。戏曲最后一出以宋江等人与王进等共庆王进老母九十大寿为团圆结局，梁山诸人自始至终并未有一人被剿杀，郑振铎先生所谓“剿平”一言并不确当。

庄一拂先生在《古典戏曲存目汇考》中提及《宣和谱》：

《今乐考证》著录，康熙间刊本。《曲考》《曲海目》《曲录》并见著录。一名《翻水浒》，作《水浒》翻案笔墨，以王进、栾廷玉、扈成等剿平水泊为结束，亦为俞仲华《荡寇志》作前驱。[②]

---

① 郑振铎：《西谛书话》，生活·读书·新知三联书店1983年版，第215页。

② 庄一拂：《古典戏曲存目汇考》卷十二，上海古籍出版社1982年版，第1478页。

庄先生亦指出了《宣和谱》与《荡寇志》之间的情节承续关系，只是与郑振铎先生相似，均未指明戏曲与小说在“剿平”上的差异，对未曾翻阅《宣和谱》的读者而言，往往会造成一种的误导。

虽有崇祯末年的禁令，然明末清初却是小说《水浒传》传播的鼎盛时期，另外《义侠记》《水浒记》在当时亦甚为流行①。介石逸叟的创作虽立意为“翻水浒”，然曲词乃至人物、情节对《义侠记》《水浒记》的摹拟又比比皆是，体现了清初“水浒戏”欲求创新却创新不足的特点，但对水浒人物的态度则与明代戏曲差异明显。

二、《宣和谱》的作者

1. 号存庐一说

齐森华等主编《中国曲学大辞典》中介绍“介石逸叟”为：“清初人，号存庐，江苏苏州人。姓名、生平不详，作有《宣和谱》传奇一种。”② 因其姓名、生平均无载，此说“号存庐”当由《存庐新编宣和谱传奇》题名而来，将名号置于作品之前者颇为常见，像《李卓吾先生批评忠义水浒传》《钟伯敬先生评忠义水浒传》等，此论可备一说。如在清初就有马寿谷（1662—1722），号存庐，浙江嘉兴人，康熙二十一年进士，著有《鸳鸯湖竹枝词》二十一首，曾与朱彝尊《鸳鸯湖棹歌》合刊，未有曾创作戏曲的记载。

另嘉庆年间乍浦钱洪曾建堂名为“爱存庐”，内有楼亭台榭，为地方名园。康有为亦曾为自己所居豪宅取名“游存庐”。就此来看“存庐”除可做号解释外，也有可能为所居之堂、所处之斋名，亦有可能为刻书机构之名，毕竟明清之际亦多有此类现象，像容与堂、贯华堂、唱经堂等。在未有证据之前将“存庐”是否为作者的“号”还是应该存疑的。

根据“古吴”将作者定为江苏苏州人或有不妥之处，因为从文化地域而言，古楚、古吴、古蜀、古越、齐鲁、燕赵、秦晋、中原等自春秋时便为华

① 清代剧坛演出者多为单出形式，即所谓的“折子戏”。

② 齐森华等主编：《中国曲学大辞典》，浙江教育出版社1997年版，第162页。

夏古文化的几大代表，至少扬州、杭州、南京、苏州都曾为“古吴”的文化中心，包括江苏大部、浙江北部，也包括皖南东部地区均可称“古吴”，这并不仅仅是后来的行政区划所能包括的。另《水经注》的吴郡、吴兴、吴会为三吴，《通典》《元和郡县志》的吴郡、吴兴、丹阳为三吴，宋税安礼《历代地理指掌图》以苏、常、湖三州为三吴，明周祁《名义考》以苏州为东吴、润州为中吴，湖州为西吴。可知“古吴”的范围要远远大于苏州。“金阊载道堂”为清初苏州地区书坊，可知此书曾在苏州地区刊印，但如根据出版地来定撰者籍贯，恐怕证据亦有所不足。只是此书确曾创作并传播于“古吴”区域则是确凿无疑的。

2. 介石逸叟

撰者署名应该是名或字、号，从里面的“叟”字来看，作者创作《宣和谱》时年岁应该已经不小，至少应在40岁往上才有可能自称为“叟”，再结合《宣和谱》创作时间为清初来看，号“逸叟”者甚有可能是由明入清者，因此在字里行间难免带有某些遗民心态，“逸”本身即体现了对时世的某种隐遁不合作态度。

“介石”如以名词来看为一种特殊的石头，如《子华子》卷下：“肾之精为水，其气为坎，其色黑，其状如介石，其神为玄龟，其窍上通于耳。”① 另有《黄帝九鼎神丹经诀》卷十六《明礜石功力》中言“礜石少阴之精，入五石之数，鍊而服之，令人不老不死”，所谓“五石”者为“一名青介石，一名立制石，一名固羊石，一名白礜石，一名太白石”②。可知“介石”为一种青黑色石头。

另介石亦可用“介于石”来理解，如《易》豫卦六二曰：“介于石，不终日，贞吉。”③ 所谓“介于石”是坚定有操守“耿介似于石”之意，此爻寓意凭借持中守正，坚定如石，不惑于安乐，可获吉祥。古人取名号“介石”者不

---

① （春秋战国）程本撰：《子华子·北宫意问》卷下，明刻本，第175页。

② （唐）佚名撰：《黄帝九鼎神丹经诀》卷十六《明礜石功力》，明正统道藏本，第142页。

③ （魏）王弼等注，（唐）孔颖达等正义：《周易正义》卷二，《十三经注疏》，上海古籍出版社1997年影印本，第32页。

少，当多取此意以为箴勉，如唐杨筠松《天玉经》中两次出现“余介石”之名，《(嘉定)赤城志》卷三十四人物门中有“李介石”，宋邓牧所撰《伯牙琴》和《洞霄图志》数次出现“沈高士介石”“沈公介石”等，宋黄庭坚《山谷别集》中的“陶介石”，《(淳熙)三山志》中有“卫介石”“陈介石”，宋孟宗宝《洞霄诗集》亦有“介石老仙”“介石先生”“介石仙翁”等。

清初名字中有介石者亦有数人，只是均未有曾做戏曲之记载，与《宣和谱》之作者或籍贯或生平都有一定距离，但至少可知在当时名号中有“介石”者并不罕见。

其一为耿介（1622—1693），清登封人，字介石，号逸庵。

《清史稿》卷四百八十，列传第二六七《儒林一》中称耿介曾受业于孙奇逢，并附传：

> 介，字介石，登封人。顺治九年进士，翰林院检讨。出为福建巡海道，筑石城以防盗。康熙元年，转江西湖东道，因改官制，除直隶大名道。丁母忧，服除不出。笃志躬行，兴复嵩阳书院。二十五年，尚书汤斌疏荐介践履笃实，冰孽自矢，召为少詹事。会斌被劾，介引疾乞休。詹事尹泰等劾介诈疾，并劾斌不当荐介。寻予假归，卒。所著有《中州道学编》《性学要旨》《孝经易知》《理学正宗》，大旨以朱子为宗。①

《皇朝文献通考》卷二百二十一在介绍《中州道学编》二卷《补编》一卷时有其生平简介：“介初名冲璧，字介石，号逸庵，登封人。顺治壬辰进士，官至直隶大名道，以汤斌荐特授詹事府少詹事。”②

《晚晴簃诗汇》卷二十六录其诗四首《八月十六夜宴盱江楼得白字》《都门送周亦大同年》《由南平至闽》《嵩阳书院送窦敏修先生》，并介绍“耿介”：“耿介，字介石，号逸庵，登封人。顺治壬辰进士，改庶吉士，授检讨，历官

---

① 赵尔巽等：《清史稿》卷四百八十《儒林一》，中华书局1977年版，第13102页。

② （清）《钦定皇朝文献通考》卷二百二十一《经籍考》，影印文渊阁四库全书本总第637册，第198页。

少詹事。有《敬恕堂存稿》。”①

另《北游录纪闻》《国朝宋学渊源记》《二林居集》《儒林传稿》《（雍正）河南通志》中对其生平亦有简单介绍，大体事迹基本相同。

可知耿介为顺治九年进士，为由明入清者，其字号与“介石逸叟”甚为接近，其生平中亦有筑城防盗之事，或亦有剿盗之事。只是其著述以理学为宗，未记载有戏曲创作活动，亦有可能戏曲在当时为不入流之作，兼且往往化名而作，故无有记载。只是其籍贯为河南登封，亦未有较长时间在“古吴”驻留的经历，无法与“古吴介石逸叟”划归为一。

其二为张懋建，清镇海人。字介石，号石痴。雍正举人，乾隆间举鸿博未遇，知长泰县。为人绩学敦行，通经史，著有《易学》《五经韵纂》《读书乐续》《越书肯綮录》《学校祀典考》《蛟川耆旧诗》《庭学草》《介石初集》等。②《听雨丛谈》卷四亦有“张懋建，浙江镇海人，乙卯举人”的记载。

张懋建中举时间为雍正十三年（1735），据此推测其应是康熙年间生人，不合《宣和谱》之创作时期，故可断定张懋建非作《宣和谱》之“介石逸叟”。

其三为李毂，清嘉兴人。字中玉，号介石，尝封两股以疗父母疾。嘉庆间举孝廉方正，善书工诗，有《介石诗钞》《人海韵编》。③

《两浙輶轩续录》卷十八有其生平简介：

> 李毂，字中玉，号介石，嘉兴廪生，嘉庆元年举孝廉方正，著《介石诗钞》。钱泰吉撰行状：先生和厚坦易，人多亲之，然不可于以私。母金病笃，刲左肱和药，得渐瘳。父遘危疾，更刲右肱，卒不效，哀毁尽礼。尝纂《人海韵编》，二十年而成。性爱竹，先世有师竹斋，失之久矣，因为图以寄意。少喜肄书，初学张文敏，后得褚书枯树赋旧拓本，暇辄临

① 徐世昌辑：《晚晴簃诗汇》卷二十六，民国退耕堂刻本，第1864页。

② 臧励和等编：《中国人名大辞典》，上海书店印行，1980年据商务印书馆1921年版影印，第972页。

③ 臧励和等编：《中国人名大辞典》，上海书店印行，1980年据商务印书馆1921年版影印，第439页。

摹，笔法益苍劲。[1]

清阮元在《定香亭笔谈》中亦谈及李毅之孝行：

嘉兴李毂有孝行，尝割股以救亲，乡人称之。余曰：毁伤肢体，非孝也。然以亲故为之，则凡可以。爱其亲者无不为矣，且吾知其若仕，必能致身于君矣。时举孝廉方正，予特徵之列荐章中。[2]

以此文中意，阮元曾为之上荐章。孙星衍于《孙渊如先生全集·诂经精舍题名碑记》中亦将李毂视为“古学识拔之士”。

李毂之割股疗亲与《宣和谱》中王进医母的孝子之举有相似之处，嘉兴亦可属于“古吴”之地。只是其于嘉庆元年方举孝廉方正，可据此推测其为乾隆年间生人，不合《宣和谱》之创作时期，故可断定李毂非作《宣和谱》之“介石逸叟”。

以上三人字号中均有“介石”，虽未必与“介石逸叟”为同一人，但至少说明在清初“介石”之名并非罕见。

3. 校者小冯君五云

《宣和谱》校者署名为“门下小冯君五云”，“门下”有门客、门第、弟子、官职名等义，在此应为门生弟子之意。生于康熙年间的郑燮（1693—1765）曾因敬佩徐渭而刻一印曰“青藤门下走狗”，可推断此“门下”或谓曾亲聆受业，或因仰慕学问德行，当是一种谦指。

《汉书·冯奉世传》有大小冯君的记载：

（冯）立居职公廉，治行略与（冯）野王相似，而多知有恩贷，好为条教。吏民嘉美野王、立相代为太守，歌之曰：“大冯君，小冯君，兄弟继踵相因循，聪明贤知惠吏民，政如鲁、卫德化钧，周公、康叔犹二君。”

---

① （清）潘衍桐撰：《两浙輶轩续录》卷十八，清光绪刻本，第1771—1772页。

② （清）阮元：《定香亭笔谈》卷二，清嘉庆五年扬州阮氏琅環僊馆刻本，第181页。

后迁为东海太守。[①]

后“大小冯君”成为典故，称誉家族中人有德政或突出成绩者。只是此处“小冯君”未与“大冯君”并提，且查明清之际未有“大小冯君”之说，可知此“小冯君”或仅仅是指称姓氏，“小冯君”或是号，“五云”当是名。就此可知《宣和谱》是介石逸叟的门生号为“小冯君”的“冯五云”校对的曲稿。

无论是“小冯君”还是“冯五云”均生平无考，查得清人有两首诗涉及此名，只是不知是否与《宣和谱》之校者有关。

清张晋（1764—1819）《艳雪堂诗集》卷二有诗一首，题目较长，为“余不识冯生绶，昨从舍弟丽七书中寄来七律二章，盖读余艳雪堂诗集题后之作也，爱其少年豪俊，并有知己之感，赋此却寄”：

眼前词客剧纷纷，鱼目明珠未易分。
老辈谁为大手笔，少年今见小冯君。
幽兰索笑笼香雨，俊鹘翻空决怒云。
读罢新诗还击节，一樽何日话殷勤。[②]

此诗中“小冯君”指冯绶，善作诗词，生平待考，但张晋既然称之为“少年豪俊”，则当年齿小于张晋或大体同龄，就此来看与《宣和谱》应当无有关联。另有清代诗人褚爽，生平不详，约生活于乾隆、嘉庆年间，字西山，号澄岚，盐山人，工诗善画。有诗《赠冯五云》：

我向瀛州来，垂髫今白首。
论交五十年，惟君最耐久。
忆昔试长安，邂逅一握手。

① （汉）班固：《汉书》卷七十九《冯奉世传》，中华书局2000年版，第2465页。

② （清）张晋《艳雪堂诗集》卷二，见张继红等：《阳城历史名人文存》，三晋出版社2010年版，第509页。

相期各有心，君迩我独否。
高羽破青冥，绾符分齐右。
沂水淡且薄，饮之如醇酒。
折腰曾不惯，一官弃如帚。
归来卧北窗，时或课南亩。
我来一再过，常剪林宗韭。
请看贵游人，几携平生友。
况余老且贫，犹与诸生偶。
感君千古心，酌君以大斗。①

此诗中的冯五云与褚爽相交50年，所谓“试长安”当是二人同时进京参加过科举考试。只是二人生平不详，按年代来看似与《宣和谱》之校刊无所关联。

另有“五云村人”曾作传奇《彩虹记》一种，已佚。邵茗生在《传奇汇考标目》增订本注引《太原府志》，称五云村人疑即明崇祯至清顺治时之徐用贤。按徐字步云，号玉森，别署五云村人，“能书画，善诗词，卒于清顺治八年，年四十一，著有《五云词》”，按此则其生卒年当为（1611—1651）②，与《宣和谱》之校订时间不符，当非此小冯君。

第二节　由《宣和谱》名称的来历看其创作主旨

《宣和谱》从命名上即与北宋宣和紧密地结合在一起，这绝非偶然，而正是作者命意之所在。作者之选名“宣和”，是对宣和之政有所针砭，是借此“谱”以唤醒“吴侬”，以此传达其喻世与警世意旨。

---

①（清）梅成栋纂，卞僧慧等校点：《津门诗钞》（中），天津古籍出版社1993年版，第752页。

② 齐森华主编：《中国曲学大辞典》，浙江教育出版社1997年版，第157页。

一、《宣和谱》之由来

1. 书画之《宣和谱》

宋宣和年间徽宗喜好花石，有专门的花石纲由苏杭抵运京师，喜好书画，亦汇辑收藏历代书画名作于内府，在此基础上撰成《宣和书谱》和《宣和画谱》各二十卷，四库全书收录。《宣和画谱》录231位画家，作品计6396幅，《宣和书谱》所录书法作品亦有数千幅之多。这两部是中国历史上最早较为完整和系统收录当时宫廷所藏书画作品，缕述上古至北宋的书画史概要，作品前还附有书画家的简传，并做了相关的评论与品鉴，为后世书画史研究提供了较为珍贵的资料，在中国艺术史上占有重要地位。中国书店2014年出版的《钦定四库全书：宣和书画谱》三册，即是对现存《宣和书画谱》的整理。

《宣和书画谱》亦有简称《宣和谱》者，如元陶宗仪《南村辍耕录》卷三十著录有《宣和谱》四卷，与其他书画谱并列；《世善堂藏书目录》卷下亦著录有《宣和谱》四卷，与书画谱、琴谱、棋谱等相邻。《衍集》卷三中称：

> 《宣和谱》，石峻等书，其诞章之尤者也。大德壬寅，延陵吴文贵和之，裒集宋宣和闲书瀍文字，始晋终宋，名曰《宣和书谱》，二十卷。石峻，佩弦，温陵人，宋开庆闲杂辑诸家论议为一书，率皆纰繁，如左短上齐，右短下齐等说，亦书家之小道耳。[①]

《图画考》卷三《纪艺》下《人物》中有记："《宣和谱》云周昉妇女多为丰厚态度，意秾态远。又云李伯时工人物，能分别状貌……"[②] 此谱定指《宣和（书）画谱》无疑。

另有诗词中提及《宣和谱》，亦当指《宣和（书）画谱》，如元胡只遹《应命赵画索诗》：

> 丹青虽细艺，能者皆高人。请看《宣和谱》，品分能妙神。

① （元）郑杓、刘有定撰：《衍集》卷三，清十万卷楼丛书本，第29页。

② （元）盛熙明撰：《图画考》卷三《纪艺》下《人物》，四部丛刊三编景钞本，第8页。

风云湖海士，庙堂名节臣。胸次同造化，惨淡入经营。
天地生万物，我笔能夺真。凛凛冰雪冬，熙熙花柳春。
尝观《莲社图》，真宰差凡尘。世无王黄华，清论不复闻。
铜台赵济之，索言期世珍。笔迹我未见，诗卷何轮囷。
许与多名士，定如诗什新。古人家数中，当与谁等伦。
鄙俚敢靳惜，酬报当殷勤。寄我数十幅，黄华我比邻。①

此诗中将《宣和书画谱》视为品评书画的经典，“能妙神”者为书画品评之分类。两处谈及的王黄华是王庭筠之号。王庭筠（1151—1202），字子端，号黄华山主。金代文学家、书画家，是为米芾之甥。其书法学米芾，重视笔墨情趣，不为成法所囿，上逼古人。

元邵亨贞《春草碧·次韵素庵遗怀》：

更筹图子《宣和谱》，流落到如今，空怀古。江南荒草寒煙，前代风流共谁语。犹有赋骚人，迷湘浦。

乌衣巷口斜阳，愔愔院宇，玉树后庭花，谁能举？五陵残梦依稀，回首天涯叹行旅，马上杜鹃啼，愁如雨。②

此词中由流传下来的《宣和谱》念及沧桑世事之变幻，徽宗宣和年间文化盛极一时却成过眼云烟，而且《宣和谱》中的书画作品亦有相当一部分虽战乱而毁于一旦，未免令人神伤。

2. 博戏之《宣和谱》

《宣和谱》除了作为书画著述外，还是博戏之一种，与宋徽宗亦是密切相关。

如明潘之恒撰《六博谱》中有《宣和谱》一条，言：

---

① （元）胡祇遹：《紫山大全集》卷一，《应命赵画索诗》，影印四库全书本总第1196册，第12页。

② （元）邵亨贞撰：《蚁术词选》卷二令，四部丛刊三编景清宛委别藏本，第14页。

> 《宣和谱》，宋徽宗时宫中之戏也。流传人间久矣，第三五六一牌，旧谱失载，人遂罕有知者，唯吴下花园令犹用之。[①]

清金学诗撰《牧猪闲话》亦称："宋徽宗时宫中之戏曰《宣和谱》，人罕知者。"[②]

《澹生堂藏书目》中收录有《六博碎金》八卷，其中包括《宣和谱》一卷[③]。

《浪迹续谈》卷五中有《骨牌草》："骨牌之戏，自宋有之。《宣和谱》以三牌为率，三牌凡六面，即骰子之变也。"[④] 同书卷十一中亦有类似叙述。

《谈书录》亦言：

> 骨牌之戏，乃骰子之变。故《宣和谱》以三牌为率，三牌乃六面也，后人天九之戏见于明潘之恒《续叶子谱》，谓分华夷二队，至今犹然。[⑤]

清四库馆臣曾称"宣和之政无一可观，而赏鉴则为独绝"[⑥]，在书画之外博戏亦竟成一绝，如与紧随宣和而来的靖康之变联系来看，不禁令后世人唏嘘不已。

《全史宫词》记徽宗时有诗曰：

> 院院烧灯竞管弦，重门钥启六更前。

---

① （明）潘之恒撰：《六博谱》，明刻重订本。

② （清）金学诗撰：《牧猪闲话·骰子》，清昭代丛书本，第 10 页。

③ （明）祁承爜撰：《澹生堂读书记·澹生堂藏书目》，上海古籍出版社 2015 年版，第 580 页。

④ （清）梁章钜撰：《浪迹续谈》卷五，《骨牌草》，清道光二十八年刻本，第 265 页。

⑤ （清）汪师韩撰：《谈书录·骨牌》，清乾隆刻上湖遗集本，第 68 页。

⑥ （清）四库馆臣：《宣和书谱》四库提要，影印文渊阁四库全书本总第 813 册，第 207 页。

斗牌花下翻新谱，破费官家则剧钱。[①]

宫廷内灯火辉煌，除了管弦之乐，更有博戏之欢。所谓“六更前”是因内楼五更绝，梆鼓交作，禁门方开，百官随入。此种嬉戏通宵达旦，不时翻新花样，而耗费者表面上为官家之“剧钱”，实则民脂民膏。

明夏良胜有诗《观宣和谱有感》曰：
漠漠黄尘瘗玉颜，尚遗官具在人间。
乾坤有意留昭鉴，南北中分只等闲。
朱墨几斑成剧戏，銮舆万里忆生还。
临场快赌真孤注，谁敢提兵向玉关。[②]

此诗中的《宣和谱》成为南北中分的昭鉴，更是銮舆北狩万里受尽屈辱的昭鉴，回思前事，无论徽宗有无悔意均难免后人之讥。

3.《宣和遗事》

《宣和遗事》是较早记载宋江故事之拟话本，最早成书可能在南宋年间，考虑到其中有些内容宋亡后才有可能添加，其现存最早刊本当在入元之后。现存至少有五种版本：第一，台湾地区“中央图书馆”藏黄丕烈旧藏《新编宣和遗事》前后两集本；第二，台湾地区“中央研究院”傅斯年图书馆、南京图书馆、中国国家图书馆藏《古本宣和遗事》两卷本；第三，台湾地区“中央研究院”傅斯年图书馆、中国国家图书馆藏明金陵王氏洛川所刻《新刊大宋宣和遗事》元亨利贞四集本；第四，哈佛大学燕京图书馆藏明袁无涯录本；第五，日本京都大学、台湾地区“中央研究院”傅斯年图书馆、黄永年藏清吴郡修梗山房刊《新编宣和遗事》四卷本。其中清吴郡修梗山房刊本马幼垣先生认为刊于清道光间，黄永年先生认为刊于乾嘉之间[③]。就此而论，介石逸叟曾于此前点校

① （清）史梦兰撰：《全史宫词》卷十六，清咸丰六年刻本，第745—746页。

② （明）夏良胜撰：《东洲初稿》卷十二，《观宣和谱有感》，四库全书本。

③ 曹旅宁：《〈水浒二论〉中〈宣和遗事〉的版本问题》，《读书》，2009年（下）。

过《宣和遗事》亦甚有可能，是否参与过刊刻则无实可考。

如鲁迅等前辈学者所言，《宣和遗事》“非全出于说话人，乃由作者掇拾故书，益以小说，补缀联属，勉成一书，故形式仅存，而精彩遂逊”[①]。顾名思义，《宣和遗事》主要是以稗史的形式记录宣和年间的“遗事”，其中有词有说，全书内容出于宋元人之手，既有对徽钦的针砭，亦流露出一定的同情之情，隐含着一定的爱国思想。因“掇拾故书”而成，故内容、体例不一，形式相对驳杂，内容大致可以分为十个部分：第一部分历数历史上的荒淫无道之君，并直讲到宋徽宗；第二部分讲王安石变法之肇祸，与宋元人对王安石的评价大体一致，将靖康之难追溯于安石变法与重用京、卞；第三部分讲宋徽宗在朝重用蔡京、童贯等人，追求享乐，是为朝堂之乱；第四部分讲宋江 36 人聚义梁山泊始末，最后被张叔夜平定，提供了《水浒传》的雏形，应是来源于话本，亦从在野的角度谈到了天下百姓的民不聊生，是为民间之乱；第五部分讲宋徽宗宠爱娼妓李师师的荒谬，似来源于话本；第六部分讲宋徽宗信任道士林灵素，过度崇道，为靖康之祸埋下根子；第七部分讲腊月预赏元宵和元宵放灯的盛况，渲染了徽宗贪图享乐的淫靡之风；第八部分讲金人攻陷汴梁，宋室几乎毁于一旦；第九部分讲徽钦二帝北行，受尽屈辱与磨难；第十部分讲康王赵构南渡即位，定都临安（今杭州）。其中四、五、七等部分口语化程度较浓，甚类说话人口吻。其他部分文体较杂，如第九部分引自无名氏的《南烬纪闻录》《窃愤录》《窃愤续录》等，文字大体类似，未做重大改动。

《宣和遗事》虽未被称过《宣和谱》，但亦是发生于宣和间事，更是水浒故事的较早来源之一，与《宣和谱》“翻水浒”的内容之间有着千丝万缕的联系。

二、《宣和谱》创作主旨探

《宣和谱》无论指的是书画谱，还是博戏谱，都创自宣和，皆与宋徽宗有着直接关系，在一定程度上亦成为徽宗亡国的另类象征之物。可知介石逸叟创作之时，两种《宣和谱》已广为流传，其之所以仍选择《宣和谱》用于戏曲的名字，恐怕亦有借“宣和”而寓针砭之意，当然与《宣和遗事》关系更为密

① 鲁迅：《鲁迅全集·中国小说史略》（9），人民文学出版社 2005 年版，第 125 页。

切，由其戏曲开首词可见一斑。

《宣和谱》以一曲临江仙《宣和谱小引》起首，阐发其写作主旨：

> 手校《宣和遗事》在，春秋书法斑斑。淮南称盗几曾宽，品题传史笔，点窜杂稗官。
>
> 聊借排场搬演处，描摹笑骂相关。千秋正论实难刊，词林须改订，俗眼好同看。[①]

“手校”一语似言介石逸叟曾亲校《宣和遗事》并深深体会到其背后的隐喻，“春秋书法”为古代史书写作所认最高典范，当指统治者之荒淫败国，亦言当权者以私害公等。杨志等人上梁山之源头便是运送花石纲失利，晁盖乃至宋江等人上梁山的源头则是劫夺生辰纲事发，与宋徽宗、蔡京的腐败、贪婪直接相关。《宋史》《东都事略》等史书中记叙宋江者仅一鳞半爪，且大多以“寇”“贼”相称，金圣叹于《宋史断》中即由此大叹特叹“春秋笔法”之宽严。“淮南称盗”在介石逸叟看来亦是“春秋书法”之表现，以“盗”字来看，“史笔”何曾宽？虽非正史可比，稗官之言亦应为有意而作，从小引来看，介石逸叟是认为“水浒”[②]源自《宣和遗事》，却只看到了宋江等人聚上梁山及日后招安封为节度使的情节，却未明《宣和遗事》史笔之春秋书法，未明“淮南盗”称呼中的劝惩意味，随意点窜之下反失千秋正论，“水浒”故事反而借“忠义”的名义盛行于一时，这是介石逸叟所甚为不满的。此种观念与明末清初金圣叹删改《水浒传》的出发点甚为接近，其创作背景一方面是明清之际“假忠假义”“聚义倡乱”者比比皆是，另一方面又是小说《水浒传》传播日广，“水浒戏”搬演日繁，民间乐于接受“水浒”的态度不免会引起某些士大夫的忧虑。如在《扬州画舫录》中即多次提及“水浒戏”的演出情况：

---

① （清）介石逸叟：《宣和谱》，《古本戏曲丛刊》五集据上海图书馆清初刊本影印。

② 包括《水浒传》与相关元明“水浒戏”。毕竟《宣和谱》为传奇之作，“词林须改订”更多的是指向于曲作，然而《水浒传》在当时亦有相当大的影响，“千秋正论”之刊当亦有更正小说阅读之意图。

黄班三面顾天一，以武大郎擅场，通班因之演《义侠记》全本。人人争胜，遂得名。尝于城隍庙演戏，神前阄《连环记》，台下观者大声鼓噪，以必欲演《义侠记》。不得已，演至服毒，天一忽坠台下，观者以为城隍之灵。年八十余演《鸣凤记》报官，腰脚如二十许人。①

以武大郎之扮即可擅场一时，更遑论武松等主角了，足见人们对“水浒戏”之喜爱。况且像武大郎亦不是人人可以扮演的，如“孙世华唇不掩齿，触处生趣，独不能扮武大郎、宋献策，人呼为长脚小花面”②。

另亦有靠演《水浒记》而成扬州一派者：

京师萃庆班谢瑞卿，人谓之小耗子，以其师名耗子而别之也。工《水浒记》之阎婆惜。每一登场，座客亲为傅粉，狐裘罗绮，以不得粉渍为恨。关大保演阎婆妇（惜）效之。自是扬州有谢氏一派。③

另且扬州评话盛兴于江南，现在仍有“武十回”“宋十回”得以保存下来，当时出名者有“王德山《水浒记》”④，还有范松年：

大面范松年为周德敷之徒，尽得其叫跳之技，工《水浒记》评话。声音容貌，摸写殆尽，后得啸技。其啸必先敛之，然后发之，敛之气沉，发乃气足，始作惊人之音。绕于屋梁，经久不散，散而为一溪秋水，层波如梯，如是又久之。长韵嘹亮不可遏，而为一声长啸，至其终也，仍嘐嘐然作洞穴声。中年如德音班，演铁勒奴盖于一部。有周德敷再世之目。⑤

除戏曲之外，绘画以“水浒”为题材者亦有：

① （清）李斗：《扬州画舫录》，汪北平、涂雨公点校，中华书局1960年版，第124页。
② （清）李斗：《扬州画舫录》，汪北平、涂雨公点校，中华书局1960年版，第127页。
③ （清）李斗：《扬州画舫录》，汪北平、涂雨公点校，中华书局1960年版，第132页。
④ （清）李斗：《扬州画舫录》，汪北平、涂雨公点校，中华书局1960年版，第258页。
⑤ （清）李斗：《扬州画舫录》，汪北平、涂雨公点校，中华书局1960年版，第128页。

黄大笙，字诗六，精音律，能左手临孙过庭书谱。作反字。背观毫发无异，自出新意白描水浒传人物。[①]

无论是戏曲、绘画还是小说，水浒题材均得到广大百姓的热捧。对此，介石逸叟深感忧虑，不免担心受众因不明“春秋大义”而受到误导，遂矢志改订词林，以“描摹笑骂”“俗眼好同看”的效果达到“品题传史笔”的目的。故此在手校《宣和遗事》的基础上，介石逸叟的创作主旨是以戏曲的形式来发挥《宣和遗事》之史家笔法，并特意取名为《宣和谱》。另因主要情节像攻打祝家庄、王英娶扈三娘、宋江患病、张顺请安道全、征讨梁山、接受招安等均与当时流行的“水浒”故事相似，人物也基本上相同，主旨与态度却有所不同，为突出差别故此特别注其俗名曰《翻水浒记》，以体现对“水浒”故事的重新认识与评价。

《宣和谱》之创作，虽有评价指出：

作者旨在否定宋江“真忠真义”，赞扬《宣和遗事》“春秋笔法斑斑”，但所安排的翻案情节，形同儿戏，无说服力。[②]

其情节是否为翻案、是否有说服力暂且不考虑，单就命意来看，介石逸叟确实想翻案《水浒记》《义侠记》所展演的“忠”与“义”则是毋庸置疑的。而“翻水浒”主旨的实现又必须借助《水浒传》原有的人物与情节，这或许是一种两难，或许正是这种戴着枷锁创作令《宣和谱》带有一种朴拙的特点。

第三节 《宣和谱》对水浒“忠义论”的消解

《宣和谱》除了从剧名、起首阐明其反思“水浒忠义”的意旨外，更是从人物、情节等各方面入手，经诸多细节践行此种意旨。

① （清）李斗：《扬州画舫录》，汪北平、涂雨公点校，中华书局1960年版，第282页。
② 齐森华等主编：《中国曲学大辞典》，浙江教育出版社1997年版，第537页。

一、人物的依循与新创

1. 见首不见尾的好汉

金圣叹认为王进与栾廷玉甚至那偶尔露一鸿半爪即告消亡的头陀均是堪当于水浒诸人的人才，并在第二十六回总评中提道：

> 此书每到人才极盛处，便忽然失落一人，以明网罗之外，另有异样奇人，未可以耳目所及，遂尽天下之士也。即如开书将说一百八人，为头已先失落一王进。张青光明寺出身，便加意为鲁达、武松作合，而中间已失落一头陀。宋江三打祝家之际，聚会无数新来豪杰，而末后已失落一栾廷玉。①

小说《水浒传》中的王进属“最武艺高强却最欠交代之人”②，曾为八十万禁军教头，其事迹与林冲乃至后来的王庆相似，同为受屈贪冤却能免于身遭缧绁，又能免于上山为寇，是为智；为师几个月，便令史进习会十八般武艺，从花拳绣腿速成并进阶为堪与鲁达对敌之高手，是为勇；受当朝权奸迫害却又寻机赴延安府投奔种经略以抗外虏，是为忠；身遭事故，先考虑母亲的身体与想法，是为孝。《水浒传》中的王进所谓神龙见首不见尾，作为贯通史进、鲁达的线索人物只露一鳞半爪，后文中便不再提及，却体现出与梁山众人截然不同的追求与理念。

小说《水浒传》中的栾廷玉为祝氏三杰之师，出场时介绍为“此人有万夫不当之勇”，能以一庄之力抵挡人才济济的梁山两次攻打，可见其智；与孙立为师兄弟，能教出祝氏三杰这样的人物，又能力敌梁山多员大将而不败，轻松击伤欧鹏，并用计擒捉秦明，可见其勇；因信任孙立致祝家庄被破，栾廷玉既未被擒，亦未上山落草，可见其忠。祝氏三兄弟及祝朝奉之死均有记载，独有栾廷玉结局的介绍，只有宋江大喜之余嗟叹“只可惜杀了栾廷玉那个好汉”，

---

① （明）施耐庵著，（清）金圣叹评：《贯华堂第五才子书水浒传》，第二十六回总评，黑龙江人民出版社 1997 年版，第 350 页。

② 马幼垣：《水浒人物之最》，生活·读书·新知三联书店，2006 年版，第 1 页。

可谓生不见人、死不见尸体，然小说中宋江三打祝家庄时，明言分四路攻打却只言三路，且三路人马中林冲、李逵等的功绩皆有详述，仅有花荣一路未曾提及，另有吕方、郭盛不属三路带头之人，却砍倒祝虎，出战之人乃至祝太公均述死于谁手以及死状如何，或许是小说中仅将栾廷玉视作配角一笔带过，但不容易写其无罪而亡亦当为原因之一。

而以金圣叹看来则是作者用来说明“网罗之外，另有异样奇人”，从另一方面来看亦说明上梁山并非唯一出路。《醉翁谈录》中即载有“石头孙立”的篇目，而孙立在《宣和遗事》和龚开《宋江三十六赞》中亦均居三十六之数，甚至还是最早落草的重要人物之一，然而在《水浒传》中却事迹不显，或许小说创作者亦认为孙立与栾廷玉自幼同师学艺却赚下祝家庄确实有失厚道，更兼没有丝毫考虑栾廷玉退路问题，故排座位时降孙立居地煞之位。对孙立的处理实际上亦体现了小说作者对栾廷玉的某种同情。在某些读者眼中，栾廷玉为护庄而忠于职守，堪称“最不为人察觉的武林正派高手”[①]。

宋江称可惜杀了好汉栾廷玉，李逵则叹可惜没杀得了扈成。扈成于小说中并有出彩之处，只是结局为“弃家逃命投延安府去了，后来中兴内也做了个军官武将”，并非与乃妹扈三娘一般投效梁山，另且《宋史》中确有名为扈成者曾参与抗金斗争，亦可算作“忠义”之士。

王进、栾廷玉、扈成在小说《水浒传》中均有不同于梁山诸人之举，而在陈忱《水浒后传》、俞万春《结水浒传》、梅寄鹤《古本水浒传》、程善之《残水浒》等小说续作中，此三人均再次出场，或助梁山，或剿梁山，可见读者对此三人结局的某种期待。《宣和谱》即将此三人作为主线人物，将王进作为“孝”的代表、栾廷玉作为“忠”的代表、扈成作为“义”的代表进行重新演绎，虽大体情节未脱离《水浒传》之窠臼，但细节处时时不忘与宋江等人的“假孝、假忠、假义”做对比，与金圣叹在评点中时常称赏李逵之“真”以衬宋江之“伪”有异曲同工之处。

2. 尴尬的扈三娘

《说岳全传》第六十八回描绘鸾英之貌时有“俨然是水浒扈三娘，赛过那

---

① 马幼垣：《水浒人物之最》，生活·读书·新知三联书店，2006年版，第110页。

西游罗刹女"[1]之比，可见小说《水浒传》中扈三娘貌美艺高之深入人心。然而扈三娘却毫无怨言地嫁给了身矮艺劣的王英，小说又仅仅简单地归之于意气相投或天意使然，此举在小说叙事中只是完成了宋江的一个承诺，只是让一丈青上山的策略而已。然而家园被毁、父亲被杀、哥哥被逐，如此情景之下扈三娘仍未有任何表示，甚至在征方腊时还莫名其妙地与王英同死于金砖之下，未免令读者无法轻易接受。扈三娘与潘金莲一起成为漂亮女子与矮丑男子错配的典型人物，如清朱素臣《十五贯》上卷第三出有曲白云"不怕你扈三娘跨马能鏖战，(妹妹)只莫学武大嫂挑帘惯撒颠"[2]，还有如《西湖二集·月下老错配本属前缘》卷十六提及错配姻缘一事时：

> 说话的你只看《水浒传》上一丈青扈三娘嫁了矮脚虎王英，一长一短之间也还不差错；那潘金莲不过是人家一个使女，有几分颜色，嫁了武大郎这个三寸丁縠树皮，他尚且心下不服，道错配了对头，长吁短叹。[3]

更有许多稍涉猥亵之语亦喜用扈三娘做比，如《西湖二集·天台匠误招乐趣》卷二十八描绘张漆匠与美人云雨之状。

扈三娘之结局令人唏嘘，然而小说中的扈三娘在介石逸叟看来，其未为父报仇，是为不孝；未婚夫遭戮自己却被擒嫁夫，是为不节。如此人物反多出现于小说戏曲中，尤其是还有清初《鸳鸯笺》等戏曲将王英、扈三娘演绎成才子佳人式的浪漫结合恐怕更令介石逸叟不满，故介石逸叟在《宣和谱》中极尽诋毁之笔，将扈三娘刻画成一个堪与王矮虎比肩的丑角形象，并另创了一个代表贞节无双的扈二娘形象与之形成鲜明对比，以达"翻水浒"的目的。

---

① (清)钱彩：《说岳全传》第六十八回，中国画报出版社 2013 年版，第 366 页。

② (清)朱素臣：《十五贯》上卷第三出，清钞本，第 20 页。

③ (明)周清原：《西湖二集·月下老错配本属前缘》卷十六，华夏出版社 2013 年版，第 182 页。

二、消解“忠义”的情节设置

《宣和谱》于引首大谈创作主旨之外，又以一曲“沁园春”预述大体情节：

水浒开宗，教头王进，忠孝家风。更栾君廷玉，教师铁棒，扈成飞虎，争显英雄。踏破梁山，填平水泊，淑女标题意气同。惊离散，祝家庄上，殉节匆匆。

海州太守张公，幕下多材共秉忠。恨宋江全伙，抗违王命，齐驱水陆，一战成功。母子相依，夫妻重会，并庆堂前寿禄荣。宣和谱，翻明本传，点醒吴侬。①

此词中出现“忠”“孝”“节”等字即是点醒“吴侬”的核心，“宋江全伙”则是抗违王命的反面典型，足显戏曲创作之旨。而“吴侬”一语与戏曲署名“古吴”相呼应，至少可说明此戏曲的刊刻、演出均以吴地为主。

1. 个人立志之真假忠义

小说《水浒传》除前面的引子外，开宗处是洪太尉误放妖魔，接着便是高俅之发迹，后来才是逼走王进，乱自上作之意明显，王进之走是为被逼无奈的选择。《宣和谱》开宗处是王进受慈母之训，明忠孝之义，其后是与栾廷玉的结义，高俅发迹作为隐含的背景一笔带过，王进之走是主动寻求践行忠义的报国之路。

《水浒传》中王进只有老母一个亲人，《宣和谱》中除老母外还有妻子李氏，并称：

想我一腔忠义，满腹经纶，读的是数卷兵书，习的是十八般武艺。仗策从军，自愧将门有种；弃繻出塞，定推国士无双。倘得戮力疆场，廓清盗贼，博个显亲扬名，才是大丈夫得志之秋。只今年长无成，寄人篱下，

---

① （清）介石逸叟：《宣和谱》开首词，《古本戏曲丛刊》五集据上海图书馆清初刊本影印，可见书后附录。

闻得老种经略相公，收（纳）豪杰，几番欲策蹇西征，因念老亲在堂，不忍远离而去。[①]

使后面的投军避祸顺理成章。这样的王进不再是《水浒传》中那个只有在教头之位无法苟安、性命无法保全的情况下才被动出逃的形象，而成为一个心中始终存有高远志向、只图报国显亲的忠义豪杰形象。

《水浒传》中是王进真病，且已病多日，并不知高俅为太尉之事，只有在见了高俅之后才发觉是自己父亲当日打过的地痞，不得已的情况下临时起意躲向延安府；《宣和谱》中王进则是假病，是其母告诉他亡父曾经打过高俅，在母命下才托病特意不去参拜高俅，并且早已有意要别寻道路，表现出一种对权奸当道的不满，另时刻以母之身体、意愿挂怀，足显孝心。

栾廷玉为待时而动的英豪：

年方弱冠，武艺出众，膂力过人，江湖上多称我为铁棒教师。只是心存报国，未得请缨；志慕封侯，空嗟投笔。更兼家门凋落，中馈尚虚。[②]

有力无处使，有才无处显，落魄东京以教徒谋生。在郊外演示棒法之时恰遇无奈托病的王进，二人意气相投，一见如故，结义为弟兄，矢志“先结个同心伯仲，看取戮力争驱宇宙中”，此时栾廷玉自称20岁，王进25岁。两人的结识与《水浒传》中林冲、鲁智深的结识颇有相似之处，同样是因演示武艺而起，同样是惺惺相惜，同样一个为教头、一个为落魄东京者，其不同处在于《宣和谱》中二人结交更多的是报国立功的志气相同，与林冲、鲁智深的纯粹交谊相比多了一层功利的色彩，当然以介石逸叟的观点来看，是多了一层忠心报国的追求。

《宣和谱》作为戏曲，更多的关注点在于曲词，情节中不合理之处更为明显一些。如戏曲结局处王进母亲90大寿，距招安宋江未有多长时间，跟戏曲

① （清）介石逸叟：《宣和谱》第一出。

② （清）介石逸叟：《宣和谱》第一出。

开首亦未有几年，与王进开头的25岁情理上差别较大。更且王母在听闻王进被捉进殿帅府后亲自去辕门外探听消息，更是与理不合。王进之被救又是因为栾廷玉托几个相识帮忙说话，与前文中栾廷玉落魄东京无有相识处自相矛盾，更且王进在京城多年，又为禁军教头，哪里没有几个熟人，况且时间紧迫之下栾廷玉又怎么会及时得知消息，又及时找到能在高俅面前说得话的人呢？反而不如《水浒传》中王进的同僚帮忙说话才免棒责更合乎情理。

当然戏曲中这样描写是为了增加二人的交情，以便为后文中栾廷玉祝家庄破后欲投奔王进埋下伏笔。戏曲中的王、栾二人即以立志高远的形象诠释了“真忠、真孝、真义”。

宋江出场则是为了让“众兄弟倾心推服，只为孝义二字”之故欲接取太公与四郎上山，却随口便言“待学下第黄巢”，“不忠”之心彰显。与此同时对宋江的“孝”亦进行质疑：

> 一向在山寨中快活受用，偶然想起太公和兄弟，苦守田园，耕种度日，若不接取上山，却不把孝义黑三郎之名轻轻丧了？①

“不孝”之意内敛；不单自承“智多学究，心腹相交，天王保正，坐位将摇”，且时时言称“将要坐第一把交椅”，“不义”之念已生。宋江的“不忠、不孝、不义”与王进、栾廷玉的“忠、孝、义”形成鲜明的对比，而他又不断自我标榜孝义与忠义，亦构成一种对比。

2. 前途选择之真假忠义

九天星主虽仍如小说情节救护了宋江，使其免遭擒捉，却也明言：

> 他本天罡星下降，合当占踞梁山，聚众倡乱。这是赵宋凌替，气数当然。略显威灵，放他脱身去。且喜山东蓟北，自有真忠真义，扫荡招安，乃一场大因果也。黄巾余孽赤眉流，地煞天罡不到头。水浒何知忠与义？

① （清）介石逸叟：《宣和谱》第四出。

莫将笔墨误千秋。[①]

不但略去了赐天书、仙枣、仙酒之事，且直接以“真忠真义”映衬宋江的“假忠假义”，又再次强化“水浒何知忠与义”的观念，驳斥笔墨误千秋的“水浒忠义”论。

宋江不但未能接父弟上山，反遭父亲一顿训斥其不孝。宋江返山途中打算顺路纠合几个好汉入伙以壮大自己的实力，恰好途遇携母妻奔赴延安的王进，百般劝说无效，王进不肯放弃清白的忠义家声，只求为朝廷效力，宋江祭出“有日招安名节显”的杀手锏，并举林冲、花荣、秦明等人的例子，王进直斥：“你这些假忠假义的话，只好哄林冲、花荣、秦明这一班，怎哄得王进？”[②]这里举林冲的例子固然为观众所熟悉，只是此时王进之躲难是高俅初发迹时的报复，尚不可能有高俅陷害林冲之事发生，林冲又因何而风雪奔走上梁山，戏曲中亦没有再造情节，此脱榫之处也可见戏曲本身在情节方面的疏漏。

后来宋太公被王英强掳入寨，甫一上山便大骂宋江的不孝：

我想大逆不孝，无如你这畜生了……不思量安居乐业共守本分，却犯下弥天大罪，在此梁山泊中积草屯粮，招军买马，背叛朝廷，扰害州郡。我好好和四郎耕种过活，又差着手下逼勒到来，这孝义二字，只好哄众人也，哄得生身父母么？[③]

在宋江曲意劝说并称“孩儿将来坐第一把交椅，父亲便是山中太上皇”了时，介石逸叟借宋太公之口直斥“只怕这淮南盗三字，正好骂名万代哩”，与引首所称的史家春秋笔法遥遥相对。

① （清）介石逸叟：《宣和谱》第四出。
② （清）介石逸叟：《宣和谱》第五出。
③ （清）介石逸叟：《宣和谱》第八出。

3. 二娘三娘之真假节义

《宣和谱》在“水浒”原有扈成、扈三娘的基础上新加了一个扈二娘文姬：

> 性爱词章，心耽翰墨，描余得句，漫夸谢女吟花；绣罢濡毫，欲学班姬绩史。[①]

扈三娘学武，扈二娘好文，二人恰是对照。戏曲中延续了扈三娘许嫁祝氏之情节，姐姐二娘却待字闺中，是为后文欲嫁栾廷玉做情节的准备，古来父母之命媒妁之言，哪有先为妹妹订婚而令姐姐无有着落之事，未免此处有失疏漏。甚有可能是扈三娘的影响太大，其嫁王矮虎之事又成定局，介石逸叟为在“忠、孝、义”之外加一“节”字，只得添二娘以紧凑人物关系，只得令二娘后定亲以显其“贞节”。

戏曲中为紧凑人物关系，祝氏为扈氏兄妹之母舅，为给母舅祝寿，学文之扈二娘撰一对联写于大旗之上赠予祝氏，是为“填平水泊擒晁盖，踏破梁山捉宋江”，本意是要令晁宋心胆俱裂，实际效果却只是为祝扈二庄招灾，就此亦免去了借时迁、石秀等人挑起争端的情节，令戏曲本身更显紧凑。戏曲中的祝家庄庄主名为祝义：

> 别号独龙丈人。少年曾为裨将，跋涉边庭，因主帅猜嫌不睦，挂冠而归，隐居庄上。[②]

这样的人物定位带有某种攻伐梁山的主动性，而初衷只是“一点孤忠”，比“水浒”中的祝朝奉更具“忠义”性，也为后文之死义乃至成神打好铺垫。

戏曲中的王矮虎延续了《水浒传》中“身段矬，生就醃臜货”的形象以及好色的性格特点，之所以要鼓动宋江攻打祝家庄，并非因为“踏破梁山、填平水泊”口号的可恶，只是由于“闻得扈家庄有什么二娘三娘，十分动火，趁此

① （清）介石逸叟：《宣和谱》第六出。

② （清）介石逸叟：《宣和谱》第七出。

请大哥点发人马，打破二庄，落得掳来受用”[1]。战阵之上一见扈三娘便“浑身体似酥”，扈三娘眼中的王矮虎却是“区区小贼奴，縠皮三寸，醉眼模糊，料来空矮难如虎，多应摇摆倩人扶”[2]的不堪之状，将《水浒传》中武大郎“三寸丁縠树皮”的外号亦用在王英身上。戏曲中的王矮虎更符合丑角的角色要求，处处体现出一种俗趣来：

> 人人说道强盗长，惟我区区忒郎当。杀人只好齐腰过，放火从来摸壁行。连头带脚不满三尺，捱肩擦背枉弄一场。短橛橛好似开大门个爆仗，跳钻钻活像磨灶角个獐狼。阳谷县里武大郎是我结识个同辈，虎邱山前王主簿是我通谱个尊行。堪笑空来梁山泊上称好汉，还亏配子天边长介个敝房。仰起面孔刚刚望着腰里，伸长臂膊几几摸到奶傍。且喜渠有双刀，我有单枪，肚里肐褡，虽然妄谈我短，身边摇摆，只好靡恃他长。[3]

祝家庄之所以请栾廷玉便是欲借助他“攻围冲击多奇计”，希图“同心共许忠和义”[4]。栾廷玉初见祝家庄门前大旗上“填平水泊擒晁盖，踏破梁山捉宋江”便大声叫好，称赞祝、扈二庄“素怀忠义”，又见落款为“扈氏文姬题”，油然而生仰慕之情，一见祝太公便申言自己尚未有室，甫经撮合，便定终身。戏曲中攻打祝家庄省却了《水浒传》孙立等人内应一节，而是趁祝扈二庄为扈二娘、三娘成亲之际潜伏进庄，并破了二庄，生擒祝氏父子。扈二娘、三娘被擒上山交宋太公看管，祝义父子二人不降殉节自刎而死。栾廷玉、扈成逃脱，本欲上延安寻王进共报朝廷，恰逢海州张叔夜招募义勇便入张叔夜麾下为参将。只是从梁山去延安定不会去海州，戏曲只图情节紧凑，至于细节难免疏略。

扈二娘矢志守节，宁死不从；而扈三娘却因“与祝郎原未交拜结亲，况已

① （清）介石逸叟：《宣和谱》第八出。
② （清）介石逸叟：《宣和谱》第十出。
③ （清）介石逸叟：《宣和谱》第十七出。
④ （清）介石逸叟：《宣和谱》第九出。

经身故”，且“看那宋江假仁假义，倘要妹子另嫁别人，只得顺从他了”[①]。在宋太公的保护下，扈二娘得以保全于水浒寨中，扈三娘半推半就下嫁给了王矮虎，并做出种种丑态。二人形成“真贞”与“假贞”的对比。

4. 假忠义之批判方式

晁盖身故之后宋公明马上将聚义厅改为忠义堂并大宴群雄，并称“这聚义厅不过啸聚本色，今改为忠义堂，才见我等事业，与向来绿林乌合大是不同”。宋太公则大骂宋江假忠假义，“从来忠臣义士，尽心报国，大节凛然。你这班背叛朝廷之人，忠在哪里，义在哪里？”非要用杖将忠义二字抹倒，宋江言“若抹倒忠义二字，教孩儿怎么做人”，宋太公则直斥其心，“你也晓得不忠不义，难以做人？如今混账，把这二字哄着谁来？”[②]戏曲中的宋太公实为介石逸叟的代言人，将宋江的“伪忠伪义”揭露得体无完肤，“翻水浒”之意正源于此。

介石逸叟不但在曲词中痛斥宋江等人的伪忠伪义，更是借小说中原有的宋江患背疮一事批判其“背君背父背友”。所谓“忠烈之人，一灵不散”，“鬼和神钦仰惟忠孝”，祝氏父子死后被上帝敕授忠烈真君，掌管阴阳果报，并发出感叹：“生列布衣，空负勤王素志，死归金阙，尚存报国精诚。虽则乱贼，总关气数，未成荡灭之功，须知孽报，自有因缘，难免轮回之苦，眼见得宋江这厮恶贯已盈，难逃天罚，只在目下。”阎婆惜之魂状告宋江，称“不幸被宋江强纳外宅，那厮与晁盖私通，恐女鬼出首，竟将鸾刀刺死”，祝义更指出“宋江与晁盖私通，晁盖遗言捉得史文恭者为梁山泊主，如今占踞无忌，那晁盖好不衔恨也”。接着将晁盖之魂押上，晁盖称“鬼犯一箭身亡，甘受地狱，只是宋江肆恶，比鬼犯又胜数倍，高踞水泊，全无报应，求真君一体施行，晁盖死而无怨”。并将宋江的罪恶一一复述，“他犯罪遭王法，我冲锋去劫牢，谁想山林高踞多奸狡，瞒心昧己机谋巧，忍见我曾头一箭旗枪倒，空把盟言撇掉，今日里似虎如狼，枉负却替天行道。”实则只是指宋江妄自称尊一事。戏曲中并未涉及晁盖是如何死的，而在这里提出史文恭、曾头市之事，是将小说中的情

① （清）介石逸叟：《宣和谱》第十三出。
② （清）介石逸叟：《宣和谱》第十四出。

节作为戏曲的背景来使用，可见在大体情节上戏曲并未做“翻水浒”之事。尤其是宋江患背疮以及邀请安道全之事基本与小说一致，只是在戏曲中将宋江患背疮之因归之于祝义让阎婆惜与晁盖的鬼魂暗中行击所致，以显宋江“背父背君之报”，并借题发挥阐发自己创作戏曲的主旨：“好笑世人，多把水浒群盗认作真忠真义，且看宋江背疮发时，大家省悟矣”，所谓“愿普天下读稗官的如梦觉”，至于最终结局虽未在戏曲中明示，但亦宣称“宋江阳寿终时，自当遍历地狱”[①]，与《忠义璇图》冥谴几出有呼应之处。

5. 战败而受招安的结局

朝廷派陈太尉赍御酒诏书，前来梁山招安，到得王矮虎与扈三娘在山下开的酒店里。王矮虎不愿接受招安，又称看宋江口里说招安，心上原不愿，故与扈三娘用蒙汗药酒药倒陈太尉并换了御酒，戏曲中的鲁智深等人物延续了小说《水浒传》中的性格，喜欢喝酒，喜欢自由，不乐招安，因此大伙都知道是王英搞的鬼，却乐于招安不成。只是戏曲中宋江的态度与小说相似，表现得比较模糊，实未曾公开表示不愿招安的事。小说中初次招安不成是阮小七偷换了御酒，而此处改为王英，相对而言戏曲人物集中，人物性格方面却不甚符合。

张叔夜知海州，却“闻得梁山贼众，正尔猖狂，可叹朝廷无人，每轻言招抚，下官莅任方始，须索练兵选将，为战胜殄灭之计”[②]。并提前做好攻打准备，招募义勇。在《宋史》中张叔夜是在宋江等人乘船过海州时擒获其副将者，而戏曲中张叔夜身在海州却忧虑济州梁山之事，未免与情理不合。王进在延安种经略处得授游击之职，回家探母，发现母亲因念儿心切身患重疾，自去建康延请神医安道全。中途遇宋清用计赚安道全上梁山医治宋江去了，只得自己回到家中割股疗疾，幸喜马上见效治好了母亲，更显其“孝”。恰于此时种经略派人通知王进率三千精骑去协助海州张叔夜共剿梁山。只是种经略布防边境，却不顾迢迢千里援助海州太守来攻伐济州之盗，恰似儿戏。

扈文姬趁宋江患病山寨防守疏松之时窃得军中衣帽一副，并跟妹子扈三娘借了令旗，顺利下山并寻找到夫君栾廷玉。扈三娘与姐姐约定好日后互通消

① （清）介石逸叟：《宣和谱》第十九出。

② （清）介石逸叟：《宣和谱》第十五出。

息，并劝王矮虎早图归顺。扈文姬甫一下山便遇丈夫，二人互通相思之情与离别之意，并借栾廷玉之口指出张叔夜的主张：

> 那伙贼人前次招安抗拒，今张公刻期会剿，欲待他势穷力极、心胆俱丧，那时仰体朝廷德意，听其投顺。[①]

王进率步军先打头阵，“黑旋风雄威倒，两头蛇钢叉掉，花和尚花和尚，疾走迢迢，笑三郎拼命空劳呀任魔王混搅，头陀撇戒刀，赤发萧然似鬼，似鬼插翅同逃”，用梁山几人绰号，显李逵、解珍、鲁智深、石秀、樊瑞、武松、刘唐、雷横俱败；栾廷玉率马军打二阵，“急先锋轻驰冒，美髯公空容貌，双枪将双枪将枉弄风骚，并双鞭撇下忙跑呀，武师名空好，当场霹雳消，隐隐纹龙何处，何处飞石逍遥”，索超、朱仝、董平、呼延灼、林冲、秦明、史进、张清又相继战败；扈成率水军打三阵，“混江龙惊忙了，活阎罗休胡哨，浔阳畔浔阳畔枉说乘潮，笑翻江出洞蜃蛟呀，叹青波白跳，村郎短命抛，立地相逢太岁，太岁船火难牢”[②]，李俊、阮小七、李立、童威、童猛、张顺、阮小二、阮小五、张横等水军又战败。梁山被围，王矮虎、扈三娘又极力撺掇宋江接受招安，宋江回思前程，“我只指望美前程轰轰踞水洼，谁道是扫威风隐隐成笑话，细思量受天文一段妖书假，再休提闹浔阳三杯酒兴赊，本待要学黄巢凌云志可夸，竟做了走乌江落日心自讶。想梁山自王伦起手，竟遭火并，今一旦丧败，与他也差不多了。须知万载千秋，免不得淮南称盗，也堪比着白衣人秀士家”，不免口出怨言，“前次招安，多是你每闹炒了，朝廷积怒，如今挽求，那张叔夜只怕未必肯容纳”，王英夫妇主动请缨前往接洽。张叔夜称“现擒副贼俱解京献俘”，宋江势穷力竭之下接受了招安，与史相合。与小说相比增添了被动之感，而失败再降的演绎也消解了水浒人物自恃的勇力。

---

① （清）介石逸叟：《宣和谱》第十五出。

② （清）介石逸叟：《宣和谱》第二十六出。

三、“忠义”游移于水浒之外

《宣和谱》对于宋江接受招安之事与《水浒传》情节上并无太大出入，其最大的特点即是有所脱离于小说《水浒传》，主线人物与情节不再围绕梁山诸人展开，而是以《水浒传》中戏份不足的王进、栾廷玉、扈成、祝义等为主角并为梁山的对立面，还新增设了扈文姬（二娘）角色之贞以反衬扈三娘之不贞，所谓“点醒吴侬”只不过欲指出《宣和遗事》乃至《水浒传》中的所谓“春秋笔法”，以王进、栾廷玉、扈二娘、张叔夜等人的“忠孝节义”处处映衬宋江等人的“假忠、假孝、假节、假义”，但招安之事亦如小说中宋江等人的归属类似，虽为战败而降，但毕竟亦归之于正。

可见《宣和谱》“翻水浒”所翻之案只是对于宋江“忠义”的观点变换，从一定程度上延续了金圣叹的某些观点，曲词或有出色之处，只是情节上未有多大创新，细节上又多疏漏，文字质量、舞台效果远远无法与《水浒记》《义侠记》相比，排演不多，流传不广。然而《宣和谱》是由借鉴小说到反思小说“水浒戏”创作的一个重要中间环节，对其后《忠义璇图》乃至《结水浒传》《残水浒》的创作均有一定的影响，尤其体现了消解“水浒忠义论”的某种思考，比单纯的倡其忠义或批其诲盗更具文学价值。

四、《宣和谱》分出提要

《宣和谱》共有二十八出，内容主要叙述王进、栾廷玉、扈成三人在张叔夜的率领下，共同战败梁山诸人的故事，只是结局仍可算作“大团圆”，宋江等人接受招安，并与王矮虎、扈三娘等与所谓的真忠真义者共同庆贺王进母亲的九十大寿，一团喜气中结束全剧。

分出内容提要如下：

第一出《慈训》：禁军教头王进心怀壮志却无有出头之日，心中甚想立功于边境，无奈老母年迈，只得屈留京中。王进之母对其多有勉励，训导其要尽忠于国。恰于此时牌军传信要王进明日参拜新到任太尉高俅，王母告知其父曾得罪高俅一事，让其托故不赴太尉府，王进应允。

第二出《义概》：栾廷玉虽文韬武略兼备，且有济世之心，但因无人引进，只得落魄京都，靠教授武艺谋生。在与徒弟演示棒法之时，恰逢托故不赴太尉府拜望太尉而散心郊外的王进。二英雄相见甚欢，慨然结为兄弟。

第三出《计潜》：高俅令人将托病的王进捉进太尉府，王母亲去探问，多亏栾廷玉多方求托，暂免王进刑罚。[①] 王进与母亲商议，决定弃家投奔边关老种经略处，一来避祸，二来报效国家。

第四出《盗踪》：闹江州后宋江正式落草梁山，为"孝义"之故特回家搬取父弟。宋太公执意不赴梁山，宋江回途中被官军追赶，在九天星主庙中暂避一时。九天星主一方面称宋江为"天罡星下降"，一方面又称其为黄巾、赤眉之流而非真忠义。

第五出《途愤》：王进奔赴边关途中恰遇回山的宋江，二人一番交谈，宋江本意邀请王进上梁山，并以林冲、花荣、秦明等为例子，王进直斥其不忠不义、伪诈欺世，宋江心下不乐，二人不欢而散。

第六出《题帜》：扈家庄扈成欲往母舅祝太公处拜年称庆，扈二娘文姬手写彩旗"填平水泊擒晁盖""踏破梁山捉宋江"为新年贺礼。祝、扈二庄联合，并欲与梁山做对头。

第七出《庄庆》：祝太公本名祝义，曾为边关裨将，因对时世不满而隐居祝家庄上，但壮心不已，一点孤忠欲扫清梁山。扈成与扈文姬到访，谈起扈三娘的婚事，顺便亦托祝义为二娘文姬留意佳婿。

第八出《诲犊》：王矮虎奉宋江之令强行接取宋太公和宋清上山。宋江厚颜向父弟宣称自己马上就要坐第一把交椅，宋太公直斥其不忠不孝，称"淮南盗"之号将会骂名万代。王矮虎一心贪慕扈二娘、三娘的美色，向宋江谈起扈、祝二庄与梁山为敌之事，宋江下令整顿人马，要大破二庄。

第九出《缔姻》：栾廷玉受祝义礼聘，自东京奔赴祝家庄为教师。祝义甫见之下，甚为满意栾廷玉的英雄气概，为栾廷玉与扈文姬做媒。恰于此时听闻梁山人马攻打扈家庄，栾廷玉带兵前往解围。

第十出《获丑》：王矮虎领梁山兵马攻打扈家庄，为扈三娘的美色所迷，武艺大打折扣，恰逢栾廷玉亦带祝家庄兵前来相助，遂与扈三娘共捉王矮虎，

① 此处明显与前出栾廷玉的落魄有所矛盾，亦可见戏曲对情节设置的不甚重视。

缚其入庄关押。

第十一出《婚劫》：祝家庄大摆宴席，为二对新人举办婚礼。梁山众人扮作送亲队伍，潜入庄中里应外合，大破祝、扈二庄。祝氏父子慷慨就义，扈二娘和扈三娘被擒往梁山，只有栾廷玉和扈成逃脱。

第十二出《激遁》：栾廷玉和扈成在二庄被灭后杀出重围，相遇后商量去处，在栾廷玉的建议下决定前往延安寻找王进，投奔老种经略以报效国家，并寻机剿灭梁山以报家仇。

第十三出《贞矢》：扈氏姐妹被宋太公着意照管。王矮虎夜间前来欲图调戏，扈二娘坚贞不屈，大声斥骂，宋太公闻声赶至，亦极力保护。只是扈三娘因感未婚夫已亡，遂与王矮虎成其夫妻，正式投效梁山。

第十四出《骂堂》：晁盖去世，梁山共推宋江为主。宋江将聚义厅改为忠义堂，在众人面前大谈“忠义”。宋太公大闹忠义堂，质问宋江诸人何为“忠义”，直斥其哄骗世人，实为不忠不义。宋江等人狼狈不堪，草草散席。王矮虎和扈三娘被宋江派到山下开设酒店，以张耳目。

第十五出《忠略》：海州张叔夜因邻近梁山，一心剿灭梁山，为此广发榜文，以招天下英雄豪杰。

第十六出《留养》：王进母亲因思念儿子身患重病，王妻李氏百般照料仍不见丝毫起色。恰逢王进回家探亲，见母之病，决定前往江南去寻神医安道全以治母病。

第十七出《窃酿》：朝廷派陈太尉携御酒、圣旨前来梁山招安宋江等人。王矮虎与扈三娘在山寨下面的酒店里用蒙汗药药倒众人，偷换御酒，欲令招安不成。

第十八出《抗招》：陈太尉上梁山欲当众宣读圣旨，被众人打断，强行先饮御酒。因酒劣致鲁智深等人当场发作，大闹忠义堂，令招安不成。宋江知此事为王矮虎夫妻所做，却并不生气，表示默许。

第十九出《冥诉》：祝义死后被封忠烈真君，恰逢阎婆惜死后前来哭诉被宋江杀戮一事，实因宋江不忠而起；祝义又令鬼卒引晁盖魂魄前来，亦表达对宋江的不满，称自己之死源于宋江的不义。祝义因念宋江为罡星下凡，尚不致殒命，遣阎婆惜、晁盖二人魂魄前去稍作训诫。

第二十出《孽报》：宋江在梁山上与宋江饮宴之时，阎、晁二人魂魄前来，致宋江背生恶疮，以彰其“背反”之罪。宋太公借此训斥宋江不忠不义，却也指出只有建康神医安道全可治此病，宋清前去寻医。

第二十一出《夺医》：王进因母病正延请安道全，中途却被宋清用计骗取安道全上了梁山。王进无奈，只得自己孤身一人暂回家中。

第二十二出《孝感》：王进见母病日渐沉重，割肉饲母以尽孝道，终于治好母病。此时小军前来传种经略将令，派王进领军前去相助张叔夜协剿梁山。王进因母病刚愈正在犹豫之际，王母令其以“忠”为上，于是星夜前往军伍。

第二十三出《改粧》：扈二娘趁宋江重病之时，改扮男装欲行逃出梁山。扈三娘得知，送其令旗帮助姐姐逃走，并约定日后官军来剿灭梁山时彼此救护。扈三娘逃出梁山。

第二十四出《巧遘》：栾廷玉和扈成在投奔延安府途中，恰逢张叔夜招贤，于是共投张叔夜麾下。扈二娘逃出梁山后，正遇到带军围困梁山的栾廷玉，夫妻相聚，共诉过往。

第二十五出《病警》：宋江之病被安道全治愈，陡然发现梁山被围，而围困者正是昔日不肯上梁山的王进及栾廷玉、扈成等人，宋江等人只得分兵抵挡。

第二十六出《会剿》：在张叔夜的调配下，王进率马军、栾廷玉率步军、扈成率水军大破梁山三军，梁山人物纷纷战败，局势岌岌可危。

第二十七出《逼降》：王矮虎夫妻见事态不好，只得劝宋江接受招安，并主动前往张叔夜军营之中，谈妥招安事宜，宋江等人于战败之后正式归降于朝廷。

第二十八出《寿圆》：王进之母九十寿诞之时，宋江、王矮虎等人前来拜寿，与王进等人共贺升平。

第三章 《忠义璇图》考论

清代宫廷大戏《忠义璇图》是对整部小说《水浒传》的戏曲演绎，以篇幅而论堪称水浒戏之规模最大者。缘于不同的创作理论和创作背景，《忠义璇图》对水浒故事进行了详略不同的采择，虽亦多有借鉴明代水浒戏之处，但从创作主旨而论亦呈现出某“反水浒”之意。

第一节 《忠义璇图》创作的时代背景

清代的水浒戏曲创作多延续小说的大体情节，但在特殊的时代背景下对小说主题的诠释呈现出更多的变化。以某些学者的观点来看：

> 戏剧一道，有清一代为最盛。盖清室来自漠野，目所睹者皆杀伐之事，耳所闻者皆杀伐之声，一聆夫和平雅唱、咏叹淫佚之音，宜乎耽之、悦之。上以此导，下以此应。于是东南各地梨园子弟相率入都。[①]

其实清初文字狱数兴，统治者一方面加强文化控制，对小说戏曲等通俗文化的禁毁法令自皇帝至地方政府层出不穷，像乾隆十八年（1753）即直接下令禁译《水浒传》，且将“禁止小说淫词”纳入《大清律例》之中。福建道监察

---

① 张次溪：《清代燕都梨园史料正续编》，中国戏剧出版社 1991 年版，第 19 页。

御史胡定宗更是直接上书要禁毁《水浒传》：

盗言宜申饬也。阅坊刻《水浒传》，以凶狠为好汉，以悖逆为奇能，跳梁漏网，惩创蔑如。乃恶薄轻狂曾经正法之金圣叹，妄加赞美；梨园子弟，更演为戏剧；市井无赖见之，辄慕好汉之名，启效尤之志，爰以聚党逞凶为美事，则水浒实为教诱犯法之书也。查康熙五十三年，奉禁坊肆卖淫词小说。臣请申严禁止，将《水浒传》毁其书板，禁其扮演，庶乱言不接，而悍俗还淳。①

另一方面清初统治者又在刻意地歌咏升平，顺治、康熙、雍正直至乾隆数朝，在不影响其治国根基的前提下，多是乐于附庸风雅的，且对戏曲多有涉猎。如康熙时即关注剧本的改编：

《西游记》原有两三本，甚是俗气！近日海清，觅人收拾。已有八本，皆系各旧本内套的曲子，也不甚好。尔都改去，共成十本，赶九月内全进逞。②

由此可大略知悉《昇平宝筏》的创作过程。几大宫廷戏均是在前代戏曲基础上的改编与加工，对此清昭梿《啸亭杂录·啸亭续录》卷一中《大戏节戏》有载：

乾隆初，纯皇帝以海内升平，命张文敏制诸院本进呈，以备乐部演习，凡各节令皆奏演。其时典故如屈子竞渡、子安题阁诸事，无不谱入，谓之《月令承应》。其于内廷诸喜庆事，奏演祥征瑞应者，谓之《法宫雅奏》。其于万寿令节前后，奏演群仙神道添筹锡禧，以及黄童白叟含哺鼓腹 者，谓之《九九大庆》。又演目犍连尊者救母事，析为十本，谓之

① 王利器：《元明清三代禁毁小说戏曲史料》，上海古籍出版社 1979 年版，第 44—45 页。

② 故宫博物院原掌部编：《掌故丛编·圣祖谕旨二》，中华书局 1990 年版，第 51 页。

《戏善金科》，于岁暮奏之，以其鬼魅杂出，以代古人傩袚之意。演唐玄奘西域取经事，谓之《升平宝筏》，于上元前后日奏之。其曲文皆文敏亲制，词藻奇丽，引用内典经卷，大为超妙。其后又命庄恪亲王谱蜀、汉《三国志》典故，谓之《鼎峙春秋》。又谱宋政和间梁山诸盗及宋、金交兵，徽、钦北狩诸事，谓之《忠义璇图》。其词皆出日华游客之手，惟能敷衍成章，又抄袭元、明《水浒》《义侠》《西川图》诸院本曲文，远不逮文敏多矣。嘉庆癸酉，上以教匪事，特命罢演诸连台，上元日惟以《月令承应》代之，其放除声色至矣。①

此段叙述被俞樾引于《茶香室丛钞·茶香室三钞》卷二十二《内廷杂剧》②，由此可略知《鼎峙春秋》《忠义璇图》对元、明《西川图》《水浒记》《义侠记》等戏曲的沿袭。周祥钰号日华游客，字南珍，常熟人，乾隆十一年（1746）曾参与编纂《九宫大成南北词宫谱》，应该非常熟悉戏曲的唱腔与表演。《忠义璇图》作为连台大戏，延续了前几本宫廷大戏的大体规格并且更为严谨，分十本二百四十出，虽如评论所言是在抄袭元明曲文的基础上敷衍成章，情节方面亦多有疏漏之处，但亦属难得。作为宫廷大戏，《忠义璇图》人物多、场次繁、场面大，兼且是较为完整地改编了整本《水浒传》，在规模方面堪为水浒戏曲之最。需要注意的是《忠义璇图》改编依据的《水浒传》版本并非清代流行的金圣叹评点七十回本，而是据一百二十回本，虽然所占篇幅不多，但征田虎、王庆、方腊情节俱有，只是省略了征辽一节。戏曲除提前让宋江、晁盖等人物于第一本第七出亮相之外，其他人物、情节的顺序大多遵照小说。

在引文中亦注明嘉庆癸酉年（1813）因教匪事而罢演诸戏，当指天理教林清率教民曾于此年准备攻入清禁宫，《啸亭杂录》中有“癸酉之变”一条：

（九月）十四日，林清贼党分二队，其东自董村至者，以祝现、屈五

---

① （清）昭梿：《啸亭杂录·续录》卷六，上海古籍出版社2012年版，第267—268页。

② （清）俞樾：《茶香室丛钞·茶香室三钞》卷二十二《内廷杂剧》，清光绪二十五年刻春在堂全书本，第2510—2511页。

为首，约由东华门而入；其西自黄村至者，以李五、支进财为首，约菜市口齐集，由西华门而入。正阳门外开庆隆戏园刘姓者，亦其党羽，曾授逆职为巡城御史。是日延李五等入其戏园观剧，酣饮竟日，而营坊诸官莫有过而问者，其去木偶几希矣。[①]

据此可见至少曾有部分梨园艺人参与天理教的反清活动。据《大清仁宗睿皇帝实录》卷二百八十一载：

嘉庆十八年癸酉十二月癸丑又谕……至民间演剧，原所不禁。然每喜扮演好勇斗狠各杂剧，无知小民，多误以盗劫为英雄，以悖逆为义气，目染耳濡，为害尤甚。前已有旨查禁，该管地方官，务认真禁止，勿又视为具文。[②]

另有白山《灵台小补》序文一篇，言及天理教的活动受水浒诸戏的熏染，祸端起于戏场话语：

当是时，首逆林清，谋为不轨，以市井无赖匪徒，辄敢妄窥神器，久蓄狼贪怪异之心，非一朝一夕矣。是以于嘉庆十八年九月十五日，夺门犯阙，穷凶极恶，诚天人共愤也。回忆当年，从陈华门窜入之贼匪，尚问伊同伙之贼，言金銮殿在于何处，并一切持刀乱闯，肩插白布小旗，口中贼号。再该逆攻中正殿门时，胆敢刀砍门闩，喝令喇嘛，快快投降，免尔一死等等悖逆胡言，可见尽是串戏来由。且风闻正阳门外大栅栏内，于是日晌午时，正开场演戏，突来一人，不知说了一个甚么暗号，抽身急走，即收场不演矣。旋忽散去，两班优伶，其人甚众，恨忘其班名，诸如此等情形，大有可疑。又闻兵围滑县时，逆匪牛亮臣，穿大红八卦道袍，坐八人亮轿，巡城喊骂，贼众称为军师，并伪称天皇、地皇、人皇，胆敢妄以三

① （清）昭梿：《啸亭杂录·续录》卷六，上海古籍出版社 2012 年版，第 115 页。
② 王利器：《元明清三代禁毁小说戏曲史料》，上海古籍出版社 1981 年版，第 65 页。

> 皇治世取意，此即梨园搬演黄巾作乱诸剧内之张角等等所称天公将军、地公将军、人公将军者，该叛逆皆有所本也，皆有所仿也。再如逆匪李文成等……所用之服色，均戏班内之彩衣。甚至廷讯逆匪冯克善、屈四时，该犯尚口吐人言，说俺招安他们去，受刑时复呼我主，尽是一派演剧口气……由是观之：该逆匪俗匪，均苦苦欲踵梁山泊之流弊耳，谁生厉阶，岂非戏场恶境耶？即如盗甲时迁者，显然一穿窬狡贼也，醉酒刘唐者，居然一劫掠大盗也，真所谓“搬演开生面，观听起贪心”也。其关系如此重大，足下尚视若泛常，漫不萦怀，并哂余小题大作，见识浅薄，迂论饰词耶？夫梨园小部，为害甚大，深而且久。悲苦世人，迷而不悟，酷玩其华者多，猛省其非，明此中招邪宣淫，痛除巨恶者少，实所谓漏脯充饥，鸩酒止渴，非不爽口，祸已随之，只图转瞬之欢娱，遂忘终身之忧患，牢不可破，大有可悬，岂浅论哉？[①]

白山以当事人的口吻，痛斥戏曲之诲盗，虽有过激之处，但也至少说明戏曲之入人心之深。宫廷之外此种打斗之曲尚然要禁，更何况禁宫之内？毕竟在统治者看来，宫内看戏的并不仅仅是皇族贵戚，尚有内侍、宫女等人，而演戏诸人入戏更深，难免有模仿之举。在王芷章《清升平署志略》、周明泰《清升平署存档事例漫钞》等文献中记有嘉庆癸酉之后《劝善金科》《升平宝筏》《鼎峙春秋》的详细上演记录，却无《忠义璇图》的相关记录，只有零星的单出排演。可见受禁演令影响最大的是《忠义璇图》，这可能跟水浒戏特殊的主题难以把握有一定关系。

第二节 《忠义璇图》的版本衍化

《忠义璇图》作为宫廷大戏，传世不多，《曲录》著录，但语焉不详，庄一拂先生在《古典戏曲存目汇考》中“周祥钰《忠义璇图》”条中有录：

① 王利器：《元明清三代禁毁小说戏曲史料》，上海古籍出版社 1981 年版，第 337—339 页。

> 升平署钞本。与邹金生等同编。演梁山泊宋江及宋、金交兵，徽、钦北狩等事。钞袭《水浒记》《义侠记》《虎囊弹》等传奇而成。今仅存精写残本二十出，署蓝畹编。①

只是此种“钞袭”及“仅存精写残本”一说有所失误。赵景深先生曾于1942年在《小说月报》上发表《〈忠义璇图〉与〈虎囊弹〉》②一文，谈及此剧所留存《虎囊弹》的佚曲问题，此版本实为署名“蓝畹”等编的残本；1980年赵先生又在《艺谭》发表《谈清宫大戏〈忠义璇图〉》一文，所谈版本为未署名的全本即二百四十出本。

陈芳在《乾隆时期北京剧坛研究》中指出《忠义璇图》的版本有：一为清昇平署抄本，二为《清宫大戏》本（台北天一出版社据清内府抄本影印），三为精写残本二十出，署蓝畹编。实际上前二种为同一版本。③

根据对勘，笔者发现《忠义璇图》现存版本有三，皆为清抄本，其中一种为全本（二百四十出），另两种为分属不同改编阶段的残第一本和残第四本，特简要介绍如下。

一、草创的残第四本

《忠义璇图》版本之一为未题编者名姓的二十出本（中缺六、七二出，实存十八出），现藏中国国家图书馆，另有一抄本藏首都图书馆，两本大体相同，均缺二出，区别在于国图藏本有圈点而首图藏本没有。每页十行，每行二十二字，每出有四字标题，与二百四十出本对勘，当为第四本④，收入《明清孤本抄本戏曲丛刊》第七册。里面情节实为两条线索同时演进，一是宋江清风寨观灯被刘高所擒又被救上清风山，后汇聚众人共归梁山，中途收家书探父被捉，在

---

① 庄一拂：《古典戏曲存目汇考》卷十一，上海古籍出版社1982年版，第1304页。

② 赵景深：《赵景深文存》（上），上海古籍出版社2016年版，第431—432页。

③ 康小芬：《论清代宫廷大戏〈忠义璇图〉》，福建师范大学2012年硕士论文。此论文认为《忠义璇图》现存只有这两种版本。

④ 亦有个别出在二百四十出版中归在第三本和第五本当中。

二百四十出本中为第四本第六出至第四本第二十出；二为武松打虎、武大捉奸至武松醉打蒋忠，在全本中延续自第三本第十九出至第五本第二出，详细对应目次详见下表。

残第四本与全本详细对应目次

残本目次	小标题	二百四十出本对应目次	小标题
第一出	被纵复擒	第四本第六出 第七出 第八出 第九出	灯棚平地又生波 花荣义夺伤弓鸟 熊氏潜勾脱饵鱼 诡谋复获虎张三
第二出	当筵计赚	第四本第十出	狡计并擒小李广
第三出	截救上山	第四本第十一出 第十二出	议救援暗离虎寨 明打劫计释槛车
第四出	捉奸被伤	第三本第十九出前半	抛梨篮武大拿奸
第五出	武大服毒	第三本第十九出后半	抛梨篮武大拿奸
第八出	公堂刺配	第三本第二十二出	武都头孟州遣戍
第九出	诱敌秦明	第四本第十三出 第十四出	霹雳火兴师搦战 清风山骗甲行权
第十出	横遭兵火	第四本第十五出	假秦明耀威纵火
第十一出	负冤入伙	第四本第十六出	真统制负屈归巢
第十二出	剑诛负义	第四本第十七出 第十八出	黄信来投除旧恨 宋江作伐缔新姻
第十四出	恩结英雄	第四本第二十一出	老管营惜士免刑
第十五出	人前显武	无	无
第十六出	中途闻讣	第四本第二十出	小李广飞箭解围
第十七出	醉打蒋忠	第五本第二出	醉打蒋忠还旧业
第十八出	还家遇捕	第四本第二十二出	新都头获凶刺配
第十九出	收揽群雄	第四本第二十三出	两处人雄归虎寨
第二十出	互显雄威	第四本第二十四出	全彪骁杰展龙韬

经简单勘对，可知此残本十八出《忠义璇图》当为第四本的较早形式，主要是宋江在清风山的故事和武松故事，因第三出“截救上山”与第九出“诱敌秦明”故事衔接连贯，可知残缺的第六出、第七出内容应在“武大服毒”与“公堂刺配”之间，为武松故事中的杀嫂情节。全本《忠义璇图》在对应的第三本第十九出与二十二出之间，恰有两出“泉台冤梦惊同气”“灵桌霜锋献并头”，残本所缺的两出甚有可能即为此二出。

此版本每出前皆有“第 × 处”字样，排列鳌齐，其中空缺两出应为装订时遗漏所致，原本当为二十出。每出均为四字标题，未有编写者与出处信息，亦未见明显的涂改痕迹，情节与明传奇《义侠记》《水浒记》有一定的模仿，甚至有整出完全抄录者。但也有的进行了大量的修改，大部分曲文、对白不同，尤其是曲词部分修改更多。

在重复前一曲调时均作“前腔”，未见“又一体”的使用，这一点当是辨别《忠义璇图》编写过程的重要例证，后文详述。

此版本中手写体字有很多不同于后来的版本，如“军健”“且謾”“解”，还有跎瘩的“瘩”写作“踏”，“公廨”的“廨”字写作“廨”，“邂逅”的“邂”写作“邂”，“攩”写作“挠”，“噱”写作“嘘”等。除此之外还有数处习惯性误写如将“俺”写作“掩”，将“怒”写作“恕”等，疑为抄写者习惯性手误所致。此版本当为《忠义璇图》的较早编写本，且未经细致的戏曲与文字校对。

二、贴补修改的残第一本

二为标为“第一本”的二十出抄本，因其中有两个“第十一出”，且在第二个十一出注明“删去不用四篇”，故此版本实为二十一出本，每页十行，每行二十二字，首页标明为“第一本”“蓝畹编”，大多数均有七字标题，且有编者姓名。但仔细查看，可知七字标题和编者信息为后来贴补，初始版本中亦为四字标题。文中曲白多以贴补的形式调整者，多见由曲改为白。现藏中国国家图书馆。首有“越然过眼”印，末有“周越然”印，第十二出有“义乌朱氏馆经楼书画珍藏印”，未有影印本传世。细看此版本，可见每出皆有后来贴补的七字标题遮盖了初抄时的四字标题，且以贴补的形式注明为“蓝畹”“三元官”

编，与二百四十出本有相似之处，中有据《虎囊弹》改编情节。每页十行，每行二十二字。此本遍布纸条贴补的痕迹，且贴补用纸颜色泛黄，与原初纸质发灰区别明显，当是在初抄本基础上进行的修改本，尚未经再次誊抄，此版本的发现恰可说明《忠义璇图》创作过程中的某些编改方法与内容。

赵景深先生《〈忠义璇图〉与〈虎囊弹〉》一文当据此版本，虽曾详列二十出的标题与编者信息，但未列第一个十一出“保村坊陈达被捉”，亦未指出标题更改及贴补现象。此后一些研究者恐怕亲目此版者不多，而仅引述赵先生的相关论述。而此版本的独特价值便在于贴补现象，由此实可探明《忠义璇图》的某些编写和修改意图与方法。

残第一本与初始版本、全本目次比较

贴补后出数	初始出数	贴补后标题	初始标题	编者信息	对应 240 出本标题
第一出	原无出数	宣诸神发明衷旨	三教会议	蓝畹编	第一出宣诸神发明衷旨
第二出	第一出	建大醮酬答昇平	宋帝设朝	蓝畹编	第二出建大醮酬答昇平
第三出	第二出	驾鹤朝天征法力	天师预闻	蓝畹编	第三出骑牛对使露真言
第四出	第三出	鸣驺载道肃威仪	□[①]迎天使	蓝畹编	第二出后半与第四出前半
第五出	第四出	上清宫受惊太尉	历试坚心	蓝畹编	第三出骑牛对使露真言
第六出	第五出	齐云社遇合端王	端王宴乐	蓝畹编	第六出肆华筵端王称庆
第七出	第六出	洪信放魔前数定	误放妖魔	蓝畹编	第四出洪信放魔惊赑屃
第八出	第七出	高俅上任积嫌伸	太尉作威	三元官编	第八出高俅上任积嫌伸
第九出	第八出	教头抵暮因投宿	投宿山庄	三元官编	第九出史进留宾新义洽
第十出	第九出	庄客流言又送行	集众防御	三元官编	第十出闻缉捕王进遄行
第十一出	第十出	保村坊陈达被捉	义释陈达	三元官编	第十一出保村庄陈达被捉
第十一出	第十一出	闻狮吼郑屠遣妾	逼离翠莲	三元官编	无
第十二出	第十二出	漏消息史进入林	群雄拒捕	三元官编	第十二出守友谊史进结恩 第十四出赏中秋溃园聚义
第十三出	第十三出	店打宰夫伤毕命	怒打郑屠	无落款[②]	第十五出鲁达挥拳除市虎

① 因被贴补遮挡，此字不易辨识，应为“恭迎”之意。

② 应原有贴补落款，日久掉落之故。据赵景深先生文章称此出亦署名为“三元官编”。

续表

贴补后出数	初始出数	贴补后标题	初始标题	编者信息	对应 240 出本标题
第十四出	第十四出	路逢员外指安身	鲁达逃难	旧有，蓝畹增改	第十七出七宝村留宾构祸
第十五出	第十五出	五台山智深剃度	五台削发	旧有	第十八出鲁提辖避难被缁
第十六出	第十六出	七宝村赵恺株连	诬陷善良	旧有，蓝畹增改	无
第十七出	第十七出	金翠莲探监诉控	探监分别	旧有，蓝畹增改	无
第十八出	第十八出	荷叶包写状鸣冤	翠莲写状	旧有，蓝畹改	无
第十九出	第十九出	制府廉明施惠露	受弹鸣冤	旧有	无
第二十出	第二十出	瑶坛洁静瑞祥云	罗天大醮	蓝畹编	无

其特点一是删改较大。最典型的是将原四字标题皆改为七字标题，并新增第一出“宣诸神发明衷旨”，第二个“第十一出”标明“删去不用四篇”，然与二百四十出本对比，至少有“闻狮吼郑屠遣妾”“七宝村赵恺株连”“金翠莲探监诉控”“荷叶包写状鸣冤”“制府廉明施惠露”“瑶坛洁静瑞祥云”六出未有收录，其中“逼离翠莲”至“受弹鸣冤”应为《虎囊弹》旧有，而蓝畹增改。现存整本的《忠义璇图》大部分与鲁达无关情节均已删去不用，由这些删去的文字中可以发现贴补修改较为明显的有：原太原宿元景任统制，而改为种师道。《虎囊弹》旧有情节，当是与整体情节关联不大，故予以删去。还有第十九出有一页误装入二十出，当是在贴补修改完成之后装订失误所致。

另为将情节理顺，有整页重写者。如第十二出“漏消息史进入林”原文一开始就是史进上场唱与陈达等人交往过程，并督促庄客整备宴席迎接少华山一众，未交代李吉拾书、出首情节。而修改者新贴补了一整页内容[①]，由李吉之口详述故事经过，令前后情节衔接更为通畅。此整页添加的文字可见二百四十出本第十四出，基本未再做大的修改，由此亦可见此贴补本要早于全本。

二是将“前腔”大部分改为“又一体”，简单统计之下，至少有二十六处明显的贴补痕迹。另第七出第一页上方有“又一体”贴补纸条，本页中“前腔”未被贴补，疑为纸条掉落或忘记贴补所致。第十出有二处“前腔”仅用白

① 此页内容原存本出后半部分，贴补本将之提前并稍做修改。

纸贴补，表示为上一曲牌的内容。《琵琶记》《连环记》《玉簪记》《浣纱记》等戏曲作品中亦多用“前腔”表示曲牌与前相同者，只是戏曲作品中用“又一体”者相对不多。

“前腔”“又一体”一开始是被用于描述词牌的异同，如元仇远撰《无弦琴谱》将词牌名相同者皆用“前调”或“前腔”表示，而前后词牌虽同，而字数或韵脚大同小异者，则称为“又一体”。清沈辰垣辑《历代诗余》用“又一体”达八百一十一次，多不重复前面的词牌名，而作“前调又一体”，作词牌名同而字数、用韵、平仄等有小异者。清万树撰《词律》用“又一体”达五百二十五次，多不重复前面的词牌名，而作“前调又一体”，作词牌名同而字数、用韵、平仄等有小异者。清徐本立撰《词律拾遗》用“又一体”达一百二十三次。清丁绍仪《听秋声馆词话》出现“又一体”十七次，多表述为：“此调多一字，词律失收，又一体”，或调不同，或韵不同，或字数不同。清蒋敦复《芬陀利室词集》出现“又一体”七次，对不明衬字、慢声等情况而轻易归之于“又一体”者进行了一定的批评。

缘于词、曲之间的相似性，曲牌相同者亦多用“前腔”“又一体”，如明程明善辑《啸馀谱·南曲谱卷》中用“前腔”六十五次，“又一体”一百零二次。汤显祖在《玉茗堂尺牍·答孙俟居》中：

> 周伯琦作《中原韵》，而伯琦于伯辉、致远中无词名。沈伯时指乐府迷，而伯时于花庵、玉林间非词手。词之为词，九调四声而已哉！且所引腔证，不云未知出何调、犯何调，则云又一体、又一体。彼所引曲未满十，然已如是，复何能纵观而定其字句音韵耶？弟在此自谓知曲意者，笔懒韵落，时时有之，正不妨拗折天下嗓子。[1]

此段文字中虽多有讹误，如将作《中原音韵》的周德清误作周伯琦，将郑德辉作伯辉，花菴玉田当指黄昇、张炎，此“玉田”作玉林等。如明茅元仪在《暇老斋杂记》中所评价者，彰显出汤显祖“自雄自信”的特点，而汤显祖对

① （明）汤显祖著，徐朔方笺校：《汤显祖集》，中华书局1962年版，第1299页。

于“又一体”的多用现象进行了一定的批评。

清褚人获《坚瓠集》补集卷五《扑蝴蝶词》称：

按《扑蝴蝶》正格，后段“怨春短”下该上四下五，今比前调多二字，又一体也。或作上六字下三字，误。[①]

清梁廷枏《曲话》卷四：

庄亲王博综典籍，尤精通音律，能穷其变而会其通，所著《九宫大成南北宫谱》，多至数十卷，前此未有也……又旧谱俱限七字为句，无论文义如何，皆截为衬字，几不成文理；今谱中多留一二正字，全其文义，除去正文中间作读，章句益觉完美。又谱中有一牌名同、字异者，以至先者为正体，余为又一体，亦洗《啸余谱》第一体、第二体之陋，确为有见，凡此皆创例也。[②]

清刘熙载《艺概》卷四《词曲概》：“风雅篇必数章，后章亦多用前调，其或前后小异者，殆犹词同调之又一体耳。”[③]

清李渔在《闲情偶寄·音律第三·合韵易重》：

句末一字之当叶者，名为韵脚。一曲之中，有几韵脚，前后各别，不可犯重。此理谁不知之？谁其犯之？所不尽知而易犯者，惟有“合前”数句。兹请先言“合前”之故。同一牌名而为数曲者，止于首只列名，其后在南曲则曰【前腔】，在北曲则曰【幺篇】。犹诗题之有其二、其三、其四也。末后数语，有前后各别者；有前后相同，不复另作，名为“合前”

① （清）褚人获辑撰：《坚瓠集》（四），补集卷五《扑蝴蝶词》，上海古籍出版社 2012 年版，第 1095 页。

② （清）梁廷枏：《曲话》卷四，俞为民、孙蓉蓉编《历代曲话汇编：新编中国古典戏曲论著集成》清代编第四集，黄山书社 2009 年版，第 51—52 页。

③ （清）刘熙载撰：《艺概》卷四《词曲概》，上海古籍出版社 1978 年版，第 106 页。

者。此虽词人躲懒法，然付之优人，实有二便：初学之时，少读数句新词，省费几番记忆，一便也；登场之际，前曲各人分唱，“合前”之曲必通场合唱，既省精神，又不寂寞，二便也。然“合前”之韵脚最易犯重。何也？大凡作首曲，则知查韵，用过之字不肯复用，迨做到第二、三曲，则止图省力，但做前词，不顾后语，置“合前”数句于度外，谓前曲已有，不必费心，而乌知此数句之韵脚在前曲则语语各别，凑入此曲，焉知不有偶合者乎？故作“前腔”之曲，而有“合前”之句者，必将末后数句之韵脚紧记在心，不可复用；作完之后，又必再查，始能不犯此病。此就韵脚而言也。

韵脚犯重，犹是小病，更有大于此者，则在词意与人不相合。何也？“合前”之曲既使同唱，则此数句之词意必有同情。如生旦净丑四人在场，生旦之意如是，净丑之意亦如是，即可谓之同情，即可使之同唱。若生旦如是，净丑未尽如是，则两情不一，已无同唱之理。况有生旦如是，净丑必不如是，则岂有相反之曲而同唱者乎？此等关窍，若不经人道破，则填词之家既顾阴阳平仄，又调角徵宫商，心绪万端，岂能复筹及此？①

李俊勇《“前腔”与“又一体”考辨》一文通过几个不同时期的曲谱如沈自晋《南词新谱》，张大复《寒山堂曲谱》，清初《南词定律》《九宫大成南词宫谱》等就这两个概念进行辨析，认为：

在具体的作品中，曲牌重复使用时，皆称“前腔”，而“又一体”多是曲谱中进行曲律辨析的产物，但因为曲谱的指导作用，后来的部分作品也采用了“又一体”的概念，其实不一定相宜。②

① （清）李渔撰，章立注：《闲情偶寄》卷一《音律第三·合韵易重》，陕西人民出版社1998年版，第34—35页。

② 李俊勇：《“前腔”与“又一体”考辨》，《中国曲学研究》第二辑，河北大学出版社2013年版，第258页。

《南词定律》为康熙年间编订的一部南曲曲谱，凡例云：

> 凡诸谱之曲与正体或增减一二字者，或损益一二衬字者，即为【又一体】，今以句读相同、板式不异者，即为一体，至句拍皆不同者，始为【又一体】。[①]

以变格在文词和音乐上与正格相比变动的大小来区别“前腔”和“又一体”，二者在曲律上均为变格。

周祥钰在《新定九宫大成南词宫谱·凡例》云：

> 旧谱一牌名重用者，皆曰【前腔】，夫腔不由句法相同，即使平仄同，其阴阳断不能同，何云【前腔】乎？《九宫大成》称为【又一体】者是，其首句有多字少字处，旧名【前腔换头】，今总称为【又一体】。[②]

北词凡例又云：“今选字句最少者为正格，凡增句、增字、平仄拈异者，皆为【又一体】。”[③]这是对“又一体”较为明确的解释。而周祥钰正是《忠义璇图》最后的编定者，由此亦可见《忠义璇图》中没有“前腔”而多“又一体”的原因之所在。

古典戏曲中，牌句相同者乐谱亦没有完全相同的两支曲子，即同一曲牌填上不同的文词，四声阴阳各异，旋律也要相应做出调整，但主腔又不变，能保持曲牌的特性，使之区别于别种曲牌即可。甚至两支曲子四声阴阳皆同，曲词的内容与表达情感亦有不同，其工尺谱也要根据曲情重新调整。《九宫大成》十分强调同一曲牌不同变格之间的“异”，以其意来看“前腔”者，必要完全

---

① （清）吕士雄：《新编南词定律·凡例》，续库四库全书本第1751册，上海古籍出版社2002年影印版，第40页。

② （清）周祥钰：《新定九宫大成南词宫谱·凡例》，俞为民、孙蓉蓉编：《历代曲话汇编》清代第三集，黄山书社2008年版，第269页。

③ （清）周祥钰：《新定九宫大成北词宫谱·凡例》，俞为民、孙蓉蓉编：《历代曲话汇编》清代第三集，黄山书社2008年版，第277页。

符合前曲之腔调，不但句韵同，乐谱也须一致，但天下并没有两个在乐谱上完全相同的曲牌，故改称“又一体”。而在其他曲家看来，“前腔”只是用来表示仍用前面的曲牌，袭用这个曲牌的腔调，而不是别种曲牌，作曲者当然亦明了内容不同的曲子乐谱不会完全相同，“前腔”只是表示不失曲牌大致特性，允许一定的变化而已。有学者指出：

> “又一体”存在于《九宫大成南北词宫谱》中是一种特殊而又耐人寻味的客观历史现象，并不能简单以文学角度去分析认为其“不妥”，更不能抱有可以随便“删除”曲目的态度去对待这样一部集大成式的曲谱，而是需要从音乐的角度加以细致分析、用历史的眼光去看待这个问题。[①]

《鼎峙春秋》中亦皆用“又一体”，而甚少“前腔”，可见在《九宫大成南北词宫谱》的影响下，周祥钰等人对曲律要求甚高，故进行了此种修改。而《忠义璇图》等的最初编撰者则多借鉴了前代戏曲，用“前腔”者多。

三是曲白变换较多。不少原来的曲词用贴补的形式改为小号的衬字，亦有原来的衬字改为曲词，此类现象颇多，滋不赘叙。比较明显的还有曲牌名称的修改，如第二出中原“好事乐”改为“好子乐”套曲，包括“好事近”“普天乐”“刷子序”三个曲调。第十四出“泣颜回”改为“好事近”等。

三、全本二百四十出

三为二百四十出本，计十本，每本二十四出，现藏中国国家图书馆，收入《古本戏曲丛刊》九集之十影印出版，台湾天一阁亦有影印出版，现有《清代宫廷大戏丛刊初编》整理的点校本[②]。每出均有七字题目，每页八行，每行二十字，较为工整。情节大体上按照《水浒传》顺序编排，中间添加“金主亲征伐契丹”“金国主草地行围”“幽燕路只迓王师”“大金朝解甲赏功”等出加叙故

① 代媛媛：《词调“又一体”结构研究——以〈九宫大成南北词宫谱〉〈碎金词谱〉为例》，姚恒璐编：《问学，古乐探微与知新》，知识产权出版社2016年版，第135页。

② （清）周祥钰、邹金生编，刘心明等校点：《忠义璇图》，北京大学出版社2017年版，第1—2页。

事背景，实则与整体戏曲情节相脱节，且对“金”之立朝、征战多方褒扬，结合征辽情节的刻意删略，更可明晰戏曲对“金”朝之态度；第十本又有“留车驾李纲守死”“李若水喷血尽忠”“张叔夜白沟致命”等所谓“真忠真义”的演绎，以从反面映衬宋江等人的“伪忠伪义”。

此版本基本延续《水浒传》而来，戏剧本身相对完整，既有对以往水浒戏的继承，更有独特的清代宫廷特色。既对水浒人物不可褒之过甚，又要兼具水浒特色，如何将实为盗贼的人物立传成为《忠义璇图》所面临的最大问题，这也是清代水浒戏创作与演出时经常碰到的问题。

此版本虽经至少二次的修改，但仍有不统一之处，如大多数说白为官话，但涉及武大郎和张文远的几出中则有不少地方方言，与其来源和最初编写者的不同有关。用字各本不统一之处颇多，错字、讹字、俗字较多，疑各本抄者并非一人所致。还有最典型的例子是人名问题，如“穆宏”出现有九十余处，涉及第五、六、七、八、九、十本，《水浒传》及之前的水浒戏曲中“没遮拦”名字的写法均为“穆弘”，甚有可能考虑到避讳乾隆帝弘历的问题，而修订者拟统一修改为“穆宏”但仍有个别地方作“穆弘”。还有像“同”“仝”二字亦均有使用，可知其原创于不同人，而修订尚不完善。

另《忠义璇图》虽采用《水浒记》《义侠记》《翠屏山》的部分曲目，甚有可能来源于《缀白裘》或类似曲选而非明清传奇本身，可参见下表。

《忠义璇图》与旧有传奇出名比较

本　数	出　数	忠义璇图出名	旧有传奇出名
1	7	宋家庄太公训子	《水浒记》（2）论心
1	15	鲁达挥拳除市虎	《虎囊弹》
1	17	七宝村留宾构祸	《虎囊弹》
1	18	鲁提辖避难被缁	《虎囊弹》
1	20	长老修书遣醉客	《虎囊弹》山门
2	17	阎婆惜传情瓯茗	《水浒记》（3）邂逅
2	19	刘唐酣醉擒为贼	《水浒记》（5）发难
2	20	晁盖贪财假认甥	《水浒记》（8）投胶

续表

3	3	黑三郎无心纳妾	《水浒记》（6）周急
3	7	暗偷香蜂狂露相	《水浒记》（21）野合
3	10	阎氏放刁成怨鬼	《水浒记》（23）感愤、（24）鼠牙
3	13	景阳冈毙虎遇兄	《义侠记》（4）除凶、（6）旌勇
3	15	潘金莲痴情诱叔	《义侠记》（8）叱邪
3	16	武二郎出路别兄	《义侠记》（10）委嘱
3	17	为挑帘无意传情	《义侠记》（12）萌奸
3	18	裁衣料金莲野合	《义侠记》（14）巧媾
3	20	泉台冤梦惊同气	《义侠记》（17）悼亡
3	21	灵桌霜锋献并头	《义侠记》（18）雪恨
3	22	武都头孟州遣戍	《义侠记》（19）薄罚
4	21	老管营惜士免刑	《义侠记》（24）缔盟
5	8	飞云浦桥边喋血	《义侠记》（29）全躯
5	9	鸳鸯楼夜试霜锋	《义侠记》（30）报怨
6	4	惹狂蜂巧云认义	《翠屏山》（8）戏叔叔、（9）送礼
6	5	敦正气酒肆诉情	《翠屏山》（19）知情、（20）酒楼
6	6	行反间兰房掉舌	《翠屏山》（21）反诳
6	7	真拿奸行凶破晓	《翠屏山》（23）杀头陀、（24）（25）
6	8	翠屏山对明心迹	《翠屏山》（26）杀山
7	17	时迁盗取雁翎甲	《偷甲记》（15）偷甲
9	1	田虎拜师僭称王	《党人碑》（15）拜帅

通过现存《忠义璇图》三个版本的简单比较，可知此宫廷剧本的创作至少经历三个大体阶段，而每个阶段皆有多人参与，故而字里行间往往有所差异，通过三个不同版本的比较，当可略知其总体编撰意图。

第三节　《忠义璇图》创作及修改过程中的“忠义”思考

如上节所论，《忠义璇图》作为宫廷大戏，其创作与改编必经多人多次，在这个过程中，对于“水浒”主旨的褒贬隐寓其间，集中地体现为对“忠义”问题的思考。

一、赵景深先生的观点

赵景深先生曾就其所见《忠义璇图》的两个版本提出三点看法：一是认为《忠义璇图》曾历经两次改编，第一次是由蓝畹、三元官等主要收录民间原有戏曲，并基本保持原貌，第二次是由周祥钰等加以改编，并将其中有反抗内容、不符统治者观点的部分删除；二是认为《忠义璇图》具有娱乐性，属于为娱乐统治者目的而专门编制的宫廷戏剧；三是认为编写者的政治目的是为了强化忠君思想。[①] 同年《艺谭》李宗白的《浅析〈忠义璇图〉》一文则从“阴审”部分的分析入手，认为《忠义璇图》是封建统治者精神统治的工具。赵先生为写作此文，自1976年7月28日开始阅读《忠义璇图》，至8月20日看完，此次阅读的版本为十本二十册，平均每天一册，而在此之前亦十分关注《水浒传》的相关评论，8月30日回复关德栋准备开始写初定题目为《〈忠义璇图〉批判》的文章，在31日的日记中打算从三个方面进行批判。

（1）抄袭《水浒传》《义侠记》等，删去《水浒》中革命的部分，如李逵扯旨、阮氏英雄偷御酒等。

（2）阎婆惜、潘金莲、潘巧云等事则不删，借以迎合乾隆等皇帝的腐朽糜烂生活，投其所好。

（3）增添李纲、李若水忠义部分，认为梁山英雄，包括革命派在内，与二李“比较”，都不能算作忠义，又加“阴审”部分。鲁迅云：“辱骂和恐吓绝不是战斗。”周祥钰等实近于谩骂。这般词语当然是捧皇帝的。统治阶级有“抚”和“剿”的两手。金圣叹腰斩《水浒》与周的谩骂是一丘之貉……我准备明天写好，再加删润。[②]

从日记可见赵先生经二十余日的细读文本并深入思考后，于9月1日完成此文章草稿，后于9月4日修改并定名为《论〈忠义璇图〉》，共3000余字，自5日起赵易林替赵先生复写此文四份，并征求徐扶明意见，徐要其将文中“剿”的一手再加强一些，赵于9月10日在文章最后添了几行以加强“剿”的部分，并写信告知关德栋，又于13日寄此文原稿于郑逸梅以征求他的意见，

① 赵景深：《谈清宫大戏〈忠义璇图〉》，《艺谭》，1980年第2期。

② 赵景深：《赵景深日记》，新星出版社2014年版，第54页。

21 日写信吴新雷对《论〈忠义璇图〉》所提五条意见表示感谢，并参照意见进行了修改，还将改正之处告知关德栋和龚克昌。26 日俞钟垚和朱建明来访，二人均看了这篇文章，赵先生认为文中称蓝畹“光明磊落”的四字可删。10 月 18 日开始让赵易林抄写《忠义璇图》细目，因未听清楚赵先生的话，“以致每页都写满了，没有替我留出空白写字处来。”[①] 可知赵先生是打算在细目处进行分析、评价的。26 日又为了《谈〈忠义璇图〉》事给关德栋和朱建明写信，此时文章的名字已进行了再次修改。28 日再次写信给朱建明，感谢他对《谈〈忠义璇图〉》提出的四点意见。11 月 2 日给关德栋复信，谈论俗文学的外国论著，而未涉及《忠义璇图》。16 日据朱建明所意见修改《谈〈忠义璇图〉》一文，17 日让赵易林重抄此文。20 日复看《谈〈忠义璇图〉》，赵易林替其将此文抄完。21 日“写信给《文史哲》编者龚克昌，直接寄《谈〈忠义璇图〉》二稿给他；又寄初稿给朱建明，有四处地方是照他的文字改的”[②]。

可见为了写此文章并完成投稿，赵先生前后用了近四个月的时间。而投稿之后却未曾刊出，或许跟当时的学术讨论热点的转移有一定关系。

二、由现存三版本看《忠义璇图》的编写过程

因赵景深先生未见残十八出本的《忠义璇图》，亦未能将不同版本进行同时阅读和比对，故认为蓝畹等为《忠义璇图》的最早编写者，且较多地继承了以前水浒戏的反抗精神，在此基础上得出对周祥钰等人及全本《忠义璇图》的批判。

《忠义璇图》的主编者为周祥钰、邹金生等人，而参编者人数可能甚众，除署名的蓝畹、三元官等人外，定还有其他人，由现存第一本和第四本的残本来看，甚有可能第一阶段先大体安排情节，让编者分本编写，而每本规模初为二十出，有相当数量是在原有戏曲的基本上改编而成；第二阶段再进行详细修改，重点增删不合整体情节和编撰意图的单出，并调整前后顺序，对曲词、说白进行大量改写，特别是为了规范曲调格式，将“前腔”修改为“又一体”；

① 赵景深：《赵景深日记》，新星出版社 2014 年版，第 83 页。
② 赵景深：《赵景深日记》，新星出版社 2014 年版，第 103—104 页。

第三阶段为最后的整合修改，具体操作者可能是周祥钰、邹金生等人，统一体例，调整各本的规模和顺序，定为共十本，每本二十四出，有不足者补足，如宋金诸事，甚至张叔夜、李若水等人的事迹明显与整本故事脱节，当在最后阶段添加。通过对勘，可知《忠义璇图》的改编至少经过了三个过程，基本上可以对应三个版本，以此可对赵先生的某些意见进行修正。

1. 最初的版本

《忠义璇图》因篇幅较长，而编写时间又不能太长，只能由不同的编写者分头进行。现存残十八出本当为最初改编的版本，再结合其他两个现存抄本来看，甚有可能先大体定下十本，每本均交不同的人进行编写。最初的版本就此拥有几个特点。

一是初时每本各二十出，每出均有四字小标题。由残十八出本和残二十一出本（未贴补之前）可清楚地看出此点。

二是初时改编者较多地参考了已有的水浒戏曲，亦根据一定的标准对许多唱词和说白进行了改编，总体上与已有的水浒戏曲风格相似。最典型的标志是重复已有曲牌时用“前腔”表示，而未用“又一体”。

三是初时改编者用字不甚严谨，错字、别字相对较多一些。

2. 贴补改编本

在分别完成各本的编写之后，蓝畹、三元官等人在原稿上进行了修改，采用的主要方式是贴补和删改。此次修改仍定为十本，每本还是二十出，但作为修订者要将自己的名字贴补在每出标题之下，既可表示不同的分工，又可体现出修订者付出的劳动。此版本的特点如下。

一是将各出小标题统一改为七字，并标明改编者姓名。

二是因十本已经完成，故对情节、框架进行了较大的调整。首先是将与整体情节不符的旁枝大量删减，如《虎囊弹》中多出以金翠莲告状为主，就此直接删掉五整出，仅留关涉鲁达的几出。再者是将情节不连贯处以添加曲词的方式进行了弥合。还有为了适合舞台演出，考虑到可能会连场演出的劳累，刻意对原本连贯的情节进行间隔、穿插，如武松、宋江故事的交叉进行，虽说是阅读起来令人感觉文气不贯通，但演出时演员可以做到劳逸结合，以适合大场面演出的准备和连场演出的进行。

三是以《九宫大成南北词宫谱》等曲律要求为标准，对唱词进行了较大修改。首先是将绝大部分的“前腔”均改为“又一体”，以示与前面曲牌的不同。其次是调整了曲、白的位置，以适应曲律。由现存残二十一出本中遍布各处的曲白贴补可见修订者较为严格的曲律标准。

3. 最终整合本

在各本修订完成之后，周祥钰等人为与《升平宝筏》《鼎峙春秋》等其他宫廷大戏统一规格，对全十本进行了统一的再次修订。现存二百四十出本当为最终修订版本，其特点如下。

一是每本统一为二十四出篇幅，各小标题均为七字，虽有各出篇幅长短不一、个别小标题文不对题等问题，但整体看上去则甚为工整。

二是为符合每本二十四出的要求，将不少原属各本的内容进行再次调整，比如全本第一本中第二十出《长老修书遣醉客》在残二十一出本中未见，而此情节又甚为重要，有极大可能原来是属于第二本的内容，在最后修订时因第一本删去了原《虎囊弹》的数出，不得不将原第二本中的数出内容提前。另为迎合清统治者的立场，周祥钰等人又创作了数出，如金的崛起与辉煌，李若水、张叔夜等人的真忠真义等，新创各出大多与整体情节有一定的隔膜，有无皆不影响大旨，且唱词相对较少，篇幅相对较短，这些特点亦可证明早期编写版本中是未有这些内容的。赵景深先生对《忠义璇图》的批评意见中涉及“冥谴”时将罪责直接指向周祥钰等最终修订者，但未有前期第十本的对照，无法确定“冥审”等出是否为最终修订时所后加，此种批评尚有可供商榷之处。

三是对唱词和说白文字进行了再次修改。现存二百四十出本中绝大多数没有“前腔”，曲白与前二版本相比调整幅度较大。另对人名和避讳字进行了统一修订，以适合于上呈御览，但因各种原因，有个别字未能做到完全统一。

三、由现存版本看编写者的意图

在《西游戏》《三国演义》以及目连故事等皆已改编成为宫廷大戏并上演的情况下，《忠义璇图》的编写应是在皇帝御令的背景下进行的。既然编写是为了上呈御览，便会不计成本，让场面宏大以迎合上意。此外对于“匪寇”这一独特题材的把握，实实令编写者费尽心思，不照《水浒传》搬演，会令人觉得不合题意，在清初文字狱盛行的时代，照小说搬演易惹砍头之患。时间紧，任务重，压力大，应是周祥钰等人的最大感受。分头编写是为了节省时间，数次修订是为了避免后患，可见赵景深先生所批评的“抄袭”并非他们的大错，他们的任务本就是在汇辑前人戏曲的基础上进行加工、整合，汇百戏以成一戏，况且早于《忠义璇图》的其他宫廷大戏的编写亦是此种操作方式。阎婆惜、潘金莲、潘巧云等人的故事无论在元明时期，还是在清、民国时期，展演频度均为水浒戏之首，其喜闻乐见的程度远胜于后期的征辽、征方腊等情节。乃至当下水浒影视剧中，二潘一阎的故事仍多受观众的诸多关注。另“冥谴”内容的添加，肯定会令当今的读者大生反感，但考虑到宫廷戏曲的特殊性，亦是可以理解的。

赵景深先生撰写《忠义璇图》的批判文章本是应邀而作，“批判”是约稿的核心所在，但从最初所拟题目《〈忠义璇图〉批判》到定文时题目《谈〈忠义璇图〉》，再到正式刊出时《谈清宫大戏〈忠义璇图〉》，从中透露出赵先生文章批判意味的逐渐减退。而日记中的三个观点明显均出于批判的目的，矛头所指为宫廷戏，是特定时代下为特定任务而作，可供商榷之处亦甚明显。

第四节 《忠义璇图》与《水浒全传》情节比较

《忠义璇图》作为演出“水浒”故事的宫廷大戏，其来源除《水浒记》《义侠记》等“水浒戏”之外，整体框架乃至大量说白均来源于小说《水浒传》，但通过情节的删增、语言的变化等，使表达的主题发生了极大的变化。

一、语言的接受与改编

《忠义璇图》中大量对白引用自小说，但从供阅读的书面语转化为供观赏的舞台语时，亦有些微的变化，如林冲初见差拨时的对话亦可见戏剧对小说语言的接受与改编：

《忠义璇图》	《水浒全传》
我把你个贼配军，见我如何不下拜？你这厮可知道，在东京做出事来，见我还是大剌剌的。我看你满脸饿文，一世不发迹的，你那打不死拷不杀的顽囚。你这几根贼骨头好歹落在我手里，教你粉骨碎身，少间就见功效。	你这个贼配军，见我如何不下拜？却来唱喏！你这厮可知在东京做出事来，见我还是大剌剌的。我看这贼配军，满脸都是 饿文，一世不发迹！打不死、拷不杀的顽囚！你这把贼骨头，好歹落在我手里，教你粉骨碎身，少间叫你便见功效。
林教头，我也闻你的名字，端的是个好汉！想是高太尉陷害你。虽然目下暂时受苦，久后必然发迹。据你的大名，这表人物，必不是等闲之人，久后必做大官。①	林教头，我也闻你的名字，端的是个好男子！想是高太尉陷害你了。虽然目下暂时受苦，久后必然发迹。据你的大名，这表人物，必不是等闲之人，久后必做大官。②

《水浒传》差拨一开始因未见林冲取出银子，“贼配军”“贼骨头”不绝于口，而一旦见到银子，又百般奉承，可谓变脸比翻书还快。戏剧中充分把握住了这种戏剧感，大部分语言直接借用于小说，只做了部分微调。

第五本第十九出李逵欲去接母上山时二处对话为：

《忠义璇图》中李逵的话语	《水浒全传》中李逵的话语
还要问做什么？大家须心上去忖。这个也去接爷，那个也去接娘，难道我铁牛是土窟坑里钻出来的不成？	干鸟气么！这个也去取爷，那个也去望娘，偏铁牛是土掘坑里钻出来的？
我这有一个老娘在家里，我的哥哥又在别人家里做长工，如何养得我娘快乐？我要去接他来这里，受用几时也好。	我只有一个老娘在家里，我的哥哥又在别人家做长工，如何养得我娘快乐？我要去取他来这里，快乐几时也好。
你也是个不平心的人……你的爷，便要接上山来快活，我的娘，由他在村里受苦。兀的不是不要气破了铁牛肚子？③	哥哥，你也是个不平心的人。你的爷，便要取上山来快活，我的娘，由他在村里受苦。兀的不是气破了铁牛的肚子？④

① （清）周祥钰、邹金生编，刘心明等校点：《忠义璇图》，北京大学出版社 2017 年版，第 129 页。

② （明）施耐庵：《水浒全传》，黑龙江人民出版社 1997 年版，第 105 页。

③ （清）周祥钰、邹金生编，刘心明等校点：《忠义璇图》，北京大学出版社 2017 年版，第 473 页。

④ （明）施耐庵：《水浒全传》，黑龙江人民出版社 1997 年版，第 483 页。“容与堂”百回本、“贯华堂”七十回本此处李逵话语基本相同。

小说文本中“干鸟气么”改编为“还要问做什么？大家须心上去忖”，将秽语转化的更易让戏剧观赏者接受，大部分小说人物的口头秽语均做了调整；“取爷、望娘”均改为“接”，口语化色彩加强。另戏曲中“不是不要”明显不合语意，通过比对，可知此处“不要”当为“要”才符合应有之意。

史进因庄园被毁、被人通缉而无处立足，朱武等劝其上少华山落草之时，二处语言分别为：

《忠义璇图》	《水浒全传》
我本清白良民，偶为义气所重，故作此违法之事。如何便肯落草？	我是个清白好汉，如何肯把父母遗体来点污了？你劝我落草，再也休提。
既然如此，且在山中住下，待等逢赦之后，再与大哥重整庄院。①	若哥哥不愿落草时，待平静了，小弟们与哥哥重整庄院，再作良民。②

戏曲中的语言相对委婉，不像小说中火气十足，毕竟“如何肯将父母遗体来点污”“再也休提”之言过于直白，作为书面语读者读之尚不觉突兀，而用在戏剧中，听众乍听心下定然不喜。“违法”“逢赦”等语亦更合宫廷演出时的听众立场。可见戏曲对小说语言虽多有借鉴，但亦是在一定的原则之下的接纳，改编甚为常见。

武松临行出言劝潘金莲要遵守妇道，潘金莲心中大恼，二处话语为：

《忠义璇图》	《水浒全传》
住了，阿呀！武二嗄，你不要认差了人嗄。我是不戴网巾的男子汉，叮叮当当的妇人家，拳头上立得人起，臂膀上走得马过，哪要在人面前做人的嚧。	你这个腌臜混沌！有甚么言语，在外人处说来，欺负老娘！我是个不戴头巾男子汉，丁丁当当响的婆娘！拳头上立得人，肐膊上走得马，人面上行的人，不是那等搠不出的鳖老婆。

① （清）周祥钰、邹金生编，刘心明等校点：《忠义璇图》，北京大学出版社 2017 年版，第 50 页。

② （明）施耐庵：《水浒全传》，黑龙江人民出版社 1997 年版，第 32 页。“容与堂”百回本、“贯华堂”七十回本此处话语基本相同。

续表

《忠义璇图》	《水浒全传》
（唱词）【急三枪】自从我，嫁武大，为姻眷，便是一蝼蚁，也不敢进门前，却有甚，篱不固，招外犬。说这胡言语，休得把人冤。①	自从嫁了武大，真个蝼蚁也不敢入屋里来，有甚么篱笆不牢，犬儿钻得入来！你胡言乱语，一句句都要下落；丢下砖头瓦儿，一个个也要着地。②

小说中的语言本身便深具韵律，改编为戏剧话语乃至唱词后更显人物特点。像【急三枪】唱词，一句接一句，将小说中的长句改为短句，更显潘金莲语言之犀利与语速之快。而将“腌臜混沌”“老娘”“鳖老婆”等市井语言刻意忽略掉，则是此类语言在戏曲中难免会令听众不喜，尤其面对的对象是宫廷中人时，此一点更为重要。

通过以上诸例，可见《忠义璇图》对小说《水浒传》语言的借鉴，足可证明其中有相当篇幅是据小说而改编。而在改编时一方面注意到了戏曲表演与小说阅读的不同，另一方面亦时刻注意着宫廷戏曲本身的特点。

二、情节的接受与改编

1. 戏曲与小说的情节比较

《忠义璇图》语言的变化虽多，毕竟不如情节的变化对主题的影响之大。下面将从戏曲与小说情节的比较入手，分析二者主题受情节变化影响的情况。

《忠义璇图》与《水浒全传》情节对比表③

《忠义璇图》的情节	《水浒全传》的情节
第一本第一出：三教共论天下将大乱，四寇将起，宋将南渡以得升平。	无

① （清）周祥钰、邹金生编，刘心明等校点：《忠义璇图》，北京大学出版社 2017 年版，第 273 页。

② （明）施耐庵：《水浒全传》，黑龙江人民出版社 1997 年版，第 264 页。

③ 康小芬：《论清代宫廷〈忠义璇图〉》，福建师范大学 2012 年硕士学位论文。此情节对比参考了此学位论文，在其基础上做了不少补充和修改。

续表

《忠义璇图》的情节	《水浒全传》的情节
第一本第二至四出：宋廷为庆世运清宁，邀张真人祈禳，洪信误放妖魔	引首、第一回、第二回前部分：宋仁宗因天灾频仍、军民涂炭请张天师祈禳，洪信误放妖魔。
第一本第五出：副末开宗介绍创作缘起	无
第一本第六出、第八至十四出高俅发迹，王进逃难途中授艺于史进。史进结识朱武等人，火烧庄院后离家。	第二回、第三回前半部分：大体情节相似，细节多有不同。
第一本第七出：宋江家内劝父开具断绝关系的文书，与晁盖畅谈志向。	无
第一本第十五出、第十七至二十三出，第二本第二、第四出：鲁智深打郑屠、遇员外赵恺、落发五台山、制服小霸王、大相国寺就职、力拔垂杨柳等事迹。	第三至五回，第七回上半：大体情节相似，细节多有不同。戏曲中无第六回史进剪径、鲁智深火烧瓦罐寺，而增李忠落草桃花山以及周通遇刘一娘强行下聘二出。
第一本第十六出：朱勔采办生辰纲，扰乱江南；杨志适逢其役，多有不满。	无
第一本第二十四出、第二本第一出：大金国势强盛，伐辽，宋与金约定先攻下辽都者得燕云十六州。	无
第二本第三出、第五至十五出：衙内调戏林冲妻子、误入白虎堂、发配沧州、野猪林获救、结识柴进、火烧草料场、落草梁山等林冲故事。	第七下半至十二回上半：大体情节相似，细节多有不同。
第二本第十六出：杨志卖刀，怒杀地痞。有百姓赶集情节。	第十二回下半：大体情节相似，细节多有不同。
第二本第十七出：张文远因借茶与阎婆惜相识，二人略有情意。	无
第二本第十八出到二十三出：晁盖、吴用等人智取生辰纲。	第十四至十六回：大体情节相似，细节多有不同。
第二本第二十四出：宋徽宗游赏银岳峰，得诸多祥瑞，纯为喜庆造景。	无
第三本第一至二出：鲁智深、杨志在曹正帮助下夺得二龙山落草。	第十七回：大体情节相似，细节多有不同。

续表

《忠义璇图》的情节	《水浒全传》的情节
第三本第三出、第七出、第十至十二出：宋江无意间纳阎婆惜为妾，张文远与婆惜通奸，宋江因招文袋怒杀婆惜，避难投奔柴进等故事。	第二十一至二十二回：大体情节相似，细节多有不同。其中阎婆惜与张文远的情事与《水浒记》更为相近，小说中并未详及。
第三本第四至六出、第八至九出：黄泥岗事发，宋江报信，晁盖等人上梁山，因王伦百般阻拦，林冲怒杀王伦推立晁盖为寨主。	第十八至二十回：大体情节相似，细节多有不同。戏曲中林冲纯为义气一怒而杀王伦，小说中则有吴用计激的因素。
第三本第十三出、第十五至二十二出、第四本第十九出、二十一出、第五本第二出、第五至九出、第十三出：武松打虎、杀嫂、发配、拳打蒋门神、血溅鸳鸯楼、夜走蜈蚣岭等故事。	第二十三至三十一回：大体情节相似，细节多有不同。戏曲与《义侠记》更为相近。
第三本第十四出：孔太公遣人到柴进处邀请宋江至孔家庄做客。	无。第三十二回有武松抢孔亮酒食，被孔明兄弟所擒与宋江相遇情节，与此不同。
第三本第二十三至二十四出、第四本第一出：黄安进剿梁山，反被吴用等人设计擒捉。	第二十回中部分情节相似。小说中叙述相对较为简单。
第四本第二出：刘高作威作福，纵容手下，大讲排场，与花荣产生矛盾	第三十三回小部分：小说中仅借花荣之口一笔带过，未有戏曲中详细。.
第四本第三至十八出：宋江结识清风山燕顺、王英等人，于清风寨被刘高所擒，花荣救护反被刘高设计擒拿，燕顺等人中途劫囚车救人，并收伏秦明、黄信共归清风山。	第三十三至第三十四回：大体情节相似，细节多有不同。
第四本第二十出：宋江等人由清风山投奔梁山，途遇吕方、郭盛争寨，花荣神箭解围，石勇给宋江送家信。	第三十五回：大体情节相似。
第四本第二十二出、第五本第一出：宋江回家被捉，发配江州，途中梁山众人欲相救上山，宋江百般不肯。	第三十五回、第三十六回前半：大体情节相似，细节多有不同。
第四本第二十三至二十四出：秦明、花荣等率众投梁山，山寨新旧头领共演阵势，以炫武技。	无。

续表

《忠义璇图》的情节	《水浒全传》的情节
第五本第三至四出、第六出、第十至十二出、第十四至十八出：宋江发配江州途中结识穆家兄弟、李俊等人，浔阳楼题反诗，戴宗送信招祸，梁山众人劫法场，无为军复仇等故事。	第三十七至四十一回：大体情节相似，细节多有不同。戏曲省略揭阳岭结识李俊、李立以及与戴宗、李逵结识等情节。
第五本第十九至二十三出：真假李逵、朱富与李云上梁山等事。	第四十三回：大体情节相似，细节多有不同。
第五本第二十四出：辽国萧奉先举师抵抗金兵。	无。
第六本第一出：高廉操演神兵、法术。	无。
第六本第二出、第四至第九出：石秀与杨雄结识，因潘巧云通奸裴如海，于翠屏山残杀潘巧云。二人又遇时迁，准备共投梁山，在祝家店时迁因偷鸡被擒。	第四十四至四十六回：大体情节相似，细节多有不同。戏曲与《翠屏山》多有相似之处。
第六本第三出：祝家庄与扈家庄、李家庄订盟守卫村庄。	无。小说中只是自李应口中简单叙述，未曾详细展开。
第六本第十至二十出：三打祝家庄诸事，中间穿插孙立、孙新等大劫牢等事。	第四十七至五十回：大体情节相似，细节多有不同。
第六本第二十一至二十三出、第七本第一至第三出：雷横、朱仝上梁山等故事。	第五十一回：大体情节相似，细节多有不同。
第六本第二十四出：金兵破辽，萧太后出逃，辽国诸臣修书降金。	无
第七本第四至十三出：柴进失陷高唐州，戴宗与李逵请公孙胜下山助阵，打破高唐救出柴进。	第五十二至五十四回：大体情节相似，细节多有不同。戏曲中有五出叙戴、李请公孙胜事，而小说中只有一回。
第七本第十四至二十二出：呼延灼率兵攻打梁山，计嫌徐宁上山教授钩镰枪法，三山共打青州，呼延灼等人同归梁山等事。	第五十五至五十八回：大体情节相似，细节多有不同。
第七本第二十三至二十四出：公孙胜收伏樊瑞等人。	第六十回上半：大体情节相似，细节多有不同。
第八本第一出：晁盖曾头市误中药箭。	第六十回下半：大体情节相似，细节多有不同。戏曲中晁盖中箭后生死及遗言均未有交待，亦有宋江改聚义厅为忠义堂，排座次等事，直接转至卢俊义事，情节衔接不上。

续表

《忠义璇图》的情节	《水浒全传》的情节
第八本第二至十九出：卢俊义被赚上山，梁山群雄攻打大名府，收伏关胜等人诸事，中间穿插张顺请安道全事。	第六十一至六十六回：大体情节相似，细节多有不同。戏曲中无晁盖梦中显圣之事。
第八本第二十至二十三出：宋江攻打东平府，收伏董平等事。	第六十九回：大体情节相似，细节多有不同。戏曲中无交代为何攻打二府，亦无董平杀太守抢人为妻诸情节。
第八本第二十四出、第九本第二至四出：宋江助卢俊义东昌府，收伏张清等事。	第七十回：大体情节相似，细节多有不同。
第九本第一出：田虎请算卦先生刘铁嘴为军师，妄图称王，与后文无有直接联系，戏文滑稽搞笑。	无
第九本第五至六出：燕青泰安州打擂。	第七十四上半：大体情节相似，细节多有不同。戏曲中增添群雄过关情节，无李逵乔坐衙事。
第九本第七至十出：宋江等人入东京看灯，柴进入禁苑，李逵纵火大闹皇城等事。	第七十二回：大体情节相似，细节多有不同。戏曲中林冲亦入东京上坟，柴进借衣服的王班直是锦儿丈夫，宋江见李师师无希图招安之事。
第九本第十一至十二出：宿元景于朝堂之上提议招安梁山，水浒众人接受招安。	第八十二回下半：小说中招安是梁山众人积极努力三番五次方得来的结果，戏曲中则由朝廷动议，招安十分简单。
第九本第十三至十六出：征平田虎，其中琼英飞石为主要情节。	第九十一、九十七至九十八回、第一百回部分：小说征田虎有十回，而戏曲只选取极少数情节。
第九本第十七至二十出：讨平王庆，其中朱武破六花阵，公孙胜作法取西京，李俊活擒王庆为主要情节。	第一百五回、一百七回下半至一百九回部分：小说中此时公孙胜已经回山，为乔道清作法取城。
第九本第二十一至二十四出、第十本第一至三出：讨方腊诸事，张顺渡江立功、惨死涌金门、魂捉方天定，时迁火烧昱岭关，柴进、燕青做内应破帮源洞为主要情节。	第一百十一回、第一百一十四至一百一十五回、第一百一十八回部分：戏曲选取小说部分情节。
第十本第四至七出：宋江等人功成受封，高俅等人设计陷害卢俊义、宋江等人，梁山众人魂聚蓼儿洼。	第一百一十九下半、第一百二十回上半：大体情节相似，细节多有不同。戏曲中只交待宋江、卢俊义、李逵、吴用、花荣等人的结局，其他人则一笔带过，直接魂聚蓼儿洼。

续表

《忠义璇图》的情节	《水浒全传》的情节
第十本第八至十出、第十四出、第十八出、第二十出、第二十二出：宋江等人在地狱受东岳大帝和十殿阎罗审判，穿插蔡京、高俅等人受刑，宋江等于各层地狱受各种刑罚。	无。
第十本第十一至十三出、第十五出、第十七出、第十九出、第二十三至二十四出：宋朝李纲、李若水、张叔夜等人抵死抗金，但因徽钦决策失误，郭京恃邪大败等原因，北宋灭亡。忠臣死后上天会宴群仙，游赏天宫。	无。
第十本第二十一出：金朝灭宋，解甲庆功，天下重归太平。	无。

二百四十出《忠义璇图》的情节基本上是遵循了一百二十回本《水浒传》，然而在由小说到戏曲的转化过程中，必然会刻意地增减相关内容以适应舞台表现形式。通过戏曲与小说之间情节的对比，可以更好地发现二者之间关注点的异同，尤其是戏曲对于《水浒传》“忠义”主题的刻意回避与改变更为明显。

2.《忠义璇图》中省略的小说情节

对照一百二十回《水浒全传》，可知《忠义璇图》戏曲中省略的回目大致有：

《忠义璇图》省略《水浒传》章回列表

回　数	回　目
第六回	九纹龙剪径赤松林　鲁智深火烧瓦罐寺
第十三回	急先锋东郭争功　青面兽北京斗武
第三十六回下半	梁山泊吴用举戴宗　揭阳岭宋江逢李俊
第四十二回	还道村受三卷天书　宋公明遇九天玄女
第五十九回	吴用赚金铃吊挂　宋江闹西岳华山
第六十七回	宋江赏马步三军　关胜降水火二将
第六十八回	宋公明夜打曾头市　卢俊义活捉史文恭
第七十一回	忠义堂石碣受天文　梁山泊英雄排座次
第七十三回	黑旋风乔捉鬼　梁山泊双献头

续表

回　数	回　目
第七十四回下半	燕青智扑擎天柱　李逵寿张乔坐衙
第七十五回	活阎罗倒船偷御酒　黑旋风扯诏骂钦差
第七十六回	吴加亮布四斗五方旗　宋公明排九宫八卦阵
第七十七回	梁山泊十面埋伏　宋公明两赢童贯
第七十八回	十节度议取梁山泊　宋公明一败高太尉
第七十九回	刘唐放火烧战船　宋江两败高太尉
第八十回	张顺凿漏海鳅船　宋江三败高太尉
第八十一回	燕青月夜遇道君　戴宗定计出乐和
第八十二回上半	梁山泊分金大买市　宋公明全伙受招安
第八十三回	宋公明奉诏破大辽　陈桥驿滴泪斩小卒
第八十四回	宋公明兵打蓟州城　卢俊义大战玉田县
第八十五回	宋公明夜度益津关　吴学究智取文安县
第八十六回	宋公明大战独鹿山　卢俊义兵陷青石峪
第八十七回	宋公明大战幽州　呼延灼力擒番将
第八十八回	颜统军列阵混天象　宋公明梦授玄女法
第八十九回	宋公明破阵成功　宿太尉颁恩降诏
第九十回	五台山宋江参禅　双林镇燕青遇故
第九十一回	宋公明兵渡黄河　卢俊义赚城黑夜
第九十二回	振军威小李广神箭　打盖郡智多星密筹
第九十三回	李逵梦闹天池　宋公兵分两路
第九十四回	关胜义降三将　李逵莽陷众人
第九十五回	宋公明忠感后土　乔道清术败宋兵
第九十六回	幻魔君术窘五龙山　入云龙兵围百谷岭
第九十九回	花和尚解脱缘缠井　混江龙水灌太原城
第一百一回	谋坟地阴险产逆　蹈春阳妖艳生奸
第一百二回	王庆因奸吃官司　龚端被打师军犯
第一百三回	张管营因妾弟丧身　范节级为表兄医脸
第一百四回	段家庄重招新女婿　房山寨双并旧强人
第一百五回	宋公明避暑疗军兵　乔道清回风烧贼寇

续表

回 数	回 目
第一百六回	书生谈笑却强敌 水军汩没破坚城
第一百七回上半	宋江大胜纪山军 朱武打破六花阵
第一百十回	燕青秋林渡射雁 宋江东京城献俘
第一百十二回	卢俊义分兵宣州道 宋公明大战毗陵郡
第一百十三回	混江龙太湖小结义 宋公明苏州大会垓
第一百十六回	卢俊义分兵歙州道 宋公明大战乌龙岭
第一百十七回	睦州城箭射邓元觉 乌龙岭神助宋公明
第一百十九回上半	鲁智深浙江坐化 宋公明衣锦还乡
第一百二十回下半	宋公明神聚蓼儿洼 徽宗帝梦游梁山泊

由上表可知《忠义璇图》省略了小说中四十多回的情节，这些省略情节绝大部分位于后四十回中，而对应金评本《水浒传》则只省略了八回内容。[①]可见在清初金评《水浒传》大范围传播的背景下，戏曲改编亦深受此版本的影响。后四十回省略的内容以两赢童贯、三败高俅、征辽、征田虎、征王庆、征方腊为主，除避免过度张扬梁山的武力原因外，甚有可能是因为其中的一些战争场面难以在舞台上充分体现以及难免重复。下面对省略的情节进行简要的分析。

（1）九天玄女的缺席

《忠义璇图》前后皆有神仙的出现，并且涉及三教，但却无九天玄女的出现。故《还道村受三卷天书 宋公明遇九天玄女》《颜统军列阵混天象 宋公明梦授玄女法》二回内容均进行了省略。从九天玄女的缺席，实可看出戏曲改编者与小说对宋江态度的不同。

除小说开头的引首和洪信误放天罡地煞有一点玄幻色彩之外，整部《水浒传》也就九天玄女的出场还带有点天意的痕迹。九天玄女在小说《水浒传》中曾出场两次，皆是在宋江处于危难之际的救星。第一次宋江回家探父，被捕

① 包括第七十一回《忠义堂石碣受天文，梁山泊英雄排座次》，此回大部分内容在金评本中属于于第七十回。

头追赶至还道村破庙，以“神力”庇护宋江，并在梦中接见宋江，将宋江称为“星主”，并赐其三卷天书，明确要与“天机星”共同看识此书。在这一次见面中为宋江指明了前路，即“遇宿重重喜，逢高不是凶。北幽南至睦，两处见奇功。”在偈语中招安、征辽、征方腊均明白预示，更且提及“不久重登紫府”“他日琼楼金阙，再当重会”。仅以此次的见面而言，《水浒传》中即是将宋江作为“忠义”的天星下凡来看待的。

第二次出现是在征辽过程中，辽军摆下大阵，宋江等人束手无策，单纯的看天书无法解决此困难。于是九天玄女出场帮助宋江大破辽军阵法，并再一次提及“他日琼楼金阙，别当重会”。

杜贵辰先生曾就这两次九天玄女的出场指出其重要意义：一是代天立言，明确声明宋江为天意指派的“星主”，他们的作为是“替天行道”；二是呼应开头“误放妖魔”，言明宋江等人为天罡、地煞，只要去邪归正，便可重归紫府、金阙；三是作为宋江的指引者、保护神，几次帮宋江走出困境；四是小说整体情节推进的伏线，将宋江的聚义、招安、征辽、征方腊等故事一一指明。①

实际上在贴补本残第一本《忠义璇图》中，仍有述宋江等人为天神下凡的情节，借三教主之口言道：

> 那些妖魔，原系上界天罡、地煞诸星，因有过犯遭贬，镇锁多年，所以出世，人虽凶暴，心实忠义，玉帝已令武曲星君，降生尘世，招伏他们归顺朝廷，以作宋室干城之将。②

据此而言在《忠义璇图》一开始的修改过程中蓝畹等人还是准备将宋江等人作为“心实忠义”者来描写的，只是这样的情节在最终二百四十出本《忠义璇图》中已经全部删除。在二百四十出本《忠义璇图》中宋江等人是纯为“妖魔”入世，他们的功用只是为了令天下乱后得治，显示天道循环。所以戏曲中宋江等人不但生前被视作“盗寇”，死后亦作为“妖魔”身受地府中的层层审

---

① 杜贵辰：《“九天玄女”与〈水浒传〉》，济宁师范专科学校学报，2006年第5期。

② （清）蓝畹等编：《忠义璇图》第一出，据中国国家图书馆藏手抄本。

判，或者沦为畜生道，甚至于永世不得超生。九天玄女的缺席，实际上是对宋江等人“天星”身份的抹除，“替天行道”亦就没有了天赐的基础，就只剩下了“伪忠伪义”。

（2）梁山大聚义的省略

戏曲一开始鲁智深、林冲、武松、宋江等人的出场基本上按照小说《水浒传》而来，只是在演出过程中部分情节会存在拖沓之感，故将鲁智深二遇史进、杨志争功、宋江遇李俊等章回省略。这些章回属于众好汉上山聚义的过程，省略本身对戏曲的整体结构影响不是甚大。只是戏曲既然要彰显宋江等人的“假忠假义”，《忠义堂石碣受天文　梁山泊英雄排座次》一节因有明显神授的痕迹，必然要加以省略。否则便与戏曲起首三教教主所言的“恶魔出世扰乱天下”相违，且与后文中的“下地狱受审”情节不合。

梁山大聚义实是前半部《水浒传》的顶峰，由各人物的传奇汇聚为梁山整体，在此一回中宋江等人的凝聚点体现得甚为明显。如宋江等人的誓言容与堂本《水浒传》为：

> 宋江鄙猥小吏，无学无能，荷天地之盖载，感日月之照临，聚弟兄于梁山，结英雄于水泊，共一百八人，上符天数，下合人心。自今以后，若是各人存心不仁，削绝大义，万望天地行诛，神人共戮，万世不得人身，亿载永沉末劫。但愿共存忠义于心，同著功勋于国，替天行道，保境安民。神天鉴察，报应昭彰。①

所聚的大义是“共存忠义于心，同著功勋于国，替天行道，保境安民”，这样的初衷与聚义的主旨正是“忠义”所在。

金圣叹在金评本《水浒传》中为梁山重拟的誓词中，则彻底地削去了原誓中“忠”的因素，却以更为慷慨热烈之情突出了“义”的因素：

① （明）施耐庵：《水浒传》，岳麓书社 2008 年版，第 736 页。袁无涯刊《水浒全传》等版本大体与此同。

窃念江等昔分异国，今聚一堂。准星辰为弟兄，指天地作父母。一百八人，人无同面，面面峥嵘；一百八人，人合一心，心心皎洁。乐必同乐，忧必同忧，生不同生，死必同死。既列名于天上，无贻笑于人间。一日之声气，既孚终身之肝胆无二。倘有存心不仁，削绝大义，外是内非有始无终者，天照其上，鬼阚其旁，刀剑斩其身，雷霆灭其迹，永远沉于地狱，万世不得人身！报应分明，神天共察！①

从上述两篇誓言可清楚地看出金圣叹对宋江等人“忠义”的不同观点与看法，而戏曲《忠义璇图》中更是直接将此回内容删略掉，令百川归海于接受招安之际，而非在接受招安之前既已确定的“忠义”主旨之上。

（3）李逵戏的省略

小说《水浒传》中第七十三至第七十五回，燕青和李逵自东京观灯和泰山打擂返回梁山的途中的遭遇，在元杂剧中即有所表现，如现存杂剧《黑旋风双献头》《梁山泊黑旋风负荆》及已佚剧《黑旋风乔教学》《黑旋风乔断案》等。李逵戏既已有多种，且“负荆”等亦在《水浒传》，《忠义璇图》置之不顾，可见戏曲改编者认为此类情节与《忠义璇图》的编写初衷不符。

以“双献头”而言，李逵虽平日里对宋江甚为敬重，而一听闻宋江有强抢民女之事便愤恨异常，甚至挥斧将“替天行道”的大旗砍倒，并要直接砍杀宋江。可见在李逵的心目中，“义”是必须要遵循的原则，无论任何人均不能逾越。另李逵乔坐衙一段，有戏弄公堂之嫌，或许在编写者看来，此出虽然热闹有意思，但如果被宫廷中的人看到的话可能会引起不必要的麻烦，故而进行了省略。另外像《活阎罗倒船偷御酒　黑旋风扯诏骂钦差》一段，因里面有对皇权的调侃之意，亦被省略。

《水浒传》中李逵形象的塑造在前半部分主要是体现其凶蛮、嗜血，只有在七十多回之后才重点展现了李逵的“忠直”。《忠义璇图》对这些情节的省略，主要是出于宫廷戏曲本身的要求，无形中削弱了梁山“义”的内容。

① （明）施耐庵著，（清）金圣叹评：《贯华堂第五才子书水浒传》，黑龙江人民出版社1997年版，第930页。

（4）省略二赢童贯、三胜高俅情节

小说《水浒传》中第七十六至八十一回，用了六回的内容叙述宋江等人为了谋求招安所做的努力，在此过程中梁山众人二赢童贯、三胜高俅，并且亲口得到高俅回京后替其美言的承诺。再加上第五十九回《吴用赚金铃吊挂　宋江闹西岳华山》时对宿元景的刻意笼络，足见宋江为招安付出的巨大努力。《忠义璇图》对此进行了直接的删略，而仅仅在宋江等人元宵闹东京之后，由宿元景的倡议便简单地实现了招安，将宋江等人的努力大为压缩，以致招安成为朝廷的旨意，而非宋江等人的愿望。从主动谋求招安到被动接受招安，实是宋江“忠义”真伪的巨大分界线。

同时童贯、高俅等人的奸险与对宋江招安的阻挠亦无从体现，使戏曲中宋江等人最后遭受陷害缺少了某些悲剧感。

（5）省略征四寇部分情节

《忠义璇图》的编写基本上做到了与历史的对应，而征辽因明显与史实相悖，故对小说《水浒传》第八十三至九十回的征辽情节全部省略。这样的省略的结果除令戏曲与历史更为相符，更重要的是令宋江等人的“忠义”缺失了捍卫民族独立的意味。另外在征田虎、王庆、方腊等的过程中，戏曲亦做了大量删略，甚至令情节前后颇不连贯，这固然是篇幅所限，另亦有戏曲表现战争难免会存在诸多困难的缘故，再者便是征田虎、王庆、方腊等过程中存在着不少的重复之处，故而戏曲中仅以简单的几出便一笔带过了这些内容。

另外《水浒传》在征方腊的过程中梁山将领频频身亡，在此过程中难免会令宋江等人的“忠义”得以体现，尤其是鲁智深、武松等人的结局悲剧意味较浓，《忠义璇图》对此均进行了删略，而只演绎了宋江、李逵、吴用、花荣等的结局。

3. 戏曲中新增的情节及其来源

对照一百二十回《水浒全传》，可知《忠义璇图》戏曲中新增的内容大致有：

《忠义璇图》新增情节列表

新增部分情节	小标题及出处
第一本第一出	《宣诸神发明衷旨》蓝畹编
第一本第五出	《归正传副末开宗》蓝畹编
第一本第七出	《宋家庄太公训子》蓝畹编，来源于《水浒记》
第一本第十六出	《朱勔怙势缘石纲》
第一本第二十四出	《金主亲征伐契丹》
第二本第一出	《金国主草地行围》
第二本第十七出	《阎婆惜传情瓯茗》，来源于《水浒记》
第二本第二十四出	《银岳峰头献玉芝》
第四本第二十三出	《两处人雄归虎寨》
第四本第二十四出	《全彪骁杰展龙韬》
第五本第二十四出	《萧奉先兴师拒敌》
第六本第一出	《高唐州教演神兵》
第六本第三出	《三家村联盟备盗》
第六本第二十四出	《幽燕路只迓王师》
第九本第一出	《田虎拜师僭称王》
第九本第五出	《梁山泊群雄过关》
第十本第八出	《芙蓉城鬼使神差》
第十本第九出	《领鬼卒摄魄勾魂》
第十本第十出	《东岳殿狼群对簿》
第十本第十一出	《河北郡二忠尽节》
第十本第十二出	《留车驾李纲守死》
第十本第十三出	《郭道人恃邪演法》
第十本第十四出	《楚江王按罪加刑》
第十本第十五出	《钦宗车驾幸青城》
第十本第十六出	《地府刀山昭白日》
第十本第十七出	《李若水喷血尽忠》
第十本第十八出	《四殿勘奸严设狱》

续表

新增部分情节	小标题及出处
第十本第十九出	《张叔夜白沟致命》
第十本第二十出	《地狱见六贼伏法》
第十本第二十一出	《大金朝解甲赏功》
第十本第二十二出	《十殿主转轮运世》
第十本第二十三出	《兜率宫群仙会宴》
第十本第二十四出	《灵霄阙特旨旌忠》

由上表可知《忠义璇图》比小说《水浒传》至少新增了三十三出的情节，这些情节除戏曲中常见的“归正传副末开宗”以宣示主旨和大致内容外，还涉及一些真实历史人物和场景的加入，令戏曲历史感更强。下面对新增的内容进行简要的分析。

（1）金的兴起

《水浒传》的历史大背景是两宋之交，而与北宋灭亡有着直接关系的便是金。只是在《水浒传》中，这一历史背景被刻意地忽略了，里面只有征辽之事，而无抗金之情，这是小说与历史的不同所在。

《忠义璇图》新添了《金主亲征伐契丹》《金国主草地行围》《萧奉先兴师拒敌》《幽燕路只迓王师》《大金朝解甲赏功》等出穿插于梁山众人的事迹之中，以暗线的形式将“金”之兴盛过程加以呈现，并将其灭辽、灭北宋的历史真实以天意的形式加以表达，这样的添加令戏曲《忠义璇图》增添了历史感。

此外，此类内容的添加应与清代宫廷戏曲的创作和演出环境有关。金朝与清朝都是由女真族建立，其中金朝是女真族中的完颜氏所建，而清朝皇族是爱新觉罗氏，两者之间虽然有着较大区别，但笼统来说都是同一部族。故而在《忠义璇图》的改编者和宫廷的观剧者眼中，“金”的崛起可以在一定程度上象征着对“清”功业的赞颂，而灭辽、灭北宋的事迹亦可与灭明之后的统一天下有一定的象征意义。

（2）历史的真正忠义之士

《忠义璇图》与《忠义水浒传》虽然绝大多数情节均以梁山等人的聚义、征四寇等为主，但二者所谓的“忠义”所指是截然不同的。《水浒传》之“忠义”指的是宋江等人虽身为“盗寇”而不忘国家，不忘民族，不忘皇帝，处江湖而心念朝堂，身死而不悔；《忠义璇图》之“忠义”则指的是李纲、李若水、张叔夜等人面临北宋灭亡，坚守忠义之道，以死抗争。

《忠义璇图》正是以历史人物的“真忠义”来映衬小说人物宋江等人的“假忠义”，而新增的《河北郡二忠尽节》《留车驾李纲守死》《李若水喷血尽忠》《张叔夜白沟致命》《兜率宫群仙会宴》《灵霄阙特旨旌忠》等出正是对“真忠义”事迹的宣扬与褒奖，而《郭道人恃邪演法》《钦宗车驾幸青城》等出则是对“真奸佞”的批判。

（3）地府冥谴

《忠义璇图》在第一出《宣诸神发明衷旨》便令三教教主出场指出此次浩劫之难以避免，将宋江、方腊、田虎、王庆称为“四处大寇”，并于第五出《归正传副末开宗》中强调宋江等人为“托忠托义”之徒，“天罡地煞”是宋江等人的自称而非真实。与起首相对应的是《忠义璇图》在第十本中添加《芙蓉城鬼使神差》《领鬼卒摄魄勾魂》《楚江王按罪加刑》《地府刀山昭白日》《四殿勘奸严设狱》《地狱见六贼伏法》《十殿主转轮运世》等出，对死后的宋江等人进行审判和惩罚，借此以突出宋江等人的伪忠伪义。

地府冥谴可谓是对宋江等人的盖棺定论，而他们中所犯过错最大的便是宋江、吴用二人，只因他们二人假托“忠义”之故，比梁山其他头领欺骗性更强，对读者、观众影响更大，故处罚亦最为严格，除接受地府中的各种刑罚之外，还被判永世不得超生。

（4）部分新增戏曲

另外新增《宋家庄太公训子》《朱勔怙势缘石纲》《阎婆惜传情瓯茗》《高唐州教演神兵》《三家村联盟备盗》《梁山泊群雄过关》等出在《水浒传》中虽有简单提及，但所占篇幅甚少。而《忠义璇图》之所以新添，除可以令戏曲演出更显热闹外，甚有可能是与《忠义璇图》的几次改编有关。如前文所论，《忠义璇图》在一开始编写的时候，是按每本二十出的体例，而最终定稿时要与其他宫廷大戏相匹配，每本需要二十四出，故除调整各出的篇幅大小和次序之外，还必须另编数出与情节关系不甚密切，甚至可以说是可有可无的以凑数量，故而此类新添戏曲中唱词较少而对白较多。

经简单对比，可知《忠义璇图》与《水浒传》相比，情节有增有减，而增者除了为统一体例而添加的小插曲之外，多集中在历史真实人物和事件的补充，并在《水浒传》的既有结局的基础上又添加了冥谴数出，更直接地将批判宋江“伪忠义”的观点表现出来；减者为九天玄女临凡、天降石碣、谋求招安、征辽、征四寇等情节，缩减了梁山众人“忠义”的事实支撑。《忠义璇图》的编写并非仅仅从小说到戏曲的形式变化，更是水浒故事主题的变更，这亦是自明末开始的水浒“忠义观”逐渐消解的具体表现之一。

第五节 《忠义璇图》对宋江“假忠假义”的批判

《忠义璇图》对“水浒忠义”的反思与批判延续了金圣叹“独恶宋江”的方法，是通过对宋江“假忠假义”的批判来阐发主旨的，只是《忠义璇图》更进了一步，将此种批判通过各种情节的设置落实于梁山所有人物身人，并将“真忠真义”归之于历史上的实有人物李纲、张若水等人。

一、假忠假义的首设

第一本第一出以三教之首如来佛、文昌帝君、太上老君三人的对话开始，指出“宋室自艺祖开国，天下太平已有年矣。无奈气运相承，数十年后，更有一番战争之事。弃汴京而走临安，倚长江以为天堑，天下遂成南北之势矣”。此番议论未免与《三国演义》“天下大势分久必合、合久必分”的笼统天命观有所相似，在曲文中亦有唱“只可怜北狩的何年得转，有兆头天津桥听御啼鹃。虽说是运数推迁总在天，也则为人事儿有些乖舛”。天津桥听啼鹃之兆头与邵康节所言南人主政天下大乱的预言不谋而合，亦带有一定的天命论色彩。而天命毕竟只是外在的由头，人事才是祸乱的根本所在。“只因宋室道君皇帝内任奸邪，以致外招寇盗。那山东宋江、江南方腊、淮西王庆、河北田虎四处大寇，同时作乱，虽无大害，惟恐伤残民物。”悲天悯人的话语之中虽提及四大寇，却又特别着重于龙虎山中的妖魔：

向日镇压妖魔在龙虎山中，形虽未彰，机已渐露，将出现人世矣。未

> 免伤害生灵，深属可怜可悯。[①]

此番三教首对话按文本之意当在魔王未放之前，既已有预见，又为何不能避免此事？至第四出中又借十六护法神之口言及：

> 向者奉我佛法旨、上帝玉勅，在此龙虎山上清宫中看守妖魔，已有年矣。今当数应太尉洪信到此放走。此系时节因缘，应当出现，非天意人力之可能挽回者。[②]

魔王逃脱之时在文本中正值仁宗时代，离道君即位还有数十年，天意既不能更改，又何以苍生为念？此种矛盾的解决也只能简单地归诸天意，这实是小说、戏曲中的常见惯例，不得深究。只是《忠义璇图》中以四出剧的篇幅大谈特谈天命，无疑有削弱“水浒”现实感之嫌，对其后剧中出现的劫掠不法之事对观众的刺激起到了一定的缓和与舒解作用。另且一开始设定背景即将宋江等人归诸为魔王，与《水浒传》中的天罡地煞虽同为上天默认放纵，本质却截然不同，天罡地煞尚且为天上星宿，魔王则纯为破坏之恶妖，天罡地煞尚可死后归神，魔王则只可死后归地府冥谴。故此戏曲中第一本第五出《归正传副末开场》阐释了“忠”“义”的内涵，更是指出了宋江等人的“假忠假义”：

> 夫忠者，事上之盛节；义者，处己之大经。人能识此两字，守之终身，则达而在朝，经文纬武，为国家宣力之良臣；即穷而在野，市井草莽，也不失安分守己的百姓。今宋江等一百八人，秉豺狼虎豹之姿，行夺攘矫虔之事，偕黥刖迁徙之辈，矜揭竿斩木之雄，反诡称天罡、地煞等名，以为惑世诬民之具。岂有星精下降，相率为盗之理！此实为圣世所必

---

① （清）周祥钰、邹金生编，刘心明等校点：《忠义璇图》，北京大学出版社 2017 年版，第 1—2 页。

② （清）周祥钰、邹金生编，刘心明等校点：《忠义璇图》，北京大学出版社 2017 年版，第 11 页。

诛，清时所不赦。施耐庵假宋史为事据，斥水浒为窝巢，极写首恶党恶之奸，募（摹）尽杀人历（厉）人之迹，亦欲宣明忠义，喝破愚氓，乃以梦幻为缘，遂使劝惩不著。岂知尔时如张叔夜、李若水、李纲、赵鼎诸人，其功略盖天地，节义亘古今，名姓耀青编，精诚昭日月。这才是《忠义璇图》真结脉。当今圣天子作之君，作之师，教育群生，甄陶万类，令我们就歌詠太平之文，寓维持风化之意。稗官野史，亦有助于彰瘅；假面傀儡，实感发乎忠孝。今日个把这本传奇前按旧文，后增正史，真忠真孝，任他生土生天；假义假仁，难骗愚夫愚妇。是人知尊君亲上，畏法怀刑，到处尽讲让型（行）仁，风行俗美。长享昇平之福，永登仁寿之乡。[①]

《忠义璇图》之谓“忠义”，实指正史所载的张叔夜、李若水等人的功略与节义，而宋江等人虽为戏文中的主角，却为批判、讨伐的对象，提出疑问：“岂有星精下降，相率为盗之理？”并自认上承“施耐庵”之劝惩意旨，又修正了施耐庵“以梦幻为缘”致令“劝惩不著”的失误，实指为金圣叹评改之后的《水浒传》文本而言，因为所谓“施耐庵”的劝惩口吻只有在金氏所删改的《第五才子书》中才可见到。然而与金圣叹《第五才子书》相比，《忠义璇图》中又有宋江等人接受招安并平定其他三寇之事迹的演绎，更有宋江等人无辜被奸臣所害的结局，招安、建功并未仅仅停留在宋江口头的虚伪承诺上，未免与金圣叹笔下的“假忠假义”又有了较大区别。为此，戏曲除了在某些细节方面抹黑宋江之外，只得另设冥谴以添加结局，只因“那世上人只晓得说宋江忠义，被他那一团花假欺瞒了”[②]。作为宫廷戏剧，《忠义璇图》时刻不忘对朝廷的歌功颂德，将此稗官野史之创作称作秉持“当今圣天子”为君、为师教育群生的意图，以达到歌咏太平、维持风化的效果。然而综观整部戏曲却延续了小说《水浒传》对梁山众人的推崇与表彰之情，舞台上的“真忠真义”之人未免失

---

① （清）周祥钰、邹金生编，刘心明等校点：《忠义璇图》，北京大学出版社2017年版，第14—15页。

② （清）周祥钰、邹金生编，刘心明等校点：《忠义璇图》，北京大学出版社2017年版，第910页。

之单薄，不但出场极少且事迹不显，“假忠假义”的梁山众人则栩栩如生，使叙事与自称的主题之间形成一定的疏离感。

在个别细节处仍留存宋江诸人“忠义”的痕迹，使得与整体“伪忠伪义”的基调相左。如第一本第七出宋江的出场诗为：

剑吐长虹贯斗牛，公门吏隐几春秋。
何时投笔荷戈去，直取班超万里侯。

自称

生成义侠，颇语诗书，慕朱家、郭解之流，解纷排难；结屠狗、椎埋之辈，露胆披肝。虽非里中豪右，也曾救人之急，济人之危，交尽天下英雄，何止大淮以南、太行以北……长怀大志，暂时事刀笔于萧曹，每顾中原，终期奋功名于卫霍。[①]

宋江与晁盖的彼此倾心亦正因为均不满于朝廷奸佞，报国志向相同，二人相聚园中纵论天下英雄，如宋江所言：

我与你意气如霜，肝肠似雪，谅非池中之物，不作辕下之驹。况如今权奸误国，寇盗频闻，民不聊生，朝多幸位。小弟虽然寄迹公门，每欲效忠宋室。萧相国之笔刀，终能匡汉；鲁仲连之舌剑，岂在封侯？倘得击中流之楫，斩佞臣之头，这才是大丈夫、奇男子所为耳。[②]

私下里的谈话应该能够代表宋江的心声，所谓“萧相国”“鲁仲连”均为

① （清）周祥钰、邹金生编，刘心明等校点：《忠义璇图》，北京大学出版社2017年版，第19页。

② （清）周祥钰、邹金生编，刘心明等校点：《忠义璇图》，北京大学出版社2017年版，第22页。

爱国之士，“欲效忠宋室”之心应是真的。第九本第十一出宿元景意欲招安宋江等人时亦言：“兵弄潢池，啸聚无知是小儿。他受制赃官吏，到底怀忠义”，徽宗亦承认：“宋江等原系良民，为长吏掺切迫胁为非。以致啸聚水洼，逋外拒命。”[①]另且戏曲省略了童贯、高俅等人三番两次征剿梁山的情节，宋江等人抗拒朝廷的罪责相应变轻。

此外《忠义璇图》中涉及方腊的虽然篇幅不多，但对宋江与方腊的对比还是比较明显的，如方腊出场时念白曰：

幼习干戈胆气粗，帮源洞里独称孤。
从来富贵原无种，却笑黄巢不丈夫。[②]

此诗明显借鉴了宋江所题“反诗”中的“敢笑黄巢不丈夫”一句，只是“称孤”“富贵”的追求与宋江“忠义”的抱负区别还是较为明显的。

二、借冥谴贬“伪忠义”

《忠义璇图》第十本第六出为“惊赐酒宋李含冤”，借宋江之口言卢俊义之冤：“我想卢安抚原是安分良民，被我计诱上山，后来九死一生，才得到梁山聚首。幸遇招安，东征西讨，受此荣耀。如今又是这等不明不白而死，教人如何不痛？”宋江得知自己中毒之后，亦是怕“把一腔忠义白断送了”，骗李逵亦喝毒酒后，仍不忘“谢北阙也跟跄拜”[③]，与“假忠”之说未免有矛盾之处。第七出为“蓼儿洼舍生取义”，吴用、花荣不忍独活，践行“但求同年同月同日死”之誓，难称“假义”。

而第十本从第八出“芙蓉城鬼使神差”至第二十四出“灵霄阙特旨旌忠”

---

① （清）周祥钰、邹金生编，刘心明等校点：《忠义璇图》，北京大学出版社 2017 年版，第 837 页。

② （清）周祥钰、邹金生编，刘心明等校点：《忠义璇图》，北京大学出版社 2017 年版，第 872 页。

③ （清）周祥钰、邹金生编，刘心明等校点：《忠义璇图》，北京大学出版社 2017 年版，第 903—905 页。

以李若水、张叔夜等人的真忠映衬宋江等人的假忠，以真忠者受上天旌赏反衬假忠者受地府冥谴，又穿插金之灭宋的所谓“史实”。

戏中是通过冥谴的方式对水浒人物的假忠假义进行了批判，淡化了宋江诸人结局的悲剧色彩，消除了宋江等人死后成神的前后矛盾之处，虽以审美角度来看，此举未免沦于焚鹤煮琴之讥，然这正是宫廷大戏歌忠颂义的追求所在。

第八出中十殿阎罗奉玉帝之旨：

说宋江等一百八人原为群魔降世，戕害生灵，乃反假托忠义惑世诬民，特着东岳大帝，会同我们十殿审理，要核其罪恶，分别定拟，以警愚蒙，以昭劝诫。[①]

而所谓玉帝，所谓阎罗，无非戏曲创作者的代指。宋江等人乃至众多观众心中未免亦有所不伏，借梁山众人之口言出：

> 我们聚义水洼，情同骨肉。自受招安，就歼臣寇。水火刀兵，死亡大半。哥哥束手归朝，反为奸臣暗算，天理何在？我们心中十分不伏。[②]

戏曲的解决方法是将水浒人物分为六等分别处理：

第一等，“假托忠义惑世诬民”的首犯二人：宋江、吴用。为是“啸聚水洼，招纳亡命，擅杀官军，假名忠义，还有威逼上山，绝人归路”，并举秦明、小衙内之例以证之，判“应受重重地狱，然后永入泥犁，不得超生”[③]。

第二等，“弃官从贼、玩视王章”昔日官军十七人：关胜、花荣、呼延灼、董平、索超、孙立、郝思文、彭玘、魏定国、张清、黄信、宣赞、韩滔、单廷珪、凌振、龚旺、丁得孙。为是“身为武弁，陷阵摧锋，是汝专职；终不然就拼死沙场，马革裹尸，也得名垂竹帛，怎么弃官从贼起来”，又且“为臣不

---

① （清）周祥钰、邹金生编，刘心明等校点：《忠义璇图》，北京大学出版社 2017 年版，第 909 页。

② （清）周祥钰、邹金生编，刘心明等校点：《忠义璇图》，北京大学出版社 2017 年版，第 912 页。

③ （清）周祥钰、邹金生编，刘心明等校点：《忠义璇图》，北京大学出版社 2017 年版，第 915—916 页。

忠，与奸盗淫邪同科”，判入刀山地狱。需要注意的是戏曲中二处称为“关胜等十八人”①，可见粗疏。

第三等，“打劫生辰纲”者七人：晁盖、公孙胜、刘唐、阮小二、阮小五、阮小七、白胜。为是“黄泥冈打劫生辰纲实为梁山水浒构祸之始”，众人辩称“那生辰纲是不义之财，打劫何害”②，仍将之视为梁山叛逆之金针线，实未曾回答，只是判入碓磨地狱。其中吴用归入第一等中。

第四等，“啸聚山林、负隅拒命”者三十二人：鲁智深、武松、杨志、施恩、曹正、史进、朱武、陈达、杨春、王英、燕顺、郑天寿、焦挺、鲍旭、樊瑞、项充、李衮、欧鹏、蒋敬、马麟、陶宗旺、吕方、郭盛、李忠、周通、邓飞、孟康、杜迁、宋万、朱贵、孔明、孔亮。为是“太平之世，士农商贾各有其业，汝等半系市井游民，啸聚窝巢，为逋逃渊薮，梁山又为众恶所归，此岂王法之所能恕”③，判入火车地狱。只是此处“太平之世”之言在戏曲中未免具有一种反讽的意味，只是搬演于宫廷之中，“太平之世”的歌咏又是不可避免的。因此对于啸聚山林的背后原因亦就一笔带过了。

第五等，“蟠居水洼、截江行劫”者五人：张横、李俊、童威、童猛、张顺。为是“原案内致命图财之事不少”，虽众人争辩“江湖上卖板刀面馄饨的颇多，怎么单加罪我们？实为冤枉”④，而此冤枉带有一种“五十步笑百步”的滑稽感，实不值一驳，判入“血湖地狱”。

第六等，“扶同入伙、伤害生灵”者四十六人：卢俊义、秦明、徐宁、李逵、林冲、穆宏、穆春、燕青、薛永、戴宗、李应、扈三娘、解珍、解宝、金大坚、安道全、萧让、朱仝、石秀、杨雄、侯建、皇甫端、段景住、蔡庆、王

① （清）周祥钰、邹金生编，刘心明等校点：《忠义璇图》，北京大学出版社 2017 年版，第 917 页。

② （清）周祥钰、邹金生编，刘心明等校点：《忠义璇图》，北京大学出版社 2017 年版，第 918 页。

③ （清）周祥钰、邹金生编，刘心明等校点：《忠义璇图》，北京大学出版社 2017 年版，第 918 页。

④ （清）周祥钰、邹金生编，刘心明等校点：《忠义璇图》，北京大学出版社 2017 年版，第 919 页。

定六、李云、朱富、石勇、雷横、乐和、邹渊、邹润、孙新、顾大嫂、杨林、裴宣、汤隆、杜兴、宋清、郁保四、张青、孙二娘、时迁、李立、蔡福、柴进。此等中有不少曾为官军者和杀人尤多者，东岳大帝不免疑惑："这些多系初无为盗之心，或系诓骗上山，或系扶同入伙，情罪自应末减。只是秦明、徐宁各有职守，应归弃官从贼一等。至于李逵杀人独多，伤生尤酷。柴进招纳亡命，窃藏奸匪，也应从重问拟才是。"十殿阎罗对此一一解释："秦明、徐宁都是宋江、吴用绝他归路。李逵是个粗莽直性汉子，肝肠倒也干净。柴进是个挥金结客之人，看来无甚奸恶。是以从宽问拟。"[①] 判各铁鞭一百。戏曲中先称为四十三人，后又称四十五人，人数均不对。

此外还有二潘一阎、西门庆、张文远等人的冥谴。

在处理因奸致死本夫案时，"武大形骸矮小，娶此美妇，祸非无因，但无罪而死，实为可悯，可送十殿转轮王，与他七尺之躯，托生山西开张磨房，娶一粗蠢之妇，生一子二女，衣食丰足便了"，"西门庆、潘金莲可上碓磨，王婆上铡刀，然后送与转轮王，西门庆变龟，潘金莲变鳖，王婆变母猪，以彰奸淫之报"[②]。这样的冥谴表现了对武松杀人的宽松，而重复了小说与戏曲中对奸淫的一贯贬抑态度。在处理了武大一案之后，又将宋江、吴用投入铁丸地狱，劫取生辰纲的刘唐、阮小二、阮小五、阮小七、白胜、公孙胜投入毒蛇地狱。

奸淫戕命一案中，"阎婆惜为私通张文远被宋江杀害，张文远又被阎婆惜活捉而死。原可无容加罪，但淫为万恶之首，不过借他二人以警世类。"故张文远入铁床地狱，阎婆惜入血缸地狱，受刑之后还要打入畜生道，张文远变作兔儿，阎婆惜变作雉儿。随后又将宋江、吴用入沸屎地狱，又上尖石地狱。

破戒图奸一案中，裴如海、潘巧云被判押赴刀山受刑后转轮为驴，裴如海又称"和尚变作驴极平常事，只求变个叫驴"，阎君直指其荒谬，"你这秃驴，到此时，那一点淫心还不死哩"，冥谴中亦有插诨之逗笑。宋江、吴用又随关

---

① （清）周祥钰、邹金生编，刘心明等校点：《忠义璇图》，北京大学出版社 2017 年版，第 919 页。

② （清）周祥钰、邹金生编，刘心明等校点：《忠义璇图》，北京大学出版社 2017 年版，第 929 页。

胜等人同受刀山之刑。

在冥谴梁山诸人的同时，戏曲亦不忘“宋室臣僚，有真忠真义者，令他升入天堂；害国害民者，令他堕入畜生道，方快人心”[①]。河北郡何灌、何蓟、韩综、雷彦兴战败而亡，李纲主持守卫，又有张叔夜父子勤王，本当取胜，但因钦宗误信郭京之术，致令京城被破，徽钦被俘北迁。李若水骂敌不屈而亡，被誉作“好忠臣”，又借粘没喝之口言：“辽国之亡死义者以十数，南朝惟李侍郎一人。”[②]张叔夜秉持“主辱臣死”之气节，呕血而亡。

欺君误国、怙势怀奸一案中，高俅的罪状为：“倚势贪饕众论哗，尤惊讶，诲淫纵子逼娇娃，威权空向红尘吓，恶名犹教黄泉骂。”杨戬的罪状为：“增却无田赋，祸向他人嫁。害杀那穷民终岁犁空把，惨切切活坑了西北万千家。”二人被判割舌。童贯、梁师成的罪状为：

阴贼险鸷，跋扈强梁，以巧媚为结人主之媒，以深交为坑正人之阱。至如挟监军之势，簸弄西师；搆平燕之谋，挑唆北衅。只说权势相轧，毒及四方；那知宗社沦亡，祸归二帝。论起罪状，虽菹醢不足蔽辜。[③]

判二人受剥皮之刑。蔡京的罪状是：

恁朝纲独拏，压南衙北衙。把臣僚党加，窜天涯海涯。纵虎狼爪口，日含沙射沙。惹得师旅加，害得銮舆驾。生生的都是你颠覆了邦家。

王黼的罪状是：

① （清）周祥钰、邹金生编，刘心明等校点：《忠义璇图》，北京大学出版社 2017 年版，第 920 页。

② （清）周祥钰、邹金生编，刘心明等校点：《忠义璇图》，北京大学出版社 2017 年版，第 941 页。

③ （清）周祥钰、邹金生编，刘心明等校点：《忠义璇图》，北京大学出版社 2017 年版，第 950 页。

一味的趁豪华，镇日里响呕哑。反无端祸煽青宫，衅搆黄沙。你只晓走张俭伤风败化，不提防遇荆轲截菜剖瓜。[①]

判二人受解床分尸之刑。六贼受刑之后，又被打入阿鼻地狱，后送转轮永堕畜生道。

宋朝死节诸臣傅察、李若水、张叔夜、何灌、何蓟、韩综、雷彦兴等上游天宫，然后转生人世，遭逢盛世，富贵寿考，金紫奕世，以彰善报。而梁山众人受刑之后，宋江、吴用永不超生，其余一百六人都贬入畜生道，以勘破宋江等人“假托忠义欺诳世人”之恶，并借此重罚以警醒愚蒙。

三、分出内容提要

1. 第一本

第一出《宣诸神发明衷旨》：释迦如来、文昌帝君、太上老君三教领袖齐聚，共议龙虎山向日镇压妖魔即将出世祸乱天下一事，指出宋江、方腊、王庆、田虎四寇同时作乱虽残伤生灵，实亦因宋室将乱，天下分为南北方得太平。诸神指明天意，派城隍、土地四处护佑百姓，查访忠奸。《水浒传》无有相应内容。

第二出《建大醮酬答升平》：宋皇为庆天下太平，酬报天地默佑之德，在众大臣的建议下派内宦洪信赍诏书、信香前往江西龙虎山宣如正一嗣教张真人来京修建罗天大醮。众官送洪信至十里长亭，以表钦仰。《水浒传》中引首与第一回前则是因天灾频仍，宋仁宗不得不派洪信去请张天师祈禳，以避灾殃，洪信为太尉之职而非内宦。

第三出《骑牛对使露真言》：山神为试探洪信出使之意是否虔诚，派神虎、巨蟒轮番试探，洪信心生恐惧，恰遇一牧童言称天师已驾云进京修建醮事，于是便回返道观。众道人称天师既已前去，邀请洪信游览风景。此标目“露真言”指牧童对洪信言称天师已去之话，而戏曲中牧童又并不是天师本人，似

---

① （清）周祥钰、邹金生编，刘心明等校点：《忠义璇图》，北京大学出版社 2017 年版，第 951 页。

“真言”用词不很确当。《水浒传》第一回中大体情节与此相似，只是小说中称那牧童即是天师，而虎、蟒是天师所豢养的。

第四出《洪信放魔惊赑屃》：洪信游览道观之时强进伏魔之殿，并三番五次逆众人之意而开锁、揭符、推碑，镇守妖魔的十六护法神预先知道洪信纵放妖魔是命数所定，与之配合，电闪雷鸣之中，一百单八个妖魔逃往不知何处。“赑屃”意为蠵龟，传为龙生九子之一驮石碑者，形似龟，好负重。《水浒传》第一回后半部分与第二回前小部分大体情节与此相似，只是小说中借众道之口言此妖魔为三十六天罡星，七十二地煞星，一旦放出，定将恼乱天下生灵。

第五出《归正传副末开宗》：表明此剧的意旨以及为何叫《忠义璇图》。称宋江等人为假忠伪义，惑世诬民不少，“施耐庵假宋史为事据，斥水浒为窝巢，极写首恶党恶之奸，募尽杀人历人之迹，亦欲宣明忠义，喝破愚氓，乃以梦幻为缘，遂使劝惩不著”，像张叔夜、李若水、李纲等人方为忠义之尤，这才是《忠义璇图》之真结脉。而编写此剧实有“就歌咏太平之文，寓维持风化之意……今日个把这本传奇前按旧文，后增正史，真忠真孝，任他生土生天；假义假仁，难骗愚夫愚妇”。“开宗”亦称“家门大意”“传概”“副末开场”等，明清传奇剧本结构的首出多为此类，是宋代诸色伎艺人的“开呵”和早期南戏“末上开云”（开场）的继承和发展。明徐渭《南词叙录》“开场”条：“宋人凡勾栏未出，一老者先出，夸说大意以求赏，谓之‘开呵’。今戏文首一出，谓之‘开场’，亦遗意也。”开场一出所包含的内容有繁有简。繁者，有演出人、编剧人的自报家门，有编撰是剧的意图和作者的意趣，以及剧情大意介绍的正传家门。简者则例以词二阕，分别概述编撰人意图和介绍剧本故事概括，亦有简至以诗词一阕介绍剧情的，如《八义记》《宣和谱》等。

第六出《肆华筵端王称庆》：驸马王晋卿过寿，邀请端王赴宴，除酒席外还安排新戏、卖解、打弹、击球等，端王看上一镇纸玉狮子，王晋卿承诺隔天派人将玉龙笔架一同送上。此出详叙宴乐之欢。《水浒传》中第二回中有类似情节，只是对于宴乐、接待过程一笔带过。

第七出《宋家庄太公训子》：宋江趁公事之余回家探望父亲与妻子孟氏，向父亲提起为吏之难，让父亲出一张忤逆的状子，以防日后遇事牵累家庭。太公与妻子皆称不可，在宋江百般恳请之下，只得应允。晁盖来访，与宋江论说天下英雄，共谈人生理想与抱负，愤恨奸佞当道。后来柴进又派人下书与宋江，可见宋江结交之广。此出《水浒传》中无对应情节，且小说中宋江出场甚晚，亦无详细介绍与晁盖、柴进的早先交往。此出标目实不确当，无有太公训子之任何情节，而与《水浒记》第二出《论心》有诸多相似之处，如宋江妻孟氏之贤，如与晁盖交谈之契等。

第八出《高俅上任积嫌伸》：高俅升任殿帅府太尉，简单自叙发迹遇合端王经过后即作威作福，要属下共同参见。八十万禁军教头王进因患病未到，高俅想起曾受其父王昇的教训，欲图报复重打四十军棍，在众人的劝阻之下，只得暂且训斥一番。王进回家与其母商量，逃奔延安投奔老种经略，以报效边庭。《水浒传》第二回部分情节与此相似，只是重点详述了高俅的出身来历。戏曲中则极大地简略了高俅因早先人品不好而四处碰壁的叙述，实则淡化了小说“乱自上作”的寓意。

第九出《史进留宾新义洽》：王进母子二人逃奔延安途中恰遇史进，因感史进款待之情，留在史家庄教授史进武艺。《水浒传》第二回部分情节与此相似，只是更为曲折一些，小说中王进投宿时遇到的是史进之父史太公，而之所以留在史家庄是因为其母突患急病不得不留，而教授史进武艺则有报恩的一层意思在。戏曲简化了人物与情节，更适合舞台演出。

第十出《闻缉捕王进遄行》：王进悉心教授史进多般武艺，但有庄客因不满于王进的傲慢，言称东京行文要缉捕王进，王进只得仓促上路，离开史家庄。李吉来庄寻王四沽饮，史进盘问，带出少华山有强人啸聚一事，史进令庄客通知村民集合商量保护村庄之事，另伏下李吉不满史进欲借机报复的伏笔。《水浒传》第二回部分情节与此相似，只是王进之离去是出于己意，而非庄客催逼。戏曲中王进传授史进枪法、刀法颇为详细，与《宣和谱》中栾廷玉授徒有相似之处。

第十一出《保村庄陈达被捉》：少华山上陈达不听朱武、杨春的意见，执意要从史家庄经过去华阴县借粮，正遇史进，战败被擒。《水浒传》第二回部分情节与此相似。

第十二出《守友谊史进结恩》：朱武、杨春听闻陈达被擒，二人赤手空拳前往史家庄要与陈达同生共死，史进被三人的义气所感动，慷慨释放陈达归山，并杀牛具酒款待三人。《水浒传》第二回部分情节与此相似，只是小说中朱武二人此举有更多计谋的成分在里面。

第十三出《送锦袄因醉遗书》："赛伯当"王四奉史进之令前往山寨送红锦战袍与三位寨主，并请他们中秋赴宴，朱武等人写完回书后又赠银款待，其后山上小喽啰再次请王四到山下酒店饮至大醉。王四于山林之中醉倒，被李吉发现，将书、银偷走并要告发史进与少华山勾连一事。王四醒后回庄，向史进诡称未有回信。《水浒传》第二回部分情节与此相似，只是小说中王四只是因善于辞令而被称为"赛伯当"，戏曲中则称王四"刀架上的刀一窍也不通，书架上的书一字也不识。只因生成狡猾，小有聪明，专会帮闲，惯能嚼舌。"戏曲中另增小喽啰请王四喝酒之事，还叫唱曲的唱《寄生草》，插诨打科之处增添不少，营造了热闹的舞台氛围。

第十四出《赏中秋溃园聚义》：史进与朱武等三人中秋相会，因义气感召，结义为兄弟，史进因年长而做大哥。李吉带捕头、士兵来捉，史进等人杀败军兵之后，只得逃上少华山。朱武等人劝史进落草，史进百般不从，欲赴延安投奔师傅王进。《水浒传》第二回、第三回部分情节与此相似，只是小说中王四并未逃走，被史进发现后一刀杀死。而戏曲中王四回庄后马上逃之夭夭，与其"生成狡猾、小有聪明"的特点正相符合。

第十五出《鲁达挥拳除市虎》：鲁达与李忠在潘家酒楼同饮，恰遇史进，三人相见甚欢。突闻金翠莲哭泣之声，鲁达等人打抱不平，李忠与史进护送金氏父女离开，鲁达到状元桥拳打郑屠致死，只得逃奔外地。《水浒传》第三回部分情节与此相似，只是小说中鲁达是过了一天才去打的郑屠，戏曲中则是当天即去，情节更为集中，舞台冲突更为激化；再者小说中鲁达是先见史进，再因李忠曾为史进师傅而结识，李忠显得寒酸吝啬，戏曲中则是鲁达与李忠早就相识，李忠亦是一慷慨汉子。此出甚有可能源自《虎囊弹》。

第十六出《朱勔怙势缘石纲》：朱勔奉旨督理花石纲，不但搜括民间、侵欺内帑，还强拆民宅、毁路拆桥，以致东南半壁江山不稳。朱勔作威作福，令官员和百姓一起拉船。杨志身经此役，亦只得忍怒拉纤。《水浒传》无有相应内容。

第十七出《七宝村留宾构祸》：鲁达逃亡途中于代州遇到金老汉，经其介绍结识金翠莲新夫赵恺。此时缉捕风声甚严，为防意外，赵恺提议鲁达出家五台山。《水浒传》第四回部分情节与此相似，只是小说中鲁达是被金老引至金翠莲住处，饮酒期间赵员外误认其为奸夫率人来打，由此二人才得相识，且仅称“赵员外”，未出现“赵恺”名字。另小说中五台山长老为“智真长老”，戏曲中为“智贞长老”。小说中情节更显曲折，戏曲中情节相对简洁，更适合舞台演出。此出甚有可能源自《虎囊弹》。此出并无“构祸”情节，可见标目不甚合适。

第十八出《鲁提辖避难被缁》：鲁达随赵恺到五台山出家，众僧人见其形貌凶恶，举止粗鲁，都不同意容留他在寺。智贞长老出定片时，以定未来吉凶，金汉罗汉向智贞言说因果。智贞醒来后称鲁达日后颇有善果，于是鲁达剃发出家，得法名鲁智深。《水浒传》第四回部分情节与此相似，只是小说中因有后面鲁智深圆寂的情节，与此处智真（贞）的预测正相符合，可算是伏笔；而戏曲中鲁智深最后的结局却是入地狱受审，显得情节脱榫。此出甚有可能源自《虎囊弹》。

第十九出《遇勍敌虎将归林》：李忠因受鲁达牵连，亦遭通缉，只得逃亡江湖。桃花山周通下山抢劫，正遇李忠，二人相斗不分胜负。后二人结义，因李忠年长，充当大寨主。《水浒传》无此情节，只在第五回鲁智深与李忠相遇时顺便提起寥寥数语。此出亦有可能源自《虎囊弹》，因三人饮酒共同救助的金氏父女，对其归处有所交代亦为明清传奇常事。

第二十出《长老修书遣醉客》：鲁智深在五台山为僧甚感烦闷，一日于半山亭遇卖酒者，强抢其酒喝至大醉，不但踢倒了半山亭，还打破山门，打倒哼哈二将，暴打众僧人。智贞长老为息众怒，写书、赠银令鲁智深前往东京大相国寺做职事僧。《水浒传》第四回部分情节与此相似，只是小说中鲁智深大闹五台山是两次醉酒，第一次是抢酒喝打僧人，第二次是在市镇上饮酒大醉，回山途中打倒半山亭、打破山门、暴打僧众等，情节更曲折一些，戏曲将两次醉酒合为一次，情节更集中，插诨打科处亦更多，尤其是抢小酒贩酒吃那一段更是增添不少笑料。此出源自《虎囊弹》中《山门》一出，其中数曲未做太多变化，只是部分字词和说白有所更改。

第二十一出《桃花庄强逼姻牒》：桃花庄桃花盛开，刘太公携妻巫氏、女一娘共同赏花，遇周通与李忠下山游玩。周通看上一娘，强行下聘，刘太公无奈只得应允。《水浒传》无此情节，只是第五回刘太公见鲁智深简单叙述周通强行下聘一事。《清车王府藏曲本》第六册、《俗文学丛刊》第三一八册收录有《花田错总讲》，亦叙及周通强行下聘刘太公女一事，只是里面人物更为繁复，情节更复杂一些。

第二十二出《小霸王鸳帏被打》：鲁智深离开五台山，沿途喝酒吃肉，至刘太公庄上投宿。听闻周通强行下聘一事，言称自己善讲因果，可以令小霸王回心转意，于是在鸳帐之内坐等周通。周通摸黑入帐后笑料百出，被鲁智深暴打一顿，回山会合李忠一同去找鲁智深算账，对阵之时发现彼此熟识，三人谈笑甚欢。鲁智深借此令周通收回聘礼，并随二人同回桃花山相聚。《水浒传》第五回部分情节与此相似，戏曲中增添了许多笑料，更富生活气息，显得更为热闹。

第二十三出《花和尚虎寨怀金》：鲁智深见李忠、周通为人有些小气，趁二人下山抢掠之时，抢了山寨上的金银酒器，从后山自行离去。李忠、周通二人只得自认倒霉。《水浒传》第五回部分情节与此相似，戏曲增添了不少细节。

第二十四出《金主亲征伐契丹》：大金国大修武备，金主亲下校场阅武，将帅各展雄姿。君臣一心，誓要征灭辽国。《水浒传》无此情节。此出标目与内容略有差异，内容里面只是准备征伐契丹，金主只是阅武，未有亲征情节。

2. 第二本

第一出《金国主草地行围》：辽主贪淫酒色，政事荒怠，大金国趁此崛起，已连克黄龙府、宁江州、蒺藜山等，逼近中京。金主行围之际，遇一白狼，一箭中其首，成其佳兆。宋使到来，与金约定先攻下辽都者得燕云十六州。宋使离去之后，大金君臣讥笑宋朝不明时势、太过可笑，只堪被愚弄。《水浒传》无此情节。此出中白山赤水、巴图噜，以及八统制等，均有清朝的影子，似有歌功颂德之意。

第二出《鲁智深菜园就职》：鲁智深到东京大相国寺后，众僧提出各种理由不想收留于他，智清不忍驳师兄的面子，只得勉为其难地安排鲁智深到菜园去当菜头。《水浒传》第七回部分情节与此相似。戏曲中增添了不少和尚插诨打科之处，另在此出中称五台山长老为“智真”“真长老”等，与前文中有出入，甚有可能第一本和第二本的改编者并非一人。

第三出《张氏行香拜东岳》：林冲陪同妻子张氏、侍女锦儿到酸枣门外东岳庙还香愿。高衙内见张氏貌美，意图调戏，在陆谦、富安的怂恿下在回路等候张氏。《水浒传》第七回部分情节与此相似，小说中由林冲之口简单带过还香愿之事，而戏曲则从林冲出身与抱负演起，更为详细。

第四出《智深拔树出西墙》：鲁智深于菜园设席款待众泼皮，有乌鸦于垂杨树上乱叫，惹烦众人，智深将树连根拔起，又演示他的武艺。林冲于墙外等候妻子，正好看到此景，对鲁智深赞不绝口，二人相见，交谈甚欢。有院子来报信于林冲，称张氏与锦儿遇到贵公子调戏，林冲急忙辞别众人奔赴事发地，鲁智深与众泼皮亦随后赶去。《水浒传》第七回部分情节与此相似，小说中详叙鲁智深制服众泼皮经过，而戏曲中则一言带过，反而在宴席上大费笔墨。

第五出《太岁逼红粉佳人》：高衙内正欲调戏张氏之际，林冲及时赶到，欲暴打衙内被陆谦等人劝住。林冲正在愤恨，鲁智深随众泼皮赶至，见事情已然结束，众人各自回去。《水浒传》第七回部分情节与此相似，只是小说中的林冲诸多隐忍，而戏曲中的林冲则硬气许多，对高衙内直言“少不得死在我手里”。

第六出《教头遇白虎太尉》：高衙内因迷恋张氏而病，陆谦、富安向高俅献计要陷害林冲，以谋夺张氏。高俅初时不肯，后经不起众人撺掇，派人至林冲家邀其带祖传宝剑前去高府，说是要准备为军队铸剑，以此为模型。林冲携剑不知不觉间进了白虎节堂，高俅露面怒斥林冲欲图行刺，令人将林冲押送开封府，要害其性命。《水浒传》第七回部分情节与此相似，只是小说中陆谦为林冲的好友，帮助高衙内第二次欲行不轨，被林冲识破，欲杀陆谦而不及高衙内。另小说中林冲是路上偶买一宝刀，被高俅欺骗说欲行比刀才入白虎节堂。戏曲省略了小说中的诸多曲折，情节更显凝练，只是也缺少了对人物的深入刻画。本出标目“白虎太尉”亦有不当之处，不如直言“误入白虎堂”恰当。

第七出《杨府尹开恩发配》：开封府尹杨清审问林冲，发觉林冲确是被陷害，但携剑入禁地也是事实，只得宽其死罪，判充军沧州。张氏父亲张教头将探听的消息告辞张氏，张氏决定第二天去为林冲送行。《水浒传》第八回部分情节与此相似，只是小说中主审的是开封府滕府尹，而主张轻判林冲的是当案孔目孙定。戏曲对相关人物与情节做了省略。

第八出《陆虞候行贿买差》：陆谦买通押送林冲的解人董超、薛霸，欲于押解途中结果了林冲性命，以绝张氏之心。张氏、锦儿为林冲送行，矢志守节，林冲虽百般不舍但也不得随董、薛二人急赴配所。《水浒传》第八回部分情节与此相似，只是小说中有林冲写下休书情节，戏曲中则只有一句话提及劝张氏改嫁，被张氏一口否决，并表态静候林冲遇赦归来。

第九出《花和尚阴谋救友》：鲁智深见董超、薛霸形迹可疑，认定必有害林冲之心，一路暗地跟随，并预先隐伏在野猪林中。《水浒传》第八回部分情节与此相似，不过在小说中只是鲁智深与林冲相见时一言带过沿路暗随情由，戏曲则用一出专门叙述鲁智深心中所虑。此曲标目“阴谋救友”一词显系不当，尚不如“立志救友”恰当。

第十出《野猪林仗义防奸》：董超、薛霸于野猪林中骗林冲绑缚在树上，正欲加害，鲁智深持禅杖冲出，及时救下林冲。鲁智深一路护送，令董、薛二人再无下手加害的机会。《水浒传》第八回部分情节与此相似。

第十一出《遇狂客庄前比势》：鲁智深见沧州已近，料董、薛不再有害林冲的机会，便回归东京。林冲三人在途中恰遇打猎回来的柴进，互表仰慕之情，柴进邀请众人入庄。宴饮之际，洪教头大醉上出口不逊，柴进不喜，林冲与之比武，轻易将洪教头打倒，众人皆乐。《水浒传》第九回部分情节与此相似，只是小说中有林冲初入柴进庄园不遇，后于途中相见的情节，另外与洪教头比武时亦有诸多曲折，戏曲中则大大简化了情节。

第十二出《结管营配所挥金》：差拨初见林冲，大骂特骂其一世不发迹，后见其拿出银子和柴进的书信，又马上变脸，百般奉承林冲。林冲四处使钱，不但免了太祖传下来的杀威棍，且得到看守天王堂的美差。《水浒传》第九回部分情节与之甚为相似，戏曲中不少对白直接抄自小说。

第十三出《草料场因火复仇》：陆谦、富安知林冲未被害死于途中，又赶至沧州欲行暗害，与差拨商定火烧草料场以害林冲。林冲偶然躲过此难，见火起正欲救火，忽闻三人密谈之语，大怒之下刀杀三人。柴进遥见草料场火起，正为林冲担忧，林冲到来，于是推荐林冲到梁山落草。《水浒传》第十回、第十一回部分情节与之相似。小说中有林冲异乡遇故人王小二一节，另有林冲逃奔路上抢守夜人酒，吃醉后被众庄客吊打为柴进所救一节，情节相对曲折。

第十四出《乔打扮明离隘口》：因草料场失火及三人被杀，林冲被通缉。柴进帮助林冲乔装打扮，智过关隘，林冲就此奔赴梁山而去。《水浒传》第十一回部分情节与之相似。戏曲中增添了不少笑料，如守关军士所言林冲的相貌："是个精瘦的胖子，没胡须的胡子，五短身材的高长子，脸上是光脸的麻子儿。"纯为插诨打科，活跃舞台氛围而设。

第十五出《投名状林冲落草》：梁山寨主王伦自知本领低微，明言不想再接纳新的将领上山。恰在此时林冲持柴进的荐书来投，杜迁、宋万等又劝其收留，王伦只得松口说林冲只有纳投名状才得上山。林冲于第三日才遇一庄客，杀害之后才知是因失陷花石纲而流落江湖的杨志所雇之人，二人大战不分胜负。王伦从中劝解，将财物归还杨志，杨志仍旧去东京谋还官职，林冲就此落草梁山。《水浒传》第十一回、第十二回部分情节与之相似。只是小说中有林冲苦等二日未遇一人的叙述，亦未曾杀死杨志所雇的庄客，杨志亦自称为杨令公之孙，且小说中的王伦极力拉拢杨志入伙，企图达到制衡林冲的目的。戏曲中省略很多细节，虽利于舞台表演，但对于王伦人物形象的塑造有所削弱，后来林冲火并王伦便显得有些突兀。

第十六出《卖宝刀杨志除凶》：众客商齐聚天津桥集市做买卖，正在谈论没毛大虫牛二的可恶之时，牛二上场欺行霸市，众客商四散奔逃。杨志自来东京之后盘缠用尽，正在卖刀，牛二百般纠缠，杨志一来要为市民除害，二来怒气难以抑制，一刀将牛二杀死。众客商感佩杨志为民除害，欲向府尹说情，恰见杨志已然出衙，被判充军大名府。《水浒传》第十二回部分情节与之相似。小说中有高俅不准杨志复官的情节，突出了杨志心中的愤恨，在这种情况下杀牛二，个人意气的程度更强一些。戏曲中省略了杨志的落魄与愤恨，增添了众客商对牛二的憎恶之情，杨志杀人举动为民除凶的性质更显。

第十七出《阎婆惜传情瓯茗》：宋江同僚张文远闲走街上，偶见阎婆惜心生好感，以借茶的理由试图接近阎婆惜，并多有挑逗之言。《水浒传》无此情节，小说中张文远初见阎婆惜是在宋江娶其为外室之后。此出源自《水浒记》。

第十八出《蔡夫人介寿称觞》：大名府留守梁世杰为夫人庆寿，夫人蔡氏问起为其父蔡京准备生辰纲一事。梁中书称置办已齐，只是担忧如去年般被人路上劫去。蔡夫人举荐副牌军杨志，杨志提出要军兵装扮成客商，将生辰纲分担挑运等，梁中书一一答应。《水浒传》第十三回部分情节与之相似。戏曲省略了杨志争牌军与索超大战一节，而增添为蔡夫人庆寿一节，增添了不少喜庆色彩。此出情节实以计划押送生辰纲为主，标目中仅提“蔡夫人介寿称觞”似有不恰当之嫌。

第十九出《刘唐酣醉擒为贼》：刘唐听闻梁中书要运送生辰纲一事，打算劫夺，担心身单力薄，考虑宋江名声虽大，但身在公门，应该不会参与此事，于是决定前去寻找晁盖。在路途之上，刘唐于一酒店饮至大醉，于破庙中酣酣睡去。朱仝、雷横二人奉命巡察地方，见刘唐形迹可疑，于是将他绑缚，刘唐听说要去晁盖庄上，便不再挣扎。《水浒传》第十三回、第十四回部分情节与之相似。只是小说中是雷横一人碰到的刘唐，而戏曲中则是朱、雷二人一同碰到，并由朱仝提议擒捉；另戏曲中增加了刘唐在酒店中与店小二插诨打科一段，像“猪首”与“猪头”等对话，增添不少谐趣，富有舞台效果。

第二十出《晁盖贪财假认甥》：刘唐被押至晁盖庄上，私下向晁盖说明缘由。晁盖假称刘唐是自己远方的外甥，朱仝、雷横顺手将刘唐纵放。刘唐不忿二都头强扭自己为贼，且收受晁盖银两，趁晁盖不注意又追赶朱、雷二人，打算要回银两并教训二人一顿。吴用恰遇此事，感觉蹊跷，拦下相斗双方，晁盖赶到，好言劝二都头离去。晁盖、刘唐、吴用同到庄上，刘唐说起生辰纲一事，晁、吴二人同意参与，吴用并提议再邀请阮氏三雄共同参与以壮声势。《水浒传》第十四回部分情节与之甚为相似。此出标目“贪财”二字不甚确当，实有故意贬低晁盖之嫌，因晁盖救下刘唐很大的原因是刘唐前来投奔自己，又无明显罪状，缘于江湖义气为做，非为贪财之故。

第二十一出《访故友煮酒谈心》：众渔人传闻福安桥下蚌珠放光，皆欲去捞，阮小二与阮小七亦参与其间，但枉费力气未得丝毫收获。阮小五前去赌博，反而大获而归。吴用碰到阮氏三雄，饮酒相谈甚欢，吴用借机谈起晁盖欲请众人同去劫夺生辰纲一事，三人皆大喜乐从。《水浒传》第十五回部分情节与之相似。只是小说中吴用是分别遇到三人，且阮小五赌博连老娘的首饰也都输掉了，阮小二、阮小七打渔又连遇挫折，寓三人恰为穷困潦倒之际；另小说中亦无福安桥蚌珠放光一事。戏曲情节的增减更适合舞台演出，但对人物塑造而言有所弱化。

第二十二出《巧聚会联盟行劫》：晁盖、吴用、刘唐、三阮正在商谈劫夺生辰纲之事，白胜、公孙胜恰巧来访，众人一拍即合，定下劫夺生辰纲的大致方案。《水浒传》第十五回、第十六回部分情节与之相似。小说中白胜是行劫之时方得出场，而戏曲中则一齐将众人汇齐，使情节更凝练。

第二十三出《黄泥岗上图金帛》：杨志押送生辰纲本不欲张扬，而蔡夫人特意要求让官兵护送出境，以致消息早泄。途中杨志主张众军健晚行早歇，但因天气炎热，众人皆感不满，谢虞侯亦多有怨言，无奈之下众人歇息于黄泥岗。晁盖、吴用等人设计将蒙汗药下在酒内，迷晕杨志等人，将生辰纲劫夺而去。杨志醒后，感觉无从交代，只得逃亡而去。谢虞侯及众军兵醒后，一致同意前去告官将罪责全推在杨志身上。《水浒传》第十六回部分情节与之甚为相似，只是小说中未有蔡夫人派军兵护送出境一节。清代有戏曲《生辰纲》，与此出有相似之处，只是不知孰先孰后。

第二十四出《银岳峰头献玉芝》：宋徽宗在艮岳筵宴众大臣，众宫娥、小太监献各处所采鲜花，并称采得金芝一丛以示祥瑞。歌舞升平之下，徽宗下令将此峰定为“寿峰”，臣子提议将此事付诸史馆以昭后人。表面上一团喜气，而结合前文劫夺生辰纲以及金兵攻辽等情节来看，实寓有讥讽之意。《水浒传》无此相应情节。

3. 第三本

第一出《鲁达强投宝珠寺》：“金眼虎”邓龙占住二龙山宝珠寺，四处抢劫。鲁智深因护送林冲一事，被迫令离开东京，途经孟州十字坡遇张青夫妇，受其指点欲往二龙山入伙。邓龙百般不纳且恶言相向，鲁智深将他打伤，闭关而守。《水浒传》第十七回部分情节与之相似。只是此段经历在小说中只是一笔带过，未有如此详细。戏曲中增加了邓龙派手下小喽啰下山抢劫一事，对话中添不少谐趣。

第二出《二龙山曹正赚关》：鲁智深在曹正店里遇到因丢失生辰纲而落魄无依的杨志，二人惺惺相惜，谈起无处容身之苦。林冲的徒弟曹正谈起梁山上王伦气量狭窄，不能容人，助二人想出计策夺下二龙山。三人依计而行，打死邓龙，占下二龙山宝珠寺，就此鲁、杨二人正式落草。《水浒传》第十七回部分情节与之相似。戏曲中添加了许多小的细节和对话。

第三出《黑三郎无心纳妾》：媒人王婆牵线，促成阎婆惜与宋江的婚事。张文远对阎婆惜深为挂怀，却得知其为宋江的偏房，心下大为不满。花烛之期，宋江无意于男女之情，昏昏自睡，阎婆惜见碰到如此不解风情之人，心中亦深为愤恨。《水浒传》无对应情节，只是叙及阎婆惜父亲身亡无钱埋葬，宋江赠银买棺助其下葬，阎母为求生活安逸，促阎婆惜成其外宅。《水浒记》中有类似情节。此出标目亦有不确之处，既“无心”又何必“纳妾”，戏曲中只是突出了宋江的不恋风情，并非表明宋江无心纳妾的态度。

第四出《幸知风何清领捉》：因黄泥岗丢失生辰纲一事，济州知府严令捕头何涛缉捕，并以限俸和发配相威胁，由此也可见当时为吏之难。何涛愁烦之际，其弟何清来访，言称自己知道强盗同伙中有白胜，且知其家门。何涛大喜过望，与何清急速出门要去捉拿白胜。《水浒传》第十七回部分情节与此类似。小说中何清因曾投奔过晁盖而认识晁盖，只是听别人叫了白胜的名字，更未与白胜曾为赌友。

第五出《趁纠赌白胜差拿》：白胜分得劫夺生辰纲所得财物，在家里聚众赌博。何清领着何涛等人以捉赌为名捉拿白胜等人到衙，一番审讯之下白胜不得不承认抢劫生辰纲一事，但极力辩称不识其他参与人。在何清的质证之下，供出领头者是晁盖。济州知府下文郓城县，令何涛连夜送到，以捉拿晁盖等人。《水浒传》第十八回部分情节与此相似。小说中没有白胜聚赌以及何涛捉赌等情节，戏曲中增添此类情节更添不少谐趣，尤其描摹了众赌汉赌博的各种形态。

第六出《晁天王闻信明逃》：何涛送信遇到宋江，向其说明原委。宋江大惊之下先稳住何涛，称知县出外暂时未归，而向内传信只能自己才能办到。安顿何涛后，他急速到晁盖庄上送信，促其快逃。晁盖等人火速收拾，朱仝、雷横领众来捉，混战中只捉得几个庄客回衙交令，何涛也没有其他办法，只得随顺而回。《水浒传》第十八回部分情节与此相似。戏曲中省略朱、雷二人故纵晁盖、争贪人情的情节，而增添了宋江稳住何涛的一些理由和对话，使情节更为集中，但对朱、雷等人的性格刻画有所弱化。

第七出《暗偷香蜂狂露相》：王婆遵宋江嘱托去寻找张文远，却发现张文远与阎婆惜私通一事。王婆因自己是促成宋阎婚事的媒婆，不免劝诫几句，竟惹恼阎婆惜，遭其打骂。王婆心中不忿，守候门前，欲捉二人的丑事，又被阎婆发现。阎婆劝女儿以后不要再让张文远上门，以免惹出事来，阎婆惜不听。《水浒传》无此类似情节，只是借他人之口一笔带过二人私通之事。《水浒记》中有类似情节。

第八出《逸孤群齐归水泊》：晁盖等人走投无路，只得投奔梁山，朱贵将其送上山寨。交谈之际王伦听闻晁盖等人的豪举，心里不欲容留他们，定计第二天要礼送他们出山。《水浒传》第十九回部分情节与此相似。小说中叙事更曲折，有何涛领兵追捕，阮氏三雄与公孙胜大败官军，擒何涛并割其双耳之事，又有林冲在众人上山时诸多心下不耐王伦之事。

第九出《明拒客蛙怒戕生》：王伦早上设宴款待晁盖等人，并赠送金银，欲送晁盖等人出寨。林冲忍无可忍，怒斥王伦的小肚鸡肠、难成大器，二人略战，林冲斩其首级。林冲又推举晁盖坐梁山第一把交椅，杜迁、宋万等人不敢不从，只得随顺。《水浒传》第十九回部分情节与此相似。小说中有林冲月夜访晁盖以安众心、吴用暗中挑拨以激怒林冲等情节。戏曲更突出了林冲的主动，而晁盖等人则成了纯粹的被动参与者。

第十出《阎氏放刁成怨鬼》：阎婆见宋江多日不曾登门，上街强行将宋江拉回家中。阎婆惜百般不耐，对宋江冷言冷语，宋江几次欲行离去不得，只得勉强过夜。天未大亮宋江离去，突然发现自己的招文袋忘在阎婆惜家中，里面有晁盖的来信，不免慌速回去寻找。阎婆惜以书信要挟宋江，宋江一一答应其条件后阎婆惜仍不归还书信，宋江一怒之下刀杀阎婆惜。阎婆趁宋江上街之时，拉扯他同赴县衙，王婆恰逢此事，记起前日所遭屈辱，放走宋江且骂阎婆为老不尊。张文远听闻此事，与王婆扭打。《水浒传》第二十一回部分情节与此相似。小说中是唐牛儿因前日遭阎婆打骂而放走宋江，且有刘唐送信情节与书信相呼应。戏曲将唐牛儿改换成王婆，运用诸多方言俗语，更添谐趣。

第十一出《美髯公纵友逃刑》：宋江杀人后火速返归宋家庄，宋太公希贤和妻子孟氏大惊之下，只得将宋江藏匿于家中。郓城知县派朱仝、雷横前往宋家庄缉拿宋江，二人争相做人情，朱仝并提议宋江抓紧时间逃往外地，以待赦后再得回乡。朱、雷二人携宋江日前曾准备的忤逆分家文书回衙交差。宋江拿着孟氏准备的包裹，辞别父、妻投奔柴进而去。《水浒传》第二十二回部分情节与此相似。戏曲中明确宋太公的名字为希贤，增添了宋江妻子孟氏，省略了宋清与其共同逃亡，更合常情。

第十二出《宋江避难投良友》：武松在柴进庄上颇受厚待，因想念兄长武大郎，打算辞别。宋江来投奔柴进，恰遇武松，不免款留武松，三人宴饮畅谈，颇为投机。《水浒传》第二十三回部分情节与此相似。只是小说中武松在柴进庄上因庄客搬弄，并不得柴进赏识，而宋江甫到便处处照顾武松，以此与武松结下深厚情谊。戏曲如此处理令情节更为集中，但对柴进、宋江人物形象的刻画有所弱化。

第十三出《景阳冈毙虎遇兄》：武松辞别柴进、宋江，欲回乡探望兄长武大郎。途经景阳冈，不听店小二劝阻，不但喝醉酒而且还独身夜上山冈，仗拳将猛虎打死。众猎户惊为天人，邀请武松到县里领赏，阳谷县令赏识武松，令其充当都头一职，并抬虎巡游街道以彰其功。武大郎恰巧搬家至此，与武松相见。《水浒传》第二十三回部分情节与此相似。戏曲中简略了猛虎外貌的叙述及打虎的经历，而增添了不少与店小二、猎户的对话，其中夹杂方言，充满生活气息。

第十四出《孔家庄欢联旧雨》：孔太公听闻宋江犯罪奔逃在外，辗转派人寻至柴进庄上，诚邀宋江前去白虎山相聚。宋江遂到孔家庄与孔太公、孔明、孔亮小聚，相谈甚欢。《水浒传》无类似情节，只有第三十二回武松抢夺孔亮酒肉，因酒醉被孔氏兄弟所擒，继而被宋江相救等事，间接叙到宋江到孔家庄的根由。

第十五出《潘金莲痴情诱叔》：潘金莲见武松英武非凡，暗生恋慕之心。趁武大出外做买卖之机，多方挑逗引诱武松。武松直言怒斥，并欲对回家的武大说明此事，只是武大沉浸在自己的生意中，没有听懂武松所说何事，武松愤而搬家而去。潘金莲心中愧恼，也乐得武松搬出去眼不见心不烦。《水浒传》第二十四回部分情节与此相似。小说中潘金莲引诱武松是在冬雪之后，而戏曲中则是在酷暑时分，另戏曲中增添了不少方言俗语，令武大更像一个丑角，制造不少笑料，活跃了舞台氛围。

第十六出《武二郎出路别兄》：县令派武松去东京公干，武松放心不下哥哥，特意到武大家里告别。饮酒期间，武松劝哥哥晚出早归，莫惹是非，又劝潘金莲遵守妇道。潘金莲恼羞成怒，愤而离席。武大口出不吉之言，兄弟俩悽然而别。《水浒传》第二十四回部分情节与此相似。戏曲中增加了许多对白。

第十七出《为挑帘无意传情》：西门庆听闻紫石街有漂亮女子，欲到王婆处访知底细，恰逢潘金莲挑帘时竹竿不小心掉落砸中西门庆。二人眉目传情，彼此有了情意。王婆从旁看见，添风点火，许诺帮着西门庆搞定此事。《水浒传》第二十四回部分情节与此相似。戏曲中省略了王婆说风情时的“潘驴邓小闲”及“十面光”等情节。

第十八出《裁衣料金莲野合》：王婆借口请潘金莲帮忙来家做寿衣，借机撮合其与西门庆，二人私通之后，王婆又出场恐吓潘金莲要其每日守信前来相会。《水浒传》第二十四回部分情节与此极为相似。

第十九出《抛梨篮武大拿奸》：郓哥恨王婆欺负他，向武大诉说潘金莲出轨之事，并定计帮其捉奸。武大依计而行，却被西门庆踢伤肚腹，王婆撺掇潘金莲下药毒死武大，并助其行事，武大中毒身亡。《水浒传》第二十五回部分情节与此相似。戏曲中添加了不少武大插诨打科的情节与曲白，令捉奸及中毒的情节中多了不少笑料，无形中减弱了武大身死的悲剧性。此出标目无法涵盖大部分内容，不甚确当。

第二十出《泉台冤梦惊同气》：武松从东京回来，一进门便见武大灵位，大悲之下疑窦丛生，经明察暗访，找到何九与郓哥问清缘由，欲去县衙状告西门庆与潘金莲因奸致命，却恰逢县衙退堂，只得再等一日。《水浒传》第二十六回部分情节与此极为相似。

第二十一出《灵桌霜锋献并头》：武松邀请四领来家，亲自审问潘金莲与王婆害死武大情由，潘金莲招供，武松怒而杀嫂，又出外杀西门庆携头而归，双头并祭于武大灵前。《水浒传》第二十六回部分情节与此相似。戏曲省略了武松斗杀西门庆的经过，只是将其头颅携上场供于灵前，令舞台情节更为集中。

第二十二出《武都头孟州遣戍》：东平郡守陈文昭复查武松杀嫂一案，虽明了事情经过，但为武松法外开恩，认可了县里所谓祭献亡兄为奸夫淫妇阻挡、斗殴中误伤人命的判词，处决王婆，发配武松。《水浒传》第二十七回部分情节与此相似。戏曲省略了县中审问的过程，而直接叙述东平郡的审判。

第二十三出《团练四营商妙计》：济州府团练使黄安与四营将官商讨进剿梁山事宜，定好计策后整军齐发。《水浒传》无此情节，只是第二十回中一言叙及黄安带兵、船分两路进攻水泊。

第二十四出《军师全胜奏奇功》：梁山众人齐聚将台，同拜吴用为军师。吴用发号施令，分派诸路人马，大败黄安所率军兵，活擒黄安。梁山群雄共庆胜利。《水浒传》第二十回部分情节与此相似。戏曲中排兵布阵更为细致，且上场人数众多，体现宫廷戏剧场面宏大的特点。

4. 第四本

第一出《水泊庆功伸燕贺》：梁山上众豪杰庆祝胜利，晁盖提出要救白胜一事，吴用满口答应，并定下计策。《水浒传》第二十回部分情节与此极为相似。

第二出《乍下车有心寻衅》：清风寨副知寨花荣听闻朝廷派正知寨前来赴任，派人迎接。正知寨刘高大讲排场、作威作福，又纵容手下扰民害众，令花荣深感不满，二人嫌隙顿生。《水浒传》中无此情节，只是在第三十三回小部分借花荣之口一笔带过。

第三出《投虎寨喽啰剖心》：花荣派人送由其妹贞娘所制棉衣给宋江，宋江深感花荣殷殷相盼之情，辞别白虎山孔氏兄弟，奔赴清风寨而来。途中被清风山巡逻的小喽啰所擒，正待剖心之时，寨主燕顺等听到宋江之名，连忙解缚款待。宋江由此结识清风山三位寨主，并被挽留在山寨多日。《水浒传》第三十二回部分情节与此相似。

第四出《王矮虎渔色无缘》：刘高妻子熊氏夜梦天罡列宿手持宝剑刺她，危急之际得一黑汉子推她一把，就此而醒。醒后想起曾许香愿，不免前往岳庙行宫还香愿。途经清风山被矮脚虎王英所擒，王英欲行不轨、熊氏半推半就之际，宋江赶到及时阻止，将熊氏释放下山。回到府衙之后，熊氏自称自己坚贞无比感动众盗，方得安然下山，而刻意隐瞒了宋江相救一节。《水浒传》第三十二回部分情节与此相似。戏曲添加大量对白与曲词，刻画王英和熊氏更为细致。

第五出《公廨故交欣促膝》：宋江辞别清风山众人来至花荣任所，二人相见甚欢。宋江谈起自己杀惜以来的经历，并谈及曾恩放刘高之妻，花荣对刘高崇尚奢侈、耗费民财的举动甚为不满。花荣因政务繁忙，派陈帮衬陪同宋江游玩、赏灯。《水浒传》第三十三回部分情节与此相似。

第六出《灯棚平地又生波》：宋江在陈帮衬的陪同下游赏元宵花灯，但见清风寨上下张灯结彩，异常热闹。刘高妻熊氏认出宋江，指称他为清风山大盗，派军健擒捉宋江，拷问之下宋江被认作“郓城虎张三”监禁于刘府。《水浒传》第三十三回部分情节与此相似。戏曲中用大量篇幅铺陈热闹景象，实际演出中当更为热闹，此种热闹与故事情节关系不大，实为歌舞升平而作。另小说中元宵赏灯为百姓自发组织，而戏曲中将之归结为刘高的强行布置，将刘高的奢侈与罪过加以夸大。

第七出《花荣义夺伤弓鸟》：花荣听闻宋江被擒，大怒之下领人打进刘高府门，抢回宋江。刘高不忿，又派两个都头来夺宋江，被花荣神箭吓退。《水浒传》第三十三回部分情节与此相似。戏曲中两个都头极尽插诨打科之能事，是为搞笑之丑角。

第八出《熊氏潜勾脱饵鱼》：刘高因无法夺回宋江大怒，熊氏推测宋江定会连夜去投清风山，主张派兵伏于沿途以擒宋江，同时派人往知府处送信详述花荣通匪一事。《水浒传》第三十三回部分情节与此相似。小说中埋伏擒宋江、密告花荣之事都是刘高自主行为，戏曲中则全归为熊氏所为。

第九出《诡谋复获虎张三》：宋江为防刘高陷害花荣，独自一人夜上清风山。正遇埋伏的刘府官兵，再次被擒。宋江大骂刘高与熊氏的恩将仇报，刘高甚为得意，并憧憬独霸清风镇的未来。第三十三回部分情节与此相似。

第十出《狡计并擒小李广》：黄信被慕容知府派到清风寨了解事情真相，刘高巧言嫁祸，称花荣暗通匪寇，图谋不轨。黄信欲直接擒捉花荣，刘高又怕花荣神箭惊人，献计借黄信之名设下鸿门宴。宴席之上，花荣无备被擒，见到再次被擒的宋江，方知中计，刘高甚为得意。《水浒传》第三十三回部分情节与此相似。

第十一出《议救援暗离虎寨》：清风山上燕顺等挂念宋江，派小喽啰下山打探消息，方知宋江及花荣被擒之事。三位寨主商议之下，决定派兵于途中埋伏，以营救二人。《水浒传》中无类似情节，只是在宋江被救后简单交代前因。

第十二出《明打劫计释槛车》：黄信与刘高押送宋江、花荣前往青州府，被埋伏于途中的燕顺等人击败，黄信逃回清风寨，刘高被擒捉上山。宋江、花荣被顺利营救。《水浒传》第三十四回部分情节与此相似。

第十三出《霹雳火兴师搦战》：黄信战败的消息传回青州府，秦明暴怒之下被慕容知府派去平定清风山，以报徒弟失利之仇。《水浒传》第三十四回部分情节与此相似。戏曲用更多的篇幅铺陈秦明兵势之盛、士兵之勇。

第十四出《清风山骗甲行权》：秦明带兵攻打清风山，被宋江定计将其步步引入陷阱，并生擒了秦明。宋江见秦明矢志不降，定计先灌醉秦明，再派与其面容相似的小兵穿其盔甲、携其兵器去大闹青州府，以绝秦明之后路。《水浒传》第三十四回部分情节与此相似。

第十五出《假秦明耀威纵火》：清风山小喽啰陈得功奉宋江等人之令假扮秦明，大肆烧杀抢掠青州城外百姓，并于青州城下扬言要攻打城池。慕容知府中计，以为秦明已反，行文上报朝廷，并擒捉秦明家小。《水浒传》中无此具体情节和“陈得功”之名，只是于后文中简单带过。

第十六出《真统制负屈归巢》：秦明天亮之后辞别宋江欲归青州府，路经一片瓦砾甚感诧异，于城门下被指为反叛，且见其家人头颅悬挂于城头之上，急怒之下欲行自尽。宋江等人及时出现，劝秦明暂归山寨，以图日后招安。《水浒传》第三十四回部分情节与此相似。只是小说中宋江承认离间之计是自己所施，秦明欲行报复，只是简单地归之于天上将星相聚，将此矛盾一笔带过。反不如戏曲中不言明此计所施，只是令宋江形象更显奸诈了一些。

第十七出《黄信来投除旧恨》：黄信听闻秦明投靠清风山，正在犹疑未定之时，秦明来信相招。为全义气，黄信归附清风寨，并将花荣之妹送上山寨。王英下山，将刘高妻熊氏掠上山寨，欲图收为妻室。宋江做主将花荣之妹嫁与秦明，并承诺日后给王英娶妻，将刘高夫妇斩首复仇。《水浒传》第三十五回部分情节与此相似。戏曲中王英急切的表现更为夸张，亦充满谐趣。

第十八出《宋代作伐缔新姻》：秦明和花小姐在宋江力主下结为婚姻，王英下山寻傧相王老儿，插诨打科，充满笑料。宋江等人为防官兵为剿，决定在秦明婚后全伙共投梁山。《水浒传》中无秦明大婚情节，仅于三十五回中一笔带过，此情节与整体故事关系不大，可见戏曲调笑的特点。宋江等人商议上梁山一节在小说中较为详细，而戏曲中则是一笔带过。

第十九出《母夜叉当垆鸩客》：孙二娘在十字坡开店，货郎心存轻薄，反被孙二娘害死。武松与解差到店后，发现此为黑店，多加防备，反将孙二娘制住，张青赶到，众人各报名姓，相谈甚欢。《水浒传》第二十七回部分情节与此相似。只是小说中无货郎一节，戏曲中添加此节更增谐趣。

第二十出《小李广飞箭解围》：吕方与郭盛为争取对影山山寨的归属权，大战数日不分胜负。正在酣斗之际，宋江等人恰巧赶到，花荣神箭解围。相谈之下，二人均愿一同投奔梁山。石勇给宋江捎送家信，宋江看信后昏倒当场，原来信中称其父宋太公亡故，宋江急欲回家奔丧。众人劝阻，宋江只得权耐一夜，写得众人上梁山荐书一封交给花荣等，自己则急速回归家乡。《水浒传》第三十五回部分情节与此相似。

第二十一出《老管营惜士免刑》：施恩因自己经营的快活林产业被蒋门神所夺，心中气闷，欲图报复。恰巧听闻武松被发配孟州，求父亲老管营结恩示好于武松，以便结交。老管营试探之下，发现武松果然是一条好汉，决定全力结交于武松。《水浒传》第二十八回部分情节与此相似。小说中叙事更为曲折，武松从免受杀威棒至被多次款待，一开始并未叙及原因，而戏曲则相对直白，并删减了武松狱中的遭遇。

第二十二出《新都头获凶刺配》：宋江本为奔丧归家，却发现父亲无恙。得知父亲怕他误入歧途，故以讣信促其回家的良苦用心。郓城县新任都头赵能、赵德因与宋江无有交情，领兵将宋江缉捕，新任知县将宋江发配江州，宋太公深感后悔，但于事无补。《水浒传》第三十五、三十六回部分情节与此相似。小说中叙事更详细，而戏曲则多调侃二都头的谐趣之语。

第二十三出《两处人雄归虎寨》：秦明、花荣等带领清风山、对影山人马打着进攻梁山的旗号逼近梁山，林冲、刘唐等人发现并带兵拦阻，花荣等拿出宋江的荐书，众人皆大喜，就此秦明、花荣等归于梁山。《水浒传》中无林冲、刘唐误会等情节，仅于三十五回中一笔带过众人归梁山，并有众人排座次的情节，戏曲中则无有排座位情节。

第二十四出《全彪骁杰展龙韬》：梁山之上新旧头领各展本领，令晁盖、吴用大喜。《水浒传》中无此情节。戏曲中出场人物众多，各种展示呈现宫廷舞台演出的热闹氛围。

5. 第五本

第一出《梁山泊要劫宋江》：梁山众人得知宋江被发配的消息，在中途派人拦截，欲救取宋江同居山寨。宋江百般不肯，众人只得放行。临行之际，吴用向宋江推荐好友戴宗。《水浒传》第三十六回部分情节与此相似。小说叙事更为曲折、详细。

第二出《醉打蒋忠还旧业》：蒋忠新纳小妾赛花当垆，各地客商多在酒店用饭，正在热恼之际，武松赶到并百般挑事。蒋忠赶到与武松对打，不敌被制服之后方知此为施恩的帮手，只得将产业纳还施恩，并承诺远离孟州。《水浒传》第二十九回部分情节与此相似。戏曲中增添了不少各地客商插诨打科的情节，笑料百出，另武松与蒋忠对打之时亦更显热闹。

第三出《赠金薛永惹闲非》：宋江在发配途中于揭阳镇碰到薛永卖艺并慷慨赠金，此举惹恼了当地的恶霸穆春。争执之际薛永又打倒穆春，与之结怨。镇上诸人不敢留宿宋江等人，宋江只得投宿于民宅，谁知竟是穆春家里。《水浒传》第三十六、三十七回部分情节与此相似。戏曲省略揭阳岭结识李俊、李立的情节。

第四出《张横大闹浔阳渡》：宋江得知自己投宿之处竟为穆春的家，大惊之下趁夜欲逃，穆春与其兄穆宏领人急追。宋江与解差上了张横的船，张横欲行加害之际，李俊等人及时赶到，并将宋江引荐于穆春、张横等人。得知宋江的身份后，众人仇怨全消，相聚甚欢。《水浒传》第三十七回部分情节与此相似。

第五出《施恩重整快活林》：武松赶走蒋忠后，施恩重掌快活林。兵马都监张蒙方受其宗弟张团练之托，欲加害武松，于是派人请武松到府任亲随之职，武松无奈只得答允。《水浒传》第三十回部分情节与此相似。小说中叙事更为曲折，并未直接透露都监邀武松入府的目的。

第六出《琵琶亭席上论交》：戴宗接吴用书后得知宋江身份，欲在琵琶亭上宴请宋江以当洗尘。李逵赌输后恰遇二人，宋江想吃鲜鱼。李逵自告奋勇前去买酒，却惹恼众渔户，并与渔牙子张顺大打出手，宋江与戴宗制止二人，共聚一席，相谈甚欢。《水浒传》第三十八回部分情节与此相似。小说叙事更为曲折，像戴宗索贿、宋江赠李逵银两、李逵吃鱼、一指点倒卖唱女等细节，更能表现众人性格，而戏曲大为删减，令情节更为紧凑，于人物描写上则明显不如小说。

第七出《张都监绮席赚人》：中秋令节之时，张都监邀武松共饮，席上劝武松多饮，并称欲将侍妾玉兰赠予武松为妻。晚间武松听闻府中有捉贼之声，因念都监之恩情，欲行帮忙，却被当作盗贼擒捉，并于武松住处搜出大量金银财物，这皆为张都监所设之计，要将武松送至衙门以伤其性命。《水浒传》第三十回部分情节与此相似。

第八出《飞云浦桥边喋血》：武松被陷害再次发配，施恩带伤前来送行，并将蒋门神再次霸占快活林及张都监等人陷害之由告知武松，提醒武松沿途多加小心。途经飞云浦，蒋忠所派的两个徒弟与解差欲害武松，反被武松杀死。武松心中怒气难出，重回孟州。《水浒传》第三十回部分情节与此相似。

第九出《鸳鸯楼夜试霜锋》：武松于鸳鸯楼上杀掉张都监、张团练和蒋门神，并将张都监家人及奴仆杀死多人，留名于墙之后投奔张青夫妇。张青夫妇将武松打扮成行者模样，劝其投奔二龙山。《水浒传》第三十一回部分情节与此相似。小说中叙事更为详细曲折。

第十出《宋公明沉醉题诗》：宋公于浔阳楼上独饮，一时兴起，题了诗词于墙壁之上。恰巧通判黄文炳亦于此处饮酒，发现此为反诗，欲将此情告知蔡知府。《水浒传》第三十九回部分情节与此相似。戏曲中的黄文炳是为现任通判，语词中多有对朝廷的担忧，更多是为职权和责任而上报此事，而小说中的黄文炳则为卸任的通判，纯为个人起复而上报此事。而目的的不同，令戏曲与小说在宋江日后复仇的立意上有了区别。

第十一出《曲猜诗谜开严鞠》：黄文炳面见蔡德章，向其呈报宋江所题之诗，并一一解释诗中之反意。蔡德章派人捉捕宋江，拷问之下，宋江只得承认，蔡知府决定派戴宗前往东京汇报此事，并荐举黄文炳。《水浒传》第三十九回部分情节与此相似。戏曲中宋江作为书吏，字迹首先被辨识清楚，未有戴宗预先通知而装疯一节，而清代另有《闹江州》（又称《宋江吃屎》）一剧，大肆排演宋江装疯之事。

第十二出《吴学究谋成五夜》：戴宗送信途中路经梁山，欲请吴用等人出手相救宋江。吴用听闻事情经过，料定书信中定有不利之言，打开之后发现果然如此。吴用定计假写书信令蔡知府押送宋江至东京，并于途中救援。戴宗前往济州赚取萧让、金大坚上梁山，以便书写假书信。《水浒传》第三十九回部分情节与此相似。

第十三出《蜈蚣岭窗前露丑》：蜈蚣岭上道人王飞天不但逼死张桂香之父，更是将其抢上山寨，欲图不轨。武松恰巧经过，仗义出手，将蜈蚣道人及其徒弟杀死，救出张桂香。《水浒传》第三十一、三十二回部分情节与此相似。小说中武松是途经蜈蚣岭时恰巧碰到道人与民女调情，不满其作为而出手歼恶，戏曲中则是替民妇仗义出手，二者有些微差别。据此情节所编戏曲有《蜈蚣岭》《削道冠》等，另有子弟书亦有演此故事者。

第十四出《套私书太保回辕》：萧让、金大坚被骗上梁山，只得按吴用之意伪造书信。戴宗持假书信飞速回归江州。吴用猛省书信用章有误，马上准备调集梁山将领前往江州营救宋江、戴宗。《水浒传》第三十九回部分情节与此相似。此出戏曲皆为宾白而无唱词，疑为后添，以补情节之疏漏。

第十五出《悟假篆军师遣将》：吴用派出多路人马分头装扮前往江州，每一路均细细安排，足见戏曲演出之排场。《水浒传》无此情节。小说对于各路人马均在劫法场时顺笔交代，并未如此详细。

第十六出《江州郡双雄遘难》：戴宗持假书信回抵江州，被黄文炳识破此书之假。多番套问之下，戴宗露出马脚，只得承认途经梁山时被擒且带回假书信。蔡德章大怒，决定尽快将宋江与戴宗二人处斩。《水浒传》第四十回部分情节与此相似。

第十七出《劫法场群雄会庙》：李逵得知宋江、戴宗出事，欲行劫法场之事，恰遇梁山众人，于是一同行动，顺利劫救宋、戴二人。宋江执意欲行报复黄文炳，李逵和梁山众人均表赞同。《水浒传》第四十回部分情节与此相似。小说中晁盖对攻打无为军、报复黄文炳之事并未完全附和，而是从安全角度提议过后再行复仇，最后在宋江和李逵的执意坚持下只得应允。戏曲中则省略了此节，减少了枝蔓，只是对于人物性格的刻画有所减弱。

第十八出《无为军一炬报仇》：薛永到无为军寻找徒弟侯健，恰巧其在黄文炳家里做工，熟知其门户路径。宋江众人定计，里应外合，将黄文炳满门老小尽皆杀死，火焚其宅，活捉黄文炳后交其残忍处死。宋江大仇得报，与众人同归梁山。《水浒传》第四十一回部分情节与此相似。

第十九出《梁山泊双彪接母》：公孙胜因离家时间较长，欲图回家探母。众人送行之际李逵突发哭声，只因想起家中的老母心中大感不忍。宋江等人为其定下几条戒律，放其下山接母，另派朱贵等人沿途照应。《水浒传》第四十二、四十三回部分情节与此相似。戏曲中省略了宋江回家接母之事，亦将九天玄女交付天书一节完全删掉，以便与前文中妖魔出世、后文中冥谴等情节相照应。

第二十出《冒名剪径诳金归》：李逵回家途中，遇到假借其名打劫的李鬼，一番教训之后，因被其家中有老母要赡养的话语所蒙骗，还将金银赠送李鬼。《水浒传》第四十三回部分情节与此相似。戏曲中用大量篇幅叙李鬼夫妇之间的插诨打科，充满谐趣。此情节在清代戏曲中多有呈现。

第二十一出《杀大虫热心报母》：李逵将母亲接出家后，连夜赶路。因李母口渴，李逵前去寻水，李母被老虎吃掉。李逵大怒之下力杀四虎，为母报仇，心中悲伤，放声大哭。《水浒传》第四十三回部分情节与此相似。戏曲中增添了许多对话，令场面更活泼。

第二十二出《李鬼暗算黑旋风》：山上猎户发现李逵杀虎之事，大喜之下热情款待李逵。李鬼恰好见到此事，定计灌醉李逵后擒捉他报官请赏。李逵中计被擒。《水浒传》第四十三回部分情节与此相似。小说中李鬼在家中被李逵发现并杀死，还被李逵砍肉烧吃，是李鬼之妻在李逵打虎后首告官府。戏曲中情节更为紧凑。

第二十三出《朱富麻翻青眼虎》：朱贵与其兄弟朱富合力设计灌晕押解李逵的衙役及捕头李云，救出李逵。李云醒后追上前去，被众人劝服，只得同归梁山入伙。《水浒传》第四十三、四十四回部分情节与此相似。

第二十四出《萧奉先兴师拒敌》：金兵侵扰京东各地，辽国萧奉先领命率师出征，极尽铺排。《水浒传》无此情节。

6. 第六本

第一出《高唐州教演神兵》：高唐州高廉身居异能，为防梁山侵扰，演练神兵及相应法术。《水浒传》无此情节。小说中为救柴进，梁山众人攻打高唐时方介绍高廉之能，战阵之时方有其排演神兵之事的交待。

第二出《杨雄巧遇石三郎》：张保因不忿外来户杨雄的耀武扬威，准备劝侮他一顿，以灭其威风。杨雄因未有准备，险被张保等人所辱，石秀路见不平，挺力相助。二人一见如故，结成异姓兄弟。杨雄得知石秀流落蓟州谋生艰难，邀其至家以谋生计。《水浒传》第四十四回部分情节与此相似。小说中未有张保的相关交待，令当街抢夺一事稍显突兀。

第三出《三家村联盟备盗》：祝家庄祝朝奉为防梁山骚扰地方，联络周边的李应、扈成等人一同聚会，三村形成联盟，商定共同进退。《水浒传》无此情节。小说中只是自李应口中简单叙述，未曾详细展开。

第四出《惹狂蜂巧云认义》：杨雄之妻潘巧云欲行勾引石秀，与其谈起武松杀嫂一事，她认为武松是个呆子不懂怜香惜玉，石秀则认为武松是位顶天立地的大丈夫。潘巧云多方试探之下只得放弃勾引石秀的企图。恰与此时和尚裴如海前来造访，潘巧云与其眉来眼去，石秀心中了然，斥退裴如海，并对此多加留意。《水浒传》第四十五回有裴如海造访情节与之相似，只是小说中无有潘巧云勾引石秀之事，更无二人交谈武松事迹的情节。戏曲《翠屏山》等对此情节多有敷衍。

第五出《敦正气酒肆诉情》：石秀发觉潘巧云与裴如海的奸情，多方细察之下确认了此事。在酒楼之上石秀将此事告知杨雄。《水浒传》第四十五回部分情节与此相似。小说中另有潘巧云到寺烧香一节，还有和尚们到杨雄家做法事一节，戏曲中均加以省略，情节更为集中，但对石秀等人物性格的刻画有所减弱。

第六出《行反间兰房掉舌》：杨雄大醉归家，于醉话中透露出已知奸情，潘巧云使用反间计，诬陷石秀欲图不轨、曾行调戏之事，杨雄大怒，拆掉卖肉的案板。石秀情知杨雄泄露消息，不发一言，径自离去。《水浒传》第四十五回部分情节与此相似。

第七出《真拿奸行凶破晚》：石秀寻机逼问事情经过，并将裴如海与报信的道人杀死在小巷之中。杨雄回思前事，情知中了潘巧云的反间计。石秀找到杨雄，帮其定计，要将潘巧云骗至翠屏山逼问情由，以明真相。《水浒传》第四十六回部分情节与此相似。

第八出《翠屏山对明心迹》：翠屏山上潘巧云无法推脱，只得招认与裴如海的奸情。杨雄怒杀潘巧云及侍女迎儿。石秀与杨雄谈起自己曾经与戴宗相识，二人商议共投梁山。《水浒传》第四十六回部分情节与此相似。

第九出《鼓上蚤只鸡起衅》：杨雄、石秀投奔梁山途中遇到时迁，三人投宿独龙岗上的客店。时迁在客店中多方骚扰，并偷吃了店中报晓的公鸡，惹恼店家。原来此店是祝家庄所开，店伙招庄客齐聚，混战中时迁被擒。《水浒传》第四十六回部分情节与此相似。戏曲中就时迁住店一节大加敷衍，插诨打科之处频见，清代戏曲中有《时迁打店》等多方播演。

第十出《扑天雕一扎败盟》：李家庄主管杜兴念杨雄曾经相助之恩，仗义执言，请求庄主李应协助救出时迁。李应答应，三番与祝家庄沟通，祝龙、祝虎等人太过霸道，将三庄联盟之谊置之不理，并暗箭射伤李应。李家庄就此退出三庄联盟。《水浒传》第四十七回部分情节与此相似。

第十一出《石杨问路投酒店》：杨雄、石秀因李应未能救出时迁，只得上梁山求助。上山之后二人详述事件经过，晁盖一听怒其败坏梁山名声，欲处斩二人，宋江等人极力劝阻方止。宋江提议领兵攻打祝家庄，一来救出时迁，二来打击祝家庄的嚣张气焰。《水浒传》第四十七回部分情节与此相似。

第十二出《访出路指明杨树》：杨林与石秀奉宋江之令打探祝家庄虚实。杨林行踪败露，被栾廷玉所擒；石秀阴差阳错之下路遇钟离老人，就此探明进出之路。宋江领兵攻打祝家庄，因路径不熟，险遭失败，恰巧石秀探路返回，众人安全退回营寨。《水浒传》第四十七回部分情节与此相似。

第十三出《毛太公匿虎反目》：解珍、解宝追寻中了药箭的老虎到了毛太公庄上，毛太公用意要私吞老虎，令庄客擒住二解，诬其为盗并送至知府大牢。毛太公父子议定要在牢中结果二解性命。《水浒传》第四十九回部分情节与此相似。

第十四出《扈三娘落马被擒》：宋江领兵二次攻打祝家庄，扈三娘出马生擒王矮虎，林冲又擒下扈三娘，互有胜负。《水浒传》第四十八回部分情节与此相似。

第十五出《铁叫子送信成谋》：铁叫子乐和感于义气将二解入狱之事报

知顾大嫂。顾大嫂纠集邹氏昆仲等人商议对策，又用计骗孙立至家，逼其参与劫牢之事。孙立无奈，只得应允，并提议顺便灭毛太公一家。《水浒传》第四十九回部分情节与此相似。小说中孙立作为官军中的提辖官，并无意参与此事，只是迫于无奈才勉强同意，并未有提议灭毛太公一家之举动，另小说中的邹氏昆仲本身即为山寨之人，而戏曲中则只是顾大嫂相交莫逆的赌客朋友。

第十六出《母大虫劫牢拒捕》：顾大嫂等人里应外合，顺利从牢中救出二解。官兵前来追捕，孙立大发神威，逼退追兵。众人商议共投梁山。《水浒传》第四十九回部分情节与此相似。

第十七出《病尉迟献计归巢》：宋江等人攻打祝家庄数日无功，只是将扈三娘解往山寨，以断绝扈家庄对祝家庄的协助。顾大嫂等人恰巧来投，孙立提议自己带人行使反间计，借与栾廷玉的师兄弟关系进入祝家庄，里应外合大破祝家庄，宋江等人大喜。《水浒传》第五十回部分情节与此相似。只是小说中此计由吴用提出，孙立等人只是实施者。

第十八出《栾廷玉开门揖盗》：祝家庄未识孙立等人的计策，将孙立众人迎入庄内。孙立等依计而行，大破祝家庄。祝氏父子及栾廷玉皆被杀死，李逵并将扈成杀死。《水浒传》第五十回部分情节与此相似。只是小说中扈成逃走，亦无栾廷玉被杀的确切描述。

第十九出《扮假官李应上山》：梁山派人假扮官兵将李应及其妻小赚上梁山，并将李家庄焚烧一空，断其归路。李应无奈，只得归附梁山。《水浒传》第五十回部分情节与此相似。

第二十出《践旧约王英合卺》：梁山之上大赏众将，王英提出宋江“忠而不信”，指责宋江不践当初为其完婚的誓言。宋江对众言明此事，并做主将扈三娘嫁给王英为妻，梁山之上皆大欢喜。《水浒传》第五十回部分情节与此相似。

第二十一出《白秀英敛钱招祸》：雷横出差回家，见母后欲去拜谢朱仝时常的周济之恩。途遇李小二，强拉其去会县中新来一歌妓白秀英。雷横因未带赏钱而遭白秀英奚落，一怒之下大打出手。白秀英与知县钱用臧关系莫逆，公堂对证之下，知县判雷横戴枷示众于戏台之外。《水浒传》第五十一回部分情节与此相似。

第二十二出《雷都头荷技行凶》：雷横披枷示众，雷母不忍前去探望并与白秀英发生争执，白秀英欲打雷母，雷横暴怒之下用枷打死白秀英。《水浒传》第五十一回部分情节与此相似。

第二十三出《美髯公舍身救友》：知县钱用臧判雷横发配之刑，并欲害其性命。朱仝感于义气，于押解途中私放雷横，并助其与母共投梁山。朱仝于知县前自首。《水浒传》第五十一回部分情节与此相似。

第二十四出《幽燕路只迓王师》：金兵大军压境，辽国萧太后出逃，剩余诸臣为保性命，商议共修降表。辽国就此而亡。《水浒传》无此情节。

7. 第七本

第一出《吴学究秋日离山》：为赚朱仝上山，吴用亲自出马，李逵自告奋勇与之同行。《水浒传》无此情节，只是在吴用劝解朱仝上山之时简述经过。

第二出《地藏寺冤遇凶谋》：朱仝在发配地颇受知府青眼相看，并令其照看 4 岁小衙内。雷横劝其投奔梁山，朱仝不同意。吴用定计让李逵趁朱仝与雷横谈话之时，将小衙内抱走。《水浒传》第五十一回部分情节与此相似。

第三出《小衙内无辜受祸》：为绝朱仝后路，李逵受吴用之令掐死小衙内于松林之中。朱仝大怒，一路追李逵至柴进庄上。柴进、吴用等人同劝朱仝，朱仝无奈之下只得归附梁山，李逵暂留柴进庄上。柴进叔父柴皇城派人送信，言及其被殷天锡强占宅园，生命垂危。《水浒传》第五十一、五十二回部分情节与此相似。小说中小衙内为李逵刀斧而亡，戏曲中改为被掐死，另借李逵之口讲出其不忍之情，相对而言更符合观众心理预期。

第四出《殷直阁怙势亡身》：殷天锡仗高廉之势在高唐横行霸道，因看上柴皇城的宅城而欲强行霸占。柴皇城愤怒之下，一病身亡。柴进与之据理力争，李逵随行打死殷天锡并逃归梁山，柴进被擒入狱。《水浒传》第五十二回部分情节与此相似。

第五出《黑旋风孤身报信》：李逵回山之后将事情经过转述梁山众人，晁盖、宋江皆力主派兵攻打高唐，以营救柴进。《水浒传》第五十二回部分情节与此相似。

第六出《高唐州三阵交兵》：宋江领兵攻打高唐州，因高廉妖法厉害，急切之下难以攻取。吴用提议派人前去寻回公孙胜以破高廉，戴宗应令而行，李逵自愿随行。《水浒传》第五十二回部分情节与此相似。

第七出《戴院长密访仙踪》：寻访公孙胜途中，戴宗戏弄李逵，劝其食素、不闹事。二人费尽周折，终于找到公孙胜。公孙胜同意禀明师父后再定行止。《水浒传》第五十三回部分情节与此相似。清戏曲有《戴院长神行蓟州道》与此类似。

第八出《流白血真人被杀》：公孙胜之师罗真人不欲令其下山，李逵心中大怒。趁夜偷上二仙山，斧劈罗真人与道童，却流出白血，原来是罗真人用法术将葫芦所变。天亮之后李逵随公孙胜、戴宗再上二仙山，心中得意，以为罗真人已死，此次定然不会再阻公孙胜下山。《水浒传》第五十三回部分情节与此相似。

第九出《驾黑云李二遭殃》：李逵惊见罗真人未死，并被罗真人戏弄，降至蓟州府衙中，被作为妖人关入监牢。李逵自称是罗真人徒弟而暂免于难。《水浒传》第五十三回部分情节与此相似。

第十出《辞仙师逐伴下山》：罗真人对众人劝诫一番后同意公孙胜下山，众人同归高唐战场。《水浒传》第五十四回部分情节与此相似。小说中罗真人尚有传授公孙胜道法以破高廉之事，戏曲中则无。

第十一出《别老母趱路投店》：公孙胜早上起来辞别母亲，与戴宗、李逵共赶路程。《水浒传》无类似情节。此出内容简短，仅有几曲表示离别的唱词，与整体情节关系不大。

第十二出《撞卖技义结良朋》：李逵于途中遇到落魄江湖的汤隆，见其本领出众且有打铁技术，邀其同投梁山。《水浒传》第五十四回部分情节与此相似。

第十三出《三百神兵逢国手》：公孙胜多路派兵，以法术大战高廉，取得全胜，准备明日攻城。《水浒传》第五十四回部分情节与此相似。小说中对斗法过程叙述详细，戏曲则重点在排兵布阵。另小说中有李逵下井救助柴进之事，而戏曲中则省略此节，使前后情节不甚贯通。

第十四出《紫宸朝元戎特荐》：因高廉战败身亡，高俅于朝堂之上特荐举呼延灼率兵前往征剿梁山。呼延灼统领三千连环马军，与韩滔、彭玘共同出征。《水浒传》第五十四、五十五回部分情节与此相似。

第十五出《延灼大排甲马阵》：梁山人马与呼延灼对阵，战将对垒，各有胜负，彭玘战败归降梁山。呼延灼派出连环马出战，梁山大败而退。《水浒传》第五十五回部分情节与此相似。

第十六出《李俊劫夺轰天雷》：因梁山位居水泊之中，呼延灼一时难以攻取。朝廷派轰天雷凌振携带火炮前来助阵。李俊等水寨头领趁夜偷袭，将凌振与火炮尽行掳去。凌振感于梁山众人的义气，投效梁山。因连环马军难以制服，汤隆献计于宋江，称徐宁可破连环马。《水浒传》第五十五回部分情节与此相似。

第十七出《时迁盗取雁翎甲》：时迁夜入徐宁府中，千方百计终于盗得雁翎宝甲。《水浒传》第五十六回部分情节与此相似。清戏曲中有《雁翎甲》（又称《时迁盗甲》）等类似剧目。对于入府之后的行为举动演绎较多，颇具舞台效果。

第十八出《赚徐宁教钩镰枪》：徐宁值宿回家发现宝甲被盗，正在惊怒之际，汤隆来访，并通告时迁盗甲的相关讯息。徐宁仓促之下随汤隆追赶而去，被灌晕后送上梁山。到达梁山之后，徐宁逼于无奈，只得从顺，并教授梁山众人钩镰枪法。《水浒传》第五十六回部分情节与此相似。

第十九出《擒韩滔破连环马》：梁山上钩镰枪法习练纯熟之后，分兵派将，大败呼延灼的连环马军，并擒捉大量军兵，韩滔归降梁山。呼延灼兵败逃走。《水浒传》第五十七回部分情节与此相似。戏曲中多排兵布阵的敷衍，出场人物众多，舞台效果明显。

第二十出《呼延灼失马借兵》：呼延灼兵败投宿小店，御赐宝马被桃花山李忠等劫去。大怒之下，呼延灼投奔青州慕容知府，借得兵将后誓要扫平三山。桃花山难以支持，求救于二龙山，鲁智深、武松等慷慨救助，击退呼延灼。《水浒传》第五十七回部分情节与此相似。

第二十一出《独火星救兄投寨》：白虎山孔氏之父孔宾被慕容知府所擒捉，兄弟二人带兵前往营救，却因呼延灼勇猛，孔明亦被生擒。孔亮转而求助梁山，路途之上恰逢鲁智深、武松等追赶呼延灼而来，三山合力，共打青州城不下。孔亮上梁山细述详情。《水浒传》第五十八回部分情节与此相似。

第二十二出《擒呼延赚城报怨》：宋江领兵与三山共围青州，呼延灼出城迎敌，中计被俘，因感于义气，兼且韩滔、彭玘已经归附梁山，只得也投效梁山。呼延灼赚开青州城门，杀慕容全家，三山同归梁山。《水浒传》第五十八回部分情节与此相似。小说中只是打破青州，未有杀慕容全家的情节。

第二十三出《芒砀山作法飞烟》：芒砀山上樊瑞等人带兵欲攻梁山，史进等领兵前往迎战，被其魔法所败。公孙胜提议排列阵法，以收服芒砀山众将。《水浒传》第五十九回部分情节与此相似。戏曲省略吴用计赚金铃吊挂、史进归附等情节，史进突然出现梁山阵营，显得有些突兀。

第二十四出《公孙胜降魔布阵》：公孙胜排列八卦阵，收伏樊瑞等同归梁山。途中遇段景住，言称曾头市不但夺其马匹，还口出狂言，欲与梁山为敌。《水浒传》第六十回部分情节与此相似。

8. 第八本

第一出《曾头市误伤药箭》：晁盖听闻曾头市无礼，坚持自己带兵前往征讨。因地理不熟，又受人欺骗上当误入陷阱，身中毒箭，被梁山众头领救出，败归梁山。《水浒传》第六十回部分情节与此相似。

第二出《智多星算命题诗》：富户卢俊义名声在外，吴用特意带李逵同赴大名，计赚其归附梁山。吴用在卢家大言算卦，又留藏头诗于墙上。卢俊义中计，带李固离家奔赴泰山。途经梁山泊，宋江等已派各路人马埋伏拦截，生擒卢俊义归山。《水浒传》第六十一回部分情节与此相似。戏曲中省略了晁盖身亡、临终遗命等节，从晁盖中箭直接跳到吴用计赚卢俊义，前后脱节严重。另计赚卢俊义的戏曲在元明间有《梁山五虎闹铜台》，清有《大名府》（又名《玉麒麟》）等多出。

第三出《群虎劝降空进酒》：梁山诸人分头劝服卢俊义，皆为其所拒。只得款留其在山中饮酒。《水浒传》第六十二回部分情节与此相似。

第四出《回车报信欲攀花》：吴用将李固放回，暗将墙上反诗、卢俊义归梁山的言语故意透露于他，以断绝卢俊义返家之路。李固返家后跟主母贾氏通报此事，并起意出首卢俊义，以谋夺其妻及家产。贾氏亦因卢俊义平时只重习练武艺而心生不满，与李固沆瀣一气。《水浒传》第六十二回部分情节与此相似。

第五出《逐燕青乘机出首》：燕青因怒斥李固与贾氏之私情，反被二人赶出卢家，只得流落在外以乞讨为生。李固向大名留守梁中书首告卢俊义谋反一事。《水浒传》第六十二回部分情节与此相似。

第六出《送侠友握手为欢》：卢俊义在梁山被强留数月，立意坚执要走。梁山众人只得饯行送归。《水浒传》第六十二回部分情节与此相似。此出戏曲篇幅较短，在小说中亦一言带过。

第七出《背良言回家被捉》：卢俊义返家途中遇到燕青，见其落魄之状，甚感诧异。燕青向其诉说李固与贾氏私情以及首告之事，卢俊义反疑燕青不忠，怒斥之后返归家中。卢俊义被擒。《水浒传》第六十二回部分情节与此相似。

第八出《梁中书逼招下狱》：梁中书审问卢俊义，严刑之下卢俊义只得招认，就此被关入大牢。《水浒传》第六十二回部分情节与此相似。此出戏曲篇幅较短，在小说中亦一言带过。

第九出《卢俊义刺配登程》：李固用重金贿赂当牢节级蔡福、蔡庆，让其在牢中将卢俊义害死。恰好梁山派柴进、戴宗亦携金而来，让二蔡保全卢俊义性命。二蔡权衡利弊，用金贿买上下，卢俊义被发配。押解途中，解差又被李固收买要加害卢俊义，燕青及时出现救下主人。逃走不及，又被官兵将卢捉回，燕青只得飞速前往梁山求救。《水浒传》第六十二回部分情节与此相似。

第十出《石秀跳楼劫法场》：梁中书为防夜长梦多，决定处斩卢俊义。燕青途遇石秀、杨雄，将前后事情告知后随杨雄归返梁山。石秀独去大名查探情况，于法场之上大显神威，却因众寡悬殊被擒。《水浒传》第六十二回部分情节与此相似。

第十一出《宋江大战槐树坡》：宋江领兵前往大名府营救卢俊义、石秀，在城外槐树坡与闻达、李成、索超等大战。梁中书派人紧急送信，以求外援。卢、石二人暂时生命得以保全。《水浒传》第六十三回部分情节与此相似。

第十二出《王定救援宰相府》：王定到蔡太师府中送信，言及大名府被围情形。蔡京派关胜、宣赞等带兵出征，以解大名府之危。关胜等人行围魏救赵之计，围困梁山，梁山驻守将领夜间偷营，反被关胜识破，张横、阮小七被俘。《水浒传》第六十三、六十四回部分情节与此相似。戏曲此出主要是关胜出兵之事，小标题并不切题。

第十三出《灯前溃阵获三雄》：宋江领兵返回梁山，与关胜对垒。呼延灼用计引关胜进入陷阱，被擒后关胜等三将感于梁山义气，归附梁山。《水浒传》第六十四回部分情节与此相似。

第十四出《索超被陷劝归降》：关胜归降之后，复领兵攻打大名府。索超出战被擒，亦归附梁山。《水浒传》第六十四回部分情节与此相似。

第十五出《张顺渡江逢夜劫》：张顺为请神医安道全，夜渡扬子江，被张旺等捆绑后丢入江中。幸亏张顺水下功夫杰出，自行解脱后上岸遇王定六父子，相谈甚欢，父子二人决定跟张顺同归梁山。《水浒传》第六十五回部分情节与此相似。戏曲中省略宋江患病一节，前后情节有所脱漏。

第十六出《截江鬼攫金入马》：张顺邀安道全回山寨为宋江治病，夜宿李巧奴家中。张旺恰好来访，张顺出手报复，却被他逃走。张顺将李巧奴全家杀害，并在墙上留名安道全。神医无奈，只得随戴宗投奔梁山。张顺与王定六会合，又遇张旺，将其杀死复仇。《水浒传》第六十五回部分情节与此相似。

第十七出《地灵星妙手回春》：安道全到梁山后，及时将宋江医治痊愈。宋江决定春初时分，再次出兵攻打大名府，以救卢俊义、石秀。《水浒传》第六十五回部分情节与此相似。

第十八出《金沙滩军师出令》：为救取卢、石二人，吴用在金沙滩聚集梁山诸将，分头安排，装扮入城，定于元宵之夜大破大名府。《水浒传》第六十六回部分情节与此相似。戏曲中对于排兵布阵向来重视，以此体现舞台的热闹氛围，小说中则是一笔带过。

第十九出《翠云楼元夕下城》：梁山众人分别进入大名府城中，元宵之夜时迁夜烧翠云楼为号，里应外合，大败城池，顺利救出卢俊义、石秀，梁中书与李成等人逃走。《水浒传》第六十六回部分情节与此相似。

第二十出《李瑞兰出首忘恩》：宋江率兵围攻东平府，双枪将董平勇猛过人，一时难下。史进自告奋勇前往城中，却被旧识李瑞兰出首由此被擒。《水浒传》第六十九回部分情节与此相似。戏曲省略梁山攻打曾头市、卢俊义擒捉史文恭及金交椅归属等情节，前后不甚连贯。

第二十一出《顾大嫂报信探监》：顾大嫂趁乱进入东平府内，于监狱中探望史进，约定月末里应外合，共破东平。《水浒传》第六十九回部分情节与此相似。

第二十二出《九纹龙误期越狱》：史进听错时间，提前在狱中起事，再次被围困。宋江只得提前行动，率兵紧逼城池，董平急往城外迎敌。《水浒传》第六十九回部分情节与此相似。戏曲中详叙狱中情景，小说中则是一笔带过。

第二十三出《双枪将被获献城》：董平中计被宋江所擒，感于义气而投效梁山。董平赚开城门，杀太守程万里一家。《水浒传》第六十九回部分情节与此相似。小说中董平是为了夺程太守女儿而与太守交恶，并一进城就抢女杀亲，显得人品恶劣。

第二十四出《没羽箭逢人飞石》：卢俊义领兵攻打东昌府，因张清飞石绝技连打数将，无法攻破。宋江领兵杀到，协助捉其副将龚旺、丁得孙，二人归附梁山。《水浒传》第七十回部分情节与此相似。

9. 第九本

第一出《田虎拜师僭称王》：田虎为称王争夺天下，特请算卦先生刘铁嘴为军师，并举行隆重的仪式。刘铁嘴随意乱指挥，田虎不察，反言听计从。《水浒传》中无类似情节。戏曲与前后文无有直接联系，戏文滑稽搞笑。与戏曲《党人碑》有近似之处。

第二出《吴用运粮施妙计》：为东昌久攻不下，张清英勇难敌，吴用布置计策，欲以军粮为引，擒捉张清以破东昌。《水浒传》第七十回部分情节与此相似。

第三出《一清作法显神通》：张清中计前去劫粮，公孙胜作法，一时风沙走石，张清被困。《水浒传》第七十回部分情节与此相似。

第四出《没羽贪功却被擒》：张清被擒后，东昌府无大将镇守，被梁山众人攻破。张清等人归附梁山，又举荐皇甫端同归梁山。《水浒传》第七十回部分情节与此相似。

第五出《梁山泊群虎过关》：任原在泰山摆下擂台，梁山上燕青欲去打擂，李逵在后随同而行。官府为防梁山侵扰，在关隘处严加把守，燕青与李逵等机智过关。《水浒传》第七十三、七十四回部分情节与此相似。小说中无过关情节，戏曲中增添此节，充满谐趣。另有戏曲《过关》与之相类似。

第六出《泰安州燕青打擂》：燕青上台打擂，击败任原。李逵大闹擂台，众官兵围捕，危急之际，梁山来人接应，大胜而归。《水浒传》第七十四回部分情节与此相似。

第七出《水浒寨宋江下山》：宋江欲往东京看灯，分派诸将共同装扮前往。林冲亦随同前往去拜祭妻子，顺便探望侍女锦儿。《水浒传》第七十二回部分情节与此相似。

第八出《柴进簪花游秘殿》：宋江等人借宿于王班直家中，柴进听闻禁苑之中的防守规矩，向王班直借花而入禁苑赏玩。《水浒传》第七十二回部分情节与此相似。小说中无林冲前往东京一节，戏曲增添此节似受《宝剑记》《灵宝刀》等戏曲的影响，而锦儿之夫王班直的人物设定，令柴进入禁宫更为合理。

第九出《御楼赐酒庆元宵》：徽宗大排御宴款待群臣，东京城内百姓赏灯，热闹非凡。宋江等人混入人群之中同去游玩，柴进则簪花深入禁苑，发现屏风上有字，遂将"山东宋江"四字刻下，逃入宫苑。《水浒传》第七十二回部分情节与此相似。戏曲中为表热闹，新增不少百姓游玩之时的交谈及故事，增添不少谐趣。

第十出《李逵纵火闹皇城》：宋江因慕李师师之名，与燕青等人前去拜访，李逵随同，因心中不满意宋江所为，故意惹事，恰巧徽宗微行来访，梁山众人大闹东京城。《水浒传》第七十二回部分情节与此相似。小说中宋江之所以去拜访李师师，是为了谋求招安之事，而戏曲中则纯为女色之故，情节更为集中，却使宋江形象多少发生变化，其"忠义"之心未得到表现。

第十一出《宣凤诏招安水泊》：早朝时蔡京等人向徽宗报告梁山众人扰闹东京之事，欲图派兵征剿。宿元景独排众议，称自己曾在华州进香时被劫金铃吊挂，与梁山众人接触之下，得知他们多为被逼上梁山者，称他们"受制赃官吏，到底怀忠义"，故而求旨招安。徽宗同意派宿元景赍诏往抚，梁山众人就此接受招安。《水浒传》第八十二回部分情节与此相似。小说中经二赢童贯、三败高俅，多次征讨无功后徽宗方始接受招安之议，戏曲中省略了数十回内容，且略华州劫金铃之事，此时提起，显得有些突兀。戏曲如此处理，令梁山受招安情节简洁了许多，对于宋江谋救招安的努力全都省略，宋江等人的"忠义"便无从谈起了。

第十二出《过龙楼齐效山呼》：宋江等人接受招安后，焚毁山寨，遣散喽啰，将领齐着盛装，接受君臣的检阅。《水浒传》第八十二回部分情节与此相似。戏曲中上百人分几队共聚舞台之上，足显宫廷戏剧场面之宏大。

第十三出《宋江分兵期灭贼》：燕青于双林渡曾受许贯忠一手卷，内有三晋山川城池关隘之图。田虎反叛称王，宋江、卢俊义等人受命为河北正、副先锋，率兵前往平叛。《水浒传》第九十一回部分情节与此相似。戏曲省略征辽情节。

第十四出《急交锋琼英飞石》：田虎阵营中国舅枢密使邬梨养女琼英梦中被授飞石神技，被封为郡主，领兵与宋江对峙。邬梨身中药箭，琼英旧家人叶清给宋江送信，言称琼英有意降宋，安道全、张清化名前往琼英军中以探敌情。《水浒传》第九十七、九十八回部分情节与此相似。

第十五出《乍比势全羽成亲》：张清与琼英均擅飞石绝技，简单比试之后，定下亲事。二人交谈，方知琼英身负大仇，定计兵分两路，共破田虎。《水浒传》第九十八回部分情节与此相似。清有《女飞石》等相关戏曲与之类似。

第十六出《宋江奏捷平河北》：张清与琼英暗中协助，宋江与卢俊义率兵步步紧逼，最终战胜田虎，回东京奏捷。《水浒传》第一百回部分情节与此相似。

第十七出《王庆兴师起大房》：王庆率众起兵反叛于淮西，并四下派兵，欲图攻打东京。宋江等人奉命出征。《水浒传》第一百零五回部分情节与此相似。小说中叙述王庆反叛过程甚为详细，而戏曲则一笔带过，情节更为集中。

第十八出《朱武大破六花阵》：卢俊义领兵连克数城，逼近西京。王庆阵营中龚端曾习兵法，摆下六花阵，朱武派兵大败六花阵，包围城池。《水浒传》第一百零七回部分情节与此相似。

第十九出《一清作法取西京》：公孙胜作法打破城池，攻占西京。《水浒传》第一百零八回部分情节与此相似。小说中征辽后公孙胜即已经回山，为乔道清作法取城。

第二十出《王庆渡江逢李俊》：王庆兵败，微服逃遁，在渡江时遇到扮作渔夫的李俊，被生擒活捉。梁山众将各报功劳，大排庆功宴席。《水浒传》第一百零九回部分情节与此相似。

第二十一出《清溪洞方腊称王》：方腊自号“圣公”，占据江南数州，立号造反，自感兵强马壮，正欲四方攻掠，突闻朝廷派童贯征剿、宋江为先锋的消息。方腊派兵各处严加防守。《水浒传》一百一十回部分情节与此相似。

第二十二出《瓜州江张顺得采》：张顺乘夜于瓜州渡口遇扬州城外欲通联方腊军的陈将士家人，用计与梁山众人假扮方腊军士，剿平陈将士一家。《水浒传》一百一十一回部分情节与此相似。

第二十三出《假送粮引水入船》：张顺等假扮陈将士一家，携带粮草、兵器等进入润州城。双方大战，宋江方击败吕师囊，顺利进入润州城。《水浒传》一百一十一回部分情节与此相似。

第二十四出《真行祭乘风纵火》：张顺欲夜间从涌金门入杭州城，被发现后箭射身亡。宋江在门外行祭，借机安排下伏兵，就此大败方腊军。《水浒传》一百一十四回部分情节与此相似。现存宋代戏文中有“张顺魂归涌金门”的戏文残出，或许有所借鉴。

10. 第十本

第一出《张顺魂捉方天定》：顾大嫂等三对夫妻扮民户进城献粮，中有插诨打科情节。宋江军里应外合，逼走方天定。张顺魂依兄长张横，杀死方天定立了大功。宋江等人在西湖边上为张顺立庙，上书“金华将军之庙”。《水浒传》一百一十五回部分情节与此相似。

第二出《时迁火爇昱岭关》：方腊军庞万春镇守昱岭关，箭射梁山史进等六将。时迁从后山偷上，放火烧关，破了此关。《水浒传》一百一十八回部分情节与此相似。

第三出《童宣抚平贼献俘》：柴进与燕青易名进入方腊军中，里应外合大破帮源洞，方腊被鲁智深所擒，宋江平定江南。《水浒传》一百一十八回部分情节与此相似。

第四出《宋公明回朝受职》：宋江等人平定方腊还京，生还诸将俱受官职，分守各方而去。《水浒传》一百一十九回部分情节与此相似。戏曲中省略了诸多身亡将领的事迹，鲁智深、武松、林冲等人的结局亦未特别加以交代，情节更凝练，但也减弱了悲剧色彩。

第五出《借赏花高杨设计》：高俅心中不满宋江等人立功受封，借赏花之名邀内侍杨戬商议，定计要陷害宋江等人。《水浒传》一百二十回部分情节与此相似。小说中一笔带过，戏曲则铺陈赏花与高、杨二人的对话。

第六出《惊赐酒宋李含冤》：宋江镇守楚州，忽有卢俊义家人前来送信，称卢俊义已被朝廷所害。宋江惊疑未定之际，朝廷又赐御酒，宋江怕李逵在自己死后造反，派人邀李逵同饮毒酒，二人身死。《水浒传》一百二十回部分情节与此相似。

第七出《蓼儿洼舍生取义》：吴用、花荣因心中不宁，前来探望宋江。在发现宋江已饮毒酒死后，二人以义气为先，共同吊死在宋江坟前。《水浒传》一百二十回部分情节与此相似。戏曲中诸多曲词借二人之口唱出，更能体现人物心理，比小说更显凄凉。

第八出《芙蓉城鬼使神差》：东岳大帝与十殿阎罗受命共审宋江等“假托忠义、惑世诬民”一案。《水浒传》无此情节。小说以梁人众人魂归蓼儿洼告终，有梦中惊徽宗以及徽宗下令祭祀等情节，总体上对待宋江等人的态度还是和缓的，而戏曲则用近十分之一的篇幅来冥审宋江等人的“假忠假义”，对梁山诸人是持批判态度的。

第九出《领鬼卒摄魄勾魂》：宋江等人自诩忠义，魂聚蓼儿洼。阎王派鬼卒前来勾魂，李逵等人不欲前往，被鬼卒强行押解而往。《水浒传》无此情节。

第十出《东岳殿狼群对簿》：东岳大帝与阎君共审宋江等人，分罪六等，并细数罪案所在，各有处罚。带头者宋江与吴用将历经各层地狱之刑，永世不得超生。《水浒传》无此情节。此出为《忠义璇图》批判宋江等人“假忠假义”的集中体现，其中大多数罪过是站在朝廷的角度来看的，而忽略了梁山诸人之所以上梁山的原因分析。

第十一出《河北郡二忠尽节》：徽宗等人尚在歌舞升平之际，金兵已步步逼近东京。河北郡何灌父子矢志尽忠，拼死抵抗。《水浒传》无此情节。此出篇幅简短，仅有一曲。

第十二出《留车驾李纲守死》：金兵临城，徽宗仓促让位。钦宗欲南迁以避敌锋，李纲以死相谏，并极力组织官兵进行抵抗。《水浒传》无此情节。

第十三出《郭道人恃邪演法》：郭京自称有神兵可破金兵，并演示其法，宋君臣信以为真。《水浒传》无此情节。

第十四出《楚江王按罪加刑》：阎王审判潘金莲一案，将西门庆、潘金莲重罚，另对宋江、吴用等人用刑。《水浒传》无此情节。

第十五出《钦宗车驾幸青城》：张叔夜父子奋勇抗敌，暂退敌锋。钦宗令郭京作法，郭京下令大开城门，被金兵抢入，东京陷落。徽、钦二帝被掳北去，众臣无措，北宋就此而亡。《水浒传》无此情节。

第十六出《地府刀山昭白日》：阎王审判阎婆惜、张文远事，判二人入畜生道，又对宋江等人行刑。《水浒传》无此情节。

第十七出《李若水喷血尽忠》：金将欲招降张若水，反被他怒斥无道，张若水虽死而赢得金人“忠义”的赞叹。《水浒传》无此情节。

第十八出《四殿勘奸严设狱》：阎王审判潘巧云、裴如海事，判二人入畜生道，又对宋江等人行刑。《水浒传》无此情节。

第十九出《张叔夜白沟致命》：金灭北宋后，任张邦昌任伪职。宋官员被押赴北地，张叔夜等人心中大为愤恨，张叔夜誓不过边境，吐血而亡。《水浒传》无此情节。

第二十出《地狱见六贼伏法》：阎王审判欺君误国、怙势怀奸一案，蔡京等六贼同受审判，被判极刑后永入畜生道。又对宋江等人行刑。《水浒传》无此情节。

第二十一出《大金朝解甲赏功》：金主平定辽、宋，大赏众将。斡离不、粘没喝等各受升赏，徽、钦被封昏德公、重昏侯。《水浒传》无此情节。

第二十二出《十殿主转轮运世》：阎王行使赏善罚恶之刑，除宋江、吴用永不超生外，梁山诸人皆被贬入畜生道。张若水、张叔夜等忠臣则轮转善门，得以福报。《水浒传》无此情节。

第二十三出《兜率宫群仙会宴》：三教仙人齐集盛会，令罗真人引领众忠臣游览天宫，与梁山众人的结局形成鲜明对比。《水浒传》无此情节。

第二十四出《灵霄阙特旨旌忠》：天帝认可对宋江等人处罚，并认为“这等元凶还敢诡称天罡地煞，污蔑天庭，尤为可恶”。最后尾声表达创作戏剧的初衷：“闲将轶事翻新调，迓祥和长歌天保，都只为人寿年丰乐圣朝。”水浒一案就此而结。《水浒传》无此情节。

第四章 《虎囊弹》考论

传奇《虎囊弹》多有著录，然原本已佚，《曲海总目提要》略记其内容是由水浒故事中生发而来，涉及鲁智深与金翠莲等，但详情未明。赵景深先生于1942年在《小说月报》上发表《〈忠义璇图〉与〈虎囊弹〉》，指出《忠义璇图》中标明为“旧有”的六出当指《虎囊弹》，后又有文章进一步认为其中两出为《虎囊弹》原文，另外四出虽经蓝畹改编但亦源出于《虎囊弹》，故《虎囊弹》现存有六出。[①]《忠义璇图》现存差别较大的版本有三，皆为清抄本，其中一种为全本，另两种为分属不同编写阶段且不同本次的残本。[②]在残第一本中，笔者发现前辈学者从未提及的大量贴补现象，结合不同版本之间的对勘，可以探佚《虎囊弹》的详细内容，再结合《虎囊弹》残出、《虎狼弹》等曲文，可对前辈学者的某些论点进行补充修正。《虎囊弹》作为“水浒戏”之一种，从其内容与意旨亦可看出清初水浒“忠义论”的消解趋向。

第一节 《虎囊弹》的作者与著录

《虎囊弹》因原本已佚，细节难明，以至于“弹”字究竟该读“dan”还是

① 李玫：《丘园〈虎囊弹〉是否仅存“山门”一出》，《阴山学刊》2000年第2期。

② 此处“残本”指单本形式的存在，其实二种“残本”相对还是比较完整的，但分属不同编写阶段中“第一本”和“第四本”，推想当时在每一编写阶段中皆为十本俱全，因现存仅余一本故称之为“残本”。

“tan”仍有歧见。通过梳理其作者归属和相关的著录情况，或许可以帮助我们更好地了解《虎囊弹》。

一、作者归属

《虎囊弹》为明清之际所作传奇，其作者有朱良卿和丘园二说。清代《扬州画舫录》《曲话》《新传奇品》所言此为丘园所作，仅焦循《剧说》卷四称：

> 明祁参政承爜集元明传奇八百余部，益以本朝，则益多矣。其中三家所撰最多。朱良卿三十三本……《青风寨》《飞龙凤》《虎囊弹》《建皇图》《党人碑》《龙灯赚》……《元宵闹》……①

除《虎囊弹》外，《青风寨》《党人碑》《龙灯赚》《元宵闹》等亦归之于朱良卿名下。另二家所撰较多者还有李元玉一笠庵二十九本、沈宁庵属玉堂二十本，其中归入沈宁庵名下的水浒戏有《翠屏山》。焦循（1763—1820），字理堂，一字里堂，江苏甘泉（今扬州）人。自幼颖悟，博闻强记，于易学、经史、历算、声韵、训诂无不研究，对戏曲之学亦多所考索。嘉庆年间举乡试，后应礼部试不第。阮元督学山东、浙江时，招其往游。在扬州北湖筑雕菰楼，笔耕于其中，十余年托足疾不入城市。著作极丰，有《雕菰集》《易章句》《易通释》《易馀籥录》《孟子正义》《里堂学算记》等，论曲著作则有《剧说》《花部农谭》《易馀曲录》等。祁承爜（1563—1628），字尔光，一字越凡，号夷度、密士，又称旷翁、密士老人，山阴（今绍兴）人。明藏书家，“澹生堂”藏书颇富，撰有《澹生堂藏书目》十四卷，收书近九千多种，十万余卷，在目录学史上影响较大，然其书目中涉及戏曲者不多。而且《龙灯赚》作者为朱云从，《元宵闹》的作者多归于李素甫，《翠屏山》作者多归于沈自晋，《党人碑》的作者为丘园亦应无疑，焦循此段论述有颇多明显舛误之处。

李斗《扬州画舫录》卷五所录为清黄文旸的《曲海目》，考虑到此目是黄

① （清）焦循：《焦循论曲三种·剧说》卷四，广陵书社 2008 年版，第 95 页。

文旸在汇辑总览原剧的基础上所作，更具原始性，应以《扬州画舫录》为准，《虎囊弹》作者为丘园无疑。

二、后人著录的《虎囊弹》

正如学者所指出：

> 自清末以来，戏曲研究者几乎都认为《虎囊弹》全本无存，仅存一出，演鲁智深醉酒五台山故事。《缀白裘》中收有此出，题作《山门》。《纳书楹曲谱》和《集成曲谱》中均题作《山亭》，但也有题作《三门》的。[①]

而众本所收的《山门》一出，叙鲁智深在五台山抢酒贩的酒，喝醉后打倒半山亭，又到寺门打倒哼哈二将，大打众僧的故事。此情节出自《水浒传》第四回《赵员外重修文殊院、鲁智深大闹五台山》，小说中鲁智深第一次抢酒贩酒，醉后暴打守门人和僧众，第二次是下山到集镇上喝酒，醉后打倒半山亭和守门金刚，大打僧众。戏曲将智深的两次醉酒合为一次，而取名《山门》或《山亭》均合原意。后来有收录者题作《三门》的，应是音误所致。清人梁章钜在《浪迹续谈》中以释家理论作解释："《释氏要览》云：寺宇开三门者佛地，论云：谓空门、无相门、无作门，故名三门。"[②] 意《三门》指鲁智深大闹佛地，亦为合理，后杨恩寿在《词馀丛话》中引用此说，认为《虎囊弹》标目未错，实则《虎囊弹》标目为《山门》，只是后来的演出院本有记作《三门》者而已，此论可备其一说。更大的可能是《三门》本为音误，梁章钜只是将此标目合理化了而已，正如《虎囊弹》流传中可衍化为《虎狼弹》、宿元景可衍化为"苏元近"一般。王季烈于《螾庐曲谈》卷四"余论"第一章《论传奇源流》中谈道：

---

① 李玫：《丘园〈虎囊弹〉是否仅存"山门"一出》，阴山学刊，2006年第2期。

② （清）梁章钜撰，陈铁民点校：《浪迹丛谈·续谈·三谈》，中华书局1981年版，第359页。

《虎囊弹》，国朝邱园撰，园字屿雪，常熟人。尤展成题其小像云：君善顾曲，梨园乐府，吾和而歌，红牙画鼓。其所著传奇共九种，今惟此种及《党人碑》，歌场中传有数折耳。闻魏铁珊太守言，此本系叙水浒中赵员外事。智深杀人，赵遣之入五台山为僧，因此赵遂系狱。赵之妻为金二女，求金营救其夫，金为请于县令。时适有弹丸神手在侧，令谓金曰：若能受三弹，当允尔请，释尔婿。金立受三弹而无伤，令遂释赵，故有《虎囊弹》之名。其中智深主剧，仅《山亭》一折耳。[①]

由此段论述可知王季烈所得关于《虎囊弹》的信息来自“魏铁珊太守”，里面未详叙赵入狱过程，更未出现花子期等人物，而金翠莲于县令处受三弹未死便释放其夫，亦未免过于草率，就此来看“魏铁珊太守”当未曾见《虎囊弹》全本，而王季烈所论《虎囊弹》亦来自听闻。

《曲海总目提要》卷二十七有《虎囊弹》，介绍其略云：

赵员外为仇人花子期诬作通梁山贼，已定案矣。其妻金氏，鸣冤得释。又赵员外有犬啮死花子期，盖借义犬故事，皆属作者增添附会。按龚圣与《花和尚鲁智深赞》云：“有飞飞儿，出家尤好。与尔同袍，佛也被恼。”此是实有其人，而未载其事迹也。此剧增饰甚多，而《虎囊弹》之名，尤觉新奇。言金氏诉冤于种经略师道，其中军牛健出令，凡诉冤者，悬于竿上，弹以虎囊弹一百。能不惧者，乃是真冤。金氏愿受弹不惧，健知其冤，为投状于师道，乃谳出真情，出赵员外之罪，故标三字为题也。作者未详（人民文学出版社编辑部按：此剧为清邱园撰，一作朱佐朝撰），大抵是近代人手笔。按鲁智深出身提辖，本是种经略部将，以金氏之故，三拳打杀镇关西，亡命于外，投入空门，不改故态，后复于汴京大相国寺炒闹禅和子。其醉打山门，倒拔垂杨，及卷金银器皿滚下桃花山，只身提禅杖打二龙山，皆足耸人观听。此剧敷演赵员外及金氏事，以金女本智深所救，故首尾用为线索。智深入山本末，亦已略约具焉。然命题之意，以

① 王季烈：《集成曲谱》振集卷一《螾庐曲谈》卷四，商务印书馆 1931 年版，第 22 页。

虎囊弹为主，则非专为智深也。[1]

此段文字中提及《虎囊弹》时主要人物有“赵员外”“花子期”“金氏”“种师道”“牛健”等，据“金氏愿受弹不惧，健知其冤”一句可知未曾受弹，后面的按语皆本于《水浒传》，与《虎囊弹》关系不大。其中“首尾用为线索”之语当指《虎囊弹》中所用鲁智深情节仅有前面的拳打郑屠、剃度五台山，尾处当为大闹五台山、远赴东京，即所谓山门一出。此后赵恺、花子期押赴太原后，因鲁达无踪，罪责无证，赵恺得以免罪释放，花子期则因诬告被打判刑，又为赵恺义犬咬啮致死，以彰忠犬胜于忘恩之人。

庄一拂《古典戏曲存目汇考》卷十一邱园《虎囊弹》：

《今乐考证》著录。升平署《忠义璇图》底本。《新传奇品》《曲考》《曲海目》《曲录》并见著录。演鲁智深、赵员外、金氏事。以金女本智深所救，故首尾用为线索，本诸《水浒传》，惟后半情节不同，增饰甚多。言赵为花子期出首告窝藏智深，系狱定案。金氏诉冤于种经略，其中军牛健出令，凡诉冤者悬于竿上，弹以虎囊一百，能不惧者乃准辞。金氏愿受弹投状，谳出真情，令遂释赵，故标为题。此剧今演者祇《山亭》一出，即《水浒》中鲁智深大闹五台山事。清人《雨韭庵笔记》有云：“曾于某处观演全本，然曲文未睹也。”按升平署底本《忠义璇图》残本二十出，中十四至十九出，即《虎囊弹》。京剧有《虎囊弹》，正演此事。[2]

庄一拂先生在此书卷十一叙周祥钰《忠义璇图》时谈道：

《曲录》著录。升平署钞本。与邹金生等同编。演梁山泊宋江及宋、金交兵，徽、钦北狩等事。钞袭《水浒记》《义侠记》《虎囊弹》等传奇而

---

① 董康编著，北婴补编：《曲海总目提要》，人民文学出版社 2014 年版，第 1310—1312 页。

② 庄一拂：《古典戏曲存目汇考》，上海古籍出版社 1982 年版，第 1197 页。

成。今仅存精写残本二十出，署蓝畹编。[①]

此著录仅录《忠义璇图》一个版本，而未言其二百四十出本和另一残第四本，当是材料有限所致。此所谓的“精写残本”当即贴补本，但庄先生亦未言及贴补现象，当是未亲目此版本所致。在前人著录中，关于《虎囊弹》的情节叙述大同小异，均指出其为鲁达故事的另类演绎，只是叙事主角成为金翠莲，而表达主旨亦呈现出远离“水浒忠义”的倾向，反而有些回归元杂剧“替天行道”的意味。

第二节 《红楼梦》中引述的《虎囊弹》残曲

《红楼梦》中有许多宴饮、欢聚场合，也多有戏曲演出，但单独列出曲词者为数不多，与前后情节、人物表现密切相关者相对亦不多。《红楼梦》里借宝钗之口引述《虎囊弹》中的《寄生草》一曲，又借宝钗之目叙出宝玉所作《寄生草》一曲，中间穿插了宝玉的作偈与林黛玉的添偈，前辈学者对《寄生草》与宝玉的孤独以致日后出家关系的研究相对较多，而对宝钗、黛玉的孤独着眼相对较少，对此曲背后鲁智深孤独感以及整个人生悲剧感的阐发相对较少。正如王国维所言：“美术之特质，贵具体而不贵抽象，于是举人类全体之性质，置诸个人之名字之下。”[②] 文学作品中所阐释的孤独虽有多种，却又只是一种，此种孤独感与生俱来、无可回避，在具体人物身上有不同的表现。

一、《红楼梦》中的《寄生草》

任二北《曲海扬波》卷一引录光绪间“浴血生”曾言：

《虎囊弹》传奇散见于诸书，如《石头记》《缀白裘》者，只“山门”一出，盖演水浒中鲁智深大闹五台事。《雨韭庵笔记》尝载其曾于某处观

① 庄一拂：《古典戏曲存目汇考》，上海古籍出版社 1982 年版，第 1304 页。

② 王国维：《王国维文学论著三种・红楼梦评论》，安徽师范大学出版社 2014 年版，第 23 页。

> 演全本，然曲文未睹也。数年来遍求国中各书肆，竟不可得。岂其流落人间者仅存此片鳞只爪欤？虽然，珍其麟爪，亦终胜湮没不闻。[①]

此中所言《石头记》者，实指《红楼梦》第二十二回《听曲文宝玉悟禅机，制灯谜贾政悲谶语》中薛宝钗过生日时所点的一出《鲁智深醉闹五台山》戏曲。

薛宝钗之所以点此出戏曲，除欣赏此曲的排场、词藻外，有很大的可能是为讨好贾母，是因“深知贾母年老人，喜热闹戏文”，因此她先点一折《西游记》，凤姐“亦知贾母喜热闹，更喜谑笑科诨，便点了一出《刘二当衣》”，后来黛玉、宝玉、史湘云、迎、探、惜、李纨各点一出均未明写题目，酒席时宝钗又点《鲁智深醉闹五台山》，贾宝玉认为此曲为“热闹”之剧，并讥讽宝钗只会点此类“热闹剧”，是只看到了此剧表面上的热闹，并未深入人物内心体会其悲凉，对此宝钗直笑其白听了几年的戏却并不知戏，脂砚斋于此处评曰：“是极！宝钗可谓传学矣，不似代[②]玉只一《牡丹亭》便心身不自主矣。真有学问如此，宝钗是也。”[③]此评将钗黛比较，称宝钗有学问，而将人生感悟视作“学问”，实隐含有责宝钗情感入之不深，感之不切矣。

宝钗向宝玉介绍此曲妙处：

> 排场又好，词藻更妙……要说这一出热闹，你还算不知戏呢。你过来，我告诉你，这一出戏热闹不热闹。——是一套北《点绛唇》，铿锵顿挫，音律不用说是好的了。只那词藻中有一支《寄生草》，填的极妙，你何曾知道？

随后便念此曲：

---

① 任二北：《新曲苑》第10册《曲海扬波》卷一，中华书局1940年版，第12页。

② 小说文本中作“黛”，评点简写为“代”。

③ （清）曹雪芹：《脂砚斋重评石头记：庚辰本》，人民文学出版社2009年，第489页。

漫揾英雄泪，相离处士家。谢慈悲剃度在莲台下，没缘法转眼分离乍。赤条条来去无牵挂。那里讨烟蓑雨笠卷单行？一任俺芒鞋破钵随缘化！[①]

此曲令宝玉称赏不已而不免手舞足蹈、得意忘形，黛玉遂调笑其“还没唱《山门》，你倒《妆疯》了”。对此脂砚斋评曰：“趣极。今古利口莫过于优伶，此一诙谐，优伶亦不得如此急速得趣，可谓才人百技也，一段醋意可知。”[②] 今存《妆疯》为北曲折子戏，《缀白裘》收录，演唐代尉迟敬德为不肯出征挂帅而假装疯癫一事，出自元代无名氏杂剧《功臣宴敬德不伏老》第三折。另因《妆疯》既与《山门》相对，亦甚有可能此处指水浒戏中宋江在江州题反诗事败时无奈于狱中妆疯一剧，题为《闹江州》，清《梨园集成》及民国《戏考》收录。此外《红楼梦》第二十五回有贾宝玉、王熙凤中被魔以至于“拿刀弄杖，寻死觅活”之疯状，则是真疯而非假疯了，此处以“装疯”对“山门”，亦有提示下文情节之效用。

如果说《山门》中的曲子是智深对自己孑然一身的豁达，那么《红楼梦》中的曲子则是宝玉对自己何来何去的思索。宝玉周旋于儿女之间，自感出于好心，却出力不讨好且多遭埋怨，由此直感人生无趣，叹“赤条条来去无牵挂”而泪下，实如脂评：“还是心中不净、不了、不断之故。”[③] 尤其是宝玉所写偈语：“你证我证，心证意证。是无有证，斯可云证。无可云证，是立足境。”[④] 此偈既谈禅理，又言与黛玉之感情，无论是证或非证，均有相互依赖之意，只有万境归空、不需再证之时，才堪为真正的立足之境。此玄论宝玉又“恐人不解”，只因自念要将此偈示人，自念要将此悟与人共享，自念欲人知己之“悟”，实犹未大觉大悟，可见宝玉与鲁智深之豁达的明显区别。后来林黛玉加上一句“无立足境，是方干净”，将证之根源从容消解，“干净”则已，则人

---

① （清）曹雪芹、高鹗著：《红楼梦》，人民文学出版社 2005 年版，第 294—295 页。

② （清）曹雪芹：《脂砚斋重评石头记：庚辰本》，人民文学出版社 2009 年，第 489—490 页。

③ （清）曹雪芹：《脂砚斋重评石头记：庚辰本》，人民文学出版社 2009 年，第 496 页。

④ （清）曹雪芹、高鹗著：《红楼梦》，人民文学出版社 2005 年版，第 297—298 页。

生之空寂、孤独油然而生。薛宝钗紧承此偈，又为贾宝玉讲说《传灯录》上惠能与神秀一场公案，实为此偈作另一注解而已。此回后半部分所猜灯谜所指爆竹、算盘、风筝、海灯，正如贾政所思，皆为虚幻不留之物，“清净孤独”之意甚显，而不单此回，如大观园中每次相聚、每次宴饮，皆有解散之时，皆有冷寂之时，正因前之热闹更显后之孤独。

二、《虎囊弹》中的智深形象

因各种原因《虎囊弹》全本无存，活跃于舞台者仅存一出演鲁智深醉酒五台山的故事。《缀白裘》中收有此出，题作《山门》；《纳书楹曲谱》和《集成曲谱》中均题作《山亭》。《山门》一出，主要叙鲁智深出家五台山，路遇酒贩，买之不可遂抢酒喝，喝醉后打倒半山亭，再打倒寺门的哼哈二将，智真长老将之逐往东京。

《虎囊弹》虽无存全本，但可据著录及其他戏曲略窥其情节与人物。《曲海总目提要》卷二十七《虎囊弹》介绍其略有云：

> 此剧敷演赵员外及金氏事，以金女本智深所救，故首尾用为线索。智深入山本末，亦已略约具焉。然命题之意，以虎囊弹为主，则非专为智深也。①

此段文字中提及《虎囊弹》时主要人物有“赵员外”“花子期”“金氏”“种师道”“牛健”等，其中“首尾用为线索”之语当指《虎囊弹》中所用鲁智深情节仅有前面的拳打郑屠、剃度五台山，尾处当为大闹五台山、远赴东京，即所谓山门一出。此后赵恺、花子期押赴太原后，因鲁达无踪，罪责无证，赵恺得以免罪释放，花子期则因诬告被打判刑，又为赵恺义犬咬啮致死，以彰忠犬胜于忘恩之人。

---

① 董康编著，北婴补编：《曲海总目提要》，人民文学出版社2014年版，第1310—1312页。

据以上情节，可知从小说到戏曲《虎囊弹》，主角由仗义而为的豪杰鲁达转至为亲告状的节妇金翠莲，而叙事的主旨亦产生了较大的变化。小说中是张扬鲁达的仗义之举，而戏曲中是彰显金翠莲的知恩图报、不畏强权。金翠莲从戏曲起首的受压迫、受欺凌形象发展为勇敢抗争的替夫申冤者，是感于丈夫赵恺的恩情，是感于鲁达救助的恩义。《虎囊弹》中的鲁达，只是一个线索人物，他的出场是为了引出金翠莲和赵恺，是为了给赵恺入狱提供一个原因。《虎囊弹》中的鲁智深与他人的交往更少，小说《水浒传》中他的那种孤独更加突出。具体到《山门》一出，则主角仍是鲁智深，尤其从小说的叙述体到戏曲的自言体，人物内心感受的表达更加直接。鲁智深之抢酒、闹山门、被逐离，表面上是酒醉所致，实则是英雄不羁、难受拘束的性格所致。表面上的热闹与插诨打科，实是人生孤独感的深刻表达。薛宝钗称贾宝玉只知热闹，只知表面，实为确当。

《寄生草》一曲既是鲁智深对自己以往经历的概括，又是对自身命运的深刻体悟，其中所蕴含的无奈与豁达巧妙地融为一体。《缀白裘》所收此曲为：

> 漫揾英雄泪，相随处士家。谢恁个慈悲剃度莲台下。没缘法转眼分离乍。赤条条来去无牵挂。那里去讨烟蓑雨笠卷单行？敢辞却芒鞋破钵随缘化！①

《忠义璇图》中此曲为：

> 我漫揾英雄泪，相随乞士家。谢你个慈悲剃度在莲台下。没缘法转眼个分离乍。赤萧条来去无牵挂。那里讨烟蓑雨笠卷单行？敢辞却芒鞋破钵随缘化！②

---

①（清）钱德苍编，汪协如点校：《缀白裘》（二），中华书局2005年版，第265页。

②（清）周祥钰、邹金生编，刘心明等校点：《忠义璇图》，北京大学出版社2017年版，第72—73页。

除个别衬字不同外，唱词大体相同。脂评《石头记》于此曲有批注言：

此阕出自《山门》传奇。近之唱者将“一任俺”改为“早辞却”，无理、不通之甚。必从“一任俺”三字，则“随缘”二字方不脱落。①

可知《缀白裘》等所录为当时较为流行的唱词，就词句来看，“一任俺”无疑更合乎人物口吻和心境，而“赤条条来去无牵挂”则是鲁智深孑然一身的形象写照。王国维曾言：

吾国人之精神，世间的也，乐天的也，故代表其精神之戏曲小说，无往而不著此乐天之色彩。始于悲者终于欢，始于离者终于合，始于困者终于亨，非是而欲餍阅者之心难矣。②

以此观《虎囊弹》，鲁智深之困厄于五台山，只是其中之始，而终者为快活于二龙山，逍遥于梁山矣；赵恺、金翠莲之困厄于牢狱，只是其中之始，而终者为恶者得报，善者自乐矣。以此观鲁智深，其为官、为僧、为匪，只是其中之始，而终者为无痛而坐化，为人生之大解脱。而《寄生草》一曲只言鲁智深之始，只言鲁智深之厄，只言鲁智深之无着，实可称孤独之尤，甫见此词，确令人悲从中来。

三、《寄生草》蕴含的四种人生孤独形态

孤独是一种相当普遍的情感体验，从简单的独处一直到无法忍受的、绝望的隔离感，这一情感以痛苦的方式去回应丧失③，是一种通过自我反思来认知自我、感知人生的情感表现，应对孤独的唯一方式便是正视孤独、承认孤独，这

① （清）曹雪芹：《脂砚斋重评石头记：庚辰本》，人民文学出版社 2009 年，第 489 页。

② 王国维：《王国维文学论著三种·红楼梦评论》，安徽师范大学出版社 2014 年版，第 12 页。

③ （美）阿琳·克莱默·理查兹等主编，曹思聪等译：《穿越孤独：精神分析师眼中的孤独与孤单》，世界图书出版公司 2016 年版，第 111 页。

实是一种解脱。

一曲《寄生草》喻示了多人的不同孤独形态，有鲁智深的了无牵挂，有贾宝玉的多所牵挂，有林黛玉的有所牵挂，还有薛宝钗的无所牵挂。

1. 鲁智深的了无牵挂

《寄生草》曲文过人之处，是深刻到极致的孤独感。《水浒传》中鲁智深出场时没有一个亲朋好友，临终时没有一个兄弟在身旁陪伴。表面上鲁智深大大咧咧，其事迹中热闹者多，却均为外在，正如其打死郑屠之后所担忧的并非是吃官司，而是怕没人送饭，那种孤独之感油然而生。“赤条条来去无牵挂”正是他一生的最佳写照，之所以在排座次时将之称为“天孤星”，恐怕与民间“天煞孤星”注定一生孤独的命运有着一定的关系。

鲁智深为《水浒传》中孤独感最强的一人，亦是最感无牵无挂的一人，像是提辖一官，为救素昧平生的金翠莲而轻易舍弃，更遑论那简单至极的家当了；为饮酒吃肉之天性，难得的避难所轻易舍弃；为心中之痛快，算得上患难一时的李忠轻易舍弃；为偶然相聚的知交林冲，最后可容安身的寺庙轻易舍弃；为救助白虎山孔氏昆仲，辛苦经营良久的二龙山轻易舍弃……每一次的舍弃，每一次的出走，鲁智深均没有事先的安排，均没有谋定的归宿，不但没有帮手，连可供商量的人也没有一个。与之相对应的是，梁山其他人或者有兄弟，或者有亲戚，或者有事前的谋划，或者有事后的着落，像林冲面对一次次的侮辱与侵害时总是思虑在先，行动之后亦有梁山可以投奔；像武松在杀嫂之前计划周密，将所有事情均安排得井井有条，而行动之后的自首亦早有打算；像宋江在杀婆惜后有柴进、孔氏弟兄、花荣可以投奔，甚至万不得已之时还有梁山为最后退路。鲁智深的那种孑然一身的孤独是深入骨髓的。

鲁智深由军官而和尚，由和尚而盗匪，无有丝毫窒碍。智真称其为最有夙根之人，日后可成佛，恐怕指的便是他天性中的那种孤独。能识孤独而不强求，当为智；明其根源而不强争，是为深。所谓“一任俺芒鞋破钵随缘化”，伴随着随意，鲁智深的孤独就此亦成为一种豁达，故其可自行解脱而无窒碍。

2. 贾宝玉的多所牵挂

《红楼梦》第二十二回中的贾宝玉刚经历秦可卿与秦钟身死的凄楚，又经历贾妃归宁的繁华，此日之前更有对庄子的某种感悟，兼之当日与众女的小矛盾，使其心境不稳，极易产生“寄生”之感。薛宝钗甫一念《寄生草》便立刻深入其内心，贾宝玉不免“装疯”而手舞足蹈，正是其多所牵挂而渴求放下牵挂不得矛盾心态的表现。

这天晚上他和黛玉、湘云吵架，马上就想起了白天听的《寄生草》中的“赤条条来去无牵挂”一句，于是心中一冷，第一次参禅。此种“赤条条”，实是他人对己态度的一种投射，无人理他时便生孤独之感，而非与生俱来的那种与世皆违的感觉。贾宝玉在意的是他人的陪伴，在意的是他人的态度，如果被人误解、被人抛弃，是他深感难以忍受的。贾宝玉最大的愿望便是人生常聚，无论是姐妹，还是丫鬟，虽情感有所不同，但均有所牵挂，故而他对旁人的态度亦是最为敏感的。

《红楼梦》第一回言宝玉之出生时即言其为女娲氏炼石三万六千五百零一块，补天所用顽石“只单单剩下一块未用”者，被弃于“大荒山无稽崖青埂峰下”，此石通灵“因见众石俱得补天，独自己无才，不得入选，遂自怨自艾，日夜悲哀”[①]。其为物不得而用，为众所弃，是为孤独。《红楼梦》中起首便言及贾宝玉的孤独，是一种与生俱来的被抛弃感，是一种多所牵挂而无所依凭的焦虑。王国维于此认为“生活之欲之先人生而存在，而人生不过此欲之发现也……而《红楼梦》一书，实示此生活此苦痛之由于自造，又示其解脱之道不可不由自己求之者也”[②]。贾宝玉所作偈语中有“你”“我”之念，所作“寄生草”中又有“你”“我”“他”，正是其多所牵挂而无法把握自身的孤独状态体现。

对于此种孤独，或许只有完全放弃所有的牵挂才可得以解脱。故而《红楼梦》最后一回中贾宝玉飘然而去，贾政尚欲寻觅，则“只见白茫茫一片旷野，并无一人”[③]。贾宝玉之孤独借助外在境况的改变，借助牵挂之人、牵挂之物的纷纷远离而解脱。

---

① （清）曹雪芹、高鹗著：《红楼梦》，人民文学出版社 2005 年版，第 2—3 页。

② 王国维：《王国维文学论著三种·红楼梦评论》，安徽师范大学出版社 2014 年版，第 9—10 页。

③ （清）曹雪芹、高鹗著：《红楼梦》，人民文学出版社 2005 年版，第 1595 页。

3. 林黛玉的有所牵挂

林黛玉的孤独之感更多的是对自己命运的自怜，是一种与世皆违的情感牵绊。林黛玉无论是“偿泪”，还是报恩，还是缘情，孤独均是有所依托的。《红楼梦》第二十二回前不久，黛玉父亲去世，她在贾府由过去的走亲串戚沦为寄人篱下，而在无父无兄的境况下，虽有贾母和宝玉的疼爱，但毕竟一者年老且考虑事多，一者多情且未来世事难料，闺阁女子对自己终身之事又没有太多话语权，兼之敏感多疑，《寄生草》中的意境与她的生命感受颇为遇合。尤其是与薛宝钗、史湘云等相比，林黛玉的孤独感更是显而易见的。正如第一回甄士隐为《好了歌》作注，即有一句“甚荒唐，到头来都是为他人作嫁衣裳”[①]，所言即为孤独之来源，正因为时时处处与他人做比较。

第二十二回开头王熙凤因与贾琏商议给薛宝钗办生日之事，便与林黛玉去年所过生日做比较。王熙凤明确提出了贾母要给宝钗过生日，所以规模必须不比往年。从中可透露一点，那就是往常黛玉的生日相对比较清静，而宝钗生日又是演戏，又是座席，又是还礼。黛玉在点曲及生日当日的“含酸”表现也就顺理成章了。直至第六十二回叙宝玉生日，兼且与宝琴、平儿、邢岫烟生日为同一日，从上至下皆送礼拜寿。迎来迎往，热闹非凡。探春一一历叙元春、太祖、太爷、贾母、薛宝钗、王夫人、贾琏等人的生日，提了一句“二月没人”，袭人马上接道：“二月十二是林姑娘，怎么没人？就只不是咱家的人。”[②] 探春未记黛玉生日，可见其过生日之冷清；而宝玉又称袭人与黛玉生日为同一天，平儿顺口而谈：“我们是那牌儿名儿的人？生日也没拜寿的福，也没受礼职分，可吵闹什么，可不悄悄地过去？”[③] 此种“没拜寿的福”中无形中亦包含了黛玉，而袭人那句“不是咱家的人”却是将林黛玉隔离在外，无形中更加突出了林黛玉的孤独。

黛玉整日泪水不断，《葬花吟》《柳絮词》，悲观意味十足，但此种悲观往往是指向自身命运，是“以物喜、以物悲”，并非对人生空幻的了悟。其听了

---

① （清）曹雪芹、高鹗著：《红楼梦》第一回，人民文学出版社 2005 年版，第 19 页。
② （清）曹雪芹、高鹗著：《红楼梦》，人民文学出版社 2005 年版，第 846 页。
③ （清）曹雪芹、高鹗著：《红楼梦》，人民文学出版社 2005 年版，第 846—847 页。

《牡丹亭》中“则为你如花美眷，似水流年”一句时，如痴如醉，是对情的感悟，是对自身命运无着的感触。其死时要焚诗稿，要竭力呼出“宝玉，宝玉，你好……”[①]，是对他人将己放弃的一种孤独体认。林黛玉的孤独是一种对贾宝玉有所牵挂而难以确证的孤独，是一种对己命运过分关注又无力解决困境的孤独。黛玉葬花，将花瓣埋于土塚之中，是不堪其如陆游《卜算子·咏梅》中所言“零落成泥碾作尘”，只欲其“质本洁来还洁去，强于污淖陷渠沟”，而非龚自珍诗中所言“化作春泥更护花”，香塚毕竟是有所依托、有所回忆、有所归宿，此为有己有待，实为对自己命运无着、前途无依的忧虑；宝玉葬花，只恐其沾染尘埃，欲其随水而逝，而风而化，无有一处凭借。第二十三回中又将古代两部描写爱情的代表作《西厢记》和《牡丹亭》融入回目“西厢记妙词通戏语牡丹亭艳曲警芳心”，或许受此戏文影响，宝、黛共看《西厢记》，青春与爱情由此而彻底觉醒，尤其是描写黛玉因独听《牡丹亭》而神痴心动，将林黛玉“情情”的形象推至巅峰。只是这种“情”的牵挂，令林黛玉的孤独亦达至顶点。《红楼梦》借《枉凝眉》一曲来阐释林黛玉之悲：“若说没奇缘，今生偏又遇着他；若说有奇缘，如何心事终虚化？一个枉自嗟呀，一个空劳牵挂。一个是水中月，一个是镜中花。想眼中能有多少泪珠儿，怎经得秋流到冬尽，春流到夏。”[②]“一个”与“一个”相对应，却只能遥遥相望，而无缘相守，孤独之感比贾宝玉的多所牵挂更显深刻。第九十七回李纨见黛玉濒死，让紫鹃准备临终衣服，言“你还叫他赤身露体精着来光着去吗？”林黛玉死前所呼二句“宝玉、宝玉，你好……”，其中蕴含的复杂情感中有怨、有恨、有念、有悲，亦有一种不舍，远非对生命空幻的觉悟。

林黛玉的孤独是一种对贾宝玉的牵挂，解脱方式只能是自己被放弃或自己主动放弃，而《红楼梦》的处理方式则是二者均无意于放弃，却为外力所致以一者放弃生命作为解脱。如第五回《红楼梦曲》中《收尾·飞鸟各投林》：“好一似食尽鸟投林，落了片白茫茫大地真干净。”[③] 当牵挂者与牵挂的对

① （清）曹雪芹、高鹗著：《红楼梦》，人民文学出版社 2005 年版，第 1352 页。
② （清）曹雪芹、高鹗著：《红楼梦》，人民文学出版社 2005 年版，第 82 页。
③ （清）曹雪芹、高鹗著：《红楼梦》，人民文学出版社 2005 年版，第 86 页。

象均不在牵挂之时，孤独便油然而逝，只是这种解脱未免过于无奈，悲剧意味更显深厚。

4. 薛宝钗的无所牵挂

贾宝玉在所作偈子之后，填一支《寄生草》以为解释，而此曲亦自第二日宝钗眼中见出：

无我原非你，从他不解伊。肆行无碍凭来去。茫茫着甚悲愁喜？纷纷说甚亲疏密？从前碌碌却因何？到如今，回头试想真无趣！①

之所以自宝钗目中而出，如脂评所言“正是大关键处”，正待宝钗言出“道书、禅机最能移性”，脂评对此“拍案叫绝，此方是大悟彻语录，非宝卿不能谈此也”②。为何非宝钗不能谈此？正因“书上得来终觉浅”之意，宝钗深有体会者；正因宝钗是深悟人生之孤独者。王国维：“解脱之中，又自有二种之别：一存于观他人之苦痛，一存于觉自己之苦痛。”③薛宝钗在《红楼梦》世界中虽是很多事情的亲身经历者，然又多以冷眼视之，拥有一种旁观者的心态。

薛宝钗吃“冷香丸”，冷是彻骨的，而那种飘然物外、不喜不悲的情感表现亦是一种孤独所致。第四十回刘姥姥到蘅芜苑见宝钗的屋子，相对于林黛玉等人的房间，里面陈设简单至极，形容为“雪洞”一般，贾母认为她是太老实而不跟王熙凤要陈设饰物，王夫人包括薛姨妈均解释为宝钗习惯所致，即使送来古董之物也会马上退回。金钏投井而亡，宝钗并无一语悲伤，反而冷言相劝王夫人；黛玉死时恰值宝钗大喜之期，亦只有宝钗将黛玉的死讯冷静地告知宝玉；宝玉离家之后，王夫人哭得一句话亦说不出，袭人痛哭不已大病一场，只有宝钗是心里已知八九而无有明显表现。此并非简单的冷酷，而是对人生空幻的一种自然反应。

---

①（清）曹雪芹、高鹗著：《红楼梦》，人民文学出版社 2005 年版，第 298 页。

②（清）曹雪芹：《脂砚斋重评石头记：庚辰本》，人民文学出版社 2009 年版，第 498 页。

③ 王国维：《王国维文学论著三种·红楼梦评论》，安徽师范大学出版社 2014 年版，第 10 页。

贾宝玉的孤独是以热闹为对比，林黛玉的孤独是以他人为对比，故而三人中，最早理解《寄生草》一曲的反而是薛宝钗，而真正理解此曲的或许也只有薛宝钗。宝钗之所以能悟，或许缘于她温和谦抑的外表下是一颗彻头彻尾的孤独的心灵。

宝钗向宝玉讲说禅宗故事，就菩提有无而言，间接指出宝玉正为有身，故而所悟不真，而宝钗实则达至慧能之“非树”之境界，而非如宝黛之“为树”之境界，对此白先勇先生认为宝钗的了悟止于神秀一层，值得商榷[①]，就某些方面而言，宝钗的孤独意识与慧能的“菩提本无树”更为近似。当然这种孤独与鲁智深的孤独又有不同，鲁智深的了无牵挂是豁达所致，薛宝钗的无所牵挂是冷漠所致。《红楼梦》世界中的薛宝钗对宝玉、黛玉并无完全绝情，但她的情感表现又是深入骨髓的一种冷漠，故而事事看开，故而事事不关深心，故而可以将孤独解脱。

“赤条条来去无牵挂”是一种潇洒与解脱，然而亦是人生之孤独感的突出表现。王国维在《红楼梦评论》中数称《红楼梦》为悲剧中之悲剧，并将人之有欲视为悲剧的来源，在论宝玉之欲与解脱之路时，又称：“彼于缠陷最深之中，而已伏解脱之种子，故听《寄生草》之曲，而悟立足之境；读《胠箧》之篇，而作焚花散麝之想，所以未能者，则以黛玉尚在耳。至黛玉死而其志渐决，然尚屡失于宝钗，几败于五儿，屡蹶屡振，而终获最后之胜利。”[②]可见，王国维认为解脱便是放弃“欲”本身，既然宝玉最大的“欲”黛玉已亡，宝玉之最终“胜利”便是放弃对世间情的执念。而林黛玉的最终“胜利”则是放弃对宝玉的牵挂，乃至放弃命运、放弃生命；薛宝钗的“胜利”则是将万事万物视为虚无，从而无所放弃。

经由《寄生草》一曲，小说《红楼梦》与《水浒传》之间产生了某种无形的联系，既体现了优秀小说之间互相借鉴之处，更充分展现了小说与戏曲之间的互文关系。由《寄生草》一曲，由《山门》一出，足可见《虎囊弹》中的鲁

---

① 详见白先勇：《白先勇细说红楼梦》，广西师范大学出版社 2017 年版，第 164 页。

② 王国维：《王国维文学论著三种·红楼梦评论》，安徽师范大学出版社 2014 年版，第 11—12 页。

智深虽与小说《水浒传》人物同名，大体经历亦相似，但呈现的精神风貌已有所不同，对于人情、人性的挖掘亦有所不同。

第三节 现存的《虎囊弹》残出

虽然《虎囊弹》已佚，但其残出绝非仅仅有《山门》一出。如前文所述，清宫廷大戏《忠义璇图》在撰写和改编过程中多方借鉴明清多种水浒戏，其中即有《虎囊弹》的残出留存，尤其是少人关注的残第一本《忠义璇图》中更是保留了《虎囊弹》的主体情节，此外《清车王府藏曲本》中的《虎狼弹总讲》亦与《虎囊弹》关系密切。

一、《忠义璇图》中的《虎囊弹》残出

此版本《忠义璇图》实为署名蓝畹等编的残第一本二十一出本，赵景深先生在《记曲小记》中叙述《虎囊弹》的情节及戏名来历时的主要依据便是此版本的《忠义璇图》：

> 大意叙郑屠娶金翠莲为妾，言明三千贯身价，实是虚钱实契，金氏父女并未得到分文。因郑屠妻凶悍，郑便要遣妾，还要追身价银。事为鲁达所知，便打死郑屠逃走，官府画影图形，要捉鲁达。金氏改嫁七宝村赵恺。恰巧鲁达逃到七宝村，由赵恺夫妇留住，并设法使其往五台山出家。后赵恺好友花自溪因调戏金翠莲不遂，便出首告发赵恺窝藏斩犯。赵恺因此入狱。金氏想，此事完全因她而受连累，便自告奋勇，与女仆赵妈妈，远涉千里，到种师道总制府去告状，她俩先请荷叶包写诉状，荷叶包一听说要到总制府去告状，便说“凡是告状之人，当堂击鼓，拦街叫喊者，先提代书人捆打一百。那告状人不能免虎囊弹之难。那牛总兵最恼的是刁泼叫喊之人，为此在辕门上高高搭起芦棚，三股木杈，四绺绳头。有人投诉，犹如鹰拿燕雀，剥去衣裳，紧紧上下捆定，吊上竿头，扯起在青云之内。两旁站立四十名无情牢子，腰下各挂小小虎囊一个，囊内装着生泥抟、炉内烧成的神弹子，大如核桃。那牛总兵喝声放弹，只听得乒乒乓

> 乒，劈劈啪啪，望着高竿，不管死活，一顿狠弹，弹不著者，千中难一；弹著者，十死其九。放过四百余弹，然后放下来，有命的收状，无命的抬出”。（第十八出）结果是荷叶包不肯代书，金翠莲便自写血书去告，赵妈妈被缚高竿，中弹未死，便准了状词。这就是《虎囊弹》的来历。[①]

由残存第一本《忠义璇图》的贴补之处的分析入手，可知蓝畹、三元官等改编之前的编剧者所引用的《虎囊弹》是相对完整的，而里面涉及鲁达的确实只有前边很少的一部分。另外里面的清官是宿元景，只是蓝畹等人或许因为《忠义璇图》中是将宿元景作为徽宗皇帝的近臣，不应出现在太原，故将其改为种师道，只是有个别地方未能全改，还有“宿元帅”“宿太守”等称呼残存。

旧有《虎囊弹》情节至少应有八出存于此贴补本《忠义璇图》中，如再加上全本《忠义璇图》中的“鲁智深醉打山门”“李忠落草”等出，仅仅《忠义璇图》便有十出《虎囊弹》的曲文残存。

第十一出《闻狮吼郑屠遣妾》，原题名《逼离翠莲》，言郑屠正妻卫氏妒嫉成性，在家作威作福，逼令郑屠将新娶的小妾金翠莲休掉，郑屠迫于悍妻威压，将金翠莲遣出流落在旅店之中，并向其索要典钱三千贯。但这典钱当时只是虚钱实契，郑屠令店主看管好金翠莲，令其唱曲偿债。

第十三出《店打宰夫伤毕命》，原题名《怒打郑屠》，与二百四十出本《忠义璇图》第十五出《鲁达挥拳除市虎》情节基本一致，言鲁达拳打郑屠之事。

第十四出《路逢员外指安身》，原题名《鲁达逃难》，与二百四十出本《忠义璇图》第十七出《七宝村留宾构祸》情节相似，言鲁达逃难途中于七宝村遇到金翠莲新夫赵恺，又名赵乐天，得以收留，但考虑到安全问题，赵恺提议鲁达出家五台山。“构祸”实无从谈起，二百四十出本《忠义璇图》七字标题不甚恰当。

第十五出《五台山智深剃度》，原题名《五台削发》，与二百四十出本《忠义璇图》第十八出《鲁提辖避难被缁》情节相似，叙鲁达于五台山削发一事。

第十六出《七宝村赵恺株连》，原题名《诬陷善良》，叙花自溪趁赵恺去五

---

① 赵景深：《记曲小记》，中华书局 1959 年版，第 93—94 页。

台山之际，深夜调戏金翠莲，被金翠莲怒斥赶出。花自溪怕赵恺回来后找他算账，恶人先告状，去县衙告赵恺贪渎修护五台山的银两、强娶金翠莲、窝藏钦犯鲁达三罪，赵恺被捉入狱。

第十七出《金翠莲探监诉控》，原题名《探监分别》，叙金翠莲入狱探望赵恺，言说情由，立誓要去状告花自溪，为赵恺翻案，赵恺家仆赵忠之妻随同金翠莲前往太原告状，赵恺原配李氏院君在家留守。

第十八出《荷叶包写状鸣冤》，原题名《翠莲写状》，叙金翠莲与赵忠妻二人来至太原，求状师"荷叶包"替写冤状，一开始"荷叶包"大包大揽，称自己写状没有打不赢的官司，并对花自溪百般批斥。但一听金翠莲要到太原统制种师道（原为宿元景）处告状，马上反悔，称总兵官牛健不但对告状之人要施以四百虎囊弹，对写状人也要施以严刑。金翠莲只得自己咬破手指，写血状以告花自溪。曲文中称"虎囊弹"实为泥抟弹丸烧得如铁般硬，平日装于"虎囊"中，故有此句。而"虎囊"只是盛放弹丸的袋子，袋子上或绣有虎狼之形，"虎"字的用法与"虎将""虎狼之师""虎冠""虎帐"等词类似，寓勇猛、威武之意。折子戏中的"虎狼弹"除谐音原因之外，当亦有言此弹异常凶狠之意。

第十九出《制府廉明施惠露》，原题名《翠莲写状》，叙金翠莲告状，总兵官牛健要施以虎囊弹，赵忠妻甘愿领受，四百余弹之后仍得未死，牛健将状纸呈报种师道（原为宿元景），准接其状，并令人持路费护送金翠莲二人还家，调赵恺、花自溪至太原受审。

二、《虎狼弹》与《虎囊弹》残出中的情节

《清车王府藏曲本》收有一皮黄《虎狼弹总讲》①，叙赵妻金、王二氏至太原府告状情节。"虎狼弹"应为"虎囊弹"之谐音，里面太原府总镇为"苏元近"，自称在唐为官，然明显亦是"宿元景"的谐音，剧中金氏的丈夫"赵恺"作"赵凯"，中军"牛健"作"牛简"，"鲁达"作"陆达"，均是此类谐音。

---

① 黄仕忠主编：《清车王府藏戏曲全编》第九册，广东人民出版社2014年版，第531—538页。

此剧并未涉及金翠莲受骗上当于郑屠之事，亦未有鲁达救金翠莲之事，起首即是赵凯被陷入狱，其妻金氏、王氏为救丈夫，不惧艰辛，远赴太原府诉冤。太原府总镇苏元近认为百姓刁野，往往以诉讼之事多行不轨，故于辕门之外设下“虎狼弹”，凡是敢鸣锣喊冤者，先要承受一百虎狼弹，如果不死，才会接受状子。金、王氏甘愿领受一百虎狼弹，通过考验之后，诉花子期诬告赵凯的三个罪由：一是窝藏皇犯陆达，因称赵凯与陆达二人为初次见面、并未有深交，故苏元近认为初次相交不可能窝藏，此状驳回；二是赵凯克扣五台山僧人，苏元近认为五百余僧众不可能会有克扣之事，此状驳回；三是赵凯强逼金氏为婚，苏元近认为既有父母之命不为强逼。此三状按文意当为花子期状告赵凯的内容，戏文中却将之视为金、王二氏的状子，苏元近认为皆是谎状，全部不准，要赶金氏等下去。这里明显情节存在疏漏，甚有可能是戏曲的记录者误解内容所致。

苏元近本不欲准状，突然看在金、王二氏甘愿受弹的分上，准了状子，并赠予银两，派兵护送两人回雁门县捉拿花子期、赵凯至太原府问案。这里实际上将两个状子弄混了，苏元近不准的应是花子期诉赵凯的状子，准允的应是金氏诉花子期诬告的状子。只是戏曲于此语焉不详，可能关注点在唱词和表演之上，至于文本本身则略有疏漏。

从情节内容以及人物姓名来看，《虎狼弹》明显为模仿和改编《虎囊弹》而来，并选取了金、王告状受弹一事作为主体展开叙事，其中“鲁达”改为“陆达”，或许是只求音似之故，或许是清代禁绝水浒戏而做的刻意更改。但就其主旨来看，鲁达仗义救难已被完全省略，而“陆达”作为皇犯，亦只是作为背景人物而出现。

《俗文学丛刊》第三一九册收录手抄“何先生”脚本《虎囊弹》[①]，与残存第一本《忠义璇图》第十八出《荷叶包写状鸣冤》内容大体相同，叙“荷叶包”写状子情节。金翠莲到达太原之后，欲写状子上诉于太原府，听闻何先生包写状包打官司，于是向其诉说冤屈，诉丈夫在礼佛途中救助冻饿濒死的花子

---

① “中央”研究院历史语言研究所俗文学丛刊编辑小组编：《俗文学丛刊》第 319 册，“中央”研究院历史语言研究所 2004 年版，第 3—19 页。

期于家，谁知花子期竟趁员外不在家调戏金氏，后怕事情败露反诬告赵恺贪渎监修五台山的银两、强抢民女为妻和窝藏皇犯三罪。何先生非常气愤，表示一分不收亦要替写状子，以达惩恶扬善之目的。然一听金氏要去太原府牛大老爷处告状，大为吃惊，向金翠莲陈说不单告状人要受虎囊弹一百，连写状人亦要受四十板子、打嘴巴，还要从丈二高的月台抛下去，九死一生，故反悔不写状子，逃之夭夭。里面人物作“赵恺”“花子奇”“鲁大”“牛大老爷”等，未出现太原总镇名字。

通过残第一本《忠义璇图》和《虎狼弹总讲》的大体故事，结合“何先生”脚本《虎囊弹》，可以基本上还原戏曲《虎囊弹》的总体情节，为我们进一步探讨《虎囊弹》的主旨提供了依据。

第四节 《虎囊弹》主要内容与主旨

《虎囊弹》戏文已佚，但借助贴补本《忠义璇图》及《虎狼弹》等现存文本，仍可大体勾勒出戏曲的主要内容与主旨，并对《曲海总目提要》和前辈学者的某些观点进行补正。

一、内容梗概

“虎囊”在现存文献中多有出现。如宋陈思所编《两宋名贤小集》卷七十《老泉集》中苏洵《净因大觉禅师以阎立本画水官见遗报之以诗》有诗句：“风师黑虎囊，面目昏尘烟。”① 此处虎囊当为衣饰，有为风吹尘土所污之意。宋华岳《翠微南征录》卷四《送周魁出疆》有：“且向虎囊探寸尺，却归麟阁做丹青。”② 此处“寸尺”当指箭，而“虎囊”为盛放弓箭的箭囊。

---

① （宋）陈思编：《两宋名贤小集》卷七十《老泉集》。此诗在《苏文忠公全集·东坡续集》卷一亦以《次韵水官诗》为名，然在《补注东坡编年诗》《施注苏诗》《宋诗纪事》《四朝诗》等中均作老泉诗以附之。

② （宋）华岳《翠微南征录》卷四《送周魁》，清刻本，第66页。

另《病起对镜作》有句:“羞涩阴符垂虎囊,学书无成学剑晚。”[①] 此诗中虎囊为盛放兵符的器物。

万历二十六年(1598)十二月太常少寺少卿傅好礼《假官抽税辱国虐民乞赐拏究以甦畿内穷民疏》中有:“又况所税以万计,而国家止得其一,余俱归于虎囊狼橐矣。”[②] 此处虎囊当有虎狼之私囊的意思。

由上述几例可大体得知“虎囊”指盛放器物的口袋,类似于“香囊”“锦囊”,只是在“虎”字为修饰语的情况下,更多的用途是盛放与兵阵有关的器物。参考现存《忠义璇图》残第一本,可知“虎囊弹”是盛放在“虎囊”中的“弹子”,此弹由硬泥抟成、火烧而成,大如核桃,使用时用弓射出,故而此“弹”字的读音应为“dan”。

由贴补本《忠义璇图》现存八出曲文可大体勾佚《虎囊弹》内容如下:

金翠莲与其父流落异乡,为谋生计不得已立契三千贯嫁与郑屠为妾。而郑屠虚钱实契,在占有金翠莲之后却未按约定给付三千贯的卖身钱。郑妻卫氏彪悍成性,出于妒嫉强令郑屠休掉翠莲,并逼要三千贯的典钱。金氏父女为偿债,被迫在旅店中唱曲。鲁达与友人李忠、史进饮酒之时恰闻此事,路见不平拔刀相助,放走金氏父女并失手打死郑屠。以上情节与小说《水浒传》大体相似,只是在郑屠遣妾处详细勾勒,金翠莲成为戏曲叙事的主角。

鲁达逃难之际,于七宝村又逢金翠莲。此时金翠莲已嫁给赵恺为妾。为报恩情,赵恺收留鲁达,并帮其出家五台山。此前赵恺曾收留冻恶濒死的花自溪(花子期)于家,谁知花自溪见金翠莲貌美,竟趁赵恺伴鲁达前往五台山并斋僧期间调戏金翠莲。金翠莲誓死不从,并扬言要将此事告知员外。花自溪羞怒之下径去衙门出首赵恺收留逃犯鲁达一事,另加上强娶民女、贪渎五台山修护银两等诬告。赵恺被捉关押于大牢之中,命在旦夕。金翠莲入狱探望,将事情原委告知赵恺,并立誓要前往太原告状以解员外之危。

赵恺家仆赵忠之妻伴金翠莲同往太原,求状师“荷叶包”替写状词。因惧

① (明)王宠撰:《雅宜山人集》卷三,明嘉靖十六年董宜阳朱浚明刻本,第123页。另(明)曹学佺编《石仓历代诗选》、清钱谦益辑《列朝诗集》亦有收录此诗。

② (明)吴亮辑:《万历疏钞》卷二十九《矿税类》,明万历三十七年刻本,第4125页。

怕“虎囊弹”之刑，“荷叶包”不敢应承，金翠莲只得自写血状，并甘愿承受四百虎囊弹以救丈夫。赵忠妻替受虎囊弹之刑而未死，总兵官牛健将状词上交给宿元景（种师道）。审判之后，宿元景认为花自溪纯为诬告，为金氏二人发放路费，派人随其返乡并押解赵恺、花自溪到太原受审。现存戏曲文本虽情节仅到此处，但结合其他文献，可知此后有宿元景宣判赵恺无罪释放，花自溪忘恩负义被赵恺家的义犬啮死等情节。

贴补本《忠义璇图》中所录《虎囊弹》有八出，另全本《忠义璇图》有“鲁智深醉打山门”一出，李忠落草一出亦甚有可能源出自《虎囊弹》，可见各版本的《忠义璇图》有至少十出与《虎囊弹》有着较为直接的联系。根据每出篇幅叙事内容和长短，可推断原本《虎囊弹》大体篇幅当在十六出至二十出左右，鲁达作为线索人物出场不多，主角为金翠莲。

二、主旨探佚

戏曲之所以用《虎囊弹》为名，是以刑罚之名映衬为夫申冤的金翠莲。此种告状之前告状人先受刑罚的情节，与李玉《五高风》、朱素臣《未央天》中告状人先滚钉板十分相似，后来拍成连续剧的《杨乃武与小白菜》亦有此类情节。此情节在以前的戏曲中未见，甚有可能在清代确曾有类似实事，才表现在戏曲当中。

从小说《水浒传》到戏曲《虎囊弹》，主要人物从鲁达转至金翠莲，而叙事的主旨亦产生了较大的变化。小说中是张扬鲁达的仗义之举，而戏曲中是彰显金翠莲的知恩图报、不畏强权。金翠莲从戏曲起首的受压迫、受欺凌形象发展为勇敢抗争的替夫申冤者，是感于丈夫赵恺的恩情，是感于鲁达救助的恩义。但细究其告状一节，赵恺收留鲁达是为事实，助其出家五台山以避刑罚亦是事实，仅仅此罪便可定赵恺之罪，戏曲中的宿元景仅仅根据金翠莲之语便肯定二人初次相见便不可能窝留逃犯，是为妄断，清官形象并未确实。另为防百姓滥行告状而设立九死一生的“虎囊弹”之考验，此种做法明显是拒民于万里之外。戏曲之所以用《虎囊弹》作为题目，恐怕除表彰金翠莲的知恩图报，亦有针砭此种“防民甚于防川”的衙门风气之意。主角由仗义而为的豪杰转至为亲告状的节妇，虎囊弹由对敌武器转至震慑百姓的刑具，戏曲创作者关注民情之旨得以凸显。

《虎囊弹》中的鲁达，只是一个线索人物，他的出场是为了引出金翠莲和赵恺，是为了给赵恺入狱提供一个原因。《虎囊弹》中的鲁智深与他人的交往更少，小说《水浒传》中他的那种孤独更加突出。具体到《山门》一出，则主角仍是鲁智深，尤其从小说的叙述体到戏曲的自言体，人物内心感受的表达更加直接。鲁智深之抢酒、闹山门、被逐离，表面上是酒醉所致，实则是英雄不羁、难受拘束的性格所致。表面上的热闹与插诨打科，实是人生孤独感的深刻表达。薛宝钗称贾宝玉只知热闹，只知表面，实为确当。

《虎囊弹》虽为水浒戏之一种，但仅以《水浒传》中的鲁智深故事为背景，对于“忠义”与否并未加以关注。还有另外几种清代水浒戏剧如《十字坡》《雁翎甲》《闹江州》等，大多据《水浒传》某一情节进行演绎，刻意地避开了“忠义”主题的表现，而戏曲是民间接受和传播《水浒传》的一面镜子，可见在金评“水浒”大为流行的文本背景和清代“忠义”难以确定的历史背景下，水浒主题“忠义”论整体呈现出反思和消解的倾向。

第五章　小　结

从单出存在的折子戏《杀嫂》《前诱》《后诱》，到长达二百四十出的《忠义璇图》；从杂剧至传奇，从昆腔到雅部，从京剧、越剧、豫剧到川剧；从著名文人洪昇、沈自晋至数十位无名创作者，无论是剧作数量，还是戏曲类型的多样化，清代水浒戏均远超元、明两代。然而近现代以来，深入阅读和研究清代水浒戏者却远未有关注元、明水浒戏者多。这是什么原因造成的呢？

一、清代水浒戏的“消解”倾向

毋庸讳言，清代水浒戏既受原有元、明水浒戏的承绪，又受小说《水浒传》广泛传播的影响，创新空间被严重压缩，兼之贯穿整个清代的禁创、禁演，文人参与度和创作积极性有限，故而整个清代水浒戏中较少有杰出者，确实难以与元代“李逵戏”，明代《宝剑记》《义侠记》等相比肩。

从另一角度来看，在禁制那么严格、文人参与度那么低的情况下，清代水浒戏仍然可以稳稳站住舞台一隅，能够贯穿整个清代而始终未曾绝迹，甚至不断出陈推新，在演出形式上不断创新，亦充分展现了水浒戏本身的旺盛生命力和广泛的群众基础。从这个角度来看，清代水浒戏值得也必须得到应有的关注。

从创作主旨上来看，清代水浒戏虽受小说《水浒传》整体框架的制约，但在编选内容、人物选择上与明中后期不离“忠义”的倾向相比，“非忠义”性更为明显，亦体现出对“水浒”故事的某种反思。这种趋势与清初水浒小说续作甚为相近，如陈忱《水浒后传》突出了对“愚忠”的某种批评，青莲室主人《后水浒传》亦表现出对轻易放弃起义果实一味“忠义”的谴责，稍后俞万春的《结水浒传》不但以“荡寇”的形式令水浒人物灰飞烟灭，更从多方面对“水浒忠义观”进行全面解构。

综合上述各章所论，清初戏曲《宣和谱》从其名称来看不离“宣和”左右，实隐喻对“乱自上作”宣和之政的针砭。《宣和谱》戏文对宋江等水浒人物持否定态度，多处讥讽宋江的伪忠伪孝、王矮虎的好色无能、扈三娘的贪生变节，而以王进、栾廷玉、扈文姬、扈成等的真忠、真孝、真节、真义作为对比，将“忠义”从水浒人物身上剥离开来。清宫廷大戏《忠义璇图》是整个水浒故事的戏曲演绎，在小说《水浒传》的整体框架下，刻意减少了表现水浒“忠义”的情节和对话，而添加了李若水、张叔夜等真忠真义以反衬水浒众人的“伪忠伪义”，并用近十分之一的篇幅以“冥谴”的形式对宋江等人展开批判，是对“水浒忠义观”的强烈反驳。另《虎囊弹》《闹江州》《偷甲记》等“水浒戏”虽内容与水浒故事相关，但均刻意疏离了“忠义”主题，这亦可视作官方和民间视野对时代价值观念的某种反映。

从直接影响来看，清代水浒戏的此种趋向上承金圣叹“腰斩水浒”，下启俞万春“剿灭水浒”；而从水浒故事接受与传播的历史维度来看，此种消解“水浒忠义”的趋向仅仅是一种反思的阶段性过程体现，是“水浒故事”传播过程中价值评价不断深化、不断衍化的过程之一。

二、“水浒忠义观”的建构与解构过程

“水浒”特有的绿林题材形成与传播于特定历史时期，对题材及社会价值的不同评判令其主题阐释呈现出鲜明的时代特色。在“水浒”接受过程中，绿林题材与各不同时代的价值判断紧密融合，其“意义”虽不离“含意”，但往往产生截然不同的主题阐释结果。“诲盗”与“忠义”是“水浒”两种基本的主题归纳，表面上水火不容，实则是一个问题的两个侧面：从题材角度而言，“水浒”叙述的是绿林故事，“以暴易恶”的“法外”情节与人物屡见不鲜，虽有招安“归正”、清庙传名的结局，但“法外之行”是题材的重要部分，“诲盗”是对特殊题材社会效果的担忧；从主导意旨而言，特定时代的编创者、接

受者对“水浒”大多持宽容态度，认为绿林人士本属“乱民”而非“贼民”，“为乱”是被逼无奈的选择，“忠义”是对“水浒”本身存在价值的肯定。“水浒”主题阐释虽有多种，但“忠义”在不同时代的内涵变化更为明显和关键，而像“诲盗”“伪忠义”等论点实则亦可视作为“忠义”内涵的不同表现，“农民起义说”“为市民写心说”“忠奸斗争说”“游民说”等亦可视作“忠”之对象由“君”转向于“民”或“国家”的某种变形，相对其他主题论而言“忠义观”的包容性更强一些。

水浒“忠义观”有一个建构与解构的过程，“建构”指的是宋元时期的“忠义”价值观念经李若水、龚开、陆友仁、元代水浒戏等由外而内与水浒绿林题材逐渐结合的过程，水浒忠义观在明代百回本《忠义水浒传》中体现得最为明显；然而绿林题材与“忠义”之间的裂痕始终难以弥合，故而建构渐趋完成的同时解构亦已开始，此种解构指的是传统“水浒忠义观”中“忠义”与“非忠义”矛盾的凸显，经由金圣叹、清初水浒戏、清代水浒续书等不断放大和批判此种矛盾，传统“水浒忠义观”被质疑；清末民初在君主专制崩解的背景下，“水浒忠义观”渐成为新式的“忠”与“义”组合，“忠”之对象由君而民、而国、而民族，“义”之平等性渐而提升，新式“忠义观”得以重构。值得注意的是，建构与解构的发生是共时而非先后，一方面是创作者的情感寄托，另一方面又取决于读者和评者的价值立场，“忠义”作为一种悖论始终伴随水浒的产生与传播，即使“非忠义”“反忠义”亦是“忠义观”的某种变体。

历史上的宋江事迹发生和传播于宋朝，在靖康之难、南宋偏安、文强武弱的时代背景下，类似对宋江等“匪寇”招安并赐予官爵以期其为国出力的事在南宋大量发生，“忠义”是当时社会自上而下公认的主流价值观念。李若水作诗《捕盗偶成》，提出“招安非良策”，对接受招安的“匪寇”是否“忠义”表示质疑。只是在内忧外患的背景下，南宋朝廷自顾尚且不暇，招安是朝堂无奈的选择；乱世之中落草绿林的“匪寇”各有各的无奈，招安是他们真心的期望，而“为国立功”则是他们实现自身价值的途径，忠义军、忠义民、忠义人等在特定时代受社会普遍认同，这是水浒“忠义观”建构的时代基础。

龚开出于宋遗民心态作《宋江三十六赞》，在序言中称宋江一类的“盗中之圣”尚具“义勇”，借对绿林的“赞”批判祸乱天下的“乱臣贼子”。元代陆友仁曾舟过梁山泺，结合龚开“画赞”作诗对历史进行反思，提及宋江征方腊取得战功一事，并隐讳地指出“乱自上作”。早期“水浒戏”推崇梁山“替天行道”的“公正”，实是元代社会核心价值观念的体现，这也成为水浒“忠义”中偏“义”的一方面表达。李若水、龚开、陆友仁及早期水浒戏对“水浒忠义”的态度并不相同，但均在有意无意地营造一种“水浒”与“忠义”之间的联系，实是时代价值观念的外在表现。

百回本《忠义水浒传》是“水浒”故事的凝练与集中，明代现存大多数小说版本中均将“忠义”置于明显的位置，文本中“忠义”亦多次重复呈现，这既是小说编创时的意旨表达，也是当时社会价值观念的文学体现。只是儒家传统意义上的“忠义”本来有“对等”“适宜”之意，“水浒忠义观”本身内涵强调的则是单向度“臣”对“君”的服从，“忠义”实则为“忠”。

小说以文学叙事手段创建了朝堂“无忠义”的特殊语境，其中君主昏聩、奸佞擅权、胥吏腐败，致令有能者无法安居于庙堂和“法内”社会，只得“被逼上梁山”。“忠义”的代表人物宋江历经曲折，虽竭力数次避免“落草”，但最终还是上了梁山。成为“匪盗”的宋江在山寨营造“忠义”氛围，极力谋求招安，重新回归“法内”社会之后，借征辽、征方腊行“忠义”之行，被鸩死之时仍不舍“忠义”，终得清庙留名。百回本《忠义水浒传》塑造的宋江是文学中的“忠义”形象，是水浒“忠义观”的坚实文本基础。

伴随小说的广泛传播，“忠义”已成为“水浒”得以存在的独特价值标签。“水浒戏”虽多截取“水浒”之一段或一人物而演绎，明代中后期的林冲、武松、宋江等戏曲故事中虽有偏重的不同，但均体现了“忠义”主旨，可见水浒“忠义观”之深入人心。序跋和评点是明清之际小说研究的重要形式，对“水浒”主题的阐释更为直接，且大多不离“忠义”左右，只是称扬者以“忠义”赞之，质疑者以“伪忠义”贬之。倡导“水浒忠义”者亦有不同表现，如天都外臣将“水浒”誉为“国医”，李贽称赏著书者用心之“发愤”，容与堂等版本评点中多结合小说内容进行“忠义”的归纳，是“忠义”的不同变体。

金圣叹在明末起义频繁的时代背景下，质疑“招安”者忠义与否的问题，指出小说《水浒传》中“忠义”的内在矛盾。金圣叹作五篇序言从各个角度阐述“水浒”作者并无“忠义”的意旨表达，小说只是出于才子“锦心绣口”的

"闲暇之作"，试图将小说从"载道"的重负下摆脱出来，彰显文学性的同时亦在隔离"忠义"与"水浒"之间的关系；同时金圣叹腰斩"水浒"，将宋江等人招安、征辽、征方腊等"忠义"事迹完全舍弃，另改编文本《贯华堂第五才子书水浒传》，突出宋江之"伪忠义"。"进忠义于水浒之外"，是金圣叹解决水浒内在忠义矛盾的一种方法，是他喜新炫才文学观念的表达，亦是他时事之感的体现，背后则是时代价值观念变迁的外在表征。清代水浒戏深受此种观点的影响，从总体上呈现出一种消解、反思"水浒忠义"的态势。

清末民初，民主、科学、法制等现代观念大量涌进，不但与明清时期的"忠义"价值观念产生冲突，亦对传统的小说主题阐释产生冲击。尤其是君主制崩解之后，传统"忠义"价值观的基础随之瓦解，而"水浒"深具反抗色彩的绿林题材在主题阐释中所占分量越来越重。"平等""民主""乌托邦""社会主义"等新概念、新名词不断添加在"水浒"主题阐释之上，同时"农民""市民""游民""流民"等水浒人物出身的不同归纳体现了从"民"到"人民"的内涵演化，传统水浒"忠义观"的消解体现了时代核心价值观念的变化与转移。

"忠义"的内涵发生了变化，对表现传统"忠义"最为突出的招安、征方腊的评价亦产生翻天覆地的变化，表现最明显的"投降主义教材说"，这实是当代视角下对招安问题的新评价。另外，"忠义"指向的对象从君主转向于民族、国家、人民，同时对"义"的阐释亦添加进"平等""相互"的时代新意，"忠义"观实现了某种重构。

从"水浒忠义"观生成、建构、强化、解构、重构的历史阶段来看，清代水浒戏恰逢解构与重构的过程之间，其除了戏曲方面的文献价值外，更是"水浒"传播过程中一个不可或缺的环节。结合清代水浒戏的研究，我们能够更好地理解从《忠义水浒传》到金评本《水浒传》的转变，能够更好地理解《水浒后传》《后水浒传》到《荡寇志》的过渡，能够更好地把握清末民初各种现代观念对"水浒"的推崇与借鉴。

附录一

存庐新编宣和谱

古吴　介石逸叟撰①

门下　小冯君五云校

宣和谱小引

【临江仙】手校《宣和遗事》在，春秋书法斑斑。淮南称盗几曾宽，品题传史笔，点窜杂稗官。　　聊借排场搬演处，描摹笑骂相关。千秋正论实难刊，词林须改订，俗眼好同看。

楔　子

王教头走延安稍加妆点，栾廷玉称铁棒正赖□□②。

扈二娘好姻缘偶添佳话，张海州真忠义合著当场。③

---

① 《古本戏曲丛刊》五集据上海图书馆藏清初刊本景印原书，版匡高203毫米，宽145毫米。据中国国家图书馆藏金阊载道堂刊本配补，亦名《传奇翻水浒记》。

② 或为“踊跃”二字。

③ 小引和楔子据载道堂刊本补，清初刊本自目次始，目次第一页为手写，其后为版刻。目次略。

【沁园春】（末上）水浒开宗，教头王进，忠孝家风。更栾君廷玉，教师铁棒，扈成飞虎，争显英雄。踏破梁山，填平水泊，淑女标题意气同。惊离散，祝家庄上，殉节匆匆[①]。　　海州太守张公，幕下多材共秉忠。恨宋江全伙，抗违王命，齐驱水陆，一战成功。母子相依，夫妻重会，并庆堂前寿禄荣。《宣和谱》，翻明本传，点醒吴侬。

第一出　　慈训　齐微

【南吕引子】【恋芳春】（生将巾武扮上）武库胸罗，阵图世授。草茅浪掷须眉，漫说封侯万里，伏枥卑栖，华发萱堂老矣。奉朝夕，频牵衣袂，休提起溷迹侯门，自惭远引知几。

［蝶恋花］踪迹飘零愁几许，冀北空群，伯乐谁能顾？满眼荆榛盈道路，偏安又复迷云雾。　　萱草凄凉嗟[②]岁暮，举案承欢，忍向天涯去。倚剑问天天不语，闻鸡舞罢悲如雨。卑人姓王名进，字春侯，原籍山东济宁人也。先人曾任西京统制，随征西夏，力战身亡。赖母亲抚养成人，娶妻李氏，侨居汴梁。在殿帅府中，暂充八十万禁军教头之任。想我一腔忠义，满腹经纶，读的是数卷兵书，习的是十八般武艺。仗策从军，自愧将门有种；弃繻出塞，定推国士无双。倘得戮力疆场，廓清盗贼，博个显亲扬名，才是大丈夫得志之秋。只今年长无成，寄人篱下，闻得老种经略相公，收揽[③]豪杰，几番欲策蹇西征，因念老亲在堂，不忍远离而去。正是：漫思骥足轻千里，且学斑衣傲五侯。言之未已，母亲同娘子出来了。（老旦上）（旦随上）

【临江梅】【临江仙头】（老旦）啮蘖餐冰门似水孤灯，半世空闺。

【一剪梅尾】（旦）蟹筐蚕绩自追随，温凊相怡，琴瑟相宜。

（生见介）（老旦）老身颜氏，先夫王升。自从孩儿年在垂髫，夫君殁于王事。萧条榆景，几年泣雨啼霜；漂泊兰芽，何日乘风破浪？儿阿，你空负一身武

---

① “匆匆”二字据载道堂本补。

② “凉嗟”二字据载道堂本补。

③ “揽”字据载道堂本补。

艺，只是时运未来，功名未遂，碌碌与士卒为伍，怎教做娘的不梦寐[①]牵怀也？（生跪介）孩儿徒读父书，幸承母训，定当奋志上进，以报劬劳。母亲且请宽怀。（老旦扶介）这几日寒风渐起，我将织下粗帛，裁做战袍，与你御寒。趁此清闲，与媳妇缝缉完了。你可一面温习兵书，同销残昼。（生）谨依母亲严命。（老旦同旦缝衣）（生旁坐看书介）

【南吕过曲】【绣太平】【绣带儿】（老旦）西风动，寒云静，洗篷窗落叶群飞，漫悬情帘外宫袍。且萦心膝下斑衣。

【醉太平】（旦）须知剪刀响彻五更鸡，更密密针锋相系。

（合）

这的是母情妻意，怕关河隔远，征裘难寄。

【三解酲】【三学士】（生）一卷阴符书乍启，悬梁刺股堪期。

（泣介）

只这斑斑手泽多遗笔，怎得灿灿名标争共题。

（老旦）儿阿，从来求忠臣于孝子之门。看你一点孝心，必能尽忠报国，不辱家声。（泣介）你父亲虽在九泉，也得瞑目了。

【解三酲】可怜挥戈绝塞忠魂杳，又恐仗剑关河客影稀。

（生）

盈盈泪对慈闱，寂冷陟岵靡依。

（净军士上）为奉虎闱新将令，先寻熊帐旧名家。小子殿帅府牌军便是。明日高太尉到任，合属俱要参谒，特来说与王教头知道。此是他家中了，不免唤一声。有人么？（老旦）孩儿，有人在外，你去看来。（生）晓得。（出见介）原来是帅府牌军，到此何干？（净）教头可晓得高太尉到任么？（生）那个高太尉？（净附耳介）就是高俅。（生）原来高俅做了太尉了。（净）高太尉选定明日吉辰来殿帅府到任，合属军校俱要参谒，面呈手本，开报脚色。教头定要去的，为此小的特来说知。（生）如此，晓得了，你去罢。（净）教头早些到衙门里来，那高太尉不是好惹的。正是：在他檐下过，怎敢不低头？（下）（生进介）母亲，不想高俅竟做了殿帅府太尉，明日到任。方才牌军来说，要孩

① “寐”字据载道堂本补。

儿同合属前去参谒。（老旦惊介）有这等事？儿阿，这个你断然去不得。（生）母亲，却是为何？（老旦）我向来不曾与你说知，你父亲存日，那高俅游荡无赖，有名叫做“圆社帮闲高二”。只因学习枪棒，被你父亲打翻，心上必然衔恨。自古不怕官只怕管，你今正在管辖之下，怎好与他相见？（生）母亲如此说，高俅定然怀恨，教孩儿怎生去得？（老旦）儿阿，

【大节高】【大胜乐】想当日拳臂交驰，笑游闲如蜮鬼[①]**，当场出丑浑儿戏。**

谁想今日呵，

【节节高】他**多遭际**，你**正贱微**，**堪惭愧**，若与他相见，真是**冤家狭路难回避**，怎说得**冶长缧绁原无罪**？

（旦）婆婆，既然如此，只教官人不去罢了。

菽水萧然伴堂前，来朝且把蓬门闭。

（生）母亲，虽然不去，也须托个事故。孩儿明早递一病状到军政司，只说染患不能谒见。且看他到任后，作何威福，那时再作区处。

【东瓯莲】【东瓯令】休相对且栖迟，敛锷藏锋免指麾。

（老旦）你虽托病，只恐高俅那厮，不肯放过，怎么处？

鹪鹩久郁冲天气，觑薄禄浑如屣，难将筋骨受他欺。

（生）母亲，倘那厮必要寻着孩儿，拼得弃此微弁，别寻道路，与他远绝便了。

【金莲子】须索去度秦关觅知交，消却楚囚悲。

（老旦）明日且托病不去，再作计较罢。

【尾声】向窗前频缝缀，几时博得锦衣归。

（生、旦合）

且做**抱病文园暂息机。**

（老旦）天色已晚，媳妇收拾针指进去罢。（旦）晓得。

忠孝传家训莫违，男儿应愧未逢时。

蛟龙失水遭虾戏，鸾凤投林怕雀欺。

---

① 原版本中“鬼”字均无第一笔“丿”，“槐”“愧”“魂”“魄”等字同。

第二出　义概　东钟

（末、付净武扮各持棍上）［西江月］不数琱戈宝剑，休夸金简银枪。一条短棍与身长，显露惊人伎俩。　拨倒南山猛虎，搠翻北海天狼，有时麟阁画图香，千载传名铁棒。（末）自家赵一郎。（付净）自家魏小四。（末）我每都是东京城中子弟，投托栾教师门下，学习棒法。今日再同去寻他教演。（付净）那栾教师真好一条铁棒。（末）怎见得那好处？（付净）但见荡开门户抖擞精神，荡开门户，浑如深水戏蛟生；抖擞精神，恰似悬崖飞豹动。上一棒，吼起半天霹雳；下一棒，震开遍地轰雷。左来一棒，青龙醉后也惊心；右来一棒，白虎梦中方丧胆。一棒忽前，急喇喇咆哮如赶月；一棒忽后，骤腾腾变幻似吞云。饶你轮刀舞槊滚滚尘埃，凭他刺戟挥戈纷纷齑粉。从来只说铁鞭尉迟恭，今日又见铁棒栾廷玉。哥阿，我和你再学不来，快去寻他传授要紧。（末）去便去，只怕到底学不来，被人嘲笑。（付净）笑我悔什么？（末）笑我两个，好像淮阴市上真无赖，王一王二俱跌坏。（付净笑介）啐！却不道韩信原从胯下过，这回棒法应无赛。快去，快去。（下）

（小生武扮上）

【正宫引子】【破齐阵】【破阵子】年少心存结客，凌云志切从戎。

【齐天乐】剑佩龙吟，镜台鸾捧，且自待时而动。

自家栾廷玉，字石君，籍本蓟州，年方弱冠，武艺出众，膂力过人，江湖上多称我为“铁棒教师”。只是心存报国，未得请缨；志慕封侯，空嗟投笔。更兼家门凋落，中馈尚虚。近日流寓东京，所喜少年子弟，从游如市，稍不寂寞。当此天气晴暖，意欲往郊外演习棒法一回。且待赵、魏二生来时，与他同去，有何不可？

（末、付净上）读书不成还学棒，论交未广且从师。（同见介）师父拜揖。（小生答介）正在此想念二位，要把所讲[①]双凤朝阳、独龙戏海两般棒法，大家演习一回。且喜不速而至。（末、付净）小子辈正要求师父指教，就请同往郊外何如？（小生）待我取了棒就此同行。（取棒同行介）

① “所讲”二字据载道堂本补。

【正宫过曲】【锦缠道】（小生）这护身龙乍擎，将似飞来半空，进退要从容，看当场霎时转侧如风。

此处地面平旷，正好驰逐。待我把独龙戏海势先演几路。（使棒介）

我待学步青霄舞剑猿翁，说什么倚长江横槊曹公，日落阵云红，一步步穿门出洞，翻身更鞠躬。尽周围，盘旋没缝又何须穿札弄雕弓。

（末）妙阿！果然使得好。（付净）闻得关王刀重八十二斤，师父这棒比他只轻一二斤，怎么使动起来，竟像苍蝇弄灯草一般？（末）你看面也不红，气也不喘，只怕关王使刀没有这等精熟哩！（小生）如今你两个把双凤朝阳势也演起来。（付净）我每只好将就使几路。（末）和你尽力使去。待师父看些破绽，也好点拨。（各脱衣使棒介）

（生上）

【普天乐】论功名浑如梦，假恹恹添愁重。

我一时托病，未知高俅可能释然？在家闷闷，禀过母亲，郊外闲步片时。（看使棒介）呀！

看荒原畔互击横冲，

这棒法颇佳。只尚未精熟，

怎做得沙场上贯脑穿胸？

（小生）咄！你是什么人？却笑他使棒，敢也晓得些棒法么？（生笑介）

萧条阿蒙，更谁人降心刮目相逢？

（末、付净立住看介）呀！元来是教头。我每初学使棒，被教头瞧见，真笑话了。（小生）那一个教头？（末、付净）便是八十万禁军王教头。（小生喜介）嗄！就是王教头么？真有缘相遇了。（急趋揖）（生同揖介）（末、付净揖介）（生）不敢动问，足下高姓大名？（小生）小弟栾廷玉便是。（生）原来就是栾教师，江湖上每传说教师铁棒、天下第一。小弟失瞻，有罪了。（小生）小弟仰慕大名，只因初到此间，未及进谒，请问一向在殿帅府中，也可稍展生平否？（生）教师说那里话来？

【中吕过曲】【古轮台】困英雄萧疏旅况，任西东良禽择木浑虚哄。

小弟原籍山左，因先父携任京师，老母在堂，暂充贱役。

流光轻送，那更豺虎纵横，俯首低洼悲痛。

（小生）雄才大略，郁郁人下，正为教头扼腕。就是小弟呵，

泪洒貂裘，班门斧弄，一身沦落总相同。

（生）久知教师负才不偶，彼此神交，但尔我后日功名，正未可料。只索安心忍耐罢了。

男儿精勇，且休将怨气忡忡。

（合）

须有日**燕然勒铭，凌烟图像，风云际会，万里奏肤功。**

（末、付净）难得教头与师父相遇，小子辈聊治水酒，同到师父寓中少叙何如？

相陪奉，管教一醉尽千钟。

（小生）这也有理。只是小弟斗胆，有言奉告，未知教头允否？（生）有何见谕？（小生）我辈肝胆相投，头颅共许，今日萍踪乍值，他年兰契永孚。倘蒙不弃，小弟愿与教头结为兄弟何如？（生）都蒙高谊，小弟正有同心。请问尊庚几何？（小生）小弟年二十岁。（生）如此叨长五年。（小生）既如此，哥哥请上，辱弟有一拜。（生）愚兄也有一拜。（拜介）

【尾声】（合）**从来将相原无种，先结个同心伯仲，**看取**戮力争驱宇宙中。**

（末、付净）如今一番结义更亲密了，便请同去罢。（小生）今日屈过敝寓，明早便当登堂拜见伯母、尊嫂。（生）多谢贤弟。

匆匆萍水意交殷，握手郊原似有神。

须思海内存知己，方信天涯若比邻。

第三出　计潜　皆来

【黄钟过曲】【出队子】（老旦上）**倚门无奈，倚门无奈，踯躅行来泪满腮。**

孩儿前日托病，不去谒见高俅，谁想昨在郊外，与栾教师结义为弟兄。半路归家，被高俅遣人密地拏去。幸得教师报与老身知道，今早解进帅府，未知怎生发落？老身只得亲自前去探听。（行介）

遥瞻棨戟帅门开，只恐**孤踪遭陷害。**

呀！元来帅府掩门在此，我儿定解进去了。那边来的是栾教师，不免等他问个端的。

小鹿心头悬悬乱猜。

（小生上）情关手足须相援，谊重金兰合共扶。（见介）原来伯母亲自到此。（老旦）老身在家，放心不下，自来打听。不知曾解进去否？（小生）小侄有几个相识在殿帅标下，今早托他在高太尉面前恳求方便。哥哥解进，他每也同进去了。伯母请宽心。（老旦）多谢教师周全，得免责治便好。（内鼓乐吆喝，开门介）

（外中军上）帅府威行山岳重，辕门令出鬼神惊。老爷现坐堂上，那个在这边窥探？呀！元来是王教头令堂。（老旦急问介）请问尊官，小儿曾见过否？（外）见过了。恭喜并未加责，就出来了。（老旦）果然不曾加责？谢天地不尽。

（杂二将官同生上）（内又鼓乐吆喝，关门介）（外下）（小生）哥哥同各位出来了。（老旦）我儿受惊了。（生）多承各位恳求，幸免责罚。（小生）有劳列位，请同到小寓一坐奉谢。（杂）怎好叨扰？（小生）说那里话？哥哥暂别，即来相候。休道世情看冷暖，须知人面逐高低。（同杂下）（老旦）我儿，和你回家去罢。（同行介）

【太平歌】（合）**娘和子一霎解愁怀，幸免却从前冤孽债。多承义气相怜爱，好同归庭院匆匆快。**

（老旦）已到家了，媳妇开门。

（旦上）来了。

可怜**深闺愁盼一裙钗，剥啄转惊骇。**

（开门见介）且喜婆婆同官人回来了。（老旦）媳妇，全亏栾叔叔，转央标下各位，在高俅面前恳求，你丈夫得免责罚，真是十分侥幸。（旦）原来如此。

（生）母亲，孩儿方解进去呵，

【狮子序】公堂上刑具排，念卑微一时包藏祸胎。

高太尉一见孩儿，便欲用刑。孩儿也拼得受他几棍了。

那**曾有罗网轻脱飞灾，**

多承方才各位，苦苦恳求，

因此上怒容暂解，堪怜共叩首勉低头，总应该羞惭宁耐。

（老旦）虽是一时幸免，须商一自全之计。

正如金钩方脱去，摇尾怎重来？

（生）母亲，孩儿向来欲往投种经略，不忍远离膝下。今不料高俅做了殿帅，虽暂免责罚，恐到底受他怄气。孩儿意欲与媳妇奉母亲潜归山东故里，那时一面前往延安，以图进身，不识母亲以为可否？（老旦）我和你侨居于此，原非长策，况权奸当路，正该早早远离。你既有此意，只今收拾潜行便了。

【双声叠韵】**从今去，从今去，越山涉海寻故里，寻故里，暂时潇洒。**

（生）

纵然匆忙行迈，青云有路通，前程远大，年少功名，肯教浪挨？

（老旦）待栾教师到来与他说知，然后起程。（生）母亲，言之有理。

潜踪避迹度关山，莫惜人间行路难。

长风破浪轻千里，只在天涯会合间。

第四出　盗踪　萧豪

【北仙吕】【点绛唇】（净黑面虬髯毡笠挂剑策马上）**天付雄豪，江湖沦落休相笑，俺待学下第黄巢，则这酒楼头题句萦怀抱。**

俺宋江自题了反诗，闹了江州，劫了法场，上了梁山，众兄弟推俺为尊，晁天王让俺为主。一向在山寨中快活受用，偶然想起太公和兄弟苦守田园，耕种度日。若不接取上山，却不把“孝义黑三郎”之名轻轻丧了？因此与晁盖等作别下山，来到郓城，且喜前面去宋家村不远。你看月色朦胧，朔风凛冽，正好悄悄寻路到家也。（行介）

【混江龙】**替天行道，依然刀笔旧萧曹。呼保义常将姓显，及时雨浪把名标。急忙忙私放英雄先夺泊，乱纷纷广收豪杰共归巢。佳人红粉，血染钢刀；苍生白骨，魄丧江潮。智多学究，心腹相交；天王保正，座位将摇。**全凭着**金沙滩水陆比边关，**早认取**杏黄旗马步连军校。**

俺想众兄弟倾心推服，只为“孝义”二字。这番接取太公、四郎上山，好不称意也。

猛可里**念高堂飘零故土，**因此上**举孤身奔走荒郊。**

说话之间，已到自家庄上，不免叩门则个。（下马敲门介）开门，开门。

（丑衣帽上）区区是宋清，绰号铁扇子。阿哥作外郎，兄弟住村里。阿哥作大王，兄弟种田地。前番劫法场，今朝休讨死。若是又归来，不如赶他去。（开门见介）我说这时候什么人敲门，却原来正是阿哥。（净）俺回来了。快去说与太公知道。（丑摇手介）罢，罢，你倒不要归来，我也不去说与太公知道。（净）却是为何？（丑）只因你在江州做了歹事，如今本县差着都头、土兵各处缉拏，专等拏着了你，便要将父亲与我一齐捉去监禁。你不如快些去罢。（净）我在梁山，将要坐第一把交椅。专来接取太公与你上山，共享快乐。你怎么不要俺进去？（丑）这样做强盗的快活，父亲心上原不喜欢。那些土兵，现在村头村脑伺候，你快走路，不要兜搭缠帐，带累做兄弟个。（净）这也可笑。若如此俺却不空下山走这一遭？（丑）这个我也不顾不得，你快去罢，快去罢！（推净出，关门介）闭门不管窗前月，分付梅花自主张。（下）（净笑介）这个呆子，本待叫他同太公上山，竟坚拒不纳，闭门进去了。俺且回到寨中，再作计较接取罢。（行介）

【油葫芦】俺本是**搅海翻天一巨鳌**，怎肯**困守旧衡茅**，**便道刺文两颊惹人嘲**，**冲天气划地里冤仇报**，**凌云志猛可也中原扰**。

（内喊介）伙计，方才望见宋江奔到村里，大家把住村口，不要放他又逃了去。（内齐应介）（净惊介）呀！那一伙土兵，分明说把住村口，这村口只一条路，俺走到那里去？且寻个所在，躲避则个。（急行介）

只索做**过昭关行踪巧**，**度函谷祸根消**，**听枝头鹊噪和鸦叫**，急忙里**凶吉转心劳**。

（下）

（小旦冠帔、老旦、旦女童，丑太保引上）香风冉冉下瑶天，花雨翩翩碧落边。绿鬓朱颜尘不染，琼楼玉宇景方妍。小圣九天星主是也，赴宴瑶池，甫回殿宇，叫女童卷起纱幔，侍立左右，太保整肃威仪者。（老旦、旦、丑应介）（净上）断金亭上称雄汉，还道村中避难人。此处有所古庙，不免进去少避片时。（看介）呀！原来是九天星主娘娘之庙。（入揖介）娘娘在上，俺宋江呵，

【天下乐】**只为亡命潜踪去路遥**，**心也波焦**，**何处逃**？

那土兵追缉甚急，暂借神厨之下藏隐片时，求娘娘护庇则个。

望神灵赐庇护身躯悄，**冷香烟金碧残**，**暗窗纱尘垢飘**，**恰便似大虫儿卷尾蹲山坳**。

（钻桌下伏介）

（外、付净、土兵执械提灯上）要捉梁山好汉，须寻佛殿神宫。我每把住村口，不见宋江出来，一定躲在这庙里，大家进去寻一寻。（入寻介）（外）你看庙中静悄悄地，那里见个人影？（付净）多应在神厨底下，待我揭起帐幔看看。（揭帐介）（丑击倒介）（外）这等不济？等我把火来照。（提灯照介）（丑吹息介）（外）呀！怎么火多灭了？伙计，想是神道嗔怪搅扰，且再到别处寻去。（付净）有理。快去罢，饶伊走上焰摩天，脚下腾云须赶上。（下）（净桌下出介）惭愧，惭愧。且喜土兵寻觅不着，各自去了。俺不免拜谢神圣，乘夜回山去罢。（揖谢出行介）

【寄生草】隐隐银河掩，昏昏北斗迢。白茫茫几处寒霜耀，黑漫漫几朵乌云罩，黄晃晃几阵飞沙冒，只俺赤淋淋腔中热血好难禁，且把青闪闪腰间利刃私藏着。

（下）

（小旦起介）善哉，善哉。郓城宋江潜踪至此，他本天罡星下降，合当占据梁山，聚众倡乱。这是赵宋凌替，气数当然。略显威灵，放他脱身去了。且喜山东、蓟北，自有真忠真义，扫荡招安，乃一场大因果也。黄巾余孽赤眉流，地煞天罡不到头。水浒何知忠与义？莫将笔墨误千秋。（老旦、旦、丑同下）

（净上）一路行来，村中已远。山寨众兄弟又着军校迎接，俺且放心上山去罢。

（二杂小军执旗上，同行介）

【煞尾】（净）山林事业新，水泊威名表。想当日公门潦倒，从此去舞爪排牙甘落草。遥望着聚义的堂高，正对着断金的亭造。要收拾奢遮好汉增欢乐，恨权奸怎抛？望招安尚早。呀，顾不得老椿庭寂寞鬓毛凋。

（下）

第五出　涂愤　先天

【羽调过曲】【胜如花】（老旦、旦乘车）（二杂车夫随上）（生策马同上）（老旦）携家去路几千，跋涉云山一片。

（生、旦合）

只因他虿毒锋芒，顿教人车劳马倦，望迢迢归心如箭。

（生）母亲，自离京师，一路行来，已近济州。料高俅那厮，已不及追缉矣。（老旦）幸远虎口，渐达故乡。须急急趱行前去。（行介）（合）

喜只喜重寻故园，愁只愁忙扬短鞭。咫尺烟尘，怕轻装未便。

（生）车夫，前面正去梁山泊不远，须要悄悄而行。（杂应介）（内马铃齐响介）（老旦、旦惊介）（生）母亲不必惊恐，那马铃声响，恐有强人出没。请母亲到前面树林中，与媳妇暂歇。孩儿前去，看个明白，然后再行。（老旦）孩儿自家小心。（合）

休空惹胆惊心战，愿平安早度东川，原平安早度东川。

（净策马）（二杂执旗引上）自家从郓城回来，将近山寨。此番既不曾接取太公，又未遇一个好汉纠合入伙，好生怏怏。（望介）看那边一人提着朴刀，独自前来，好奇怪。头目们暂住扎，待我看来。

（生提刀上）莫讶一身都是胆，须知八面有威风。咄！你是何处强人，在此出没？快通名姓来。（净大笑介）哈哈，好一个大胆汉子，反问我姓名。只我便是梁山泊义士宋江，我且问你：你是什么人，在此经过？（生背介）不道那厮就是宋江。我恨不一刀把他搠翻，只是他人马众多，恐贻累母、妻，且通个姓名，看他发付。（收刀转介）实不相瞒，在下八十万禁军教头王进。（净笑介）原来是王教头。今日有缘得遇，快请过相见。（下马携手揖介）（生答介）（净）久闻教头大名，无缘拜识，今番甚风吹得到此？（生）王进一向投托殿帅标下，只因近日高俅那厮不能容人，同家母、贱内潜奔归家，不意至此误值虎威。（净）妙阿。高俅专权误国，妒贤嫉能，教头弃职潜归，足见英雄志略。今日相逢，却有一言奉告，未识肯采纳否？（生）有何见教？（净）宋江倡义水泊，众兄弟无不同心推服。今日教头呵

【大石调过曲】【赛观音】离京师抛微弁，叹飘荡英雄少年。

山寨虽然窄隘，尽堪歇马，不如劝教头同上山去罢。

念水泊规模初建，聚义同堂，正好缔良缘。

（生）咳，说那里话来？王进堂堂七尺，清白传家，今虽敛迹归乡，少不得还要为朝廷效力，敢把这等话污触我么？

【前腔】你**语堪嗔词何舛，忍不住心头火燃。**

（净笑介）如今现受高俅恶气，还想为朝廷效力，也是枉然了。（生）咳，

纵兔走乌飞如电，碎首捐躯，博得好名传。

（净）教头执意不肯落草？自古英雄惜英雄，好汉惜好汉。今日相值，也非偶然。你不见林武师当初也是教头？

【人月圆】风雪里奔走逃残喘，火并王伦雄威展。

就是花知寨、秦统制一班，多曾做过军官，

无端陷害冤难辨，管有日招安名节显。

教头若肯上山，他日受过招安，与林武师等一般罢了。

频频劝，惟鉴取平生忠义心坚。

（生怒介）你这些假忠假义的话，只好哄林冲、花荣、秦明这一班，怎哄得王进？我头可断，此身断不可辱。你不要认错了人！

【前腔】男子汉匪石心难转，累世家门忠良衍。猛将热血刚刀溅，怎做得偷生多腼腆。

若不肯放我过去，拼得与你迸个死活，把我一刀两断，亦所甘心。（拔刀欲斗介）

终无怨，须索向当场一死陶然。

（净）教头说那里话？我宋江从来不害好汉。难道今日教头单身过此，与你争斗不成？你既不听我苦劝，由你自去罢。只望他日相逢，须记今日一段好情罢了。头目们，就此起马上山。（向生拱手介）教头请了。将军不下马，各自奔前程。（同杂下）（生）宋江那厮，被我一番激烈，已收兵去了。（向内介）车夫，快走动。

（老旦、旦、杂车夫同上）（老旦）孩儿，方才什么强人？已过去了么？（生）母亲，不想遇着宋江，那厮花语巧言，要孩儿落草，孩儿恨不把那贼头搠翻。因见他人马众多，恐贻累母亲，他见孩儿执意不从，竟收兵去了。（老旦）原来如此。儿阿，如此立志，才不负做娘的教训。倘被他逼勒落草，却不把忠义家声一时辱没了？（生）如今正好到家去罢。

一片忠心肯自磨，随何舌辨奈如何。

酒逢知己千盅少，话不投机半句多。

第六出　题帜　庚青

【商调引子】【忆秦娥】（小旦上）**临妆镜，香云一缕，菱花映，菱花映，笔床乍启，砚池方净。**

［浣溪沙］晓起和风度画楼，淡烟笼日照帘钩。又是春来时候也，可销愁。郊外羽书笳吹动，闺中锦字墨云流。只恐韶光虚度矣，思悠悠。奴家扈氏，小字文姬，同胞兄妹三人，哥哥扈成，妹子三娘，各称武艺专门。独有奴家，性爱词章，心耽翰墨，描余得句，漫夸谢女吟花；绣罢濡毫，欲学班姬绩史。住居香林洼中，与梁山贼巢密迩。母舅祝太公，与哥哥同心协力，保护村坊。妹子向许祝氏为妇，尚未于归。目下节届新春，专候哥哥整备礼物，同往母舅庄上称庆。且待他来商酌料理则个。

（末飘巾常服、丑女妆捧旗同上）

【风马儿】（末）**村落军容缔义盟，功名未遂平生。**

（丑）

仗双龙同把烽尘定，深闺姊妹，含笑乍相迎。

（小旦见介）哥哥，妹子正念新春节近，可曾备甚礼物，同往母舅处称庆？（末）妹子，我想寻常礼物，不堪称庆，前日母舅欲向独龙岗前竖立大旗，以壮威势。因此着人裁成二面在此，你道这礼物可好么？（小旦）如此最好。（末）三妹，把来展开一看。（丑展旗介）姐姐，你看这对旗竖立起来，我一丈青，双刀匹马，纵横出入，也添许多威势哩。（小旦）果然好一对彩旗也。

【商调过曲】【金梧桐】云霞五色明，锦绣千花胜。展向空中，摇曳迎风劲。

（末、丑）

飘飘日影高，荡荡征尘静。

（合）

说甚**赵帜堪移，背水淮阴，令看取蚩尤尽扫，威名盛。**

（末）彩旗虽好，我意欲在上面题下一联，更耀人耳目。这要劳重二妹了。（小旦）哥哥，遵命。只恐妹子笔墨粗疏，不堪壮观。（丑）姐姐不必太谦，若要临阵厮杀，其实让小妹一筹了；这做对写字，是你长技，何不就试一试？（末）三妹说得有理，快取笔砚来。（丑取介）姐姐，笔砚在此，我虽然不会

写字，替你磨起墨来。（小旦）如此，妹子斗胆了。（丑磨墨，小旦执笔看旗介）

【南吕过曲】【东瓯令】（小旦）携铜雀弄管城，也学咏絮天才墨渖凝。

只是题什么在上？

写不尽英雄气概多驰骋，怕月旦难相称。

嗄，有了。（写介）

只这一联巧句共峥嵘，传诵好威声。

率意标题，恐未当哥哥之意，还求改正。（末看念介）这一面上题的是“填平水泊擒晁盖”，妙阿。（又看念介）那一面上是“踏破梁山捉宋江”，一发对得妙。（丑）好个“填平水泊”“踏破梁山”，晁、宋二贼，听见这两句，便心胆俱碎了。（末）求贤妹留个芳名在上。（小旦）谨依哥哥尊命。（又写念介）“扈氏文姬题”。（末执旗看介）

【大胜乐】香闺出语堪惊，乍挥毫心自省。

但得贼党荡平，这联句便是预谶了。

博得欃枪扫荡堪钦敬，麟阁上共标名。

（丑）不但哥哥借此传名，就是妹子呵，

只这吟成七步双联句，多管传遍千秋一丈青。

（小旦）哥哥、妹子，太过奖了。

那里是词锋笔阵，专仗你旌旗壁垒，保全完整。

（末）新春已近，明日先送去竖立庄前。使那班草寇，传诵惊心，就是四方豪杰经过，也多艳羡哩。（小旦）两庄人物虽盛，闻得贼众十分强旺，还须寻访豪杰，协助为上。（末）久闻东京有个教师栾廷玉，少年英武，母舅已差人聘取去了。（丑）我也闻得栾廷玉铁棒天下无敌，不知怎生一个人物？（末）那栾教师呵。

【仙吕过曲】【解三醒】（换头）千里征书忙迓请，况闻得年少翩翩一俊英。但得他到来，把忠肝义胆忻相订，逢大敌共长征。

（小旦）

这是一龙协力山岗耸，那怕众虎同心水泊清。

（合）

专相等，看指日同堂会合，绝胜班、荆。

（末）我却忘了，母舅日下择吉要迎娶三妹，此番不便同去，只和二妹去罢。

（小旦）如此，小妹随哥哥一往便了。（丑）既然不要我去，我只在自家庄上整顿军马，伺候与梁山厮杀。（末）厮杀果要紧，只是你的佳期已近，怎得二妹也寻个英雄配偶，完却做哥哥的心事也。

【尾声】向高堂聊称庆，几时共慰茑萝情。

（合）

且把那**赤帜高标颂太平。**

（末）妹子把彩旗收好。（小旦、丑）晓得。

奇才善武与能文，一室英豪孰比伦。

且看挥毫悬日月，还思倚马待风云。

第七出　庄庆　江阳

【正宫引子】【梁州令】（外白髯忠靖冠补服上）**雄心壮气老难忘，为军务旁皇。**

（生金冠披发上）

森森剑佩列门墙，伴高年，逢胜景且徜徉。

（见介）（外）老夫祝义，别号独龙丈人。少年曾为裨将，跋涉边庭，因主帅猜嫌不睦，挂冠而归，隐居庄上，人俱称我为祝太公。叵耐晁盖、宋江一班贼寇，占据梁山，巢穴逼近。老夫年已向衰，壮心未已，喜孩儿祝彪年少精勇，与扈家庄甥辈，缔姻定约，誓愿扫清山寨。虽成败未可预料，只这一点孤忠，与贼辈誓不两立而已。

（杂青衣上）禀太公，扈家舍人、小姐到了。（外）快请进来。（杂传介）

（末上）椒花共献南山寿，

（小旦上）柏叶同倾北海樽。（同见介）（外）蒙贤甥见赠彩旗，又得甥女标题，随着人竖立庄前，叨荣多矣。（末）愚甥聊借题句，仰颂英风，乞恕狂渎之罪。（外）两庄并立，但得一战成功，不负标题预谶也。聊设杯酒，请少坐一叙。（生送酒，各坐饮介）

【正宫过曲】【玉芙蓉】（外）**浮云事渺茫，白发心劳攘。看依依绕膝，并捧霞觞。**

（合）

幸叨宅相陈春酒，共向阶庭舞彩裳。休惆怅，且陶然醉乡，喜相逢新年骨肉颂无疆。

（外）贼众猖獗，久闻栾教师之名，已差人往东京聘取，待他到来，自可协同破敌。（末）母舅所见极是。

【前腔】风尘志未偿，韬略才堪仰，愿攀麟附翼共保村坊。

（生）栾教师流寓京中，又无家室，自当欣然就聘，旦晚可到。

一朝满拟同心会，四海还怜义气长。

（合）

多欢畅，正挥戈夕阳，喜孜孜草茅聚首尽鹰扬。

（各起介）（外）今日三甥女不同见过，老夫也只在目下迎娶了。

【倾盆序】（换头）端详，百年事赖主张，管取两姓门阑旺。

只是二甥女如此长成，又精文墨，

看联句天然，彩帜方扬，怎得并效于归，共咏催妆。

（末）愚甥久欲觅妹婿，未得其人，

想姻缘何处琴调瑟协，天付鸾凰，早相看洞房花烛遇才郎。

（生）爹爹若为表妹择配，孩儿却想得有一人。（外）是那个？（生）孩儿素闻栾教师呵，

【朱奴儿】虽则是萍踪旅况，英雄辈志气轩昂。

今日择婿，正当其选。

孔雀屏开列画堂，论佳婿乘龙谁让？

（外）这也未可草率，且待他来，看人物如何？（末）母舅法眼，倘堪作合，竟求主婚便了。

相依傍，恩情未央，愿喜气从天降。

（末）甥辈就此谢别。（外）贤甥先回，须整备人物，堤[①]防贼寇。甥女且留住几日。（末）谨领尊命。（揖别介）杯翻玉液心先醉，门列金戈气正豪。（下）（外）甥女同到里面去。（小旦）多谢母舅。

---

① 应为“提”，底本中多作“堤”。

【尾声】（合）**椒花齐祝长无恙，才转眼，梅梢月上，好把春色风光还共赏。**

香林洼内水潺湲，咫尺龙岗入画看。

但得功成正白首，福如东海寿如山。

第八出　诲犊　歌戈

【南吕过曲】【秋夜月】（付净戎妆，二杂引上）**身段矬，生就腌臜货，且向梁山陪末座，迎来太上皇一个，愿庄儿早破，把娇娥泻火。**

自家王矮虎，奉大哥将令，接取太公和四郎上山。太公执意不从，被我同手下再三逼撺，只得跟随到此。方才在酒店中，细作报说祝家庄竖立旗号，声言要"踏破梁山""填平水泊"，好生可恶。我闻得扈家庄有什么二娘、三娘，十分动火，趁此请大哥点发人马，打破两庄，落得掳来受用。已到山寨，小校，快请太公见大哥去。（杂向内介）太公请走动。

（末白须拄杖，丑衣帽扶上）（末）堪叹天生[①]真不肖，放火杀人甘落草。漫言积谷好防饥，不信养儿能待老。七十老翁何所求，捉头缚脚方来到。清清白白过残生，何如苦守家园好。（丑）父亲，事已如此，少说几句罢。（付净）待我请大哥出来。大哥有请。

（净黑盔袍服上）

【南吕引子】【步蟾宫】山林事业看看大，更共听、指麾惟我。念萧疏白发一衰亲，今日相逢堪贺。

（付净）启大哥，太公和四郎到了。（净）到了么？等我迎接进来。（出见末）（跪介）（末不理介）（丑）且到堂上相见罢。（扶进，坐介）（净叩介）孩儿流荡江湖，久违甘旨，伏望父亲恕不孝之罪。（末）你也晓得自己不孝么？人人叫你什么"孝义黑三郎"，我想大逆不孝，无如你这畜生了。我本郓城良民，你亦出身小吏，不思量安居乐业共守本分，却犯下弥天大罪，在此梁山泊中积草屯粮，招军买马，背叛朝廷，扰害州郡。我好好和四郎耕种过活，又差着手下逼撺到来，这"孝义"二字，只好哄众人也，哄得生身父母么？（净）孩儿不合身犯重罪，逃避水泊。特迎接父亲和兄弟上山。怎反怪孩儿起来？（末）

---

① "天生"二字据载道堂本补。

咦，我好恨也！

【南吕过曲】【琐窗寒】衰年光景如梭，恨抛离安乐窝。

（净）父亲到山寨中，正好安乐了。（末）咳，

我自有**良田草舍，耕种婆娑。这绿林衣饭将人玷污，算不如吞饥忍饿。**

（付净笑介）太公说那里话？难道山寨快活，倒不如家中吃苦么？（末）

此番岁月浪消磨，怎免临头灾祸？

（净）父亲，但请宽心，孩儿将来坐第一把交椅，父亲便是山中太上皇了。

（末）什么第一把交椅？可不羞死了人！（净）父亲，你不见众兄弟呵，

【前腔】同心结义偏多，让区区做大哥。

今日父亲到来，

少不得**殷勤称庆，酌酒高歌。**

（付净）不要说众兄弟，就是我王矮虎，

向山庄僻径，迎来入伙，也博个义名流播。

（末）好一班义士！只怕这“淮南盗”三字，正好骂名万代哩。（丑）父亲既到此，只索安心住下罢。

此来望暂寄巢窠，且学乡村高卧。

（付净）四郎说得有理，太公一路劳倦，请里面歇息，明日众兄弟做庆贺筵席罢。（末）逆子、顽妻无二样，一般无药可能医。（丑扶下）（付净）且喜太公进去了。大哥可晓得祝家庄消息么？（净）小校报说，祝家庄与扈家庄聚集人马，要与山寨作对。因太公到来，不曾问得详细。（付净）那祝家庄上，竖立大旗二面，上写着“填平水泊擒晁盖、踏破梁山捉宋江”。你道好不可恶么？（净大怒介）嗄！有这等事？待我与众兄弟统领人马，扫荡那两个鸟庄，方泄此恨。（付净）大哥不要性急，兄弟闻扈家庄有两个女儿，好生动火，等兄弟独领一支人马，掳来上山，也不须劳动众兄弟。（净）既如此，小校整顿人马，跟随下山。（杂）得令。

美色人人爱，烽火朝朝急。

眼望捷旌旗，耳听好消息。

第九出　缔姻　齐微

（场上先竖旗二面介）

【仙吕过曲】【醉扶归】（小生上）一身仗剑行何畏，端只为高山流水慰心知。早见曲曲香林绕前溪，不枉龙岗险峻含苍翠。

自家栾廷玉，蒙祝太公遣人至东京聘取，因此策蹇前来，且在庄前少步片时。（行介）果然好一所庄院也。

看森罗弓矢列成围，猛激动英雄气。

呀！庄门首竖立大旗，有两行字在上，等我看来。（看念介）"填平水泊擒晁盖，踏破梁山捉宋江"。好阿！一向闻祝、扈两庄，素怀忠义，如此标题，真足令人钦服也。

【前腔】草茅养就屠龙技，只这惊人联句偶留题。

且看后面款识是何人所书？（又看念介）"扈氏文姬题"。呀！好奇怪，

原来织锦闺中字偏奇，正似翩翩美女簪花体。

且住，我闻扈家庄有个女子叫"一丈青"，武艺出群，不信又如此妙才。我年已弱冠，姻缘未遂，若得此女结为伉俪，也不虚跋涉了。

临风遥忆笔花飞，早不觉心如醉。

（杂家丁上）欲迓名流忙下榻，乍迎远客且停车。请教师进去，太公在庄门内迎候。（小生进介）

（外上）

【黄钟引子】【西地锦】伫望嘉宾车骑，相逢且展愁眉。高才堪附风云会，漫嗟弹铗羁栖。

（迎小生，同拜介）（小生）齿德俱尊，湖海共推天下士。（外）斗山并仰，蛟龙岂是蓬蒿人。（坐介）（小生）廷玉孑身流寓，承太公谬采下招，趋承恐后，实切惶愧。（外）久仰教师，孙吴伟略，颇牧奇才。幸邀降重，老夫倚赖实多矣。（小生）请问太公，这几时梁山贼党消息若何？（外）教师，那梁山贼众呵，

【黄钟过曲】【啄木儿】真凶党，假义旗，肆毒郊原烽火起。

老夫虽在暮年，

做不得向沙场杀贼捐躯，忍对着四郊多垒。

（小生）贤乔梓素怀忠义，适见旗上联句，已露一班了。（外）稚子与舍甥粗知武艺，今得教师远来，

攻围冲击多奇计，同心共许忠和义，却不道万里长城偏仗伊。

（小生）重蒙知遇，敢不尽力？只是小侄呵，

【前腔】惭孤子，候指麾，奔走风尘空敝屣。寄鷦鷯，俯首盐车，更念切室家无倚。

（外）尊眷今在何处？（小生）小侄自愧飘零，尚未有室。（外）原来如此。（小生）

飘蓬自洒青衫泪，氤氲未觅鸾凰配，只落得怅望天台路久迷。

（外）老夫听教师之言，却喜有一段姻缘在此。（小生）既承高谊，未知何家闺女？（外）便是所见旗上标题的舍甥女。（小生）可是江湖上传说扈家"一丈青"么？（外笑介）教师有所不知，扈氏两个舍甥女。那三娘已许配小儿，只这第二个甥女，小字文姬，

【三段子】他年方及笄，负才华家宜室宜。你才堪独驰，况相逢心怡志怡。

（小生）只恐小侄沦落，须请教令甥尊意。（外）舍甥原嘱代为主婚，竟俟择吉在舍下与小儿同完婚便了。

花姨月姊情相系，画堂争认风流婿，看取好合双双秾桃艳李。

（杂家丁上）背心共识祝家字，肩上横揹扈氏旗。（见介）小的扈家庄差报军情。梁山泊一支人马，飞奔下山，舍人与三娘已整备迎敌。请太公速发兵接应。（外）如此你再去打探，我这里发兵策应便了。（杂应下）（外）我料贼人，必来侵扰，只是孩儿置办军器未归，我须亲自临阵一番。（小生）太公请坐镇宝庄。小侄初来，愿领人马前去相助。

【归朝欢】幺魔的，幺魔的，骚扰无遗，仗钧令争锋莫比。

（外）如此最好。

忙前进，忙前进，结束整齐，这前茅管做同舟共济。

（合）

譬如廉颇、李牧多交契，军容细柳非儿戏，须博个并勒燕然战胜碑。

旅迹天涯寄一身，姻缘宿世自相亲。

暂仗骅骝开道路，会看鹰隼出风尘。

第十出　获丑　鱼模

【南吕引子】【一枝花】（丑戎妆舞双刀，二杂执旗引上）**休言枪共斧，惯把双刀舞，贼锋方动也那堪数。**

（末戎妆执戟上）

画戟方天，直捣梁山路，才显真英武。

（小生戎妆持棒上）

誓靖风尘，看一棒撑持前部。

（丑）探得梁山人马将近，待我先去冲个头阵。（小生）贼人未可轻觑。三娘要冲锋，我与令兄分领两翼埋伏，三娘诈败，诱他追赶，那时一齐邀截，必擒贼矣。（丑）说得有理。（末）谨依教师定计而行，就此起马。（同行介）

【越调过曲】【水底鱼】（合）**三队分驱，当先女丈夫，两旁密布，瞬息扫妖狐。**

（下）

（付净戎妆领杂小校上）

【前腔】鼓角鸣桴，梁山好色徒，强弓劲弩，一阵掳娇姝。

（丑领杂上）贼将何人？快通名来。（付净笑介）我王矮虎好造化也。久闻扈家庄有个女将，今日撞见，想你就是扈三娘一丈青了？（丑）我看你这矮子，想就是王矮虎？既晓得我三娘威名，还不下马受缚。

【南吕过曲】【大迓鼓】区区小贼奴，谷皮三寸，醉眼模糊，料来空矮难如虎，多应摇摆倩人扶，及早归降，正好献俘。

（付净架刀笑介）且住。我王矮虎最好风月，今日撞见你，先软倒了，有句心上话，不如讲明，罢战罢！（丑）你这厮，有什么话来？

【前腔】（付净）我**浑身体似酥，苗条身段，愿效罗敷。此番先定鸳鸯谱，同投山寨好欢娱，且慢交锋，娇喘浪吁。**

（丑）一派胡言，好生无理[①]。还不认得三娘手段哩？快带马过来。（付净）既不听我言，且试一阵。（战介）（丑佯败下）（付净）一丈青不多几合，就败去了。快赶上，拏到山寨受用。（追下）

---

① 应为“无礼”。

（小生、末上接战）（丑复上混战，共擒付净介）（丑）且喜王矮虎被擒，贼锋已挫，皆教师与哥哥策应之力也。（小生）全赖三娘先声破敌，我辈何功之有？（末）小校，将他绑缚，囚禁庄上，俟捉了晁、宋贼头，会同祝家庄献俘便了。就此收兵回庄。（杂应介）

猎猎旌旗转，萧萧战马嘶。

共敲金镫响，齐唱凯歌归。

第十一出　　婚劫　车遮

【黄钟引子】【玉女步瑞云】（净戎装，二杂引上）**【传言玉女】志大心奢，堪恨一番磨折。**

【瑞云浓】须早把机谋打迭。

前日差王矮虎下山攻打祝家庄，一战失利反被一丈青泼婆娘捉去。探得今晚祝老儿迎娶那婆娘，与儿子成亲，因此定下乘婚暗劫之计。已遣众兄弟假扮迎亲人役，投入扈家庄去了。专等迎娶到时，撞入祝家庄，混杀起来。先通消息与王矮虎为扈家内应，管取两庄一时齑粉。我自统轻骑下山策应，叫小校就此前去，暂札独龙岗后面伺候。（杂）得令。（行介）

【黄钟过曲】【绛都春序】（合）**阴谋秘诀惯成功，悄然营偷寨劫。喜气盈门，好似迷魂一阵设，花容月貌空妖冶，谁识破刀枪排列。阳台云雨，画堂鼓吹，且教休歇。**

（下）（内作乐照常赞礼介）

（小生花红、小旦冠帔、外吉服同上）

【出队子】（合）**良缘天结，千里萍逢情意浃。休嫌客馆枉弹铗，月下氤氲秦晋洽，一刻千金，欢娱此夜。**

（外）前日梁山贼寇一战被获，料不敢复来侵犯，因此择吉今晚与教师、孩儿一同结婚。二甥女尚留本庄，与教师行礼已过，专等扈家迎娶到时，再与孩儿行礼。教师、甥女请进去，同做花烛，少顷喜筵相叙。（小生）谨依尊命。结成鸾凤同心侣，（小旦）缔就莲花并蒂缘。（下）

（生金冠常服上）欲图嘉礼三生好，只恐奸谋一旦深。爹爹拜揖。（外）你今日成婚，迎娶的将到了，怎不换了吉服，反这等荒荒出来？（生）今日佳期，不知为甚心惊眼跳，意绪欠宁。想贼人诡计莫测，前偶然战败，万一乘我家热闹，暗做偷营劫寨之事，也未可知。爹爹，还该堤防为上。（外笑介）孩儿，你说那里话来？

【闹樊楼】绿林一战威风折，敛形逃影，胆寒心裂，

他断不敢再来，何必如此害怕？

凯奏方传捷，壮气休怀怯。今日呵，羡乘龙佳遇，喜飞鸾良会，早安排听琴调瑟协，怎生的意悬悬，色惶惶，把愁肠系切。

（生）虽然如此，只恐变起仓卒，孩儿到底放心不下。

【滴滴金】佳期会合多欢悦，恐风浪惊天吴与越，多应好事翻成拙，这姻缘空订也。

（内鼓乐介）（外）你听鼓乐之声，新人到门了，不要说这不吉利话。

笙歌闹热，喜孜孜好将珠翠揭，银河早涉，赛过填桥令节。

（丑吉服花轿，老旦喜娘，末掌礼，小生、旦乐人内戎妆同上）

【南吕过曲】【浣溪沙犯】【浣溪沙】（合）香车送，灯影彻，耀团团冰轮皎洁，倩凤曲鸾歌将佳景写，试开怀齐听者。

【啄木儿】乍思量战动香云贴，细描摹战罢灵犀泄。

【玉漏迟】总逗引柔肠媚舌，好趁花烛下弄风流真畅绝。

（众）这里是祝家庄了，我们齐进去。（各脱衣露刃直入介）梁山泊好汉全伙在此。

（丑从轿出，老旦擒住介）（小生、末、旦共擒住外、生介）（外）不好了，果中贼人之计了，这班是贼党什么人？（末）我便是“浪子”燕青。（小生）我是“圣手书生”萧让。（旦）我是“铁叫子”乐和。（老旦）只我是“母大虫”顾大嫂。（外）不听孩儿所言，被这班贼子暗算，真天亡我也。

（净上）不施万丈深潭计，怎得骊龙颔下珠？（众）且喜大哥也到了。（净）我将人马屯札，等你每消息，喜得已成功了。怎生王矮虎还不见来？

（付净抱小旦上）

【黄钟过曲】【三段子】身躯半橛，脱将来真快活。腰肢一捻，乍相逢忙抱拽，区区矮劣，全凭帮手多雄杰，掳娇娘今夕，正风月，急忙里魂飞火爇。

大哥，好快活，扈家庄俱扫荡了，只走了扈成一个，二娘从后门逃出被我拏

住，如今三娘也在此，趁众兄弟做掌礼喜娘，大哥把两个多赐与兄弟做亲罢。（净笑介）你且不要性急。燕青、萧让过来，把两个婆娘先押去交与太公收管。待我回山发落。（末、小生）晓得。（押小旦、丑下）（净）兄弟每，带祝老儿父子过来。（众应，带外、生，各背立介）（净）我且问你，你说要"填平水泊、踏破梁山"，今日被擒，有何理说？（外）我一时蒙懂，误中奸计，只早受一死罢了。（净）你看我人强马壮，所向无敌，谅一两个鸟庄，干得甚事，却敢作对？劝你父子，不如随我上山入伙罢。（外）哇！你那千刀万剐的贼头，不晓得我父子心性么？

【滴溜子】平生的，平生的，忠心共挟；冤家的，冤家的，前生宿孽。

孩儿，罢，罢，我和你今日父子殉节，也不枉流芳百世。

说甚保身明哲，看取父与儿真豪侠，博得个声名远表扬墓碣。

（生哭介）爹爹阿，

【下小楼】叹嗟冤仇怎雪？

（外）事已如此，你也不必悲泣。

恋残生空惨咽，洒然夺取刚刀掣。

（共夺老旦、旦刀介）（生合）

从此独龙岗上，双双并记忠烈。

（各自刎下）（净）不想那父子如此激烈，竟双双自尽了。可骇，可畏！众兄弟，大家拜他一拜。（付净）大哥要拜，我等便也拜。（拜介）

【永团圆犯】【永团圆】（合）从容就义心肠决，奋青萍流碧血，九天忠魄，光芒射斗，山摇冰霜冽，忙忙拜迭，望伊早早生天阙，力尽心空竭，浮生幻灭，总留得香名揭。

（净）愿太公父子念宋江呵，

【闹樊楼】避罪多阴谲，冒犯来行窃。

【望吾乡】望灵魂长抛撇，展转心恐吓。

【永团圆】只怕觅巢穴。

（付净笑介）大哥，怎向他说这惧怕的话？（净）你不晓得，忠烈之人，一灵不散，倘日后寻着我，便当不起，不如先祷告一番。可分付小校，好好盛殓安葬。（付净）晓得。（净）两庄俱破，可惜栾廷玉、扈成不知逃往何处？

【余文】向来好汉多收折，这两个飘然远别。

（付净）大哥，不要记挂他了，只快快同回山寨，兄弟做亲要紧。

笑[①]吟吟早趁着好良宵，把夫妻鱼水接。

（同下）

第十二出　激遁　萧豪

【双调过曲】【琐南枝】（小生持棒急上）**良宵里杀气高，鸾凰两边惊骤抛，堪叹平日英雄，只影轻如鸟。**

我栾廷玉与扈家二娘，方行合卺，不料贼人乘机混乱，可怜太公父子一时殉节，二娘逃窜，被他同三娘俱掳去了。（泣介）我那妻阿！本待奋勇冲锋，打探消耗，又恐孑身并遭毒手，为此含忍潜逃，只得直往延安，寻哥哥王教头，启请大队官军报仇雪恨。且急急趱行前去。（行介）

心转伤，怎禁行步杳，但愿望西泰早驰到。

（下）

（末挂剑急上）

【前腔】（换头）**凄凄雁声叫，只见山冈月色飘，蓦地风波惊起，宁可脱却牢笼，慢把冤仇报。**

自家扈成，送三妹出门，蓦听得祝家庄内贼兵混乱，正欲前往救援，又被贼众蜂拥而入，一家被难。只苦苦逃得此身，母舅父子殉节，想两个妹子，必遭陷害，未知栾教师存亡若何？如今无家可归，教我一身怎做得杀贼报仇之事？可痛，可恨！（望介）呀！那急急走来正是栾教师，且等他来计议则个。

（小生急上）

忙向前，只恐孤影遥。

（末）呀。果[②]然是妹丈。（小生）呀！原来是大舅。（同揖介）（合）

乍相逢，两下里共悲恼。

（末）妹丈，不道两庄，顿遭惨变，我和你虽留得此身，却投那里去好？（小

① “笑”字据载道堂本补。

② “果”字据载道堂本补。

生）大舅，我恨不奋力杀贼，为太公父子报仇，只是如今呵，

【二犯孝顺歌】【孝顺歌】家业散、骨肉凋，纷纷队伍何处招？

我有结义兄长王教头，在延安经略军前，且和你前往投奔，以图机会。

【五马江儿水】痛哭秦廷，博得怨泄仇共消，统雄军健马再挂征袍。

（末）既然王教头在延安，连夜同去，启请官军，便可扫除贼寇了。

【琐南枝】且驰驱宁惮劳，漫追思空痛号。

（小生）两个令妹俱被掳去。（泣介）想起匆匆花烛，不道一旦分离至此。

（末）我道舍妹必遭陷害，果然俱擒挐去了。

【孝南枝】【孝顺歌】情悲切、气郁陶，寻思不禁泪雨抛。

（泣介）

可怜兄妹忽分飞，那更夫妻转萧条。

（小生）大舅且勿悲伤。

冲冠鬓毛，和你同叩军门，忙寻远道。但得荡涤妖氛，有日重谐好。

【琐南枝】（合）心上人去路迢，愁上愁怎忘了？

（末）就此急急同去罢。

两家骨肉顿分离，却值天南地北时。

夫妻本是同林鸟，患难方来且各飞。

第十三出　贞矢　先天

【仙吕引子】【金鸡叫】（小旦上）烽火留残喘，想才郎别离迢远。

（丑上）

命里姻亲多遭蹇，撇下人儿，教我怎消遣？

（小旦）妹子，我和你同日于归，突遭奇变，被贼人拘留在此。母舅父子一时殉节，不知哥哥与我官人怎生下落？（泣介）倘贼众不良，拼得以死自誓罢了。（丑）姐姐，你与栾姐夫已经配合，今虽飘散，或者还有重逢之日。只可怜妹子，好好一个丈夫，登时逼弃，如今拘禁，怎生捱过日子？（小旦）如此说来，你莫非有他意么？（丑）妹子与祝郎，原未交拜结亲，况已经身故，看那宋江，假仁假义，倘要妹子另嫁别人，（笑介）只得顺从他了。姐姐休见怪。（小旦）咳，妹子，你说那里话来？

【仙吕入双调过曲】【沉醉东风】痛飘零共离故园，矢贞洁命悬如线。遥忆着好姻缘，玉碎珠捐，怎做凤求凰白头重恋。

（丑）姐姐这般说，教妹子终身守寡不成？（小旦）咳，妹子你好痴心也。（泣介）

为夫泪涟，为兄泪悬，何妨撇丧残生免挂牵。

（付净上）

【园林好】想娇娃双双未眠，念鳏夫心慌足软。

我王矮虎掳得扈家姊妹，被大哥托与太公收管，亲近不得。今乘他睡熟，悄悄摸到房中，成其好事，有何不可？（行介）

咫尺银河不远，须早把鹊桥填，休浪掷，正芳年。

这里是了，且闯将进去。（入介）（丑）呀！王头领来了。（小旦）你这贼子，昏夜到此何干？（付净笑介）两位小娘子，我王矮虎想慕娇姿，今得天付良缘，同归山寨，望各赐片刻之欢，永缔百年之好。（小旦怒介）唗！你这等无礼么？

【江水儿】堪恨豺狼辈，一时火欲燃。你杀人暗把奸谋献，欺人又把淫词煽。

（丑）姐姐，既在此间，少说几句罢。（付净）还是三娘有窍。（小旦）妹子怎么也这等说？

你对人怎把胡言劝？

（付净）我好意求你，你执意不从，等我翻转脸来，一刀一个，不怕飞上天去。（拔刀介）（小旦）嗄！你道我扈文姬是怕死的么？

一点贞心难变，快把刀来，好仗青锋拼得淋漓血溅。

（夺刀欲刎介）（丑拖住介）姐姐怎这等使性？（付净急介）阿呀，我是取笑，怎认起真来？大哥托付太公收管，你若自死了，我怎当得大哥军法？（同丑夺小旦刀介）

（末拄杖携灯上）

【五供养】梦魂展转，叹潦倒衰龄，山寨流连。

呀，为何如此光景？（小旦哭介）（末指付净介）你这矮贼，又胡行乱做了？

奸心来哄骗，激怒哭声喧。

（付净）不瞒太公说，我不合动了虚火，悄地到此，指望暂图欢会。谁想二娘坚执异常。

哀求千万，只落得冒白刃空翻颜面。

（末）好阿，是一个贞烈女子。那三娘便怎么？（付净笑介）且喜三娘比二娘不同。他见姐姐寻死觅活，正在这里解劝。

看一种乔模样倍缠绵，都应琵琶堪抱过他船。

（末）原来如此。二娘，你自进去，有老汉照管，但请宽心。（小旦）芳心自比沾泥絮，不逐东风上下狂。（下）（末）三娘过来，我听不肖子要把你姊妹拣一个配王矮虎，难得你姐姐如此贞烈，只索罢了。你便趁此良夜，与他结了亲罢。（丑）虽承太公美意，只是我堂堂妇人，嫁这一个腌臢矮子，可不辱没了人？（末笑介）这也罢了。

【玉交枝】一番胡串，又何须齐眉并肩？嫦娥天半威风现，笑牛郎仰捱欢燕。

（付净笑介）前日交战，偶然输与你，不是我夸口，如今枕席上呵，

能征惯战非浪言，只怕吁吁香汗求饶免。

（丑）啐！你不记得我手段么？

缚将来军中那边，少不得捉将来房中这边。

（末）不要取笑，你两个快交拜起来。（丑）难道喜娘、掌礼俱不用？（末）喜娘、掌礼，前番受了他惊吓，如今不要劳动他罢。（付净、丑各笑介）既如此，太公请台坐，我夫妇就此拜见，明早拜见大哥罢。（同拜介）

【川拨棹】（合）缘非浅，嫁鸡来还嫁犬。好一似交颈文鸳，好一似交颈文鸳。待明朝重开喜筵，这良姻皆在天，喜相逢宁偶然？

（末）你两个自进房去罢。（付净）莫笑两员皆战将，弄成一对好夫妻。（扯丑诨下）（末）看那一丈青，欣欣同王矮虎进房去了。好个二娘，千贞万烈。老汉在此，须留心照管，保全他终身。倘日后夫妇重逢，也是一桩阴德也。

【尾声】青蝇白璧浑无腆，似别鹤分鸾凄怨。只博个贞节香名万古传。

洞房堪笑共欢娱，须记罗敷自有夫。

浑浊不分鲢共鲤，水清方见两般鱼。

第十四出　骂堂　江阳

（场上先悬忠义堂匾额介）

［鹧鸪天］（老旦法冠绛服上）呼风唤雨鬼神惊，

（生头陀僧服上）醉闹禅堂旧有名。

（外虬髯戎妆上）共说大刀真壮勇，

（小生短须戎妆上）争看青面更狰狞。（合）梁山上喜同登，一时聚首缔心盟。今朝忠义开堂处，酌酒欢呼意气生。（老旦）自家公孙胜是也。（生）洒家鲁智深是也。（外）自家关胜是也。（小生）洒家杨志是也。（外）我等自从纠聚梁山，好生兴旺。近因晁天王身故，共推宋公明为主。昨奉令将聚义厅改为忠义堂，专候大哥升帐称贺。（众）酒席齐备，一同传请便了。大哥有请。

（净袍服，旦、小旦、军校引上）

【南吕引子】【上林春】啸聚多年，气雄心壮，重整顿规模兴旺。弟兄济济多材，头领推尊无上。

（众见介）大哥参见。（净）众兄弟少礼。（众）大哥初登尊位，改立堂名，弟兄们悉遵约束，另换规模，愿进千秋之觞，共庆一堂之盛。（净）承列位情联异姓，谊胜同胞，千秋一堂，愿与众兄弟共之。（众）小校，看酒来。（内作乐，众送酒同坐，饮介）

【南吕过曲】【香柳娘】（合）**正良辰举觞，正良辰举觞，淋漓佳酿，酒逢知己欢无量。况追随雁行，况追随雁行，意气实难忘，情谊真堪奖。对星稀月朗，对星稀月朗，陶然醉乡，雄怀舒放。**

（各起介）（净）这聚义厅不过啸聚本色，今改为忠义堂，才见我等事业，与向来绿林乌合大是不同。（众）大哥高见，众兄弟增荣多矣。（净指匾大笑介）今日好不洒落也。

【前腔】看标题在堂，看标题在堂，清风堪仰，煌煌忠义归吾党。

（合）

喜孜孜气洋，喜孜孜气洋，两字细端详，千载皆推让。岂区区草莽，岂区区草莽，名高姓扬，传留天壤。

（末内嚷介）好个忠义堂，可不羞杀人也！（净惊介）呀！太公出来了。

（末拄杖上）（众）今日特备杯酒，与大哥称贺，太公请同坐，畅饮一回。（末）呸！我那里要吃什么酒？只问你每，这“忠义”二字怎么解？（净）这“忠义”二字，孩儿新改题堂额，父亲为何发怒起来？（末冷笑介）

【前腔】你心儿忒狂，你心儿忒狂，滔天无状，如何擅把佳名攘？

从来忠臣义士，尽心报国，大节凛然。你这班背叛朝廷之人，忠在那里，义在那里？

笑无知夜郎，笑无知夜郎，恣意恁强梁，枉做乔模样。

我没有什么出气，只把这二字抹倒罢了。

逞凶邪孟浪，逞凶邪孟浪，洗涤肺肠，好凭藜杖。

（将杖搠匾介）（众拖介）太公，使不得！（净）父亲宁把杖责治孩儿，若抹倒“忠义”二字，教孩儿怎生做人？（末大笑介）你也晓得不忠不义，难以做人？如今混账，把这二字哄着谁来？（又搠堕地介）（净背介）咳，我好痴心也。

【前腔】枉妆魔弄腔，枉妆魔弄腔，交游偏广，声名到底成虚谎。

（末）什么忠义，好笑，好笑！（净低唱介）

这机锋怎当，这机锋怎当，鬓发已如霜，口舌难相谅。

只得求他少说几句，掩饰目前罢。（转跪介）（众同跪介）（净）孩儿不肖，有负父亲训诲，求看众兄弟面上，宽容饶过罢。（众合）

望消除罪障，望消除罪障，欢情未央，齐齐稽颡。

（末）罢，罢，你这班不忠不义，少不得千秋万世，自有公论，何苦与你争论？（大笑介）快活，快活，骂得畅！（下）（净）羞杀我也，气杀我也！今日新改忠义堂，被父亲一番辱骂，只怕这“忠义”二字，真个承当不起。（众）大哥说那里话？大哥平生忠义，无不推服。太公从来执性，那里顾得他？如今初正位次，还求把号令申饬一番。（净）向来分派职守，各自遵依，只有山前酒店须添设管理。小校，传王矮虎、扈三娘听令。（旦、小旦向内介）王矮虎、扈三娘上堂听令。

（付净、丑上）被底鸳鸯生巧浪，帐前罴虎逞威风。大哥参见。（净）传你夫妇到来，只为山前酒店，关系紧要，今着你二人前去添设管理，须小心在意。（付净、丑）兄弟夫妇，蒙大哥恩谊，既奉差委，敢不一一遵依？（净）你且听我吩咐：

【仙吕入双调过曲】【锦衣香】茅店中青帘扬，草舍前红妆望，休言美酒兰陵，神欢心畅，安排蒙汗此中藏。

（付净）这兄弟理会得。（净）你此去呵，

依山建立，倚水开张，听水亭号箭，向芦花往来推荡，好汉休轻放，军机潜

访，须知是留心作眼风声全仗。

（付净、丑）得令。（净）号令已毕，趁此月夜，与众兄弟相送下山。（众）谨依大哥尊令。（行介）

【浆水令】（合）望冰轮团团雪亮，照溪流影影苍茫。刀枪齐列满山冈，沿村酒馆，一番重创，休轻忽，莫乱忙，中军号令应非爽。夫和妇，夫和妇，捉对成双；兄和弟，兄和弟，假扮乔妆。

【尾声】堂名忠义原无恙，整饬机谋停当，且慢说赦罪招安愿受降。

（下）

第十五出　忠略　真文[①]

【仙吕引子】【探春令】（外三髯冠带，二杂执旗引上）分符五马荷君恩，秉丹心忠悃，望东南海峤，惊烽火早访觅真英俊。

壮志冲天气吐虹，一麾五马镇山东。黄堂共仰冰壶皎，瀚海欣沾化雨同。下官张叔夜，字稽仲，信州永丰人也。由恩荫起家，迁知海州军事。目下淮西、河北、江南一切盗贼在在窃发，下官既承王命，纵未经仗剑登坛，宁敢效赋诗退敌。只今走马上任，闻得梁山贼众，正尔猖狂，可叹朝廷无人，每轻言招抚，下官莅任方始，须索练兵选将，为占胜殄灭之计。且待各役到来，预为筹划则个。

（生吏、小旦门子、二杂皂隶上）旧役奔波经道路，新官风采满郊原。（叩介）海州吏书各役叩见老爷，有花名手本呈递。（杂接，送外看介）（外）你每远来迎接，本府正要访问：那梁山贼众，近来声势若何？（生、众）老爷听禀：那梁山贼众呵，

【仙吕过曲】【皂罗袍】占踞山岩高峻，望茫茫芦荻乱隐湖滨，啸聚成林，任纵横，官军缉捕难亲近。

（外）那邻近地方，也被他扰害么？（生、众）贼寇恣行劫掠，只近日祝、扈两庄，便伤心惨目了。

可怜旧家父子，捐躯丧身，更有新婚夫妇忙逃乱奔，眼见得连年杀戮经

---

① 此出后为下卷，目次略。

州郡。

（外）贼人如此横行，闻之发指。下官今日到任，必须召集一二健将，才可保全危疆，扫除巢穴。不免将榜文一路晓谕，然后约齐援师，协同进兵。吏典过来。（生应介）（外）我有榜文一道，招募义勇，你将去前途张挂，倘有应募之人，伺候本府到任相见。（生）嗄。（外）且听我吩咐：

【前腔】草泽鱼龙多混，想天生豪杰，志慕风云，一旦弹冠肯从军，功成指日悬金印。

（付榜介）你将此榜呵，

抄誊张挂，不论通衢近村，若遇那好汉子，殷勤延接，休问征夫旅人，须索招留幕下来投顺。

（生）老爷吩咐，小的便抄写晓谕便了。忙捧征书迎杰士，好悬名榜待英才。（持榜下）（外）吩咐各役，就此起行。（众应，同行介）

【仙吕入双调过曲】【五马江儿水】（合）千里征轺相引一心，欲靖妖氛，看油幢风转，皂盖云分，须念彤廷简命新。恨关河惊扰地暗天昏，不过潢池亡命，釜底游魂，但教奋勇荡烟尘，齐心协力绝迹超群，指顾成功投戈补衮。

（同下）

第十六出　留养　先天

【仙吕引子】【卜算子】（旦上）夫婿悔长征，姑病多偃蹇，遥望关山旅梦牵，甘旨宁嗟怨。

奴家李氏，自从丈夫前往延安，杳无消息。婆婆朝夕悬念，染成一病。倘丈夫逗留不归，转加沉重，如何是好？适间午睡方醒，不免暂扶起来，劝他宽解则个。

（扶老旦病装上）

【番卜算】（老旦）寂寂闭蓬门，梦绕天涯远，病魔偏惹老年人，衹觉精神倦。

（旦）婆婆，今日身子宽畅些么？（老旦）梦魂颠倒，心绪不宁，怎得宽畅？（旦）儿夫一去许久，早晚必归，婆婆且自宽怀。（老旦）我那王进的儿阿，（泣介）

【仙吕过曲】【桂枝香】行装初办，抛离庭院，那更燕去鸿来，不觉时移物变。

念西风似剪，西风似剪，愁肠千遍，泪痕飘霰。

（旦）

婆婆免忧煎，那些个日近长安远，管取欣欣归故园。

（老旦伏桌介）

（生冠带，二杂随上）

【不是路】（生）亟整归鞭，为忆慈闱魂梦燃。

（杂）老爷回府了。（生）你每回避。（杂下）

（旦出介）呀！果然官人回来了。

欣相见，灯花昨夜果娟娟。

（生入介）母亲在那里？呀！

叩堂前，为甚萧然静卧浑难辨？

（旦）婆婆近日心绪不安，染成一病，

因此弱息依稀倚枕眠。

待我轻轻唤醒他来。婆婆，官人回来了。（老旦醒介）嗄。我儿回来了么？

（生跪介）是孩儿回来了。

愁难遣，看容颜非复当时健。

（背泣介）

好教我泪流难咽，泪流难咽。

（老旦）我儿，怎么直至今日回来？做娘的好不牵挂也。（生）孩儿久违膝下，只因种经略留在军前，题授游击之职。思念母亲，暂得告假。未知体中安否若何？（老旦）儿阿，只因你去久不归，日夕悬念，这几时心神恍惚，肢体疲倦，且喜你已得官职，只恐做娘的病势淹留，如何是好？（仍伏桌介）（生泣介）娘子，母亲这病几时起的？

【长拍】（旦）只为渺渺离情，渺渺离情，重重愁绪，朝夕怎生安便？因此心灯常炽，意蘖偏结，闷恹恹病态缠绵。

（生）曾用过药么？（旦）

汤药尚无缘，怕破郁消愁，庸医难援。怎得苦口良方国手展，扶晚景感苍天。

依奴家意中，官人须在家奉侍方好。

定省晨昏相勉，好调羹尝药，共保安然。

（生）我岂肯恋此微官，远离左右？如今着跟随人役，禀复种经略，且待母亲病愈，再定行止。

【短拍】白发萧条，白发萧条，儿心展转，望西秦难傍高轩。闭户暂流连，忍把那前程贪恋，异日重瞻棨戟，且看取欢笑北堂萱。

（旦）官人主意极是。但婆婆体中须良医调治，还该用心寻访。（生）闻得有个神医安道全，住居建康。欲自去延请，母亲在家，又放心不下。（旦）既有神医，该作速去请，婆婆大势无妨，奴家小心奉侍便了。（生）和你扶去安息，明日宛转说知，然后前往。（同旦扶介）母亲，到里面安置罢。（老旦起介）儿阿，今日见了你，顿觉宽解，适才这一回好睡熟也。

【尾声】欣会合亲儿面，正梦绕华胥平善，

（生、旦合）

但愿早仗刀圭把宿疾痊。

征骑初归慰老亲，依依绕膝孝心真。
但得药医无恙病，宛如佛度有缘人。

第十七出　窃酿　齐微

（付净上）人人说道强盗长，惟我区区忒郎当。杀人只好齐腰过，放火从来摸壁行。连头带脚不满三尺，捱肩擦背枉弄一场。短橛橛好似开大门个爆杖，跳钻钻活像磨灶角个獐狼[1]。阳谷县里武大郎是我结识个同辈，虎邱山前王主簿是我通谱个尊行。堪笑空来梁山泊上称好汉，还亏配子天边长介个敝房。仰起面孔刚刚望着腰里，伸长臂膊几几摸到奶傍。且喜渠有双刀，我有单枪。肚里肮脏，虽然妄谈我短；身边摇摆，只好靡恃他长。闲话少说，我夫妇蒙大哥差遣，在山前添设酒店。闻得朝廷差陈太尉赍御酒、诏书，前来招安。想招安有甚好处？趁他到此，弄个计，暗算他一番，然后等他到山寨去，落得大家招安不成。且等三娘出来，与他计议。

（丑上）休道插花来卖酒，且看带剑去当垆。（见介）曾开张店面么？（付净）已吩咐火家开张了。有一件事专等你商量。（丑）有什么事？（付净）陈太尉

① 应为“蟑螂”。

赍诏书、御酒前来招安，我看大哥口里说招安，心上原不愿。等他到店中，把蒙汗药酒弄倒他，耍他一耍，有何不可？（丑）有理，和你去安排停当，待他来，发付便了。大家排设机千套，好汉消磨酒一杯。（同下）

（小旦太监蟒玉，二杂捧诏、挑酒引上）

【中吕过曲】【粉孩儿】（合）**遥遥的望梁山烟水里，捧丝纶诏命远投淮、济，尚方酿就初熟时，荷天恩遍赐淋漓。**

（杂）公公，前面是梁山泊开设酒店。我每路上劳顿，且到那里暂歇片时？（小旦）这也使得。（行介）（合）

向前途聊息驱驰，看茅店依岭临水。

（付净、丑上，跪介）梁山泊酒店头领王矮虎、扈三娘迎接太尉。（小旦）起来，起来。（付净）太尉一路辛苦，且到小店暂时歇息，然后上山罢。（小旦）咱从京师来，十分劳倦，正要歇息片时。那孩子每已饿得慌了，有什么现成的酒饭？把来用些。（同入坐介）（付净）山寨中整治筵席款待，只恐公公饥渴，且将就用些。但伏侍不周，望公公恕罪。（小旦）好说。（付净）三娘，把酒肴整治出来。（丑应介）（小旦）下酒的随意，只酒便荡热些。（丑）晓得。（背介）那没膝子的，不晓得药酒荡热更来得快，挐一壶沸滚的与他便了。

（虚下）（取酒上）太尉，酒荡热了，先挐在此。（付净斟送介）太尉请酒。

【红芍药】逢胜景且进三杯，赛兰陵琥珀光辉。

（小旦饮介）好酒，好酒，再斟来。（付净又斟介）太尉请饮，待我也奉敬二位几杯。（小旦）那孩子每，把大碗赏他几碗罢。（付净）太尉说得有理。三娘，取大碗来。（丑取大碗同付净送杂介）二位自然是好量，多吃几碗。（杂）多谢，多谢。（连饮介）（付净、丑）

一任你空心暂欢饫，又何妨放怀同醉？

（杂）果然好酒。（付净又斟，杂又饮介）（小旦）酒味虽好，只是吃下去便有些醺意起来。（杂）便是小的每，也只想要睡。（小旦）

从来不晓醉如泥，怎今番眼昏头坠？

（付净）太尉，不妨事，就是醉了，在此略睡一睡何如？

黑甜乡好梦徘徊，酩酊后须觅乐地。

（小旦、杂各醉态介）（付净）倒也，倒也。（小旦、杂各倒地睡介）（丑拍手

笑介）好阿，

【正宫过曲】【福马郎】霎时流涎鼻又涕，不觉颓然昏沉矣。

（付净）

说甚逢知己，早做了千钟少六魄迷，

这酒比黄泥岗上卖的也差不多，且喜三个又着了道儿，

这是山中美酬醍只教你身共首软成堆。

三娘，他每多睡熟了，现放着一担御酒，和你开他一坛，大家尝一尝。（丑）有理，就此开起来。（同开坛取酒饮介）（付净）妙阿，这酒委实好吃。（连饮介）（丑）我与你同吃这一坛，那里济事，连那一坛也吃了罢。（付净笑介）这等再开起来。（又同开坛饮介）（付净）好快活，吃得爽利。

【中吕过曲】【耍孩儿】喷鼻馨香多乐意，不必杯和斝，顷刻里倒瓮倾罍。

吃便吃得好，把什么装在里面，方掩饰得过？（丑）有一桶淡白酒在那里，取来装好，与弟兄们尝一尝，自然大家发恼起来。（付净笑介）有理。这才耍得好。（同取桶内酒装介）（合）

村醪滴流流，清淡无余气，笑此番掇赚浑儿戏，难认取中山味。

（付净）如今原把来封好，装在担里去。（丑同装入担介）

【会河阳】（合）管甚封黄御笔标题，原挑一担没差池。

（付净笑介）他吃了我的药酒，我与你吃了他的御酒，只算拽直罢。

顽皮弄盏传杯，鼓唇燥脾，还胜把空坛闭。

（丑）那封诏书不要动他罢，也耍得彀了。（合）

诏儿仍封好休轻弃，酒儿仍贮好多牢系。

（小旦醒介）哎哟，好醉也。（付净笑介）太尉吃不多酒，却睡了这一会。（小旦）想是吃了饿酒，一时睡去，几乎误了公事。那两个狗头，还睡在那里？（踢杂介）还不快起来！（杂醒起介）阿呀，好酒。（小旦）狗头，还说好酒，怎么只管睡去了？（杂）公公一齐睡倒，怎只说小的每？（小旦）哇！胡说，还不把诏书、御酒收拾上山。看那皇封没有损坏么？（丑）太尉，我和丈夫在此照管，那个敢损坏？（付净）如今待我放一枝响箭到金沙滩去，那边自有船来迎接上山。（小旦）如此最好。（付净向内放箭介）

（杂摇船上）

【缕缕金】冲芦岸过沙溪，只听一箭响棹如飞。想是招安到，莫教稽滞。看孤帆鼓动趁风吹，仓忙早相会，仓忙早相会。

（到介）（付净）号船已到，请太尉同二位上船。（小旦）孩子每，把诏书、御酒放好船内，同上山去。（杂应介）（付净）太尉前去，大哥与众兄弟自在山前迎接。我夫妇随后上山来伺候开读，也要吃几钟御酒哩。（小旦）这个自然，咱在那里相候。晓起只随仙杖转，醉余犹带御香来。（杂摇船，小旦、二杂同下）（付净、丑笑介）那太监吃了好酒，睡了半日，不知御酒已被人搠换了。

【越恁好】一番偷换，一番偷换，神鬼总莫知。说甚梅花竹叶才沾口好惊疑，空负了天厨御馔添旧醅，博得沉沉欲睡。

（丑）你也想睡，恐怕也尝了蒙汗药了？（付净）实是好酒，比山寨中好过几倍。（丑）如今和你上山去，看弄甚把戏出来？（合）

军营内怎禁得多烦喙，钦差辈怎免得多贻戾。

（付净）收拾过店面，快些去罢。

【尾声】偶然盗弄须臾际，佳酿原来空浪携。

（丑）这番招安多应不成了，

只落得眼饱当筵怎禁腹内饥？

饶伊奸似鬼，吃了洗脚水。

招安弄不成，大家心欢喜。

第十八出　抗招　尤侯

【黄钟过曲】【神仗儿】（净袍服，生僧妆，老旦道妆同上）（合）皇恩遍覆，皇恩遍覆，想旌旄驰骤，把黄门拱候，料应招安非谬。

（净）今日朝廷差陈太尉赍诏书、御酒前来招安，因此同公孙一清、鲁智深下山迎接，且待太尉一同上堂。

（小旦上）

（杂捧诏挑酒引上）（合）

看威严山寨军容辐凑，宣诏旨莫优游，通款曲费绸缪。

（净迎介）太尉请进。（同入介）（净）重蒙太尉光降，候开读过了，宋江和众兄弟谢了皇恩，然后与太尉行礼罢。（小旦）义士言之有理，请安排香案开读。（老旦）如今还是先读诏，先吃酒？（小旦）自然先读诏。（生）咳！洒家在五台山，闻着酒香便忍耐不住，那里等得先读诏？且把御酒来，大家先吃罢。（净笑介）你看智深兄弟到底旧性不改。太尉，求把御酒先赐与他每同饮罢。（小旦）既然义士尊意，便先饮御酒无妨。（净）兄弟每，把御酒供奉香案上，待我先谢了恩，然后同饮。（生、老旦同杂捧酒桌上，净拜介）

【中吕过曲】【驻云飞】**避罪俘囚，深感天恩垂念久，今日蒙宽宥，舞蹈宁辞后，**嗏，**御酿正新篘，愿同沾口，相对陶然仰祝南山寿，**须信**酌酒高歌能解忧。**

（杂开坛将壶取酒斟介）（生）大哥先饮一杯。（净山呼毕，取酒饮介）呀？好奇怪，怎么御酒是恁般滋味？公孙先生，你也尝一尝看。（老旦取酒饮介）便是，怎么平淡得紧？（生）待我来尝。（取坛饮介）呸！什么御酒？倒教洒家口中淡出鸟来了。（将坛掷地介）（小旦）这厮好没理，怎么把钦赐的酒多倾翻了？（生）还说什么钦赐的酒？

【前腔】**淡杀咽喉，**这不过**村野乡农沽剩酒，但见清波溜，尚欠浓浆逗。**

（老旦）这酒实是可笑，嗏！

滋味最堪羞，好似**马牛涬溲。**

（生合）

纵使刘伶无意倾千斗，说甚**造出天家费酒筹？**

（净笑介）你每不要乱嚷，那壶内有剩下的，待我也奉敬太尉一杯。（生）有理，等他也尝一尝。（净斟送小旦，小旦饮介）呀！果然，这酒怎这等不中吃？（生笑介）你也道不中吃，难道洒家哄你不成？（小旦）嗄！是了，咱在王矮虎酒店中偶然睡去，一定那厮偷吃了，把这淡酒换下的。（净）既如此，待王矮虎来，问个明白。

（付净、丑上）李白闻香忙下马，刘伶知味且停车。大哥，御酒吃过了么？把来分赐兄弟夫妇也吃几杯。（净）正要问你，可是你把御酒偷吃了，换在里面的？（付净笑介）这那里说起？（净）陈太尉这等说。（小旦）走来好端端两坛御酒，如今味多变了。一定你乘咱睡去，把来偷换过的，还赖到那里去？（付净）没有这事。你看原封不动，便不是我偷换的了。（丑笑介）京师到此路程遥远，或者酒味变了，也不可知。（小旦）咳，说那里话来？

【正宫过曲】【四边静】这是**尚方曲蘖亲承受，一旦遭倾漏，你暗地弄机谋，酒味浑非旧。**

如今把诏书宣读，待咱复命，这御酒只索不要提起了。

丹书宠佑，恩深意厚，烺烺早宣传，好待咱回奏。

（生、老旦）现放着两坛淡酒，把我弟兄们奚落，还要读什么诏书？请你收过了罢。

【前腔】（生）**无端侮慢难穷究，不觉双眉皱。**

洒家想起来，多是你这班奸佞从中侮弄，故意把这淡酒来混账。

怒气好冲天，早早除阉狗。

（小旦怒介）嗄！你这撒野的秃驴，敢骂咱家么？（生）你这不做好事的阉狗，就一禅杖打杀了你，也不为过。（轮禅杖介）（小旦急避介）（付净劝介）阿哥，且不要性急。（丑）太尉，这番招安，多应不成了，不如急急下山去罢。（付净合）

风波翻覆神魂僝僽，劝你早回京，打点忙奔走。

（小旦）罢了，罢了！咱连夜回京复命，听官家处分便了。（净）只望太尉回京，好言转奏，弟兄每一时粗鲁，并无他意。（小旦）孩子每，快把诏书收拾下山去。（净）只恐山前这些弟兄又要生事惊动太尉，待我亲送下山一程。（小旦）酒逢知己千盅少，话不投机半句多。（杂捧诏同下）（净随下）（老旦）方才这酒竟是极恶的村醪，不要怪阉狗说，一定原被人偷换了。（生）洒家晓得，更无别人，自然是王兄弟弄的手段。（付净笑介）不敢欺，两坛御酒实实多在我夫妇肚里。如今弄个招安不成，落得大家且在山寨中快活。（生笑介）算计虽好，只是你竟做了一个偷酒的强盗了。（付净）阿哥，这正是酒不醉人人自醉。（生笑介）只怕你与三娘还是色不迷人人自迷。（丑）啐！（同下）

第十九出　冥诉　萧豪

（旦阎婆惜魂，末土地引上）（旦）［虞美人］红颜久葬黄泉路，怨恨难凭诉。湘灵鼓瑟欲销魂，谁识珊珊环佩夜归人。　而今重觅冤家债，往事浑无赖，分香卖履泣西风，空说当年横槊大江东。奴家阎婆惜，自遭惨害，飘流枉死城中，每思宋江那厮狠心毒手，无从伸告，幸天庭新敕忠烈真君降临兹土。求

土地公公指引，哭诉一番。来此已是殿庭，公公便烦引进。（末）真君尚未升座，和你伺候进见便了。（内鼓乐）

（外金幞头袍带，二杂鬼判引上）

【北双调】【新水令】（外）平生仗义贯云霄，到头来魂归缥缈。只为乾坤留正气，谁想名姓列天曹，则看俺象带绯袍，象带绯袍，端的鬼和神钦仰惟忠孝。

出师未捷命沉沦，长使英雄泪满襟。一片丹心磨不尽，怎忘那山中戈戟正森森。小神祝义是也，蒙上帝垂怜，父子殉节，敕授忠烈真君，掌管阴阳果报。生列布衣，空负勤王素志；死归金阙，尚存报国精诚。虽则乱贼，总关气数，未成荡灭之功；须知孽报，自有因缘，难免轮回之苦。眼见得宋江这厮恶贯已盈，难逃天罚，只在目下，管教受俺幽冥一番消遣也。（末见介）土地参见真君。有一女鬼阎婆惜，投诉伏候法旨。（外）着他进来。（末传旦见介）鬼犯阎婆惜，久负沉冤，冒昧申诉，伏望真君垂怜详察。（外）你且说上来。（旦）真君在上，念女鬼呵，

【南仙吕入双调】【步步娇】弄粉调脂方年少，梦惹高唐杳。

不幸被宋江强纳外宅，那厮与晁盖私通，恐女鬼出首，竟将鸾刀刺死。（哭介）

红颜薄命凋，风雨黄昏泪盈荒草，阴律斩奸枭，愿施果报天威效。

（外）你的情事，俺已尽知。宋江与晁盖私通，晁盖遗言捉得史文恭者为梁山泊主，如今占据无忌，那晁盖好不衔恨也。

【北折桂令】想他仗青锋恣意咆哮，顾不得惜玉怜香百媚千娇，更有月夜分金法场活命厚谊深交，叹谆谆遗言如扫，逞昂昂高座偏乔，说甚雄风天表，一谜里妆仁做义，顿撇却老魔头轻掷鸿毛。

土地，吩咐狱官，押发晁盖阴魂到来，一同面鞫。（末向内介）奉真君法旨，吩咐冥官押发晁盖阴魂来见。

（杂鬼带付净枷锁上）生前空负杀人心，死后难忘冤业报。（杂）鬼犯晁盖当面。（外）晁盖，你知罪么？（付净）真君爷爷，鬼犯一箭身亡，甘受地狱。只是宋江肆恶，比鬼犯又胜几倍，高踞水泊，全无报应，求真君一体施行，晁盖死而无怨。（外）你把宋江罪恶说来。（付净）那宋江奸贼呵，

【南江儿水】他犯罪遭王法，我冲锋去劫牢，谁想山林高踞多奸狡，瞒心昧

己机谋巧，忍见我曾头一箭旗枪倒，空把盟言撇掉，今日里似虎如狼枉负却替天行道。

（外）听你二人申诉，俺想起当日乘婚行劫，致俺父子一旦身亡，那贼子好狠心也。

【北雁儿落带得胜令】自那日乱丛丛烽烟满四郊，只凭着恶狠狠阴毒浑千套，闪得他急煎煎新婚何处逃，激得俺怒纠纠一霎把刚刀蹈，纵然是天心劫运痛偏焦，觑奸雄多欢乐，早把这父和儿轻轻断送了，今日个昏昏怨恨怎能消？

那贼上应天罡，阳寿未尽，目下且少显果报，警醒世人。

休饶，脱不过隐隐冤魂罩；难熬，免不得淋淋血肉抛。

（旦、付净）多蒙真君先显果报，但挈那奸贼到地狱中受些痛苦，更为快心。

【南侥侥令】鬼门排剑树，地狱列风刀。一任他搅乱阳间希寿考，怎免得堕落阴司没下梢？

（外）你二人不须性急，宋江阳寿终时，自当遍历地狱。如今趁他自负忠义，抗逆招安，俺这里先遣你二人前去暗中行击，使他陡发背疮，以为背父背君之报。

【北收江南】呀！则看这病魔儿难疗，呵，煞强如江州市上暗擒牢。蓦忽地血飞脓渍旧征袍，枉悲啼痛号，枉悲啼痛号，须信相君之背罪供招。

（旦、付净）多谢真君。（外）那贼威焰方盛，恐你两个阴魂难以亲近，待俺公子到来，率领前去。

（生金冠袍服上）一片忠心留万古，三生烈气重千秋。孩儿祝彪参见。（外）孩儿到来，宋江恶贯罪盈，你可率领晁盖、阎婆惜二鬼同往暗击，使他先受背疮之报。（生）孩儿痛恨宋江，今蒙爹爹差遣，即率二鬼前去便了。

【南园林好】恨相逢前生孽妖，痛抛离家门故巢，暂解释心头烦恼，枉自负乐陶陶，恐难忍泪飘飘。

（外）开示已毕，尔等前往，俺一面申奏天庭也。（下坐[①]行介）

【北沽美酒带太平令】（合）表孤忠彩帜标，受天恩冥职叨，总难忘梁山僭踞郁岧峣，拥金沙水势滔，好凭着一灵儿寻踪觅耗，狠豺狼难防缠扰，苦冤魂何妨

① 应为“座”。

厮闹。

（外）

俺呵今日个神摇意劳，博得个芳名不祧，呀，休抹杀俺祝家庄这场果报。

（杂鬼判随下）（末）真君这番施行，虽为二鬼申冤，实代忠良吐气。（生）好笑世人，多把水浒群盗认作真忠真义，且看宋江背疮发时，大家省悟也。

【北清江引】（合）乱臣贼子干天讨，冥冥知分晓，疮从背上生，业本心中造。愿普天下读稗官的如梦觉。

（下）

第二十出　孽报　江阳

【仙吕入双调过曲】【双劝酒】（丑华服上）烹庖在行，安排停当，杀猪宰羊，撒盐调酱，再觅取床头佳酿，也须知节届重阳。

区区宋清，自从跟随太公上山，靠着阿哥快活受用，在山寨中专管安排酒席。今日重阳，已整治酒肴，分派众头领登高游玩去了。大哥这几日只好安坐，不耐喧杂，另设一席在忠义堂，专候他畅饮，不免请他出来。大哥，有请。

（净便服，二杂引上）

【哭岐婆】（净）秋风袅袅，晴光飘扬，菊花遍插，茱萸相饷。朝来堪怪意彷徨，都应病生偃蹇状。

（丑见介）阿哥，今日重阳佳节，众兄弟各自去登高了。兄弟另设一席，与阿哥开怀同叙。（净）今日意兴索然，无心吃酒，与你静坐一会罢。（丑）阿哥，不要这等没兴，待兄弟奉敬几杯。小校，把酒来。（杂应介）（丑送酒介）

【海棠醉春风】【月上海棠】酒兴狂，何须豪饮龙山上，对尊前佳景，两两传觞。

阿哥，请进一杯。（净嘿坐介）（丑）阿哥，你看满庭菊花，如此茂盛。

羡名花绝胜东篱，愿此会明年无恙。

（净不理介）（丑背介）阿哥平日意兴最高，怎今日如此光景？

【沉醉东风】料非吉祥，恐多祸殃，只怕英雄末路浑如梦一场。

（生领付净、旦魂持锤暗上）

【玉枝带六幺】【玉交枝】（净）我从来心粗情爽，怎无端意绪凄凉？

今日好不耐烦也。（哈欠介）

【六幺令】**头儿沉重脚儿荒，空留坐慢徜徉，一时不觉神魂荡，一时不觉神魂荡。**

（付净、旦暗击净背）（净跌倒介）（生同付净、旦下）（丑惊介）阿呀，大哥为何忽然跌倒？小校，快同扶起来。（杂同扶起，坐介）（丑）阿哥苏醒。（净渐醒，大叫介）阿呀，不好了。背上忽然疼痛，像有人着实狠击了一般。（丑）阿哥，又来了。好端端坐在此，那个敢在你背上击动？（净）你替我解开衣服，看背上怎生模样？（丑解净衣摩背介）

【园林带侥侥】【园林好】**正欣欣欢娱未央，奈匆匆浑如负芒。**

呀！为何背上发肿起来？

看顷刻火腾腾肤胀。

阿哥，你背上红肿，多应要生个疮毒，急急医治便好。

【侥侥令】**趁着毒气初攻须调理，好早觅千金肘后方。**

（净伏桌介）我好痛也。（丑）众头领多不在，只得请太公出来，与他商量罢。太公，快来。

（末上）老景每从愁里过，良辰何必醉中消。你为何如此慌张？（丑）阿哥好好在此饮酒，忽然仆地，我连忙扶起来，只叫背上疼痛，如今像肿起疮毒一般。（末）有这等事？待我看来。（看净）（净叫痛介）（末）咦，你那不肖子，这正是现前业报也。

【姐姐寄封书】【好姐姐】**可怜今生孽障，须知是灾从天降，良辰美景难将痛苦当。**

（丑）父亲，怎只说不着紧的话？

【一封书】**早忖量，保无妨，何忍相看久卧床？**

（末）此症非寻常疮毒，除非请神医安道全来才可疗治，不然性命休矣。（丑）安道全是那里人？（末）是建康人。（丑）既如此，孩儿星夜前去请来。（净伏桌介）好兄弟，果有神医，快快前去请来。（丑）哥哥宽心。

【拨棹入江水】【川拨棹】**休悲怆，觅岐黄，在那乡，怎惜得水远山长？怎惜得水远山长？愿相逢亲提药囊。**

（末）你既要去请医，小校，且扶着进去。（杂应，扶净介）

【江儿水】(末)咦，只怕病入膏肓，正好向蓼洼安葬。

(同下)(丑)你听太公唠唠叨叨，到底不像意阿哥所为，只索由他罢了，我且连夜到建康走遭。(下)

第二十一出　夺医　尤侗

【正宫过曲】【朱奴带锦缠】【朱奴儿】(生同付净巾服背药箱，杂摇船随上)(生)家乡远奔波未休，名医遇驰驱宁后。梦绕慈闱暗泪流，仓公术须凭神手。

卑人只为老母染恙，特至建康延请安先生一同渡江前来。(付净)王大爷，小子虽然跟你出门，只是平日承值，各上司不时呼唤，恐怕还要来追寻转去也未可知。

【锦缠道】药饵信心投，科兼内外怎教逐远游。

(生)只求同到舍下，诊看用药，即便送归罢了。(同行介)

且暂扬帆去，少不得江流风送一归舟。

(下)

(丑常服，杂摇船急上)

【朱奴剔银灯】【朱奴儿】(丑)天涯畔神工早求，空叩问行路悠悠。

我只为阿哥患重，寻取安道全。谁想到他家中，又被姓王的刚请去了。急急渡江赶来，看前面船上一个背药箱的，定是他了。不免迎将上去，只说总制军门立等看病，骗他同上山寨，有何不可？船家，快摇去。(杂应同行介)

(生同付净、杂上)(生)

行李匆忙莫逗留，

(付净)

手到处消除孱僽。

(丑跳过船，拖住付净介)好了，在这里了，你可是安道全么？(付净)小子正是。(丑)我奉统制军门差来，立等要你看病，快快过船同去。(付净)王大爷，我说上司衙门定来追寻的，如今只得同这大叔转去了。(生)这怎么处？老母患病，特地远来相请，还求同我一去便好。(付净)军门呼唤，可是迟误得的？王大爷请先回，待小子到衙门里看过病，即到宅上便了。(丑)快去罢，不要多讲了。踏破铁鞋无觅处，得来全不费工夫。(扯付净过船，杂同下）（生）那里说起，刚请得安道全，又被邀夺去了。不知母亲这几日病势如何？只得急急赶归，待他来罢。船家，快摇去。（杂应，同行介）

【剔银灯】（生）**心忧想淹煎可瘳，愿指日苍穹默佑。**

（下）

（丑、付净、杂摇船急上）

【朱奴插芙蓉】【朱奴儿】（丑）**假官符从来浪搊，向山寨疾忙驰骤。**

（付净）大叔，你要我去看病，好好同去罢了，

为甚**乱拽忙拖身似抖**，就是**惊风急**也须**定心针灸。**

（丑）实对你说，我不是什么军门差来，我是梁山泊上头领。因大哥患了背疮，请你上山医治。你不要害怕，山寨中正有用你处，此番同我去，你休想再回来了。（付净）坏了，坏了，我安道全做了一世郎中，怎么竟要捉去入伙？还求放我回去罢。（丑）呸！大哥立等用药，说这混话？快去，快去。（杂同急行介）

忙前走，怎**迟迟自由？**

【玉芙蓉】管教伊财源百倍把药资酬。

（下）

第二十二出　孝感　齐微

【南吕引子】【生查子】（生上）**尝药好心悲，未值卢医至。俯首费沉吟，怎得沉疴起？**

卑人寻取安道全，被差役中途夺去，急急赶归，母亲病体正未痊安，问卜延医并难取效。想起割股疗疾，子道当然。适吩咐娘子伏侍母亲在房中少睡，悄悄带着鸾刀在此，不免先向空祷告一番。（向空揖介）皇天在上，念王进母亲呵，

【南吕过曲】【香遍满】愁魔忧祟，无端命逢二竖欺榆景，恹恹浑憔悴。

自古身体发肤，受诸[①]父母。王进情愿割肉煎汤，奉供母亲。（撩袖出刀介）

把衫襟慢提，趁鸾刀自挥。看淋漓血肉飞，且揾却男儿泪。

① 原文印刷体为“诸”，旁有手写改动为“之”，当为收藏者所做改动。

（割肉略抖介）且喜割下一块肉，全不觉痛，不免唤娘子快些煎汤与母亲吃。娘子，快来。

（旦上）

【懒画眉】姑病缠绵伴空帏，只望天意垂怜免皱眉。

（见介）呀！

为甚掌中流血满征衣，却原来割肉刀方淬，

（泣介）官人，难得你如此孝心，

端的报母恩深志不移。

（生）娘子，把这割下的肉快去煎起汤来。（旦）晓得。婆婆在房中方睡醒哩。万病皆从愁闷得，一心惟有佛天知。（下）（生）娘子已去煎汤，待我扶着母亲起来。（虚下）

（扶老旦病装上）

【商调过曲】【二犯梧桐树】【梧桐树】（老旦）飘飘梦乍回，切切心如碎。纵使扁鹊长桑药石浑投水。

【针线箱】浮云幻景真无蒂，一霎光阴如何教我强自持？

（生）母亲，这一会身子好些么？（老旦摇头介）神思昏倦，多应不济事了。

【五更转】残生只恐长辞矣，细雨梨花枉撇得孤灯半世。

（生）母亲但请宽心，自然渐愈。只是专等安太医，许久不至，还该另进些汤药便好。（老旦）我胸膈烦闷，就是汤药，那里吃得下？

（旦持汤上）膝前自有长生药，堂上应无久病人。官人，汤煎好在此。（生送老旦介）母亲，请吃些汤水。（老旦开眼摇手介）我不要吃药。（旦）婆婆，这不是药，是一盏汤。（老旦）既然是汤，待我少呷一口。（吃介）（生）母亲，请缓缓吃下去。

【南吕过曲】【浣溪沙】这汤一杯多滋味，乍烹来甘美如饴。

（老旦）这汤怎恁般好吃？（连呷不住介）（生背喜介）妙阿！

须知血躯余沛心偏畅，何必苦口良方只自医。

（旦）官人，

真忻慰，早看取笑吟吟，竟疏利胜仲景尤赛丹溪。

（老旦）好汤，好汤，滋味妙得紧。（挣立起介）好奇怪，这汤才吃下去，霎时精神健旺，我的病竟好了一半。

【刘泼帽】精神打起浑忘寐，似神力别有提携。

（生、旦）谢天地。（老旦）孩儿同媳妇扶我到堂前一步。（生）母亲，且慢劳动罢。（老旦）不妨。（生、旦同扶行介）（老旦）

蹁跹重过阶庭际，暂徘徊觉下体多轻举。

（生）且喜母亲一时健旺了。

（杂小军上）朝中天子三宣，阃外将军一令。这里是王大爷家了，不免径入。（进见介）且喜王爷正在堂上，小的叩头。（生）你是经略府军校，几时差来的？（杂）小的奉经略大老爷之命，星夜到此，因准海州张老爷申文请兵协剿梁山贼寇，为此特知会王爷。

【秋夜月】遵指麾，速整三军队，共向梁山把前锋对，皇皇军令难淹滞。

现拨精骑三千，屯札郊外伺候，星速起马，

看旌旄济济，仗元戎统理。

（生）军务匆迫，蒙经略委任，只是母亲病体初愈，岂忍恝然远行？（老旦）你一向在家，只为我患病，今幸痊安，你放心出门便了。

【东瓯令】休留恋莫依违，且喜暮景平安好慰伊。说什么堂前竞效斑衣戏，空埋没青云器。

想梁山贼众，负固不服，今得海州奋志用兵，你若协助成功，亦不负平生忠义也。

愿功成指日靖边陲，无忝旧门楣。

（生）母亲严命，自当仰遵。但孩儿呵，

【金莲子】奉慈闱，怎教捧檄多色喜，况努力加餐犹未几，怕向那远沙场一程程回首马行迟。

（老旦）从来忠孝不能两全，况我病体平复，还该早早前去。（生）既如此，小校过来，吩咐那些军士整齐队伍伺候，即日起身。（杂）晓得。军中刁斗肃，郊外羽书驰。（下）（生）母亲，请到里面安息罢。

【尾声】（老旦）乍欢然牵衣袂，今宵勿药好追随，

（生、旦合）

请看倚遍门闾争传奏凯归。

沉疴顿愈似通神，何必刀圭细讨论。

世间好事惟忠孝，臣报君恩子报亲。

第二十三出　改妆　寒山

【仙吕入双调过曲】【步步娇】小旦上满目烽尘身萦绊，回首悲何限，分飞影未还。瘴雨罡风倏忽飘散，无语倚阑干，匆匆好逐南归雁。

[桃源忆故人] 故园飘荡终已矣，留得红颜憔悴。浪忆鸾凰佳配，不禁分离泪。　　云飞日落吹笳起，欲觅锦囊奇计。一片冰心如水，早脱牢笼里。奴家扈氏文姬，自遭劫掠，矢守贞节，聊延残喘。近日宋江染患，背疮沉重，那大小头目俱同太公在榻前看视。想那班贼众，合当天败了。奴家意欲潜逃下山，只恐女流不便行动，私窃得军中衣帽一付在此。闻得妹子看视宋江，也在寨中，少顷定来见我。等他来时，再取了他的号旗，一路前去访问夫君。不免先将衣帽穿戴起来。（对镜换衣帽介）

【仙吕过曲】【醉扶归】妆台久掩菱花灿，只这愁眉独对锁春山。且把戎衣大帽向镜中看，做个木兰代父从军返。

只恐金莲半露，惹人猜疑，把战裙也系了。（束裙介）

凌波斜隐战裙襕，好整备，乔妆扮。

（丑持旗上）

【皂罗袍】堪笑山中好汉，正恹恹久病一命将残，抛离姊妹撇双鬟，愁心浪把归期盼。

呀！姐姐，为何如此妆束？（小旦）宋江病重，防范甚疏，我欲乘此改扮潜逃，专等你来说知。（丑）嗄！原来有这等事？（小旦）妹子，还有一件，

衣妆初换，奔驰正艰，湖滨偷渡稽查恐烦。

你手中令旗，借与做姐姐的罢，

须倩兵符照验无虚幻。

（丑）要把令旗前去照验，这个何妨？但姐姐既去，撇下妹子在这里，一时又不能脱身，如何是好？

【仙吕入双调过曲】【好姐姐】自知行踪莫挽，奈独自飘流昏旦，

宋江病重，张叔夜又统军征讨，这梁山泊多应不济事了。

霎时倾覆心惊更胆寒。

（小旦）妹子，你且宽心，我此去倘得会见丈夫，有所倚托。那时官军来到，悄悄通信与你，你劝王矮虎早图归顺便了。

归休晚，向山崖暗把行装办，翘首王师雨露攀。

（丑）多谢姐姐，这面令旗取去便了。（递旗介）（小旦）如此最好。

【南吕过曲】【香柳娘】恨牢笼几时，恨牢笼几时，命逢多难，一朝脱去休偷懒。

（丑）姐姐，若会见姐夫，早寄个信来，妹子好做整备。（小旦）这个自然。

（丑）

望音书早传，望音书早传，倘得就招安，相逢免长叹。

（小旦）妹子，奴家就此去了。（丑）姐姐，路上小心。（小旦持旗行介）

向前途快趱，向前途快趱，山巅水湾，心忙路坦。

（下）（丑）姐姐已去，且看宋江病势如何，伺候官军消息便了。

【尾声】分飞两地添凄婉，空留恋绿林衣饭，少不得投顺追随又一班。

淹留山寨已多时，解甲投戈应未迟。

雪隐鹭鸶飞始见，柳藏鹦鹉语方知。

第二十四出　　巧遘　江阳

（小生巾服上）蟾光淡荡影凄清，几处吹笳伴月明。多少征人尽回首，一时提起别离情。我栾廷玉欲往延安，适海州张公招募，留居标下。近日宋江背疮患重，与主帅计议，专候种经略调兵前来，即图会剿。想起匆匆花烛顿被分离，恨不顷刻扫清巢穴，寻觅消息。趁此月明夜静，微服潜行，打探贼营举动。迤逦行来，但见漠漠山云，茫茫水浪，蓼儿洼口征尘起，依稀几队刀枪；石碣村前杀气横，隐现数层旗帜。何时直捣妖魔窟，一旦齐驱狼虎巢。（行介）看那边一个小校，慌慌张张，想是贼营逃来的，且等他问个端的。

（小旦军妆持旗上）月明偏照长安道，鸡唱潜投函谷关。（见小生惊介）呀！这好似丈夫模样。（小生细看惊介）呀！如此说你是扈氏二娘了？为何如此打扮？（相抱哭介）

【杂调引子】【三迭引】（合）风波两地惊千丈，蓦见如从天降。

（小生）此间不便，和你同到营中去。（携手行介）（合）

拭泪且偕行，咫尺连营相望。

（小生）把营军士那里？

（杂二军上）老爷回营了？小的每正在此伺候。（小生、小旦同入，小旦卸军妆介）（小生）你每仍去把守营门，小心在意。（杂）晓得。击柝星河曙，扬旌霜露寒。（下）（小生、小旦同拜介）（小生）合卺方新，曾缔三生夙好。（小旦）分飞无恙，终成百岁良缘。（各坐介）（小生）娘子，我和你抛离日久，今宵相值，实出意外。那些万恨千愁，怎便诉述得尽？

【杂调过曲】【十二红】【山坡羊】忆欣欣乍亲罗帐，恨匆匆骤经萍浪。望阳台神迷梦遥，向荒郊怎觅随和唱？

（小旦）奴家那晚听得庄前贼众蜂拥而入，因此上呵，

【五更转】离房闱勉疾走郊原傍，泪痕湿透裙衫上，遥看烽火连天，罗袜弓鞋撇漾。

（小生）那时卑人整点军马，指望对敌，谁想令母舅父子殉节，已不及救援。

【园林好】听军中金鸣鼓扬，痛堂前魄消魂丧。

不知娘子何处被他擒获？（小旦泣介）奴家从后门逃出，

【江水儿】只见满目烟昏云障，几做了普救莺莺，飞虎刀兵相向。

（小生泣介）可怜，可恨！卑人那时呵，

【玉交枝】奔驰无状，遇君家飘流雁行。

（小旦）原来官人曾与家兄相遇。（小生）

殷勤握手添悲怆，念卿卿两下彷徨。

（小旦）奴家被掳之后，以死自誓，幸宋江那厮托付他太公照管。

【五供养】自分红颜肮脏，赖白发萧条保护残妆，乡心悬梦寐，贞节凛冰霜。

（小生）难得娘子如此立志，卑人感愧无限。

长条无恙，喜不逐东风飘荡。

只是卑人自与令兄相值，

【好姐姐】茫茫前程鞅掌，拼共度秦关燕嶂。

（小旦）官人既欲与家兄远行，因何却在此间效用？（小生）卑人蒙张叔夜招

留标下，职授参将，因统兵屯札在此。不想却得与娘子相会。

【玉山颓】**军前效命兀自心雄气壮，谁料闲游访，正徜徉，恍天台邂逅旧糟糠。**

（小旦）奴家久羁贼寨，喜得宋江卧病，防范稍疏，因窃取衣帽，改妆而逃，正欲访求官人音耗，今得相会，是万分侥幸了。

【鲍老催】**情荒意忙，相期白首终未央，骤然瞥见喜难忘。**

如今家兄在那里？（小生）令兄也在张公标下分统一军，现驻河上。

【川拨棹】**兵威壮，振家声无轻让，那怕他奋臂螳螂，那怕他奋臂螳螂，扫妖氛休嗟望洋。**

娘子既得潜遁，想令妹已甘心入伙了？（小旦）妹子虽勉强从贼，心怀归顺，倘全伙招安，望垂念骨肉之谊。

【桃红菊】但邀恩**一旦招降**，但邀恩**一旦招降，骨肉同心相期返故乡。**

（小生）那伙贼人，前次招安抗拒。今张公刻期会剿，欲待他势穷力极、心胆俱丧，那时仰体朝廷德意，听其投顺。令妹夫妇自然留心照拂。（小旦）多谢官人，但目前机不可失，须速速进兵为上。（小生）只候种经略援师一到，便水陆约齐进剿了。

【侥侥令】（合）**军行须迅速，水陆共周详。看“踏破”“填平”无虚谎，**端不负**题帜当年喜气洋。**

（小生）娘子住此军中未便，明日会过令兄，便送往海州署内，候凯旋之后，那时重整家园，永图欢聚。（小旦）官人言之有理。（小生）夜已深了，请同进去安息罢。

【尾声】**愁眉一扫添佳况，须不减新婚欢畅。**

（合）

真个**此夜团圆**从教**百岁长。**

几年飘泊各西东，伉俪初谐情自浓。

今宵试把银釭照，犹恐相逢是梦中。

第二十五出　病警　东钟

【双调引子】【捣练子】（净病装，二杂小校扶上）**嗟病鬼困山虫，卷尾摇头怕战攻。**

（付净巾服上）

检点方书来入伙，喜看手到早成功。

（净）我一病陡发，十分沉重，幸得安太医调治疮口，渐渐平复。虽山寨有幸，皆先生神术取效也。（付净）大哥主持山寨，天相吉人，兄弟不过依方用药，何功之有？（净）只是一件，前番阻挠招安，朝廷震怒，须早为整备，才可无虞。倘早晚官兵征讨，只得扶病对敌矣。

（杂报子上）报，报，报。（见介）小的飞报军情的。（净）报什么军情？起来说。（杂起介）

【仙吕入双调过曲】【风入松】山前一片阵云红，杀气登时汹涌。

（净）是那里来的兵马？（杂）

海州太守威名重，张叔夜三军共拥。

望都头领呵，

早准备长枪大弓，忙迎敌好追踪。

（净笑介）我道什么强兵猛将，原来是张叔夜那厮。你每何必如此惊恐？

【急三枪】他不过是，书生辈无知识，怎敢来寻死妄行凶？

（付净）既如此，大哥只顾养病，不要理他罢了。

【前腔】须知道，中军帐安心坐，何必多忧惧气忡忡？

（杂）阿呀！都头领，张叔夜虽是书生，他手下许多名将，十分凶狠，不要把他轻觑了。（净）你且说那先锋是谁？

【风入松】（杂）若还提起那先锋，说着时须惊恐。

有个八十万禁军教头王进，

他是将门子弟真英勇，统前茅一军先动。

（净惊介）原来就是王教头，如何却在张叔夜标下？（杂）闻得他原在老种经略军前，是张叔夜请来援助的。

延安路偏师会同，先声振满关东。

（净）想他兵马俱在陆路，我这里四面皆水，他也有水军么？（杂）怎么没有水军？那水军主将叫做飞天虎扈成。（净）那水军主将是扈成么？（杂）正是。

【前腔】沙滩对面趁飞蓬，队伍楼船相送。

那扈成不打紧，还有后军主将更勇不可当。（净）后军主将是何人？（杂）是

“铁棒教师”栾廷玉。

一根铁棒迎风弄，歷战阵心豪气猛。只看前呼后应并重重，端的人似虎马如龙。

（净）那王进果是英雄，我曾遇见，劝他上山，他再三不肯。后来打破祝家庄，又走了栾廷玉、扈成两个好汉，谁想今日俱被张叔夜相留，统兵前来，只怕众兄弟怎抵敌得过哩？

【急三枪】蓦听得，军和马齐来到，不料真好汉尽相从。

（付净）大哥，事已如此，只索调遣他们迎敌罢了。

【前腔】现放着，众兄弟皆精壮，且去分水陆逞纵横。

（净）小校，传令马军、步军、水军一班头领，各领兵前去，我自扶病督战。（杂）得令。忙传主帅令，共去敌官军。（下）（净）我想王进与栾廷玉、扈成当时若得收罗入伙，好不快意。谁知三人俱不在天罡、地煞之数，今日同张叔夜前来征讨，教我怎放心得下也？

【风入松】平生意气善牢笼，结识原无遗种。

独有那王进，

立心不肯来相共，怕遇见不似当时面孔。

况且栾廷玉、扈成，

两庄齐破去匆匆，怎免得心尝炽恨无穷。

（付净）大哥，且料理迎敌，再作计较。

官军此日甚精强，济济英雄不可当。

一朝难释心头病，千载空传背上疮。

第二十六出　会剿　萧豪

【正宫引子】【齐天乐】（外戎妆，二杂小军引上）英才共集怀忠孝，阃外功名堪表。

（小生盔甲上）

帐下貔貅，军中龙虎，

（末盔甲上）

整理埋锅增灶。

（见介）（外）下官与二位练习兵马征讨梁山，且喜种经略特命王将军协助，昨已会齐，水陆共商方略，约今日会剿。待他到来，即分领去进兵便了。（小生）王将军向与末将结为兄弟，今得协力，草寇不足荡平矣。

（生盔甲上）

移师进讨，喜骥足齐驱，麟阁同标。

（同见介）（合）

聚首郊原，擎天捧日总贤豪。

（外）今日会齐，水陆进剿，烦同到郊外瞭望贼营，以便进兵。（生、小生、末）谨依钧令。（外）众军士就此起马。（杂应，同行介）

【正宫过曲】【南普天乐】（合）**摆旌旗梁山道，驾楼船金沙岛。全军动，全军动，驰骋荒郊，列戎妆簇拥官寮。**

（外）此处高敞，正对贼营，同上去瞭望一回。（各登高望介）（合）

呀！望前营后堡，茫茫杀气高，几队官军来往，来往**不让嫖姚。**

（旦报子上）逢山开路日初红，遇水填桥气正浓。肩挂令旗光烁烁，则看俺步军前队夺头功。探子叩头，禀上元帅，梁山泊步军先来掠阵，求发兵迎敌。（外）烦王将军先冲头阵。（生）得令。（旦随下）（内鸣金鼓介）（外）听金鼓之声，这一回步军好厮杀也。

【北朝天子】听征鼙乍敲，望朱旗乱飘，尘沙滚滚争狂噪，教头勇猛是东京俊髦，奉延安兵符耀，步卒儿正鏖，脚踪儿共跷，远瞧远瞧远远瞧，冒前锋如龙似豹。

（内）王将军收兵回来了。（外）

早传呼回军到，早传呼回军到。

（生上）启元帅，梁山泊一班步军贼众被小将杀败，擒获大半，其余纷纷逃窜去了。（外）可喜，可喜。将军请试说一遍。（生）元帅听禀：

【南普天乐】黑旋风雄威倒，两头蛇钢叉掉，花和尚花和尚疾走迢迢，笑三郎拼命空劳，呀，任魔王混搅，头陀撇戒刀，赤发萧然似鬼，似鬼**插翅同逃。**

（外）前锋已挫，后队自不足虑矣。

（小旦报子策马上）雉尾金铃跨战鞍，柳梢斜挂月儿寒。忙驱一骑风如卷，则看俺马军到处兴方酣。探子叩头，禀上元帅，梁山泊差马军前来救援，求发兵接应。（外）就烦栾将军出马前往。（小生）得令。（小旦随下）（内鸣金鼓介）（外）听金鼓之声，这一回马军好厮杀也。

【北朝天子】跨龙驹九皋，骋骅骝势骄，天闲汗血多神妙，教师铁棒趁征鞍乍交，想当初增烦恼，祝家庄痛熬，扈家庄祸凋，慢焦慢焦慢慢焦，报冤仇心欢气燥。

（内）栾将军收兵回了。（外）

又传呼多功效，又传呼多功效。

（小生上）启元帅，梁山泊一班马军贼众俱被小将杀败，擒获的现在帐外，听候发落。（外）快哉，快哉。将军，试说与下官知道。（小生）元帅听禀：

【南普天乐】急先锋轻驰冒，美髯公空容貌，双枪将双枪将枉弄风骚，并双鞭撇下忙跑，呀，**武师名空好，当场霹雳消，隐隐纹龙何处，**何处飞**石逍遥。**

（外）马军又得胜而回，贼人自胆落了。

（老旦报子上）扯篷荡桨去如飞，正是风涛播弄时。小棹冲开绿水路，则看俺水军四面凯歌归。探子叩头，禀上元帅，梁山泊又拨水军前来复战，求发兵追剿。（外）再烦扈将军拨齐战船，以图全胜。（末）得令。（老旦随下）（内鸣金鼓介）（外）听金鼓之声，这一回水军好厮杀也。

【北朝天子】望飞流卷涛，似乘龙驾鳌，洪波疾渡追群鸟，飞天虎势快挥戈弄篙，趁英雄犹年少，念龙岗影峣，忆林洼水滔，小幺小幺小小幺，靖烽尘山清月皎。

（内）扈将军收兵回了。（外）

再传呼添欢笑，再传呼添欢笑。

（末上）启元帅，梁山泊一班水军贼众被小将冲杀过去，擒获大半，渰死者不计其数，因此收兵，听候军令。（外大笑介）妙阿。将军也试说来，下官当同记功劳簿，上达天听。（末）元帅听禀：

【南普天乐】混江龙惊忙了，活阎罗休胡哨，浔阳畔浔阳畔枉说乘潮，笑翻江出洞蜃蛟，呀，**叹青波白跳，村郎短命抛，立地相逢太岁，**太岁船**火难牢。**

（外下坐[1]介）且喜今日一战，马步夹攻，水陆并胜，羽翼俱已被擒，贼首自然忧惧。想此辈草寇，自可荡灭矣。（生）自古道"穷寇莫追"，乘此得胜，一面传谕招降，倘果倾心归顺，不妨稍开生路，上体朝廷抚恤之恩，下不失元戎怀柔之德，未识元帅以为何如？（外）将军之言极当。如今紧紧围困，待他情急求抚，然后请降招安，也不虚我等一番功绩。吩咐大小三军，连营列寨，将梁山水泊围紧，不可疏忽，如违，军法从事。（杂应，同行介）

【北朝天子】（合）挂戎衣战袍，仗奇谋妙韬，看年来负固如一扫。欣欣奏凯，把全功共叨，报君王宣丹诏，玉麒麟莫刁，智多星怎枭，早招早招早早招，黑三郎千秋首盗，这天恩真非小，这天恩真非小。

（同下）

第二十七出　逼降　家麻

（付净上）只怨猴形短，休嫌花貌长。

（丑上）虽无好结果，也须好散场。（付净）三娘，我与你自为夫妇，一向在梁山靠着受用。谁料被张叔夜一阵，杀得人亡马倒，胆落心寒。山前酒店立脚不定，只得逃上山来，与大哥商量，怎生计较？（丑）事势如此，别无计较，只早早投降为上。（付净）投降虽好，只是前番偷吃了御酒，闹了招安，若追究起来，你我有许多不便。（丑）这倒不妨，栾姐夫与我哥哥俱在张叔夜标下。前日姐姐下山，我已叮嘱要他周全，如今力劝大哥归降，我和你改邪归正，还有出头之日。（付净笑介）若如此，拙夫要全仗贤妻挈带了。大哥出来，逼他早早收拾投降，不要与众兄弟们商议，又变了卦。（丑）说得有理。

（净袍服急上）罢了，罢了。我宋公明一世谈忠说义，今日休矣。

【南吕过曲】【红衲袄】我只指望**美前程轰轰踞水洼**，谁道是**扫威风隐隐成笑话**，细思量**受天文一段妖书假**，再休提**闹浔阳三杯酒兴赊**，本待要**学黄巢凌云志可夸**，竟做了**走乌江落日心自讶**。

---

① 应为"座"。

想梁山自王伦起手，竟遭火并，今一旦丧败，与他也差不多了。

须知万载千秋，免不得**淮南称盗也**堪比着**白衣人秀士家**。

（付净）大哥今日也说招安，明日也说招安，如今舍着这条路，更无别策了。（净）前次招安，多是你每闹炒了，朝廷积怒，如今挽求，那张叔夜只怕未必肯容纳？（付净）待兄弟夫妇同往恳求，他标下有人照顾，包管一说就是。

（生、小生领四杂军士上，绕场三匝，同高立前场叫介）宋江这贼子，快到营前打话。（净）兄弟，你去与他答话，若许投顺，便到军前纳款便了。（付净）我同三娘去。（净下）（付净、丑同向跪介）王矮虎、扈三娘叩见二位将军。（生）奉张元帅将令，前来晓谕，尔等盘踞梁山、横行河朔，转掠数郡、骚扰多年，今天兵初到，已获全胜，现擒副贼俱解京献俘，本当鼓勇前进，廓清营寨，因仰体向日招安德意，暂行札住。宋江等果倾心向化，解甲归降，姑为申奏朝廷，另开一面；倘仍前负固执迷，便当疾驱水陆，直捣巢穴，玉石无分，髫龀俱尽。速速三思，毋贻后悔。（付净、丑）念宋江等避罪水泊，原非得已，今蒙天兵问罪，力屈势穷，命悬旦夕，倘准许投顺，即当率领大小头目，共诣军门纳款，伏望将军怜而宥之。（生）宋江怎么不自来打话？（付净）宋江染患，卧床未起，特遣王矮虎夫妇先申衷曲，并求恕罪。（小生）这也罢了。王将军，和你回复元帅去罢。（付净、丑起介）（丑扯小生介）栾姐夫，一向不见，如今姐姐可在军中么？（小生）令姐在海州衙署内。（丑）既在海州，千万先替我寄个信去。我如今受了招安，原是好姊妹了，明日还要先备一席与你会亲哩。（小生）休得闲讲，快回复宋江，明日早到军前谒见张元帅，不可迟误。（付净）这个自然。（生）漫道封侯称大将，（小生）须知力战是英才。（领杂同下）（付净）大哥快来。

（净上）打话怎么样了？（付净）那王进与栾廷玉奉张叔夜将令前来传谕，许多唠唠叨叨，无非要大哥投顺之意。我与三娘回说大哥专望招安，他已许允，明日竟同众兄弟往军前相见便了。（净）咳，我今日势穷力竭，不得已而受招安，真觉羞惭无地矣。（付净）咳，大哥，

【**前腔**】你当初**寄公门皇皇兴未佳**，只为**闹江州攘攘人共怕**，几年来**趁凶锋山寨多潇洒**，今日个**敛雄心军前莫浪夸**。

（丑）大哥，你抢掠我姊妹上山，好不狠毒。今日招安，反亏我一丈青打话说

合，只是把我错配了这矮贼，怎比得姐姐与栾教师恩情满足也？

笑杀这老空汤浑如井底蛙，竟教我俏佳人浪逐鸡犬嫁。

（付净）好笑，好笑。做了几年夫妻，今日反怨怅起来！

须信美女寻夫，好留着姻缘佳话，也怎学得两姨行正及瓜。

（净）这些闲话，大家不要争论，快收拾残兵败卒，同去投降。（付净）大哥说得有理。

招安好望诏书开，始欢堂前总不材。

夫妻本是同林鸟，曾向蟠桃会里来[①]。

第二十八出　寿圆　萧豪

【南吕引子】【挂真儿】（老旦冠帔上）老景荣华臻寿考，端不负教子劬劳。

（生冠带，旦冠帔上）

暂息征衣同忻戏，彩齐祝丹壶蓬峤。

（老旦）自孩儿领兵援剿，一战成功，班师回来，论功行赏，天恩将降，也不负做娘的平日教训了。今日老身九十诞辰，栾家侄儿夫妇欲来称祝，孩儿、媳妇，曾设杯酒相待否？（生、旦）俱已整备，想将到也。

（小生冠带，小旦冠帔上）

【步蟾宫】功名阃外凌天造，喜并辔争驰年少。向华堂共庆寿山高，绝胜华封三祷。

（见介）（小生）恭喜哥哥新建大功，伯母正登上寿，一家乐事，百岁祯祥，小侄不胜忻贺。（老旦）小儿患难潜踪，重蒙高谊，今日建功立业，皆贤侄提携之力。老朽余年，何敢复劳称庆？（小生）伯母请台坐，容小侄夫妇捧觞拜祝。（同小旦递酒，生、旦同行礼介）

【南吕过曲】【梁州新郎】【梁州序】（小生、小旦）瑶池风暖、丹丘云绕，宝婺长庚添耀，天边鸾鹤祥光舞遍青霄。

---

① 载道堂本到此为止，缺整第二十八出。

（生、旦）

喜得**亲依膝下伴祝堂前，胜景悠游好，凯歌新唱也比嫖姚，截发丸熊鬓未凋。**

【贺新郎】（合）**看济济真同调，况齐眉举案闺中教，相对处并欢笑。**

（老旦）承贤夫妇盛意，老身各回敬一杯。（小生）怎敢劳动伯母？（老旦、生、旦送酒，小生、小旦同坐饮介）

【前腔】（老旦）**香醪重举金尊频倒，南极恩波长浩，云天高谊千秋绝胜同胞。**

（生、旦）

且喜**欃枪齐靖棨戟平分，勉把家声绍，一枝初寄也似鹪鹩，奋翮冲天挂锦袍。**

（合）

瞻阿母浑忘老，看金章紫绶宣封诰，真福寿世间少。

（小生）伯母寿诞，宋江等一班头目，俱备礼物称祝。未奉尊命，不敢遽入，如今着他们同拜见罢。（老旦）老身过承盛意，那些不义之人，怎好与他相见？（小生）宋江等受过招安，已叨朝廷录用。那王矮虎夫妇又小侄葭莩之戚，求伯母垂谅，只令宋江同王矮虎、扈三娘拜见罢。（老旦）既承谆谆劝谕，权且曲从。（小生向内介）小校，只请宋、王二头领同扈三娘拜见太夫人，其余各位俱请回，不消相见了。（内应介）（老旦）媳妇同栾家婶婶暂且回避。（旦、小旦下）

（净、付净冠带，丑吉服，末捧礼随上）（合）天上恩光沾雨露，人间佳气胜蓬莱。（同见介）（净）恭喜太夫人千秋上寿，宋江蒙贤郎不杀之恩，特具黄金千两、彩币百端奉祝。（向末取送介）

【前腔】（换头）**感洪恩海阔山遥，奉慈颜冰清霜皎，朱提缯采追随拜舞庭寮。**

（丑）奴家别无孝敬，只备下二十万贯青蚨，

伏望**收充下币笑纳中藏，愧乏珍和宝，**

（付净）[我王矮虎][1]向在山寨积攒些金银宝物，今装成一盘【中缺5字】

[一][2]**盘顶献也比蟠桃，从此流传小样标。**

---

① 此页左上部残缺，而标题“《宣和谱》下四”在左上角，当是印刷不全所致。此四字原只有“虎”字半边，据上下文意添加。

② 据上下文意与上曲，此缺字甚有可能是“一”字。

（同）【中缺 10 字】

筵[1]开玳瑁，添欢乐麾顿罢

【中缺 15 字】是老身呵。

【缺整页】

① 此字据民国抄本补。

附录二

残第一本《忠义璇图》

蓝畹等改编[1]

第一出　　宣诸神发明衷旨

（蓝畹编）

（众护法神上，跳舞介）

（众揭谛、众大儒、众星官拥释迦佛、文昌帝君、太上老君上）（合唱）

【新水令】笼**光华瑞霭散诸天，会灵山法身齐现，万殊归一本，三教总同源，宗派相传，直与那天地共悠远。**

（奏乐介）（升座介）（分白）悟彻菩提证妙通，齐家治国有儒宗。五千道德元门秘，圣主恩深喜并崇。我佛释迦如来佛是也。吾神文昌帝君是也。吾神太上老君是也。积功行之无算，与天地而长存，道统成三，虽尔分门别户，利物则一，总为觉世度人。去上古而茫茫，事还鉴其已往；虑季世之扰扰，机当防以未来。必须默运神通，庶可潜回造化。（佛）先事而虑，谓之先觉；后事而虑，谓之后觉。即如宋室气运，大有一番兵戈扰攘，世人昧昧，何由先事消弭？（文昌、老君）如来智慧，诚为先觉，我等所虑，亦因向日镇压妖魔在

---

① 据中国国家图书馆藏本整理，此为前文所述《忠义璇图》中的残第一本，实有二十一出。编者署名有蓝畹、三元官等。

龙虎山中，形虽未彰，机已渐露，将出现人世矣。未免伤害生灵，深属可怜可悯。（佛）静极则动，隐久当显，时节因缘，固莫能强。虽然如此，我等自当默相护佑，以安大地众生。（众揭谛、大儒、星官）三位教主，怜悯世人，发大慈悲心，功德非小也。（三教）我想这阎浮世界呵，（唱）

【驻马听】**运会千年，往古来今多变迁。神通一展，掀天揭地费周旋。**漫道那**主张造化有专权，**可知这**维持民物多深愿。**好凭俺**法力无边，济群生的慈愿应非浅。**

（文昌、老君白）观消长之机，识盈虚之理，妖魔出世，此其一也。只因宋室道君皇帝，内任奸邪，以致外招寇盗，那山东宋江、江南方腊、淮西王庆、河北田虎，四处大寇，同时作乱，虽无大害，惟恐伤残民物。佛法无分彼此，还当作何普济才好？（佛）那四处大寇，同时窃发，我已预知，已经相召四处城隍，并山川之神，待其到来，面谕他们便了。（文昌、老君）我佛慈悲，保全无量生灵矣。（佛）但以我慧眼观之，纷扰尘寰，不仅如是，那宋室自香孩儿开国，天下太平，已有年矣。无奈气运相承，数十年后，更有一番战争之事，弃汴京而走临安，倚长江以为天堑，天下遂成南北之势矣。（文昌、老君）大数当然，即天地亦无如之何。我等遥想宋室君臣呵，（合唱）

【沉醉东风】**坐花间春风绮筵，恣游乐忘反流连。**到后来**南渡的再得个中兴，只可怜北狩的何年得转？**有北头**天津桥听彻啼鹃，**虽说是**运数推迁总在天，**也则为**人事儿有些乖舛。**

（山东、江南、淮西、河北四城隍，八山川神上。唱）

【雁儿落】望雷音[1]**辉辉佛日悬，**催电车**阵阵神飙卷，**遥见那**金绳法界开，**早又是**宝地檀场建。**

（白）我乃山东城隍是也。我乃江南城隍是也。我乃淮西城隍是也。我乃河北城隍是也。我等山川之神是也。今者三教教主，会聚灵山，蒙佛旨相召，特地趋赴。（进见介）三位教主在上，小神等参礼。（三教）诸神少礼。（城隍、山川神）三位教主相召我等，不识有何法旨？（三教）诸神民社所寄，责任非

① 抄本中此页上有贴补纸条“纵遇着”“早又是”“莫使那”“那”“望雷音”“催电车”“样”，均当为曲白修改之处，或年久脱落故置之于页上。

轻。尔等境内，各有巨寇为乱，是皆尔诸神之所当防御。况十室之邑，必有忠信，一境之地，宁乏善良？岂可使昆岗失火，玉石不分乎？务须各展威灵，力为保护山川民物。（众神应介）（三教唱）

【得胜令】呀，可奈他逆氛煽处势滔天，要仗伊护好了锦中原。幸喜得大都会金瓯样固，怎能彀小城垣铁桶般坚，处处里山川，莫使那戎马频蹂践，在在的黎元，纵遇着兵戈要保全。

（众神白）三位教主慈悲悯世，拯救群生，小神等仰体好生之心，自当默相护卫便了。（唱）

【挂玉钩】俺都是享祀兴朝有百年，自然的多灵显，虽不能壮志如他祖逖鞭，也索要图完善，那凡人明处里将勋绩献，俺神只暗地里把功劳建。但能彀一境安然，才消得万姓香烟。

（三教白）保护山川民物，固是诸神分内之事，但须早为筹画，以备不虞。（唱）

【川拨棹】休待要兵和将逼壕边，须把那户牖绸缪未雨先，有一日气运推迁，天意回旋，依旧的民物完全，恁那保障的威灵方始显。

（众神白）小神等就此前去，预作准备，一俟升平，即当前来回复法旨。（唱）

【七兄弟】看才来鹿苑，又遽辞法筵，刚一瞬打盘旋，喜归途趁天风便，望齐州何处依微显，淡蒙蒙九点烟光远。

（下）（三教白）众神只已遵法旨而去，想彼自能保境安民也。（众揭谛、大儒、星官）请问三位教主，所走妖魔，如何可以收伏？（三教）那些妖魔，原系上界天罡地煞诸星。因有过犯遭贬，镇锁多年，所以出世，人虽凶暴，心实忠义，玉帝已令武曲星君，降生尘世，招伏他们归顺朝廷，以作宋室干城之将。（众揭谛、大儒、星官）原来如此。（三教下座介）（合唱）

【煞尾】俺可也慈悲同发菩提愿，俺可也橐钥分操造化权，扶持世运也则是分当然，好把那测不尽的灵光大施展。

（众揭谛、大儒、星官拥三教下）（众护法神跳舞下）

第二出　建大醮酬答升平

（蓝畹编）

（四宰相文彦博[①]、范仲淹、赵哲、包拯，四朝臣欧阳修、张尧佐、狄青、杜衍上。唱）

【赛观音】月初沉，星犹缀，听紫陌喧传曙鸡，想万户千门洞启，喜殿当头彩仗正排齐。

（白）蓬莱仙阙五云中，阊阖疏钟下晓风。夜景未收宫树暗，玉阶花影尚朦胧。下官文彦愽是也。下官范仲淹是也。下官赵哲是也。下官包拯是也。下官欧阳修是也。下官张尧佐是也。下官狄青是也。下官杜衍是也。（宰相）幸生盛代，（朝臣）欣事熙朝。（宰相）望重凤池，职在股肱帝室。（朝臣）声传鹭序，任当经济邦家。（合）睹庶绩之咸熙，知明良之交泰，礼应称贺，谊合颂扬。今当早朝时分，你听天乐铿锵，御香馥郁，圣上将次升殿，须当肃仪而待。

（内奏乐介）（众武士摆銮驾，四小内官，四大内官，内有洪信，二黄门官、四昭容上。设朝介）（众宰相、朝臣参介）（合唱）

【好子乐】【好事近】（首至四）**初日耀彤墀，早殿上扇开雉尾，赓歌拜手，共仰取天颜有喜。**

（白）臣等奏闻陛下。（昭容）奏来。（宰相、朝臣）恭遇吾皇御极以来，仁风善政，无地不被。普天之下，年岁丰登，万民乐业，路不拾遗，夜不闭户。一夫无不获之虞，比户有可封之象。臣等躬遇此太平盛世，曷胜欢忭之至。（唱）

【刷子序】（五至合）**群黎，欣同戴光天化日，幸长际景运昌期。**

【普天乐】（八至末）**听遐迩欢声如沸，尽道是皇朝有庆，圣主无为。**

（黄门官白）圣旨下，闻卿等所奏，世运清宁，民风淳朴，朕心喜焉。但以朕凉德，何能遽臻盛治，皆因天地默佑，所以致此雍熙之化。既荷生成之德，当申酬报之仪。即着殿前太尉洪信，恭赍诏书、御香，前往江西龙虎山，宣召正一嗣教张真人来京，修建罗天大醮，答报天地之恩，兼可为民祈福。洪信可即日起身，兼程到彼，促其星飞就道，以副朕望。钦哉！谢恩！（众）万岁，万

① 应为博，底本多作“愽”。

岁，万万岁。（唱）

【锦缠道】圣垂衣，世中天治隆化美，一物总无遗，则看这堂陛赓歌喜起，不独是使闾阎丰衣足食，还待要为人民迓福延禧。

（昭容喝平身介）（众唱）

圣主德巍巍，万斯年久安长治。

（昭容喝退班介）（奏乐介）（众武士、大小内官、黄门官、昭容下）

（众宰相白）宣召天师建醮，仰报天地，为民祈福。圣旨慎重其事，我等理当恭送敕书，以展诚敬之心。（众朝臣）正当如此。那太尉实时就要起身了，且不用归第，请诸位老相国相率我等而往。（众宰相）请。（众朝臣）请。（行介）（合唱）

花阴淑景移，昼漏报紫宸朝退。望御炉中香霭尚霏微。

（下）

（众仪从执龙旗、御棍，抬龙亭供敕旨、御香，引洪信上）（合唱）

【普天乐】绣銮旗，排成对，盘龙棍，行开队。才离了绛阙崔巍，又行来紫陌倭迟。

（众宰相、朝臣上。唱）

朝天乍归，送使臣又看车马争驰。

（见介）（宰相、朝臣白）恭喜老太尉荣膺简命，出使远方。我等当送至十里长亭，以申钦仰之心。（洪信）重承诸位老先生盛情，壮我行色，只是劳尊，恐不敢当。（宰相、朝臣）诰封炳炳，敕命煌煌，自当恭送一程。（洪信）既如此，送至新蔡门外，就请回来。（宰相、朝臣）请。（行介）（合唱）

【千秋岁】摆銮仪，早把行人辟，稳驾着四牡騑騑。五色天书，五色天书，光灿熳直与那云章争丽。中官职，原尊贵，天朝使，尤风利，荣宠人难比。总都缘宣扬帝命，凭借天威。

【尾声】障遥空，谁蹴这芳尘起，都是那接使臣的往来飞骑。

（宰相、朝臣）

只看这密层层的供帐排开专候着你。

（下）

第三出　　驾鹤朝天征法力

（蓝畹编）

（众道童引天师上。唱）

【菊花新】风雷俄向掌中生，作法能教鬼魅惊。空际马嘶声，遵勅令百神听命。

（白）一片闲云鹤影孤，朝元几度上清都。雷霆印用黄金铸，日月符看丹篆书。我乃正一嗣教虚靖天师是也。自汉代始祖道陵公公，得道人间，栖神天上，相传至今。蒙朝廷累代勅封，子孙荫袭，世居龙虎山中。原有宫观，为厌烦嚣，所以结茅山顶，静中做些修炼功夫。昨晚闲步岩前，仰观乾象，见有使星照临此境。仔细推算，原来朝廷钦差到此，召我进京，要修罗天大醮。因思既有圣旨，何必待天使到来，我当驾鹤径往汴京便了。（唱）

【驻马听】礼合趋承，君召何须俟驾行。好准备暂辞仙观，远过人寰，径向神京。笼星冠鸡唱海霞明，袅云衣鹤背天风冷，心办虔诚。伫看甘泉宫启，金阶仰圣。

（白）我想每常使臣到此，颇多骄傲不恭。今番我当试探来使之心，果尔志诚否。（向道童介）可唤值日神将过来。（道童应介。唤介）

（值日神将跳舞上。白）环侍霞宫严护卫，奉差雷部竞奔趋。（见介）天师呼唤，有何使令？（天师）今有使臣到此，召我进京，我当驾鹤竟往帝都。但那天使即日上山，尔等可遣神虎、巨蟒，试探其心。只宜恐吓，不得伤犯。（神将应介）（天师唱）

【又一体】蛇虎纵横，蓦见知他是怎生？但看取有无畏惧，果否虔诚，虚实情形。

（白）以前那些使臣到此，颇多倨侮不恭。（唱）

只晓作威使势逞骄矜，怎肯卑辞下礼生恭敬，他兀自志满心盈。今日个偶然相试，莫伤其命。

（道童白）请教主更衣就道。（奏乐介）（天师下座介。虚下）（道童一半随下）

（神将）教主赴召前去，我等须索护送一程，然后回来，遵依法旨而行。（道童）正当如此。（合唱）

【太平令】欲赴瑶京，鹤驭安排犹未乘，看松阴低覆星坛冷，吹衣袂午风清。

（奏乐介）

（天师骑鹤上）（神将、道童拥护行介）（合唱）

【榴花好】【石榴花】（首至四）一行侍从簇拥蹑云程，凌碧落上青冥，处高寒渐觉羽衣轻，拂瑶空凉吹微生。

【好事近】（五至末）何劳送迎，那土司空仰望三霄迥，回避牌告退了神祇，律令旗潜匿却精灵。

（下）

第四出　　鸣驺载道肃威仪

（蓝畹编）

（二法官率道众上。唱）

【六么令】星冠鹤氅，叩齿三通，稽首焚香，书符诵咒善祈禳。论法力，果高强，伏坛长把天门上，伏坛长把天门上。

（白）我等乃龙虎山上清宫法官是也。我等道众是也。（一法官）三日前本县县尊，着人通知，朝中差有天使洪太尉到此，宣召教主进京，说今日准到。（又一法官）教主却在山顶，不能通禀，我等须索率领道众，肃仪迎接。（二法官合向道众介）吩咐各处殿宇，俱要打扫洁净，少停迎接，务须恭敬。（道众应介）（合）正是：不向松阴听唳鹤，且从花外候鸣驺。（道众下）

（众从人引文官八人上。唱）

【出队子】使星遥降，出郭相迎道里长。纷纭冠盖竞趋跄，远望前旄仰宠光，手板恭擎，伫立路旁。

（白）我等江西省道、府、州、县官是也。今有钦差天使到来，礼合远接。方才前站已到，说离此不远，须当一同上前迎迓。（唱）（合前）

远望前旄仰宠光，手板恭擎，伫立路旁。

（下）

（众军卒引武官八人上。唱）

【又一体】旌旄在望，官吏沿途趋走忙。前驱负弩具戎装，恭迓钦差拜道旁，驿骑飞驰，尘土乱扬。

（白）我等江西省游、守、千、把官是也。早上汛兵来报，钦差天使刻下就

到，为此出郭远迎。想必离此不远了，须索快快前往。（唱）（合前）

恭迓钦差拜道旁，驿骑飞驰，尘土乱扬。

（下）

（众仪从，二中军一人背敕旨、一人捧御香，引洪信乘马上。唱）

【朝元令】身辞帝乡，回首时瞻仰。衣沾御香，触目频怀想。下得五色云中，九重天上，一道纶音新降，蟒玉貂珰，堂堂使臣意气扬。

（众文武官两旁上）（迎接介）（文官白）江西省道、府、州、县，（武官）江西省游、守、千、把，（合）迎接天使大人。（中军禀介）（洪信）请各回衙。待见过天师，再请相见。（中军传介）（文武官应介）星轺远挟风霜气，云陛长瞻日月光。（下）（洪信）吩咐摆齐仪从，就此趱到龙虎山去。（众应介）（行介）（合唱）

看候吏跪边厢，行人避两旁。还应夸奖，谁似这尊严气象，尊严气象。

（到介）（内撞钟、擂鼓介）

（二法官率道众上。迎进介）（法官率道众参见介）（洪信白）天师在于何处，怎么不来迎接圣旨？快去请来，以便开读。（二法官）天使大人且请台坐，小道等有言禀上。（洪信坐介）有甚言语，快快讲来。（二法官）这代教主，号曰“虚靖天师”。性好清高，懒于迎送。自向龙虎山顶，结一茅庵，修心养性，不住在本宫。（洪信）既在山上，着人去请来就是了。（二法官）好禀覆天使，这位教主道行非常，善能驾雾兴云，踪迹不定。即如小道等，常时亦难得相见。如何叫人请得下山？（唱）

【玉芙蓉】云深路渺茫，人远山高广。每出游归卧，踪迹无常。

（洪信白）似尔等这样说来，朝廷敕命，难道罢了不成？（法官唱）

也知煌煌凤诏自天边降，无奈杳杳鸾骖向云外翔。

（洪信白）钦限甚紧，这便怎么样呢？（二法官）话便有一句，只是不好说得。（洪信）容你们只管说来。（二法官）只除天使大人，办一点志诚心，斋戒沐浴，更换衣裳，自背诏书，步行上山，虔诚启请，或者可以得见。（唱）

须躬向，望高山景仰，算从前使臣来此务谦光。

（洪信白）嗄，要是这等么？（二法官）正是。（洪信作难色介）岂有此理！我是朝廷贵臣，这个如何使得？（二法官）若不是这样，恐违误钦限，大有不便。（洪信）是嗄。尔等说得甚为有理，违误钦限，大家都有不便。也罢！便当依尔等之言，明日亲自步行上山。下官一片为国为民之心，即使亵体，人家也当见谅。（二法官）这个自然。（洪信唱）

【又一体】躬临紫翠房，徒步烟云嶂。便从教亵体，却又何妨？

（笑介。白）我倒也好笑。（唱）

只道朝中乌帽尊无上，那晓方外黄冠贵莫当。

（白）吩咐将诏书、御香供在正殿上，从人们外面伺候。（中军应介）（传介）（仪从下）（洪信）

须发放，这爪牙几行，好先将威仪略减旧风光。

（二法官白）且请天使大人到方丈献斋。待等明日，小道等相送上山。（唱）

【尾声】准明晨好把高峰上，拼穿遍了层峦叠嶂，还不知那无定的仙踪在那一方。

（下）

第五出　上清宫受惊太尉

（蓝畹编）

（场上预设山一座）

（山神、土地上。白）庙宇极荒凉，地位忒微眇。案空斋供无，炉冷香烟少。绿醑谁来荐，黄钱何处讨？殿倾寒雨淋，幔破阴风袅。尘渍厨飞鼯，砖迸墙生草。庙貌既隳颓，神威复潦倒。开山力不加，守土年应老。色黯貌僝僽，泥剥形枯槁。算来实苦辛，说起多懊恼。仙灵时往来，神将频骚扰。迎送总不休，驱遣从无了。若是误些儿，脊梁遭棒拷。（土地）山神哥，你便打得起，我是老了，那里还禁得打？（山神）也饶你这土地老儿不过嗄！（各笑介）（土地）闲话少说，早间值日神将，传出天师法谕，今日有使臣洪太尉上龙虎山来。（山神）要遣神虎、巨蟒，试探来使之意虔诚与否，命我等在暗中调遣。（土地）此时想要上山快[①]了，我和你就此去来。（山神）说得有理。（合白）不须见怪三尸恐，只在祛邪一念虔。（下）

---

① 应为“快上山”。

（二法官、四道众随洪信背勅旨，捧炉香上）（洪信唱）

【点绛唇】冠带旋更，威仪暂屏，上高峰顶，好致虔诚，把大法力的天师请。

（二法官白）天使大人，请从这条路上去，不到十里之遥，就是茅庵了。小道等不便相陪，暂且告退，少刻再来迎接。（洪信）尔等自便。（二法官、道众应介）闲指紫霜峰下路，却归白鹿洞中天。（下）（洪信）你看岚光匼匝，翠影交加，这深山景物，倒也幽雅。我只索缓步上去便了。（唱）

【混江龙】遥望那入云危磴，盘空叠作有几层层。那一边撑天的孤峰突兀，这几答碍日的叠嶂崚嶒。虽说是千仞崔巍山势险，犹喜得一条屈曲路痕平。只须是绕崇冈穿松入竹，用不着凌绝壁附葛攀藤。碧沉沉隔林烟霭，白茫茫触石云生，印莎径鹿眠迹冷，出松阴鹤唳声清，并无个闲来往餐霞仙客，可有那严守卫值日神灵。

（白）走了一回，渐渐有些力乏了。唉！一个羽流罢了，却要我步行上山拜请，这是那里说起？我想他也未必有甚法术嗄。（唱）

那里见半青天嘘出风云气，平白地诃来雷电形，只好向瑶坛步斗，几曾去玉局谈经。

（内作风声介）（洪信白）呀，好端端天晴日朗，怎么忽然起这一阵狂风，好怕人也！（唱）

【村里迓鼓】煽腥风山鸣谷应，忽迷漫沙飞石迸，号万窍封姨忒猛，拔群木孟婆太横。但见那骇兽潜踪，飞鸦惊噪，行人吊影。

（虎上）（跳扑介）（洪信白）阿呀，不好了！（惊跌介）（唱）

怎当这白额山君，咆哮拏攫，负嵎威逞，拼做个导前头伥伤的代顶。

（虎又扑介）（洪信惊倒介）

（土地暗上。驱虎下）（洪信醒介。白）惭愧惭愧，那虎不来伤我性命，竟自去了。如今怎么样呢？我想若是退转去，那些道众就要笑我了。罢！只得大着胆儿再捱前去。（作整衣，复捧炉香行介。唱）

【上马娇】虽曾躭战兢，还算多侥幸。刚从那虎口脱余生，尚兀自神魂措难安，那树响也心惊。

（巨蟒上。盘绕介）（洪信白）阿呀！今番我要死也。（跌倒介）

（土地暗上。驱巨蟒下）（洪信）阿呀呀，了不得！这山中怎么有这些毒虫猛

兽？早知如此，来此做什么？如今是断断再不可上去了。（唱）

【胜葫芦】不是咱**退悔心生不志诚**，恁**危险地怎生行**？我这里**暗暗心头还自省**，又非是**浮云富贵**，**鸿毛性命**，**谁肯便轻生**？

（内吹笛介）（洪信白）这样蛇虎出没之处，竟还有童儿牧牛？且待他来，问个信儿，再定行止。

（牧童骑牛吹笛上。唱）

【山歌】**想当初老君乘此度函关，一去仙踪杳不还。今日个重向栏前鞭得起，闲来骑出白云间。**

（洪信）你那牧童，可认得我么？（牧童不理介）（洪信）问你说话，怎么不应？（牧童）你到此间，敢是要见天师么？（洪信）你怎么知道？如今天师在于何处？快去通报，说有天使在此，速来迎接。（牧童）早间听得天师说："朝中钦差赍诏到此，宣我进京修建醮事。"已经乘鹤驾云先去了，你不用上山去罢。（洪信）嗄！有这等事？你不要说谎嗄。（牧童作不理介）（吹笛下）（洪信）且住。那个牧童怎么尽知我来意，莫非天师分付过了他？果然先进京去了？我想山中虫兽又多，况且天气渐晚，不如依他的话，回转去罢。有理，竟是这等好。（行介。唱）

【柳叶儿】**猛回身好寻归径，虎狼窟岂可久停？早遥林一抹烟光暝**，天惨淡空**山景**，恐落日**少人行**，**只索把胆儿强硬**。

（二法官、道众上。接介）

（中军暗上。接敕旨、炉香介）（二法官白）天使大人高山往返，劳苦不易。（洪信）唉！你们这些道众，好没道理！（二法官）为什么来？（洪信）我是朝廷贵臣，你们如何戏弄起来？（二法官）小道等焉敢？（洪信）这山中多有毒蛇猛虎，你们必然知道，怎不先说一声，由我独自上去？（二法官）原来为此着恼。天使大人有所不知，本山虽有猛兽，并不伤人。（洪信）那里是并不伤人？还是下官的福分大，吉人天相。（二法官）这也有之。请问曾见过教主否？（洪信）那里得见？只遇着一个牧童，说天师预先知道，已经驾鹤先往汴京去了。（二法官）原来如此。既然教主已去，公事算完，请天使大人在此少住几日。明日小道等奉陪，相请游山，以申仰攀之敬。（洪信）游山？要游在下面各处游游罢。那山上有什么趣嗄！（二法官）那山上有多少胜景哩。（洪

信）罢，罢！（唱）

【煞尾】论平常多豪兴，不是今番拂尔高情，那山路崎岖从来懒登。

（二法官白）既是这等，明日只游下面各处罢。（洪信先下）（法官、道众笑介。下）

第六出　齐云社遇合端王

（蓝畹编）

（众内侍引端王上。唱）

【东风第一枝】派出银潢，名荣玉牒。百年屏翰皇朝，颁恩时降黄封，拜嘉长近丹霄。

（白）敕上蓬莱第一峰，宸舆游处每相从。昨宵侍宴归来晚，明月满身花露浓。孤家端王是也。乃神宗皇帝之子，哲宗皇帝之弟。一身喜享尊荣，四海幸逢清宴。平居无事，惟有为乐追欢，征歌选舞。今日风日晴和，适值园中百花齐放。正宜欢赏。酒筵可曾齐备？（内侍）完备多时了。（端王）分付唤女乐们出来。（内侍应介）女乐们走动。

（八女乐应上）一弹流水一弹月，半入江风半入云。（见介）大王在上，女乐们叩见。（端王）起来。（女乐应介）（端王）对此群芳烂熳，春宴豪华，尔等可先奏清歌，后呈妙舞。（女乐应介）（端王）撤宴过来。（内侍应介）（女乐奉酒介。唱）

【念奴娇序】香喉乍啭，听红牙轻按，圆匀竹肉齐调，一串骊珠才吐处，雏莺学语花梢。还要，响遏行云，声飞裂石，余音时向画梁绕。

（端王、内侍合唱）

须鉴赏声容两擅，曲调弥高。

（奏乐介）（女乐又奉酒介。舞介。唱）

【又一体】轻巧，腰围恁小。看湘裙荡展，云中新月高跷，逸态蹁跹，抵多少翥凤翔鸾缥缈。偏好，锦带飞扬，绡衣飘举，似花枝不定晚风摇。

（端王、内侍合唱）

还待把缠头早赠，垂手应劳。

（奏乐介）（又舞介）（端王唱）

【锦衣香】檀板敲，回风调，彩袖飘，行云貌，最好柘枝桃叶，合成双妙。绮罗丛里拥娇娆，肯教虚度，月夕花朝。

（白）酒怀畅适，豪兴颇浓。众内侍，可随我进里面换了便衣，再至前殿丹墀之下，踢球戏耍一回。（内侍应介）（端王）众女乐且进内换妆，伺候我进来。（女乐应介）舞低杨柳楼头月，歌散桃花扇底风。（下）（端王唱）

笑玉人年少，娇无力锦屏斜靠。且待深宵到，华轩月照，把琼筵再启，金樽重倒。

（下）

（高俅捧玉器上。唱）

【浆水令】蒙驱遣宁辞路遥，任奔趋难言事劳。重将什袭里琼瑶，人休笑我，迷邦怀宝。

（白）自家高俅是也。东京人氏，自小无赖，屡有过犯，遇赦得免。因行止不端，几为世所不容。幸得小苏学士，转荐在王都尉府中，做个亲随，暂尔栖身。今日奉主人之命，着我送玉器两件，到端王府去。一路行来，前面已是了。（行介。唱）

辉朱户，插碧霄，门前车马相喧闹。

（到介。白）门上那位在？

（门官上）兽环朝启曳裾客，鱼钥宵严执戟人。（见介）你是那里差来的？（高俅）是王都尉差来，送得玉器在此。相烦通禀。（门官）大王在前殿，与众内侍将要踢球。你可随我进去，觑便与你传禀。（高俅）如此甚好。敢烦相引。（门官）随我来。须要小心些。（高俅应介。唱）

多堪畏，多堪畏，势焰非小。还应羡，还应羡，爵位原高。

（下）

（众内侍引端王换衣上。白）净扫春场如砥平，绣衣单薄喜身轻。迎空一蹴曾无失，赢得千人喝彩声。（一内侍捧球介，一内侍代端王拽衣介）（端王唱）

【双令】【江儿水】乌靴轻健，紧蹬着乌靴轻健。春衫称体剪，把长襟斜拽，软带横缠，绣团花的双袖卷。

（踢球介）（合唱）

白打旧曾言，齐云今尚传。蹴踘轻圆，击打盘旋，双睛注来不暂转。

（门官引高俅暗上介）（端王、内侍合唱）

足尖胯边，总不离足尖胯边。芳尘乱践，影迷蒙芳尘乱践。这一下堕边旁的势稍偏。

（将球踢至高俅身旁介）（高俅踢还介）（端王白）这是何人？（众内侍）你是什么人？（门官惊介。跪禀介）是王都尉处差来的。（高俅跪禀介）小的主人，命送玉玩器到此。（呈玉器介）（内侍接，送端王介）（端王略看介）前日偶然说了，驸马直如此志诚。（付内侍介）收好了。（内侍应介）（端王）你这人叫什么名字？想会踢气球么？（高俅）小人叫高俅，略会踢几脚。（端王）既然会踢，可下场来同耍一回。（高俅）小人是何等样人，敢与大王下脚？（端王）这是齐云社，名为天下圆，无分贵贱，但踢何妨？（高俅）小人到底不敢。（众内侍）大王抬举你，踢就是了。（端王）我这里豪兴勃勃，快来踢耍一回。（高俅）如此，小人大胆了。（叩头谢罪介）（端王、内侍合唱）

【又一体】球场名擅，既然是球场名擅，向人前将艺显。

（同踢介）（高俅唱）

耍一身圆活，通体轻便，把尽平生的力气展。

（合）

似皓月转当天，明星忽坠川，一蹴争先，几遍趋前，早津津汗流微气喘。

（端王住介）（内侍、高俅又踢介）（端王笑介。白）妙嗄！（合唱）

花攒锦缠，戏耍处花攒锦缠。欢情不浅，畅好是欢情不浅。听一片出风前的笑语喧。

（踢完介）（端王白）你那脚势，是有传授，着实用过工夫的，踢得甚好。（高俅）蒙大王谬奖，小人不敢当。（端王）还晓甚长技么？（高俅）拳棒吹弹，俱略知一二。（端王）如此更妙了。我要留你在府中，做个亲随，可情愿么？（高俅）若蒙大王收录，愿效犬马之劳。（端王笑介。向内侍白）倒也乖巧。（内侍应介）（端王）你在此，谩谩自然抬举你。（高俅）多谢大王。（端王）你主人处，我明日写书通知便了。（高俅应介）

（端王）乐事仍多兴未穷，（内侍）内堂还醉烛花红。

（高俅）今朝得入朱门里，醒处犹疑是梦中。

（端王先下）（高俅向众内侍足恭介）（内侍）好造化嗄！（随口下）

第七出　洪信放魔前数定

（蓝畹编）

（二法官、道众、家将、中军引洪信上）（二法官白）请天使大人到这里来。（洪信唱）

【甘州歌】【八声甘州】（首至六句）**清虚紫府，看红尘不到，宛似仙都。双松阴满院，双鹤向人间舞，云中路遥谁采药，风外声传人步虚。**

（二法官白）观门外已经游过，请到正殿上走走。（洪信）使得。（行介）（唱）

【排歌】（合至末句）**官身暇，公事余，闲游聊把客怀舒。尘心涤，妄念除，到来应使俗情无。**

（二法官白）这是三清圣像，请天使大人瞻仰瞻仰。（洪信参礼介。唱）

【又一体】【八声甘州】（首至六句）**虔诚礼玉枢，想化身一炁，此语非虚。**

（看两旁介。唱）

壁间雷篆，隐隐疑生云雾。森严甲仗神将驱，整肃星冠仙侣趋。

（二法官白）请到两廊下各处随喜随喜。吩咐道人，把各殿都开了。（道众应介）（行介）（中军喝介）（洪信唱）

休将那体统拘，深山何用莽喧呼。还须把，礼貌殊，灵宫莫要太粗疏。

（二法官指点介。白）这是九天殿，那是北极殿。（洪信唱）

【又一体】【八声甘州】（首至六句）**牓悬琼篆书，尽标题明白，几多殿宇。**

（二法官于曲内夹白）请到右廊下去。那边是太乙殿，三官殿。（洪信行介。唱）

饶多幽兴，正**须要游览无余，**想**元都后日谁重到，**享取这**清福经年我不如。**

（看介。白）伏魔之殿？（向二法官介）这殿为何独独锁闭在此，有这许多封条？（二法官白）此是本教前代祖师，镇锁魔王在内。但是经传一代天师，便添一道封条，使其子子孙孙，不得妄开。（洪信）开了便怎么样呢？（二法官白）若是开了，放走魔王，非尝①利害。（洪信）你且开了，待我看看魔王，什么模样，怎生利害？（二法官）小道断断不敢开，惟恐走了妖魔，为害非

① 应为“常”。

浅。（洪信冷笑介）我想世上那有锁魔之事？即使果有妖魔，见了我朝廷贵臣，自然就慑伏了。想昨日那山上的猛虎毒蛇，他也不敢来伤犯我。怕什么，快快开了。（二法官）开不得的。（洪信）嗄，我晓得嗄！你们假妆怪事，煽惑愚民，要显你们的道术嗄。（二法官）那有此事？（洪信笑介）好笑你们这些道士呵！（唱）

【排歌】（合至末句）**空掐诀，枉画符，妖魔纵有也当祛。多妆假，故弄虚，人民无识尽教愚。**

（白）快快开了。（二法官）这是断然开不得的。（洪信）你们这等坚执不开，我越加动疑了，莫非做甚不法之事，藏在里面？众家将，速与我打开。（家将应介）（二法官、道众）这便怎么处？（家将打介）（洪信唱）

【又一体】【八声甘州】（首至六句）**妖魔果有无，要打开门扇，必须明觑。**

（打开介）

（场上预设立石碣一座，正面刻龙章凤篆）

（法官、道众作怕介）（洪信连唱）

瞒神唬鬼，总是荒唐言语。

（白）没有什么妖魔嗄！（进内介）原来只有一座石碣，你们说有妖魔，如今在那里？可见是妄诞之言。（二法官）但愿没有妖魔便好。（洪信看石碣介）上面都是些天书符箓，识他不得。（唱）

这**穹碑知是何年立，古篆都非人世书。**

（又看背面介。白）遇洪而开！（笑介）尔等还不肯开这殿门，这石碣上明明镌着“遇洪而开”。可见前定之事，教下官来开的，快快推倒石碣，看个下落。（二法官）告禀天使大人，这石碣所镇正是妖魔，万万不可推倒。（洪信）不要你们管。众家将，快把石碣推倒了。（家将应介。推介）（法官、道众）这便怎么样好，不要弄出事来嗄。（洪信指家将介。唱）

【排歌】（合至末句）**拔山汉，扛鼎徒，不烦运动狠锹锄。**

（指道众介）

言都谎，事总诬，管教戳破闷葫芦。

（推倒石碣介）（地井内震响介。放火彩介）（众作惊避，奔跌介）

（扮天罡、地煞星各色妆扮，乱跑上。绕场下）（洪信唱）

【驻云飞】劈下雷来，万道红光乱迸开，奔走魂何在，颠蹶身惊坏。嗏！

（众白）阿唷唷，好怕人也！（洪信）不道果有妖魔，却又这般利害，唬杀了我了。（法官）小道等怎么样禀过，天使大人执意不听，如今走了妖魔，却怎么处？（唱）

屡进蒭荛来，何曾肯采。走却妖魔，尘世有无穷害，这不知谁个生生酿祸胎。

（洪信白）我且问你：镇锁的什么妖魔，这等利害？（二法官白）小道等听得传流下来，这殿内镇锁着三十六员天罡星，七十二座地煞星，共是一百单八个魔王。如今都被走了，如何是好？（洪信）原来如此，你们若早是这等说，我也就不开了嗄。（二法官）天使大人倒说得好，小道等何曾不再三禀过，不听也是没奈何。（洪信）如今总不用说了。（唱）

【又一体】归咎谁来，这就里还应劫数该。受了多惊骇，惹下多灾害。嗏！

（白）尔等道众，并我家将，一个也不许走漏消息，违者重究。（众应介）（洪信唱）

好使眼前乖，事须遮盖，口要三缄，莫漏风声大，只说这殿宇原封从未开。

（二法官白）请天使大人，再游完了各处。（洪信）还要游什么！吩咐地方官，速备轿马下程。明日一早起身，进京复命。（中军应介）（洪信唱）

【尾声】这妖魔何事能作怪，把我那后半段的清游兴败，想这样的异事令人难细解。

（下）

第八出　高俅上任积嫌伸

（三元官编）

（高俅上。唱）（二堂候随上）

【西地锦】博带峩冠显耀，忽然平步青霄。宦途捷径本非遥，一味逢迎谄笑。

（白）一生落魄类舆儓，忽地今朝步帝阶。我本无心求富贵，谁知富贵逼人来。下官高俅是也。本系微贱出身，又且行止亏损，终年漂泊，只道沦入寒微；一旦亨通，遽尔超登显要。多亏了都尉的玉器二枚，得挨进邸第之中。正遇着端王的彩球，一脚直引到庙堂之上。又将些拳棒吹弹，迎合其意，博得个冠裳印绶，荣显吾身。向时提拔，暂为朝散之员；今日蒙恩，升为殿帅府太尉之职。人生际遇，至此极矣。我想大凡的人，贵显之后，恩怨最要分明。古人说“一饭之恩不忘”，那句话可以不必提他；“纤芥之仇必报”，这句话倒要紧记在心。今日上任吉期，往后少不得大作一番威福，以逞吾志。（堂候）禀上太尉爷，衙门吏役人等，在外迎接太尉爷上任。（高俅）着他们进来叩见。（堂候应介）衙门吏役人等，太尉爷着你们进去叩见。

（众扮吏役上）接新还换旧，送往又迎来。衙门有成例，执事要齐排。吏役人等叩见太尉爷。（高俅白）尔等须摆齐执事，按队而行，倘有参差，取究[①]未便。（众应介）（堂候）请太尉爷更衣。（吹打，更衣，上轿介）（高俅白）吩咐打导。（同唱）

【五马江儿水】迤逦**颜行清道，飘飖旌旆绕。**看**巍巍朝贵，灿灿猩袍，**气**昂昂出人意表。牙爪**逞**咆哮，闾阎**自**惊扰。势焰腾腾可畏，威福权操，**这的是**掌握枢衡在一朝。**

（众扮军政司都军、监军、牙将上。白）本衙门军政司都军、监军、牙将等迎接太尉爷。（高俅白）衙门参见。（众应介）（同唱）

看济济**戎装武曹，**闹丛丛**前呼后导，**早则见**巍焕官衔绛彩风飘。**

（吹打）（下轿，拜印，升座）（众逐班参见介）（高俅白）妙嗄！果然无官不贵。你看武夫罗列，吏役庭参。今日一堂之上，唯我独尊，好得志也。（唱）

【一江风】逞虚嚣，且喜登廊庙。乞相从今扫，破青衣，博得罗襕，便**俯首低眉，腰折何妨笑。**

（军政司白）合属兵将、吏役，花名册子呈览。（高俅）取上来，待本帅细阅。（唱）

频将册籍瞧，频将册籍瞧。蝇头名姓标，这回管辖知多少。

（白）兵将、吏役可都齐集？（军政司）合属俱齐，只有一名八十万禁军教头王进，因患病未痊不到。（高俅）王进系何出身，敢大胆不到？（军政司）王进乃都军教头王升之子。（高俅背云）原来就是王升之子？我当年受了王升的耻辱，如今正好将他儿子出气。我方才说“纤芥之仇必报”，今日就要发作了。（向众云）那厮那里是患病？明系藐视本帅，不来参谒我。左右，快去唤

---

① 应为“咎”。

来，如有延捱，连你们一齐重处。（二役应下）（高俅）本帅到任，理应参谒。他这等大胆，辄敢推病不到？（军政司等云）王教头实系患病未痊，我等皆知，并非推故。（高俅怒介）哇！本帅躬膺简命，法重情轻，尔等敢来狗庇，难道不怕本帅的威权么？（众惧介）不敢。

（二役同王进上。唱）

【又一体】志凌霄，命蹇多潦倒，伏枕伤怀抱。

（二役白）教头，那高太尉道你推病，不去参谒，十分发怒。待我二人扶你进衙，好好求他饶恕罢。（王进白）咳！大丈夫岂肯低首下心，求人怜恕？二位不必搀扶，待我进衙，看他如何发付？（唱）

论英豪，视死如归，虽病犹强，肯做寻常调？

（二役白）已到衙门首，待我们先进去通报。（进介）禀上太尉爷，王进唤到了。（高俅）着他进来。（二役应介）教头，太尉爷着你进去。（王进进见高俅介。背云）嗄！原来高太尉就是东京无赖高二。此人有何技能，忽然荣显至此？他当初受我父亲耻辱，今日发怒，定有缘故了。（近前介）（高俅怒云）哇！王进，你藐视本帅，不来参谒，明明是推病无疑。左右，扯下去，重打四十棍。（王进）住了。我患病未痊，人人皆晓，并非推故，何得屈棒打人？（唱）

装成模样乔，装成模样乔，根底分明晓，井蛙魑地居权要。

（高俅白）那王升是街坊上使花棒、卖膏药的。你父亲尚且如此，你有甚本领，充作教头？今日见了本帅，还不下跪？（王进）在此公庭之上，朝廷名分所关，只得跪了。（跪介）（高俅）不怕你不跪！（唱）

【又一体】小儿曹，大胆将人藐，倨慢无分晓。

（白）扯下去打。（众应介）（王进）王进有病，并非推托，受此责罚，实是冤枉。（唱）

恨难消，他宿忿存心，借此公庭，欲把私仇报。

（高俅白）今日庭参不到，理应责罚，有甚冤枉？左右，扯下去打。（军政司等跪云）王进本该责罚，但今日是太尉爷上任吉期，望乞饶恕罢。（唱）

求将微过饶，求将微过饶，大度能容小，况吉期岂可施刑拷。

（高俅白）且看众将之面，饶了他这次，待我慢慢再处他。正是：枉寻直尺图新宠，藉势依权报宿仇。吩咐掩门。（吹打下）（众见王进介）教头有病，我等再三告禀，太尉只是不依，未知何故？（王进）这是我命运迍邅，不必说了。只是多谢列位盛情。（揖介）（众）岂敢。教头好生保重尊体，我等暂别。将军不下马，各自奔前程。（众下）（王进）原来那高二竟做了太尉。今日以公济私，将我耻辱。罢！且回去告知母亲，再作区处。（唱）

【皂罗袍】**此恨凭谁申告？恐萱堂闻此，心下焦劳。今日里大丈夫屈膝小儿曹，冲天怨忿何由报？**自恨我**乖时劣命，身微位小，**他那里**依权藉势，身尊位高，**明明的**泰山压卵须当料。**

（白）已到门首了。待我到侧门而入，省得牌军看见，自觉无颜。（进侧门介）母亲有请。

（王进母上）闲工纺绩安吾分，常倚门闾望子归。我儿回来了？（王进白）母亲，不好了！那高太尉就是帮闲的无赖高二。当日学使枪棒，被我父亲一棍打翻，结下冤仇。今日差人叫我，道我推病不去，要打我四十棍。幸亏众将讨饶，未曾责罚。他说还要慢慢处我，分明是假公济私，如何是好？（王进母）既是仇逢狭路，你又是他管辖，如何免得毒手？除非远避，可脱目前之祸。只是避到何处方好？（王进想介）只有延安府老种经略处，乃是边庭用人之所。况且那里军官多有熟识者，避到此处如何？（王进母）甚好，甚好。（王进白）事不宜迟。母亲快进去收拾细软，待孩儿遣开两个守门牌军，趁此时逃去便了。（王进母）说得有理。你到外厢快去遣开门首牌军，待我进去收拾细软。（下）（王进）牌军那里？

（扮二牌军上）本为击柝辈，今作守阍人。教头有何吩咐？（王进白）我前日病中，许下岳庙的香愿。你们一人去办香供，一人先去通知庙祝，说我明早五鼓，要来进炷头香。（二牌军）晓得。有言须领命，无事不离门。

（王进母亲持包里上）好将细软忙收拾，共作全身免祸人。细软东西，俱已包里停当，牌军可曾遣开么？（王进）俱已遣去了。（捧马介）请母亲乘骑，待孩儿背了包里，趁此傍晚，混出城门再处。（出门介）（同唱）

【又一体】**母子相为依靠，纵天涯海角，怎忍相抛。栉风沐雨路途遥，登山涉水边庭杳。仇逢狭路，且作避逃。一枝暂寄，脱离祸巢。行行盼不到延安道。**

（杂扮众客商、乡民趁城门，虚白，绕场下）

（门军喝“关城门”介。下）

（王进白）好了。且喜已出城门，请母亲趱行一步，到前面村店安歇，明日早行。（同唱）

【尾声】路崎岖，林深窅，星星灯火小村遥。且向前途度此宵。

（下）

第九出　教头抵暮因投宿

（三元官编）

（史进上。唱）

【海棠春】昂藏器宇称英勇，论武艺超群出众。花绣九纹龙，一任人传诵。

（白）少小慕英豪，生来志量高。千金同草芥，六尺等鸿毛。自家姓史名进，华阴人也。自幼刺得一身花绣，人都唤我为“九纹龙史进”。不幸父母早亡，又无兄弟，只因从小好习枪棒，打熬气力，故此年过二十，尚未娶妻。我这一村聚族而居，有三四百家，都是姓史。他们那些人惟以耕种为事，所以推我为尊。凡村中有事，皆是我照管料理，这也不在话下。我方才在后面菜圃中跑马射箭一番，不觉天气渐晚，不免到庄门口闲步一回，看看野景，有何不可？（唱）

【步步娇】篱落萧疏村居静，独步残阳影，樵歌何处声。

（白）出得庄门，你看斜阳映水，归鸟投林，樵子行歌，牧人驱犊，好村居景致也。（唱）

屈曲流泉，依微小径，身在画图行，笑他城市多奔竞。

（农夫八九人荷锄犁，牵牛上。唱）

【醉扶归】荷锄驱犊寻归径，终年碌碌事深耕。量晴较雨祷秋成，仓箱盈满田家庆。

（史进接唱）

看纷纷农父步前汀，好问取丰年景。

（各见介）（史进白）列位终岁勤劳，未知今年田事如何？（众）出作入息，这是我们分内之事，也管不得劳苦不劳苦。幸喜今年晴雨及时，将来秋成有望矣。（史进）这也可喜。（众）大郎为何独自在此闲行？（史进）因身闲无事，偶然步出庄门，看看野景。你们田间辛苦，该回家歇息歇息了。（众）便是。我们辛苦了一日，要回去歇息了。（史进）请各回去罢。（众）出佃犁锄劳矻矻，归家妇子乐嬉嬉。（下）（史进）你看他们劳苦了一日，各各归家去了。我也归庄院去罢。不学老农老圃事，今朝落得一身闲。（下）

（王进背包，王进母骑马上）（王进内白）母亲，快请趱行。（同唱）

【品令】跟跄母子，薄暮事长征。驱驰羸马，得得向前行。迢迢去路，尽是无人境。欲投村店，望处烟林云磴。

（王进白）母亲，我们自离东京，已是华阴界上了。来路已远，那高俅料难追赶。只是天色昏暮，赶不到投宿之处，如何是好？（王进母）这便怎么处？（王进望介）那边有所庄院，且赶到那里，借宿一宵罢。（王进母）恐不识熟，未知留与不留？（王进）且到那边，再作区处。请母亲加上一鞭，速速前往。（同唱）

好似**乌鹊南飞，三匝无枝何处停？**

（王进白）已到庄院门首。母亲请下马，待孩儿先去问一声。（王进母下马）（王进拴马介）庄内有人么？

（史进上）柴扉闻剥啄，且出问因依。是什么人？（王进）小可是行路的。因贪趱路程，错过宿头，欲借宝庄暂住一宵，明日拜纳房金。（史进）借宿一宵，这有何妨？若说房金，倒觉小气了。（王进）多感盛情。（史进见王进母介）此位是谁？（王进）是家母。（史进）如此，请到那边客房安歇。（王进）母亲请到里边去，孩儿就来。（王进母下）（史进）庄客，过来捧了马去，好生喂料。

（杂扮庄客捧马下）（史进）客官请进去。（王进放包裹，揖见，坐介）（史进）请问客官尊姓大名，仙乡何处？有何贵干，如此贪趱路程？如今要往那里去？（王进背云）看此人相貌魁梧，必非凶恶之辈。我也不必隐讳了。（向史进云）实不相瞒，小可乃教头王进，世住东京。因与高俅素有旧怨，他如今做了太尉，（唱）

【尹令】操着杀人权柄，怀着小人心性，排着陷人坑穽，我只得**远避延安，经略衙门暂住停。**

（史进白）原来就是八十万禁军王教师。久仰，久仰！（重揖介）（王进）不敢。请问庄主高姓大名，因何知道小可是八十万禁军教头？（史进）在下姓史名进，只因从小爱学枪棒，所以常闻教师大名。今喜相逢，欲屈留在此，盘桓几时，略求指教一二。（王进）原来就是“九纹龙”。久慕，久慕！`（揖介）既蒙盛意款留，当竭我所学，报答高情便了。（史进）请问教师，那兵器中何者最利？（王进）那兵器虽有十八般名目，只要传授精详，用功纯粹，皆可成名，无分利钝也。（起介。唱）

【豆叶黄】这长矛短剑，各有偏能。若要分谁利谁强，若要分谁利谁强，教我也难轻定。

（史进白）多蒙教师指教。自当从吾所好，拜从教师学习几般便了。（王进）不敢。（同唱）

今日里**气同声应，开心见诚。果然是缔交倾盖，果然是缔交倾盖，何必**指拟**青松，**和那**白日证盟。**

（庄客上。白）晚膳已曾完备，摆在客房中了。（史进）请教师进去，同令堂用了晚膳，再当请教。（王进）叨扰了。（史进）好说。（王进唱）

【尾声】逋逃到此无门径，多谢你居停慨应，

（史进）

今夜里**月下闲将武艺评。**

（王进）自伤踪迹类飘蓬，幸喜他乡知己逢。

（史进）且请抒怀共酩酊，丈夫岂可叹途穷。

（同下）

第十出　庄客流言又送行

（三元官编）

（副、丑扮二庄客上。唱）

【水底鱼】拳棒难精，人前强逞能。手迟脚慢，打得遍身疼，打得遍身疼。

（副白）锄地耕田懒学，擦掌摩拳为乐。（丑）见人不敢脱衣，遍贴内伤膏药。（副）唅！你贴了内伤膏药，还亏你说出来。（丑）譬如你那日打坏了，还灌一肚子粪清。（副）若无粪清灌救，险些命填沟壑。（丑）全凭着狐假虎威，那里会鹰拿雁捉。（副）溜单儿忍气吞声，成队儿作威逞恶。（丑）哥嗄，这叫做“以众暴寡”。（副）并不是“以强欺弱”。（各笑介）我们这样好汉，也就闯得光棍了。（副）闲话休提。我们乃史家庄上庄客便是。只因大官人爱习枪棒，连我们都会些耍拳弄棍。（丑）我想除了大官人，就算我们有本事的了。不意来了一个教头王进，自恃本领高强，不看我们在眼内。（副）我这一拳黑虎偷心，是百发百中的。不知怎么被他一架，脚底下一扫，我就……（跌介）（丑）怪不得你没用，站也站不稳。（副）我是学与你看。（丑）嗄！是学与我看么？（副）在大官人面前，出我的丑，因此又羞又恨。（丑）非但这一节。前日大官人又拜他做了师父，越发大道起来，把我们呼来喝去，实实气他不过。怎么想个法儿弄他去了才好。（副）我倒有个妙计在此。（丑）有何妙计？（副）他原是东京逃来的，只说东京行文到此，缉捕逃犯，有人知道在此窝藏，本县差人即刻来拿了。他听见此信，自然逃走去了。此计如何？（丑）好计，好计！只是要说得利害些才像。（副）这个在我。（丑）事不宜迟，我们就去报知。（副）有理。（同唱）

【又一体】王进虽能，难猜此假情。牢笼计就，拔出眼中钉，拔出眼中钉。

（同下）

（场上预设刀枪架介）

（王进上。唱）

【捣练子】乡思切，旅情多，失路英雄唤奈何。

（史进接上。唱）

得遇明师亲指点，方知旧学枉蹉跎。

（各见揖，坐介）（王进白）奔走他乡何日安，幸逢贤主且盘桓。（史进）山村无物堪供客，剪得园蔬作午餐。（王进）连日打搅，甚是不当。（史进白）多谢师父劳心教导，感之不尽。（王进作叹介）（史进白）为何师父只管闷闷不乐，敢是小子款待有慢么？（王进）多谢大郎盛情，何出此言？我王进呵，（唱）

【风入松】平生豪志未曾酬，只落得浪荡漂流。今朝碌碌风尘走，何日里功名成就，怎能勾消愁拨忧，因此上锁眉头。

（史进白）我想人生穷达，莫非有命。且请师父宽怀，不必愁虑。（唱）

【又一体】穷通得失岂人谋，好随造化优游。英雄落落虽难偶，终有日扬眉

奋袖。

（白）师父，莫怪小子多言。（王进）请教。（史进近前。唱）

你本是潜身避仇，如倦鸟岂得择林投？

（王进白）多承宽解。不觉愁闷顿消，我当任运而行便了。（史进）前日蒙师父传授枪法，尚有几处不能明白，再请指教一番。（王进）左击右刺，捷若游龙；后伏前趋，轻如脱兔。全要身心相应，进退得宜，方称合法。你我对使一路，看有不到之处，再为讲论便了。（二人对枪介）（同唱）

【急三枪】**如雪舞，如电走，如蛟斗，能驻景，惯桩喉。**

（又对枪介）（同唱）

回波绕，霜华落，寒光溜，风凛冽，集长矛。

（对枪完介）（史进白）多谢师父指教。小子枪法已明，尚有传授双刀，不能精熟。望乞师父对舞一回。（王进）既如此，我和你对舞一回便了。（二人对刀介）（同唱）

【风入松】**双龙飞处练光浮，闪闪的晃耀人眸。但闻飕飕寒风吼，又见那冰花绕袖，全在这低昂纵收，好持此觅封侯。**

（副、丑上。白）忙将紧要事，报与大郎知。大官人在那里？不好了，不好了！（史进）为何这等慌张？（副白）东京行文到此，缉拿逃犯。（丑）有人知道在此窝藏。（副）如今本县差人，即刻到庄来了。（丑）唬得我浑身冷汗，特来报与大官人知道。（史进慌介）如今怎么处？（王进）既漏风声，须防连累。我同老母即刻起身去也。（副、丑）快去，快去！不要连累我们。（史进）哇！狗才，这等放肆。凡事有我在此。（副、丑）官府差人来，一齐捉去，不是当耍的。（史进）胡说！快去整备酒殽，我与王教师欢饮一回，再作计较。（王进）住了。我逋逃到此，岂可连累大郎？去意已决，不必复留了。（史进）既是决意要行，不敢强留。但相聚未几，匆匆远别，难为情耳。（王进）相会有期，何必留恋？（史进）既如此，庄客过来。（副、丑应介）你一人快去报与王老太师母知道，收拾行装。将王师傅马匹喂好，并将我所乘之马一齐带来。（副应下）你一人将我白马一匹，盘费银五百两，送王教师起身。（王进）叨扰不当，何劳厚赠？（史进）不堪之敬，聊表寸心。（王进）既蒙盛意，马匹暂领，银子决不敢受。（史进）些须盘费，何必推辞？（王进）断断不敢领受。(向丑白)你快去牵马过来。(丑)晓得。(背云)此计甚妙，不怕他不去。好快活，好快活！(下)(王进)就此拜别。(史进)小子蒙师父教导，今日分离，甚觉伤感。(各拜)(同唱)

【又一体】谈兵说剑意相投，又谁知忽动离愁。依依含泪难分手，何日得连床话旧？

(王进白)母亲有请。

(王进母上。唱)

似萍梗随波逐流，重整辔，过林邱。

(史进见揖介。白)在此有慢太老师母，千万前途保重。(王进母)多多打搅，甚是不当。(史进)待小子远送一程。(王进)多蒙盛意，恐怕路上人多，招摇耳目，反为不便。不消了。(史进)既如此，送到前面十里长亭便了。带马来。(副、丑牵马上)(王进母、王进、史进各上马。王进背包裹，同出门)(史进向副、丑云)你们不必随我去了。(副、丑下)(王进等同唱)

【急三枪】行行去，须停辔，重回首，不忍别，泪交流。离庄院，经村落，穿林岫，且向旗亭内，话离愁。

(同下)

(李吉上。白)游手不知耕种事，全凭打猎作生涯。自家李吉便是。我常在少华山打猎为生，不意近来有强人啸聚，故此不敢进山。今日寂寞不过。嗄，不免到史家庄上，寻王四沽饮一回，有何不可？(走介)行过麦陇上，便是史家庄。这里是了。(看介)阿哟！你看好一座庄院也。(唱)

【风入松】菁葱桑柘绕墙头，汩汩的一派溪流。牛眠芳草鸡鸣昼，闲囤却千堆米豆。

(史进内白)师傅慢行。

(乘马上。唱)

恰才个班荆道周，回望断岭云愁。

(见李吉介。白)嗄！你是李吉，为何在此窥探我庄上，莫非有些歹意么？(李吉白)我来寻王四沽饮，并无歹意。(史进下马进门)(庄客牵马介)(史进)你一向为何不拿野味来卖？(李吉)近来没有野味。(史进)偌大一个少华山，少什么獐儿、鹿儿，怎么说没有？(李吉)大郎还不知道么？目今少华山上，有三个强人啸聚，谁敢到那里去打猎？（史进）那强人怎么样啸聚，就这等利害？（李吉）那三个强人，凶狠异常，带了喽啰，横行劫掠，行旅、居民尽受其害。（史进）原来如此。（向李吉云）今日王四进城去了，不在庄上，你回去罢。若有了野味，即便送来。（李吉白）如此，我回去了。（背云）我来寻王四沽酒，他认我做歹人。（作怒介）咦！出语伤人诚可恨，咬牙切齿气填胸。（下）（史进）且住。既是强人逼近，难免搅扰村坊，必须预为准备才好。庄客过来。（庄客应介）你可传齐合村人等，说少华山有强人啸聚，速来商量防御之策。快去，快去。（庄客应下）（史进）据李吉之言，那强人定然凶狠。幸得我庄上人户众多，深溪围绕，只要看守严密，也不怕他劫掠。待众人到来，再作区处。

（众扮乡民上。唱）

【窣地锦裆】史家庄上户民稠，况有深溪环绕流。一齐举起铁锄头，管取强人一命休。

（白）大郎叫我们，有何吩咐？（史进）今有少华山强人啸聚，横行劫掠，恐怕他到我村中骚扰，你们须要齐心防御。他若来时，只听我庄上鸣锣为号，即来接应，不可迟缓。（众）我等愚蠢无知，全靠大郎做主。（史进）听我吩咐。（唱）

【风入松】须要轮番值夜唱更筹，切莫要贪睡贪游。揭竿削木齐防守，那怕他绿林为寇。共村居当关戚休，急策应，莫迟留。

（众白）既蒙大郎吩咐，我们各各小心便了。（史进）你们随我到庄前庄后，将看守拒敌之处，指点一番。（众）有理。（同唱）

【急三枪】一齐到西村路，东篱口，观出入，定谋猷。把路径，都熟练，防争斗。还须闲时节，武备合深求。

【尾声】既同乡里当援救，宜相助还须相守，努力堤防莫惰偷。

（同下）

第十一出　保村坊陈达被捉

（三元官编）

（喽啰八人引朱武、杨春、陈达上。同唱）

【点绛唇】啸聚深山，肆行无惮。英雄汉，把守天关，部队分方按。

（朱武白）绿林豪杰古称雄，（杨春）乌合潜藏山岛中。（陈达）那怕官兵来剿捕，（同念）须教一鼓尽成空。（朱武）吾乃朱武是也。（杨春）吾乃杨春是也。（陈达）吾乃陈达是也。（朱武）我等啸聚山林，横行劫掠，人强马壮，器械鲜明，十分威勇。（杨春白）那些近山人户，怕我等骚扰，皆已逃窜移居，就是过客经商，也惧我等劫掠，俱不敢行走。（陈达）因此寨内粮草短少，欲到华阴县借取粮饷。二位哥，意下如何？（朱武）我们若到华阴县，必从史家庄经过。闻得史进武艺高强，膂力甚勇，此人不是好惹的。还须斟酌而行。（陈达）咳！你长他人志气，灭自己威风。那见得史进凶狠，我就不是他的对手？我如今带领喽啰前去，管取先擒史进，然后到华阴借饷。众喽啰！（应介）随我到史家庄去。（上马执刀，四喽啰随介）单刀能御敌，匹马要成功。（下）（朱武）你看陈兄弟虽然勇往直前，诚恐此去不能战胜。我们带领兵众，随后策应便了。（杨春白）有理。大小喽啰！（应介）随我下山。（各上马执器械。同唱）

【滴溜子】旌旗绕，旌旗绕，云霞映山。刀枪利，刀枪利，非同等闲。吓得乡民逃散。杀声动地来，人人惊患。跪献黄金，才保平安。

（四喽啰引下）

（内鸣锣介）

（众乡民执器械上。同唱）

【六么令】强人凶悍，劫掠村庄，居民不安，齐心防获莫偷闲。擎犁耙，举锄镢，乡田同井宜防范，乡田同井宜防范。

（二人白）我们史家庄众乡民是也。方才听得庄上鸣锣为号，故此各执器械，防御强人。哥嗄，我们一同前往。（众）有理。（同唱）（合前）

擎犁耙，举锄镢，乡田同井宜防范，乡田同井宜防范。

（史进持枪上。唱）

【四边静】忽闻喊杀忙厮趱，休教留破绽。偌大史家庄，强徒敢轻慢。我一身跨鞍，全家饱餐，会集众乡邻，巡逻卫里闬。

（乡民见介）（史进白）列位嗄，你听强人喊声渐近，将到村庄。我们迎敌前去，莫待贼人逼近。（众）有理。（同唱）

一身跨鞍，全家饱餐，会集众乡邻，巡逻卫里闬。

（陈达引众冲上。架住）（史进白）来者通名。（陈达白）吾乃少华山三大王陈达是也。汝是何人，敢来对敌？（史进白）吾乃“九纹龙”史进。你何等强人，敢来送死？（陈达怒介）阿哟，阿哟！你休出大言，放马过来。（战介）

（陈达败下）（众对战介）

（陈达败上）（史进追上。架住）（史进唱）

【大迓鼓】羝羊敢触藩，管教对敌，一战摧残。

（同唱）

刀枪击架相回转，看看日落又衔山。和你结个输赢，有甚大难？

（又战）（陈达被擒，绑介）（众喽啰败下）（史进白）将这厮绑进庄内，明日解官请赏。（众应介。同走，唱）

【又一体】强徒好赧颜，逞伊乌合，自取愁烦。英雄奋处成俘献，今朝丑类尽伤残。绑缚呈官，比户可安。

（同下）

（众喽啰引朱武、杨春上。唱）

【六么令】加鞭紧赶，尘土迷空，极目遥看。急忙接应怕兵单。同举刃，快扳鞍，伊行只恐人伤犯，伊行只恐人伤犯。

（败残喽啰上。白）不好了，不好了！启上二位大王，那陈大王被史进战败，绑进庄内去了。（杨春）阿哟，阿哟！罢了，罢了！那史进好生利害。大哥，我与你带了喽啰，奋力前往，救取陈兄弟便了。（朱武）住了。那史进凶勇异常，只可智取，不可力敌。（杨春）计将安出？（朱武白）我们如今叫喽啰远扎庄口。你我二人，去了兵器，步行到彼，只说要与陈兄弟共同生死，将义气之言感动他，方为万全之策。（杨春）说得有理。众喽啰！（众应介）你们远远驻扎庄口，不可有违。（众应介）（同唱）（合前）

同举刃，快扳鞍，伊行只恐人伤犯，伊行只恐人伤犯。

（同下）

（史进领众，绑陈达上）（同唱）

【又一体】叠成公案，邀请花红，增耀罗襕，今宵且自紧防闲。人络绎，守更番，天明解送知非晚，天明解送知非晚。

（朱武、杨春各去兵器，步行上。白）好将三义同生死，哀告村中豪杰人。

（跪介）（史进）你二人是谁？（朱武、杨春）我们是少华山寨主朱武、杨春，与陈达结为三义，誓同生死。今陈兄弟被好汉拿住，我们情愿一同将绳紧拴，盟言敢翻，我三人，

【三段子】誓不回还，去兵戈各将命拼，乞垂见怜，与同盟生荣死安。

（史进白）住了。你们如此光景，莫非有计么？（朱武、杨春）我们身边寸铁皆无，那众喽啰已远远驻扎，有甚计来？（唱）

并非苦肉来欺谩，实因义气同忧患，怎向英雄剔弄奸？

（史进背白）他们是草寇，倒有一番义气。我若擒获他们，岂不被江湖上好汉笑骂？（向朱武、杨春云）过来。你们既然如此义重，何忍擒拿？我如今放还陈达，一同回去罢。（向众云）放了绑。（众）放不得的。（史进白）哇！有我在此，谁要你们多管。（众放绑介）（朱武、杨春、陈达同谢揖介）多谢好汉。今日蒙君全义气，他年报德不忘恩。（同下）（史进）尔等擒贼劳苦，同到庄上杀牛具酒，欢饮一回。（众）多谢大郎。（同走。唱）

【窣地锦裆】椎牛漉酒竞开颜，休把英雄做贼看。从前防御费多般，今后柴扉不用关。

（下）

第十一出　闻狮吼郑屠遣妾

（三元官编）[1]

（金翠莲上。唱）

【番卜算】漂泊落花天，惨澹愁人面。自知薄命合迍邅，敢向东风怨。

（白）荆钗随便挽乌云，宽裉初来几折裙。寂寞空闺春欲去，庭花和泪落纷纷。奴家金翠莲，因随父母来至渭州，探亲不遇，谁想母亲病故。父女无依，只得凭媒说合，嫁与郑屠为妾。咳！既已失身匪类，又且妒妇凶残，将我百般凌辱。天嗄！我金翠莲虽非名门之女，却也清白之家，况兼窈窕幽闲，初非村野，何故红颜薄命，一至于此？今当暮春天气，你看飞絮落花，扑帘盈砌，抚时对景，不觉泪滴风前。愁萦心曲，好伤感人也。（唱）

① 此出目处贴补有“第十一出删去不用，四篇”字样。

【桂枝香】流莺百啭，落英千片。买春光撒地榆钱，牵愁绪倚墙柳线。

（白）咳！我想那些有福之人，当此之时，罗绮成群，轮蹄如织，或游郊外，或乐园中，何等快活！偏我金翠莲呵，（唱）

终朝泪涟，终朝泪涟，啼痕界面。对着这空花如霰，恨缠绵，搁笔难题扇，推帘只问天。

（卫氏内白）问天，问天，打你一顿皮鞭！你这浪蹄子，又在那里长吁短叹，敢是想你的孤老么？（翠莲）你听这恶妇，又来辱骂了。我只得忍耐他些罢。正是：名花寂寞无人惜，一任狂风骤雨来。（下）

（卫氏上。唱）

【普贤歌】面凹嘴阔耳轮掀，眼大眉粗鼻仰天。生来貌十全，鲜花插两边，引得男儿酥又软。

（白）奴家卫氏，自从嫁了郑屠，千般疼热，万种风流。帮着他宰猪宰羊，日日荤腥不断。由着我打猫打鼠，夜夜恩爱不离。他是个强壮男子，我又是俊俏佳人，天生一对，地产一双。果是男贪女爱，夫唱妇随。谁想他一时大胆，不遵我的约束，买了一个金翠莲为妾。自从他进门之后，竟把我的恩情，夺去了一半，实实的气他不过。前日与那天杀的，闹过几次，他已亲口许下，说退还他的父亲。今日等这天杀的出来，若不将翠莲退出，我也不用打他骂他，只消一把鼻涕、一把眼泪淹也淹死这天杀的了。待我妆着恼的样子，坐在这里，等他出来，先给他个下马威。（坐介）

（郑屠上。唱）

【字字双】身长力大眼睛圆，腼腆。猪羊牛马杀成千，手便。

（卫氏嚷白）天杀的，快来！（郑屠）阿哟！（唱）

河东狮子叫堂前，心颤。

（卫氏作怒介）（郑屠怕介）

我只得再行旧例望垂怜，腿软，腿软。

（跪介。白）我的娘，你为什么又恼了？（卫氏啐面介）我把你这天杀的，前日的话，你忘了么？（郑屠）前日有什么话？我记不起了。（卫氏作哭，揮涕介）天嗄！天嗄！前把那金翠莲的事，说得停停当当，你说板门上打个折儿，再不改的。怎么说是忘了？（郑屠）原来是这个事情！我的娘，你不要气，我已经唤下原中店主人，等他来时，就把翠莲退去就是了。（卫氏）你若今日退去就罢，若不退时，我与你这天杀的，就要结杀了。我且进去，吃些砂仁汤解解气。你退了翠莲，就进来回话。（虚白下）（郑屠起介）奇了！我这么一条汉子，不知为什么，见了老婆就唬得萎蕤了。没奈何，且等店主人来，把金翠莲退去就是了。且住！前者身价三千贯，原是虚钱实契，并未与他。不要管，无色便思财。（坐介）

（店主上）为怜父女无依靠，故作冰人托郑家。今日郑屠叫我，想是要还金翠莲的身价了。此间已是。（进介）郑大叔在家么？（郑屠）来得正好，来得正好。请坐。（店主坐介）（郑屠向内云）金老儿，翠莲，快些出来。（店主背云）想是这三千贯身价，今日要当着我的面还他了。

（金老、翠莲上。唱）

【西地锦】**父女他乡淹蹇，含羞不敢声言。**

（金老白）大官人，叫我们出来怎么？（郑屠）你们在此一月有余，每日长吁短叹，想是不情愿住在这里。况你女儿不乖巧，常常得罪我的大奶奶。如今留你们不得了。当初原是店主做的保人，如今当着店主的面，退你们出去，限你十日之内，还我原价三千贯。（金老）住了！大官人此言，好不明白。我们父女自恨命蹇时乖，所以自叹自悲，与大官人什么相干？就是我的女儿，每日吞声忍气，有什么得罪大奶奶之处嗄？（唱）

【驻云飞】**父女颠连，流落他乡实可怜。不顾身微贱，愿把衾裯荐。**

（白）就是这三千贯身价，当日也虚钱实契，我何曾得过分文？（唱）

嗏！**实契却虚钱，勾销前件。店主为中，今日当他面，证据分明何待言？**

（郑屠白）现在契上写明身价三千贯，有凭有据，你想要图赖么？（翠莲哭介）还望店主人从公分剖。（店主）郑大叔，你又来了！当日写完了契，你说改日交清身价罢。我何曾看见分文？今日还是取笑呢，还是果然要身价钱？（郑屠怒介）放你的狗屁！据契要钱，谁与你取笑？嗄！你们通同谋算，要赖我的身价？我郑屠不是好惹的嗄！（唱）

【又一体】**无日无天，拔出屠刀命不延。共有人亲见，怎把财匡骗？**

（白）在你原中身上，若十日之内，不还我的身价呵，（唱）

嗏！**擦掌并摩拳，心怀不善。若不清偿，定要伊赔垫。**

（金老、翠莲、店主同白）还求大官人哀怜。（郑屠唱）

我不管哀怜只要钱！

（怒下）（金老、翠莲哭介。白）这是那里说起？如今怎么处？（店主）且不用悲啼，到我店中，再作计较。（同出，走介）（金老、翠莲同唱）

【哭相思】自恨穷途无识见，将身投入恶屠门。早知今日遭凌逼，何不当时不卖身。

（店主虚白）（同下）

第十二出　漏消息史进入林

（三元官编）

（李吉上。唱）

【金钱花】心头怒气难平，难平，暗中指引官兵，官兵，一齐捉获尽遭刑。得公赏，不微轻。报私怨，要分明。

（白）自家李吉是也。前者在史家庄上寻王四沽酒，叵耐史进这厮说我窥探庄门，有窃盗之意，因此怀恨在心。谁想他倒与少华山强人往来。前差王四到山，邀请朱武等于中秋夜赏月饮酒，结拜弟兄，朱武等答有回书。王四醉卧林中，这封书却落在我的手内。我既怀旧恨，又见县中悬了三千贯赏钱，要捉获强人，为此我去出首。不惟报了私仇，而且得了公赏，岂不快活？本县已差都头二名，带了土兵，着我为向导，前往史家庄擒贼。今日乃是中秋，我已打听得朱武等在庄上饮酒，且待都头、土兵到来，进庄擒获便了。（下）[①]

（史进上。唱）（二庄客随上）

【七娘子前】英雄落落交难订，幸今日气求声应。

（白）我史进，自从少华山寨主，骚扰村庄，被吾擒获，因见他三人义重，故将陈达释放。他三人感我之情，往来甚密，常将金帛送来。我看他们虽然落草，颇有丈夫气概，是以分毫未受，欲与他们结为弟兄。已着王四前往少华山，约于今日中秋之夜焚香结拜。庄客们！（庄客应介）（史进）酒席可曾完备？（庄客）完备了。（史进）你在门首伺候。三位寨主到来，即忙通报。（庄

① 底本中上述段落为贴补一整页。

客应介）

（朱武、杨春、陈达上。同唱）

【七娘子后】前度衔仇，今成刎颈，相邀八拜交情定。

（庄客白）三位寨主来了么？（朱武等）快去通报。（庄客禀介）三位寨主到了。（史进）道有请。（朱武等进门。各揖见介）荣华如一芥，仁义值千金。却喜寻戈后，翻为庆盍簪。（各坐介）（朱武）我们蒙大郎厚德，未曾图报，又承见爱，欲结兄弟，使我等感之不尽。（史进）英雄相遇，正当如此，何必称谢？（杨春）既是大郎盛意，我们只得从命了。（陈达）大郎年长，即为大哥。我们三人，照旧序列便了。（朱武）说得有理。（史进）有僭了。快排香案过来。（庄客应介）（四人同拜。唱）

【玉芙蓉】香烟如篆凝，叩首心相订。礼穹苍，过往神明作证。要同王贡弹冠庆，休效张陈按剑争。

（合）

一言定，愿终无变更。羡当年桃园三义，千载仰仪型。

（史进白）庄客们，取酒过来。我们立饮一杯，以定今日之情。然后到后面菜圃中，对月举觞，以尽今宵之乐。（朱武等）大哥说得有理。（庄客捧盘送酒）（四人立饮。同唱）

【又一体】何须荐帛牲，一盏情皆定。喜今朝聚首，多是豪气英英。椎牛酿酒来趋命，揭烛焚香待拜盟。

（史进白）三位兄弟，请到后面畅饮。（朱武等）大哥请。（仝唱）（合前）

一言定，愿终无变更。羡当年桃园三义，千载仰仪型。

（同下）

（李吉上。唱）

【金钱花】心头怒气难平，难平，暗中指引官兵，官兵，一齐捉获尽遭刑。得公赏，不微轻。报私怨，要分明。

（白）自家李吉是也。前者在史家庄上寻王四沽酒，叵耐史进这厮，说我窥探庄门，有窃盗之意，因此怀恨在心。谁想他倒与少华山强人往来。前差王四到山，邀请朱武等于中秋夜赏月饮酒，结拜弟兄，朱武等答有回书。王四醉卧林中，这封书却落在我的手内。我既怀旧恨，又见县中悬了三千贯赏钱，要捉获强人，为此我出首。不惟报了私仇，而且得了公赏，岂不快活？本县已差都头二名，带了土兵，着我为向导，前往史家庄擒贼。今日乃是中秋，我已打听得朱武等在庄上饮酒，且待都头、土兵到来，进庄擒获便了。①

（都头二人带土兵各执器械同上。唱）

【朱奴儿】奉公差擒拿不逞，朱牌上字字分明。窝主强徒共四名，齐捉获解到公庭。

（李吉白）列位来了么？（都头白）那少华山强人，可在庄上？（李吉）已在史进家饮酒，趁此时前去便好。（都头）如此，你先引路，我们随你前行。（同唱）

把凶徒命，一朝毙倾，指日里居民靖。

（同下）

（朱武、杨春、陈达、史进同上）

【又一体】醉酕醄不知露冷，见冰轮辉映中庭。丹桂飘香夜气清，拼百瓮饮到天明。

（史进白）三位兄弟，酒未尽兴，还须畅饮。（朱武等）我们多已醉了。只是酒逢知己，且散步一回，看看月色，再饮便了。（众看月介。白）妙嗄！（同唱）

看蟾光映，把金樽暂停，好领略中秋景。

（内呐喊介）

（二庄客上。白）不好了，不好了！天有不测风云，人有旦夕祸福。大官人，不好了！（史进）为什么事情，这等着忙？（庄客）本县差了都头，带了无数的土兵，围住庄院，要擒拿三位寨主。若不绑出，就要打进来了。（朱武等）这却如何是好？（史进）不知何人走漏消息？但事已如此，为今之计，惟有并力杀出，护送三位兄弟上山便了。（朱武等）若然如此，我们虽得免祸，恐怕连累大哥，如之奈何？（史进）既然拒捕，断难此处安居。我无父母妻子之累，便离此地何妨？庄客过来，你一人进去，吩咐收拾细软家资，随我们上山。（一庄客应下）你一人传齐众庄客，杀出庄院便了。（一庄客应下）（朱武

---

① 底本上段内容与贴补在前面的内容大体相同，但有个别用字稍有不同。有可能是此处忘记删掉，或删除痕迹丢失。

等）难得大哥如此豪爽，深为可敬。（史进）三位兄弟，我史进呵，（唱）

【会河阳】不惜身家，要全义名，扶危济困见交情。生平不畏强梁、不图报称，任一味天然性。

（朱武等）

果然，越显得心中正，果然，越使我心钦敬。

（李吉领都头、土兵绕场围，下）（史进白）你听，官兵已至门首。我等带领庄客，突围出去便了。

（众庄客各持器械，又带史进等四人持兵器上。唱）

【越恁好】各持锋刃，各持锋刃，杀退那官兵。齐心协力，管举手要功成。

（史进白）三位兄弟，各持兵器，并力杀将出去。（朱武等）有理。（同唱）

那怕重围如铁城，须臾脱挣。光闪闪刀剑相辉映，密层层集士卒来围定。

（都头、土兵冲上。相杀介）（都头败介）

（庄客推车将细软家资装载上）（史进白）官兵已退，待我护送三位兄弟上山。庄客们，快些趱行。（同唱）

【红绣鞋】一齐电走风行，风行；穿林越涧如腾，如腾。璧月挂，斗杓横。寒蝉静，夜鸟惊。山路杳，急兼程。

（头目、喽啰上。接介）（庄客推车下）（朱武白）多蒙大哥累次施恩，实难图报，当推居首位，我等恭听约束便了。（史进）咳！我本清白良民，偶为义气所重，故作此违法之事。如何便肯落草？（朱武等）既然如此，且在山中住下，待等逢赦之后，再与大哥重整庄院。（史进）山上亦非久居之地，不过暂住三五日，即往延安经略衙门中，寻我师父王教头。此乃边庭用人之处，博个出身，方遂吾愿。（朱武）大哥执意如此，且在山中盘桓几日，我等相送起身便了。（杨春、陈达）一宵辛苦，请到后边安歇片时。（史进）请。（同唱）

【尾声】岩前皓月空辉映，败尽了赏蟾光的几多佳兴，只听得山下鸡声天渐明。

（下）

第十三出　店打宰夫伤毕命

（鲁达上。唱）[1]

【夜行船】仗剑从军侠气闻，何日里得树奇勋。壮志难酬，长缨莫请，鞅掌在风尘。

（白）结发从戎上战鞍，腰悬宝剑月光寒。生平任侠为知己，肯作悠悠行路看。自家小种经略府提辖，姓鲁名达，本贯关西人也。胆气粗豪，心胸阔大。是不是轻生重义，遇知己肯赠头颅；信不信扶弱除强，见不平便拼性命。不拘迂腐细行，自成磊落雄怀。这且不在话下。有一拳棒教师李忠，绰号“打虎将”，旧曾相识。近从远方到此，今日不免请他酒肆中沽饮三杯，少叙交情。原约他在此处会的，怎么尚不见到来？（内嗽介）（鲁达）远远望去，正是他来了。

（李忠上）漫言漂泊无知己，正喜逢迎有故人。（见介）（鲁达）贤弟远来，尚未申敬，今请同至肆中豪饮一番，聊当洗尘。（李忠）极承大哥盛情，只是何以克当？（鲁达）不要谦逊。前面州桥下，潘家酒楼甚好，请同至那边。（李忠）请。（合）手把一樽拼痛饮，目空四海恣雄谈。（下）

（史进上）燕赵悲歌士，相逢剧孟家。寸心言不尽，前路日将斜。我史进下得少华山，要寻访师父王进，一路行来，已到渭州地面。闻得这里有个经略府，莫非我师父就在此处？怎地问个信儿才好。（内应场介）（史进）那边有个军官打扮的来了，且向他问个消息，就知道了。

（鲁达、李忠上）不寻市上饭包汉，且觅桥头酒肆佣。（史进）尊官请了。（鲁达）请了。（史进）敢问这经略府中，可有位东京来的八十万禁军教头王进么？（鲁达）足下何人，问他怎么？（史进）小弟名唤史进，有事特来相访。（鲁达白）你莫非是“九纹龙”史大郎么？（史进白）小弟正是。敢问职事哥高姓大名，何由得知小弟？（鲁达）在下鲁达，仰慕尊名久矣。（史进）原来是鲁提辖。仁兄，此位尊姓？（李忠）小可李忠。（史进）久仰，久仰。（李忠）不敢。（史进）王教师可同提辖在经略府么？（鲁达）他在延安府老种经

---

① 此出底本上有贴补编者痕迹，按赵景深先生文章中称他曾见此出编者为“蓝畹”。

略处，不在这边。（史进）原来如此。既然不在，小弟告辞。（鲁达）忙什么？难得到此相会，同饮三杯，以叙倾盖。（史进）如此，小弟作东。（鲁达）洒家！

（酒保上）来了。玉楼春色动，人醉杏花天。提辖老爹，请楼上坐。（鲁达）好酒打几角来。（酒保）用什么下饭？（鲁达）不用问，有好的只管拿来。（酒保应介。持酒上）（鲁达）请坐了。（李忠、史进）请。（合唱）

【粉孩儿】殷勤的捧霞觞申夙悃。幸相逢萍水，片言投分。天涯兄弟谁似君，好开怀频倒金樽。

（金翠莲内哭介）（众唱）

听娇声一似莺啭枝头，缘何的有无限悲愤？

（酒保上。白）还要添什么不要？（鲁达）哇！该死的狗头。（李忠、史进）大哥，为甚发怒？（酒保）提辖老爹，为什么来？（鲁达）洒家同二位老爷在此吃酒谈心，你容什么婆娘在后面啼啼哭哭，扰得好不耐烦。（酒保）原来为此。老爹有所不知，这是东京来的父女二人，每日在此啼哭，他是哭惯了的耶。（鲁达）唤他来，待洒家问他。（酒保应介）金伯伯。

（金老上）哑子吃黄连，有苦难分说。小二哥，有甚么说话？（酒保）都是你们啼啼哭哭，连累我一桌子家伙都打碎了。提辖老爹道你们哭得好，叫你去哭与他听。（金老）待我去。三位老爹，老汉有罪了。（鲁达）你是那里人，为什么在后面啼哭，搅闹洒家？快快从实说来。（金老）老汉姓金，东京人氏。（李忠、史进）到此作何勾当？（金老）来此渭州投亲不着，流落旅店。不想老妻一病身亡，欲待回乡，又遇魔君阻路。（鲁达）那魔君是谁？（金老白）就是此间一个财主，叫做“镇关西”郑大官人。见了我女儿呵！（唱）

【红芍药】他心儿里欲结姻亲，虚填契逼娶红裙。

（李忠、史进、鲁达）有这等事？可曾许他？（金老）老爹，可怜我是落难之人，谁敢与他争执？又思量要得些钱钞，（唱）

只得忍气吞声就从顺。

（白）谁知他妻子晓得，（唱）

狠辣辣吼声难近。

（鲁达、史进白）那时便怎么？（金老）那时郑大官人呵，（唱）

把我的孩儿送还忽变嗔。

（鲁达、史进白）你可曾得他些钱钞？（金老白）当初文契，原是虚填三千贯，并未得他分文。后来他送还我女，反拿着文契呵，（唱）

苦追求要把卖身钱认。

（李忠、史进白）你这老人家，哭也没用嗄！（金老唱）

细思量有屈无伸，拼一命省费唇吻。

（鲁达白）不要哭，我且问你，那个什么“镇关西”郑大官人？（金老）就是状元桥下卖肉的郑屠。（鲁达白）怎么？是宰猪的郑屠？（金老）正是。（李忠、史进）大哥，是何等样朋友？（鲁达）甚么朋友？是宰猪屠户，腌臜泼贱。你们二位在此，我去就来。（李忠、史进）大哥要往那里去？（鲁达白）他叫什么“镇关西”，待洒家去把这狗头镇他一镇。（李忠、史进）莫要性急，且请从容。（鲁达）咳！你二人还不知我鲁达的性儿。平生侠气与天高，腰下常悬带血刀。怒发横生擒只虎，雄眉直竖斩双蛟。除不义，显英豪，荆轲、豫让等同胞。片言契合为君死，泰山一掷等鸿毛。郑屠，郑屠！（唱）

【耍孩儿】那有关西容你镇，几见有屠猪户直恁的倚势欺人？

（欲走介）（李忠、史进劝住介）

劝君家且按下千丈不平愤，又何必闲事萦方寸？且把臂倾良酝。

（鲁达白）嗄，也罢！金老过来，洒家放你父女回东京去，如何？（金老）若得如此，就是再生之德了。只是店主人那里肯放我们？（鲁达）有我在此，他敢留你？（金老）那郑大官人，着落在他身上要银子，怎么处？（鲁达）那郑屠的银子，洒家还他。去罢。（金老）只是没有盘费。（鲁达）盘费是要紧的。（向李忠、史进介）来，来。洒家今日不曾多带银子出来，你二位借些与我，明日便还。（史进）有。大哥只管拿去，还什么？（李忠、史进出银介）（鲁达）老儿，这两锭银子，拿去做盘费，快去罢。（金老）多谢恩人。敢问尊姓大名？（鲁达）不要问，你自去罢。（李忠、史进）这就是鲁提辖。（金老）嗄！是鲁提辖。待老汉去唤女儿出来拜谢。我儿快来。

（金翠莲上）爹爹，怎么说？（金老）这三位恩人要放我们回去，又赠盘费。和你去一同拜谢。（翠莲）晓得。（金老）三位老爹在上，待我们父女拜谢。（鲁达、李忠、史进）不消拜，去罢。（金老、翠莲拜谢介。唱）

【会河阳】感得英豪救拔难人，衔环结草敢忘恩？

（鲁达、李忠、史进）

家门，虽在东京，天涯比邻，及早向前途遴。

（金老白）老汉去了。（鲁达）去罢。

（酒保上。拦介）呔！那里去？（鲁达）敢是少你房钱、饭钱？有洒家在此，放这老儿还乡去罢。（酒保）房钱、饭钱倒是小事。他欠郑大官人的银子，着落在我店中要的。（鲁达）郑屠的银子，也是洒家还，放他去罢。（酒保）待还清了再放他去。（鲁达）哇！这等可恶！二位贤弟，可护送他父女一程，恐店主人在前途拦阻。（李忠、史进应介）随我们来。（金老、翠莲应介。径下）（酒保复拦介）啊呀！去不的。（鲁达白）这狗头，这等大胆！（打酒保介。唱）

打伊恁一伙精光棍，怪伊同恶党来扎囤。

（酒保叫饶介，逃下）（鲁达白）他父女已去，我如今竟到状元桥去，寻郑屠那厮。（行介。唱）

【缕缕金】我挥拳臂，咬牙龈，怪他强横辈恁欺人。

（白）郑屠！

（郑屠上。白）嗄！（唱）

谁出言无状，把咱名混？

（见介。背白）原来是鲁达，想又吃醉了。（唱）

偏教吊客与丧门，还须要从顺，还须要从顺。

（白）提辖老爹，请了。（鲁达）谁与你请了！洒家奉经略相公钧旨，要十斤精肉，切作臊子，又要十斤肥的，也要切作臊子。（郑屠）晓得了。伙计们，快选好的，切二十斤与老爹送去。（鲁达）不要那腌臜泼才动手，你自与我切。（郑屠背白）怎么，要我自去切？这个意思，明明来寻闹。（鲁达）你说什么？（郑屠）我说老爹说的是，待我自去切就是了。（鲁达）住了。还要十斤寸金软骨，不要有一点肉在上边，也要切作臊子。（郑屠）寸金软骨那里有这许多？（冷笑介）这不是明明来消遣我么？（鲁达）洒家便消遣你，便怎么？（打介。唱）

【越恁好】打你屠夫下贱，屠夫下贱，辄敢妄自尊。

（郑屠白）鲁达，你为何平白来打我？（鲁达唱）

你占人子女，虚填契诈良民。

（郑屠喊介）（鲁达又打介）

精拳再打伊面门，难消怒忿。

（打死介）（鲁达背白）这狗头，怎么这样不经打，就打死了？郑屠，你这厮诈死，我去禀过经略相公，再来与你算账。（走介。唱）

料伊行眼看着残生殒，待咱身好办取忙逃奔。

（急下）

（众地邻上。唱）

【红绣鞋】听得连声救人、救人，急急前来解纷、解纷。

（白）阿呀！郑大官人竟被人打死了。（两邻）这是鲁提辖打死的。快去报官。（地方）且把尸首抬到他自己家里，告诉他妻子知道。（抬介。唱）

气已绝，命无存。忙出首，到衙门。休放走那凶身，休放走那凶身。

（下）

（鲁达上。白）双手劈开生死路，一身跳出是非门。方才那郑屠被我三拳打死，地方必定报官，洒家就要吃官司了。为此到下处收拾盘费，不如逃往他乡，再作道理。（唱）

【尾声】见不平难按心头愤，这一回翻做了有家难奔。此去呵，又未知浪荡天涯谁可亲。

（下）

第十四出　　路逢员外指安身

（旧有，蓝畹增改）

（赵恺上。唱）

【剔银灯】乐事惟应为善，向世人转相告劝。随地慈祥，常时恻隐，举动皆成方便。流光如箭，惟愿取螽斯庆衍。

（白）万卷抛残业未成，愧无言行着平生。热心甘向贫交赠，肯许前人独擅名。自家姓赵名恺，表字乐天，山西代州七宝村人也。家资丰厚，心地和平，院君李氏，才德俱优。同怀恤寡之心，共切怜孤之念。前因岁歉，赈济贫民，收留一人，名唤花自溪。此人善于写算，因此一应出入账目，都是托他掌管。

这且不在话下。只因我年过四旬，尚无子嗣，院君一向劝我纳妾，因循未果。近日适有一金老父女，来自远方，凭媒撮合，娶得伊女为小星。过门之后，又复数日。可喜此女虽出小家，颇知大体。今日闲暇在此，不免请院君出来。

（赵忠先暗上）（赵恺）赵忠，传话你妻子，伏侍院君、二娘上堂。（赵忠应介）（传话介）（内应介）

（李氏上。唱）

【又一体】筋力年来差倦，暗换却镜中颜面。

（赵忠妻扶翠莲上。唱）

试整新妆，漫移小步，相见还多腼腆。雏莺新啭，又早是春风庭院。

（见介）（相叫介）（赵恺白）院君请坐。（李氏）员外请。（赵恺）你也坐了。（翠莲应介）（赵恺）院君，二娘年纪幼小，恐未谙妇道，早晚须得院君训诲才好。（李氏）虽尔年轻，喜他德性婉顺，诸凡勤慎。（赵恺）虽然如此，只是他，（唱）

【榴花好】【石榴花】（首至四）蓬门荜户点点小婵娟，想闺中训未闻全，要伊朝夕费烦言，再休得一味生怜。

（李氏、翠莲合唱）

【好事近】（五至末）正当稚年，论治家百事须勤勉。要学取贞淑名彰，好博得贤达声传。

（花自溪上。白）今朝饱暖还多欲，前日饥寒又早忘。员外那里？（见翠莲介）（赵恺）你们回避了。（李氏、翠莲）闲谈正喜昼初永，清坐不知日又移。（下）（花自溪看翠莲下。出神介）（赵恺）花兄，有什么说话？（花自溪）这个……员外，南庄百花盛开，西溪红英烂漫，无非请员外出去，消遣消遣之意嗄。（赵恺）如此，今日晚了，明日去罢。（花自溪应介）（赵恺）随我进来一叙。（花自溪白）员外请。（赵恺白）地僻曾无佳客过，（花自溪白）村深惟有野人来。（下）

（鲁达上。唱）

【好事近】义胆可包天，敢惮奔驰劳倦。茫茫岐路，不知家在谁边。

（白）洒家鲁达，只为一时义愤，打死了郑屠，恐怕追捕，星夜逃奔。离了渭州，行过几处州县，前面不知什么地方了。只索趱行前去，再作道理。（行

介。唱）

关河迢递，影萧萧踪迹如蓬转。楚囚悲那挂眉梢，英雄泪不洒风前。

（金老上。白）半子于归日，桑榆喜有依。（见介）呀！这是恩人鲁提辖嗄！缘何到此？（鲁达）洒家不认得你。（金老）恩人怎么忘了？老汉就是店中释放的金老。（鲁达）嗄，你就是金老？（金老）恩人，你好大胆！现今各处俱有明文张挂，又兼画着恩人形象，注着年甲，缉捕甚紧。幸喜遇着我，倘行至城市之中，被做公的拿住，怎么处？来，来，随我到一个所在去。（鲁达）那里去？（金老）随我来就是了。转过溪桥，竟入庄舍。员外在家么？

（赵恺上）鸟啼人自静，茶熟梦初醒。是那个？（金老）员外。（赵恺）原来是金太公。此位何人？（金老）这就是老汉时常向员外提的，恩人鲁提辖了嗄！（赵恺）就是义士？请！（见礼介）久仰大名，今喜降临，幸甚，幸甚！（鲁达）不敢。（向金老介）此位是？（金老）赵员外，仁厚长者。（鲁达）嗄！赵员外，幸得拜识，足慰平生。（赵恺）不敢。请坐。（各坐介）（金老）请问恩人，那日如何就起风波？（鲁达白）洒家打发你起身后，就到状元桥下，正遇郑屠那厮。（唱）

【又一体】激得我**如燃恶气满胸填，**

把那厮呵，

止不过三拳丧喘。

（白）洒家料来不好。（赵恺）那个自然了嗄。（鲁达唱）

因此向**天涯流浪，宁辞跋涉风烟。**

（金老白）这都是老汉连累恩人了。（鲁达）何出此言？（唱）

俺**头颅可捐，大丈夫肯把浮生恋？**

金老，

道伊家叶落归根，怎还在外州别县？

（金老白）自从恩人救了老汉父女，那日呵，（唱）

【榴花好】【石榴花】（首至四）**潜踪投奔**欲返**旧家园，**

（白）不想女孩儿有天缘奇遇，来到这里代州呵，（唱）

一言撮合绾良缘。

（鲁达白）你女孩儿已配了人了？（金老）就与此间赵员外做了偏房。（唱）

衾裯却许抱星前，

（鲁达白）难得遇此仁厚长者。（赵恺）不敢！（金老）如今丰衣足食，皆出大恩人所赐也。老汉呵，（唱）

衔环结草图报意弥坚。

（鲁达白）洒家有何德处？（赵恺）小妾常道义士豪侠，古今罕有。卑人呵，（唱）

【好事近】（五至末）**威名久羡喜识韩，今日能如愿。看一言肝胆同倾，是千里有缘相见。**

（鲁达白）洒家告辞了。（赵恺）义士往那里去？（鲁达）洒家犯了该死的罪名，住在这里，倘有些风吹草动，可不连累了员外？（赵恺）阿呀！义士，如今外边画影图形，在那里缉获，就要去，也要酌量一个安身之处便好。（鲁达）洒家游荡江湖，那有安身之处？倘或被拿，就是这颗头，也不值甚的。（金老）阿呀！恩人何出此言？员外，可有什么计策，保全恩人此难便好。（赵恺想介）计便有一条在此，只是义士怎肯向此路而行？（鲁达）洒家犯了法，有什么不肯？（赵恺）若如此最好。此去三十余里，有一座五台山。山上有六七百众僧人，为头的智贞长老，是个大善知识。卑人向曾许下剃度一僧，已买下一道五花度牒在此。义士若肯削发为僧，方可埋踪隐迹。（金老）也罢。恩人权且应从，日后事平，再作区处。（鲁达）待洒家思忖来。（想介）罢！既蒙员外做主，洒家情愿做和尚便了。（赵恺）义士既然心允，今晚暂住寒家，待我连夜收拾囊钵礼物，送义士到山便了。（鲁达）多谢员外。（赵恺唱）

【尾声】你行踪莫使人瞧见，好学做埋头书院。

（鲁达）

怎说得张俭无家不受怜。

（赵恺白）请至后堂，小妾还要出来拜谢。（鲁达）那个不敢当。（金老）这是应该的。（共下）

第十五出　五台山智深剃度

旧有，蓝畹增改

（旧有）

（知客僧上。白）山居十载百无成，客到先愁口气生。若问蒲团近何似，空林带角虎纵横。贫僧乃五台山文殊院知客僧便是。今早七宝村赵檀越，着管家送䫻银三十两、白米二十石到山打斋，未知为着何事。已曾吩咐香积厨下，准备素斋，扫室焚香，在此俟候。你看远远的有两个居士上山来了，且向山门外迎候他们者。

（赵恺、鲁达上。唱）

【出队子】心空神旷，是处山灵应接忙。松声竹韵总笙簧，兜率遥看舍利光。把臂入林，敢求外望。

（知客迎见介。白）员外光贲荒山，有失远迎。（赵恺）不敢。弟子今日有事求见和尚，乞烦首座通报。（知客）方才和尚已有法谕，若员外到时，请至客堂少坐。待和尚上堂，即请相见。（赵恺）弟子恭候。（知客）请同这位居士到那边去，贫僧失陪。（赵恺）请便。（赵恺、鲁达）曲径通幽处，禅房花木深。（下）（知客）吩咐法堂擂鼓，请和尚升座。（内撞钟、擂鼓介）

（众僧、二侍者引智贞长老上）寄迹空山四十年，并无佛法与君传。有人问我西来意，水在长江月在天。老衲智贞是也。万境平沉，三心不起。山中说法，直教顽石点头；夜半临阶，自有哪咤捧足。启龙宫之华藏，建鹫岭之道场。鞭策后学，不吝钳锤；化度愚蒙，悉归陶冶。惟愿佛法共敷三藏秘，皇恩永被万方遥。（众）阿弥陀佛。（智贞）今日请老僧登座，有何公事？（知客）启告和尚，七宝村赵居士到山打斋，有事求见。（智贞）请上堂相见。（知客）晓得。员外有请。

（赵恺、鲁达上）指挥如意天花落，坐卧禅房春草深。（知客）和尚已登法座，请员外相见。（赵恺见介）久挹余辉，曷胜铭佩，睽违莲座，梦想为劳。（鲁达）和尚，洒家作揖了。（智贞）居士今日到荒山打斋，有何所愿？（赵恺）弟子有一事启告和尚。赵恺前有旧愿，曾许剃度一僧，到今未曾了愿。今有表弟鲁达呵，（唱）

【桂枝香】心胸豪放，行为卤莽，时将故剑悲看，猛省得空花幻妄。

（鲁达）

愿辞家离俗，愿辞家离俗，特参和尚，死生流浪。

（智贞）这也难得。（赵恺、鲁达唱）

造禅堂，许入三摩地，同登极乐方。

（智贞白）这个因缘，事也不小。且请客堂待茶，待老僧与大众商议，剃度便了。（赵恺、鲁达）多谢和尚慈悲。溪声便是广长舌，山色无非清净身。（下）（众）和尚，方才那人出不得家，和尚不可剃度他。（智贞）却是为何？（众）和尚，你不见么？（唱）

【又一体】看他凶顽形状，生成强项，分明是劣马无缰，全不是空门法相，和尚还须酌量。

（智贞）

大众何须酌量？

（众）

倘犯清规疏旷，须招流谤，日后累禅堂，那时去住皆难措，终贻后日殃。

（智贞白）这事凭不得你我。此汉若有善根，自归正觉。既是大众疑虑，待老僧打坐，在此入定去，看此人善果如何，再当定夺。大众可往斋堂，饭后听者。（众）领法旨。（下）（智贞打坐介。唱）

【北粉蝶儿】选佛名场，千载的选佛名场。谁肯把尘缘轻放，问青松僧腊偏长。死和生，生共死，恁可也回头参量，一霎云亡，那答儿肯放过侯王将相？

（作入定介）（内奏乐介）

（众谒谛执旛幢，二侍者引金身罗汉上）（向智贞参礼介。下）

（智贞出定介。白）善哉，善哉！首座那里？

（知客、众僧上）一尘曾不染，诸相本皆空。和尚，定中可有什么见来？（智贞）大众，你道方才那人出不得家么？（众）便是。（智贞）你们那知其中妙果也！吩咐职事僧，领他到佛殿上净发披缁，然后到法堂受记。（知客）晓得。职事僧听者。（内）怎么说？（知客）和尚法旨，领那居士到佛殿上净发披缁，然后来法堂受记。（内应介）（知客）吩咐过了。（众）请问和尚，那人

有何善果，可为佛门弟子？（智贞唱）

【沉醉东风】你那些大地愚盲，空习着样子花腔，谁知他西来意有些停当。

（众白）看他有些胆莽。（智贞唱）

胆莽的有一副赤肝肠，

（众白）看他也不识字。（智贞唱）

他不识字偏把禅机言不商。

（众白）敢是能行苦行？（智贞唱）

他不知有苦行为法身亡。

（众白）他出了家，可当什么职事？（智贞唱）

他杀人心队里无双，前途迷障，

（众白）阿弥陀佛。他有这等念头，和尚怎么轻与他披剃？（智贞唱）

回头是岸，也不须咱家喝棒。

（众僧、赵恺引鲁达僧妆上。白）看取莲花净，方知不染心。（众僧）启和尚，鲁居士净发已完，求和尚赐取法名。（鲁达跪介）（智贞摩顶介）灵光一点，价值千金。佛法广大，赐名智深。（赵恺）蒙和尚大发慈悲，再请受记。（智贞）智深。（智深应介）（智贞）从今后呵，（唱）

【上小楼】发慈悲，上净土，把五戒三皈讲。

（智深白）请问和尚，何为五戒？（智贞唱）

不将那物命损伤，淫盗邪殃，酒肉颠狂。

（智深白）何为三皈？（智贞唱）

那佛、法、僧三宝尊，才到龙华会上，这的是菩提果好生颙望。

（智深白）洒家都记得了。（智贞）天色渐晚，请赵居士在荒山草榻，明日去罢。（赵恺）弟子正要住在此，戒训表弟一番。（智贞）也好。智深，（唱）

【煞尾】从今好作僧伽相，向二六时中礼法王。说与那看不破的众生们，可也及早回头想。

（下）

第十六出　七宝村赵恺株连

（旧有，蓝畹增改）

（花自溪上。白）痴心欲作有情人，反面便为无义汉。恩多成怨古来言，覆雨翻云何足叹。我花自溪，自那日见赵员外新纳一宠，他生得天姿国色，玉貌娉婷，使我神魂飘荡，情思难禁。几欲调戏，苦无其便。前晚乘老赵往别处赴席，我就大着胆，踰墙过去，指望男贪女爱，成其好事，谁想此女假意撇情，便欲声张，只得乏趣而归。我想他既不从此事，自然要在老赵面前诉说，表他贞节。倘然老赵得知，必定当面叱辱，轻则赶逐出门，重则尚有不可料之事，不如先下手为强。闻得他前者曾窝留一个逃来的斩犯在家，我若向当官出首，必然拿他去抵罪。区区非但免了目前出丑，还可谩谩谋占他家私，此女终当属我。方才已向知州衙门首过，即刻差人到此捉拿，先着我在此暗暗看守。远远望去，公差又早来也。

（二公差上）联络科房常作弊，凭依官府惯通赃。（见介）（花自溪）二位牌头哥来了么？（公差）正是。本人可在家么？（花自溪）正在家里。二位进去看见了，锁了就走，不可容他停留片刻，这是要紧人犯嗄。（公差）是了，这个在行。（花自溪）我倒不便在此，先到衙门前等候。（公差）你先到那里去，我们锁了他就来。（花自溪）戚容恐动哀矜念，利口须坚质证词。（下）（公差）赵员外在家么？快快走出来。

（赵恺上。唱）

【不是路】胆颤心忡，门外何来声势凶。

（公差白）窝主在此了。（赵恺）嗄！二位是牌头嗄，何事到此？（公差）我们无事也不敢登门。（唱）

钧牌奉旨，有人出首特兴戎。

（赵恺白）我是本分良民，并不为非作歹。出首我何事来？（公差）只为你窝留斩犯在家。（唱）

早露行踪，从来藏匿干连重，说不得**轻造华堂恼主翁。**

（白）快快把正凶放出来，你就没事了。（赵恺）二位，我何曾藏什么斩犯在家？你们敢是错听了。（唱）

休胡哄，分明是**捕风捉影相愚弄**。

（公差白）我们奉牌票拘捕，如何得错？既没有斩犯，你自到公堂上去分辨就是了。（赵恺）我就去也不妨。（唱）

正是**有冤当控，有冤当控**。

（公差锁赵恺下）

（众衙役引钟必文上。唱）

【燕归梁前】下车不听民歌颂，堆案牍皆冤讼。

（白）当年犹记在书堂，说孝谈忠志气强。谁道一朝权在手，不由人不坏纲常。下官代州知州钟必文是也。前者渭州移到关文，要捕那打死郑屠的鲁达。一向并无踪影，不想今早有个花自溪出首，道七宝村赵恺家中，窝藏一名斩犯，想来必是鲁达了。已差捕快前往捉拿，怎么还不见解到？

（公差押赵恺上。唱）

【燕归梁后】覆地翻天顷刻中，只拚却残生送。

（一公差白）禀老爷，小的蒙钧牌，拿得窝主赵恺在此。（知州）带赵恺进来。（公差应介）（带赵恺进介）犯人当面。（知州）赵恺，你窝藏的鲁达在那里？快快放出来。（赵恺）爷爷，赵恺并没有藏什么鲁达在家。望爷爷详察。（知州）唗！有人亲眼见你藏在家中，到此出首的，你怎么还敢抵赖？这是应斩人犯，你若藏匿过了，就该与本犯同罪了。快快招来，免受刑法。（赵恺）爷爷，念赵恺呵，（唱）

【五更转】是守分儒，尊周孔，交游艺苑朋。

（知州白）那管你的交游，我这里只要鲁达！（赵恺唱）

那有**他州漏犯来断哄**？

（知州白）你不招？扯下去，重责四十。（衙役应介。打介）（知州）你如今招也不招？（赵恺）阿呀，爷爷嗄！（唱）

这等**无影无踪，是谁劈空捏讼**？

（知州白）不招么？（赵恺）冤枉难招。（知州）取短夹棍，夹起来。（赵恺）阿呀，爷爷，小人窝藏鲁达，有何人知见？（知州）你说没人知见么？少不得还你个对证。带那原告人过来。（衙役应介）

（带花自溪上）出首人当面。（知州）花自溪，你去与赵恺面质。（花自溪应介）（赵恺）嗄！原来出首人就是你！（花自溪）不敢，就是区区。（知州）对证分明，你还敢辨么？（赵恺）咄！花自溪，我赵恺何负于汝，今日如此相报呃！（唱）

恨**仇莫解，怨怎伸，天难控。**

（花自溪白）恐怕日后连累员外，所以替你代首免罪。（知州）如今是没得说了。从实招上来！（赵恺）罢。小人愿招。（唱）

当日**相留下榻**只为**交情重。**

（知州白）现今窝藏在那里？（赵恺唱）

又向**别处潜逃**是我**不合轻纵。**

（知州白）既然放走，你的罪就难逃了。且待拿住鲁达，再行审问。吩咐画供。（衙役）犯人画供。（赵恺唱）

【一封书】有鲁达偶逢，绝不该款曲通。纵避缴飞鸿，到今日马牛风。去后天涯并海角，难觅茫茫无定踪。事欺公，法难容，即上招词亲口供。

（衙役白）画供毕。（知州）上了刑具，带去收监。出首人赶出去。（衙役）领钧旨。犯人上了刑具。（知州）吩咐掩门。（赵恺白）饶你人心似铁，难逃官法如炉。（哭下）（各分下）

第十七出　金翠莲探监诉控

（旧有，蓝畹增改）

（李氏院君上。唱）

【临江仙】自信生平无宿怨，是谁构造飞言。

（金翠莲、赵忠妻上）

鼠牙雀角讼成冤，伤心迷黑雾，疾首吁苍天。

（李氏白）我员外被人出首窝顿鲁达一事，今早官差拿去，不知凶吉如何？（翠莲）本人已不在此，并无对证。只须不认，谅也无妨。（李氏）但愿如此便好。（赵忠妻）金公同赵忠前去打听，待他们回来，便知端的。

（金老、赵忠上）世上风波原莫测，室中仇敌更难防。（见介）（李氏）你们回来了？员外之事怎么样了？（金老）阿呀，院君，（赵忠）二娘，（合）不好了！（李氏、翠莲）怎么样？（金老、赵忠）员外一到公堂，只辨得几句，就扯下去打了四十。（李氏、翠莲）打了四十？阿呀，员外嗄！（金老、赵忠）那官府必定要员外招认窝藏鲁达，员外诉说“何人知见”？（李氏、翠莲）这句辨得好。那官府又怎么问？（金老、赵忠）那赃官就命带过首告人来做证见。（李氏、翠莲）首告人是那一个呢？（金老、赵忠）院君，你道那出首人是那一个？（李氏、翠莲）是那个？（金老、赵忠）就是那花自溪。（李氏、翠莲）嗄，就是花自溪，那天杀的！（金老、赵忠）那时员外见了这贼子，惊得目定口呆，受刑不起，一笔招成下狱了。（李氏、翠莲）阿呀，我那员外嗄！（哭介）（合唱）

【掉角儿序】惊得我魂飞半天，痛杀人心攒万箭，狗私情爱起婵娟，受官刑祸移良善。

（白）花自溪，你那负心贼嗄！（唱）

全不念周急难，荷提携，蒙豢养，衔恩非浅。有何仇怨，构成罪愆？恨只恨一朝反噬，兽心人面。

（翠莲白）大娘且停悲泣，听贱妾一言告禀。（李氏）你有甚话，且自说来。（翠莲）我想员外藏庇鲁恩人，皆因推屋乌之爱。此番花自溪为难酿祸，亦缘前晚调戏不从而起。（李氏、金老）嗄，原来有这等事！（翠莲）今员外身陷重罪，皆妾之故也。此处官府，料难超豁。闻得太原种总制衙门，持心公正，执法平允，凡有冤狱，无不昭雪。贱妾拚得到彼控告，务要救出员外，以尽区区报德之心。（金老）好，正该如此。（李氏）二娘，你若果能行此，实员外之幸也。只是途路遥远，汝身娇小，如何去得？（金老）不妨。老汉虽然年纪高大，精力尚健，待我率领前去便了。（李氏）既是这等，我着赵忠妻子伴汝前往。（翠莲）如此更好。即当先往监中，辞别员外，然后起身。（李氏）见了员外，嘱其耐心，你一面去申冤，我这里把银钱上下使用，必不致于受苦。（翠莲应介）（金老、赵忠妻）我们也到监中去辞别员外。（翠莲兜头、束腰介）（李氏）我收拾包里盘费在此，待你回来起身。（翠莲应介）（李氏）衔冤公冶怜非罪，（翠莲白）赎死缇萦愿上书。（李氏作悲苦下）（翠莲）苍头引路。（赵忠应介）（行介）（翠莲唱）

【步步娇】血泪千行珍珠滴，揾得鲛绡湿，无端飞祸及。怎说得女子从来闺门不出，双脸晕微赤，遇途人怎免得多羞涩。

（到介）（赵忠白）来此已是监门首了，请少待。禁长哥有么？

（禁子上）不犯萧何律，安知狱吏尊。（赵忠）禁长哥，我们是赵员外家来的，要进去看看员外，有个薄敬在此，请收了。（递包介）（禁子）送与我的？（赵忠）正是。（禁子）放你们进去，略说几句话，就要出来的。（赵忠）这个自然。（禁子开门介）（众进介）（禁子）怎么有这许多人？（赵忠）共是四个。（禁子）随我来。（向内叫介）赵恺，你家里有人在此，出来见见。（禁子暗下）

（赵恺上）来了。（唱）

【秋蘂香半】重义心同金石，肯供出个人消息。

（金老白）员外，我女儿在此。（赵忠）二娘来看员外。（赵恺）在那里？（翠莲）阿呀，员外嗄！（赵恺）二娘，难为你来看我。（各哭介）（翠莲唱）

【忒忒令】为奴身招来怨隙，致君家构成仇敌。

（赵恺白）这是我命中所造，与汝何干？（翠莲唱）

恨狂且倾陷，昧从前恩德。

（赵恺白）这忘恩负义的小人，少不得有天报的。（翠莲唱）

算只有叩廉明，乞平反，求昭雪，把冤狱顿释。

（赵恺白）赵忠过来，听二娘之言，莫非亲自要往那衙门去控告么？（赵忠）员外尚不知道？二娘呵，（唱）

【沉醉东风】怎忍见累囚丛棘，拼得去鸣冤肺石，要博个现青天覆盆照日，脱拘挛圜扉早出。

（赵恺白）住了，他要到那里去申冤呢？（赵忠）二娘要往太原府种总制衙门，击鼓告状。特来辞过员外，回去就要起身了。（赵恺）嗄，有这等事！难道院君不阻他么？（赵忠、金老唱）

他心坚意执，恨深怨积，一腔义愤，如何样劝得？

（赵恺白）阿呀，二娘嗄！此去太原，千里之遥，况闻那总制衙门，十分利害。这个断使不得的嘘！（唱）

【园林好】客途里勤劳未习，公堂上威严未识。当自量裙钗弱质，须早把念休息，须早把事停息。

（翠莲唱）

【江儿水】不独悲愁集，秖应怨恨剧。要识受人恩惠当铭刻，只该见人过失相遮饰。怎反陷人罪犯多凌逼，誓不与他并立。此去凭天，便断送红颜何惜？

（赵恺白）虽是你一片恳至之心，要为我申冤。但在汝一女子，怎做得这样大事？还是不去罢。（金老）员外，我女虽然娇小，有老汉和赵妈妈同往，谅也不妨。此一去呵，（唱）

【五供养】似把登闻鼓击，要哀叩天阍，求申冤抑。

（赵恺白）你是老人家了，那里受得这劳苦惊恐？（金老唱）

猛拼愚父女，一死报恩德。只愿无辜宽释，又何惜这衰残筋力。

（合唱）

切齿忘恩辈，恨何极，相顾无言，止余悲泣。

（翠莲唱）

【玉娇枝】我的心坚匪石，誓从今九死不易。此行凶吉虽难必，怎当得这寸肠奋激。由来负心天必殛，善人终得蒙矜恤。

（合）

便愿得青蝇聚笔，只望取金鸡衔勅。

（赵恺白）阿呀，二娘嗄！你立志若此，诚为可敬。教我也难于阻挡，凭你便了。（哭介）（执手介）（赵恺）你如今回去，就要起身了？（翠莲）正是。贱妾去后，员外且请宽心。（各哭介）（赵恺、翠莲唱）

【川拨棹】添悲戚，看分抛在片刻。从今后两地思忆，从今后两地思忆。要重逢知他甚日，痛牵情泪共拭，狠伤心声共失。

（禁子上。白）官府下来了，还不快些出去！（推翠莲介）（赵恺、翠莲唱）

【尾声】怪这无情狱卒催何急，犹未诉不尽的离情万一。

（禁子推翠莲出介。推赵恺下）（翠莲唱）

待明白了天祥沉冤我的愿始毕。

（哭下）

第十八出　　荷叶包写状鸣冤

（旧有，蓝畹改）

（荷叶包上。唱）

【普贤歌】讼师不独笔如刀，要得兴词两下挑。原告人将我邀，被告人把我招，不枉名称荷叶包。

（白）小子姓何双名杰保，在太原府前代书词状。那些人因见我惯会包揽词讼，就顺口叫我是“荷叶包”，“荷叶包”一阵叫，竟叫开了。（笑介）我就顾名思义，凡遇官司，衙门上下，两造干证，总与他一包。今日来到府场上，看可有人来寻我，包官他词讼必胜。正是：片言折狱轻重，一字分人死生。

（翠莲上。唱）

【捣练子】心戚戚，意摇摇，千磨百难受勤劳。

（赵忠妻上）

但愿严霜飞六月，不知可得遇皋陶。

（翠莲白）老姆姆，一路来受尽艰辛，已到太原地方。不想爹爹在路劳苦，才到此地，就病在旅店之中。无可奈何，只得我和你到总制衙门去控告便了。（赵忠妻）要去控告，须要写张状纸。（翠莲）这是必要的，只是往那里去写？（赵忠妻）你看那边府场上，有一先生，摆下状式在那里，烦他写一写罢。（翠莲）盘费已尽，只有一股钗儿在此，拿去当作笔资。（赵忠妻）晓得。先生？（荷叶包）怎么说？（赵忠妻）要烦先生写张状词，可会写么？（荷叶包）怎么说“可会写”？但凡告状人，遇着了我，官司包他就赢。这是百发百中的。（翠莲）先生果然么？（荷叶包）一些不错，凭你什么事，立刻见效。学生写的状子，非但告去就准，只要笔头上添这样一个字，要打这个人一百，打了九十九下，也不饶；要问他徒罪，问了杖罪也不算。学生有名的“荷叶包”，包得定的。你只要把事情实实说来，为什么起，还是斗殴公事呢，还是户婚田土？（翠莲）先生听禀：（唱）

【锁南枝】人无罪，祸忽遭，亡身破家在一朝。

（荷叶包白）家破身亡，这件事大得狠哩。敢问宅上尊姓，此事从何而起？（翠莲）奴家金氏，丈夫赵乐天。因济饥贫，误救恶兽花自溪到家。不想这贼子呵，（唱）

凭空首向当官，恩反将仇报。

（荷叶包白）嗄！他竟恩将仇报？但不知他出首府上何事？（翠莲）他出首“窝藏斩犯”一事。（荷叶包）把窝藏斩犯出首，要害府上？（翠莲、赵忠妻）正是。（荷叶包）这狗骨之头，这样没良心的。只算[1]有这样事，也该隐瞒。请问此事，可有些因由的？（赵忠妻）并没有一些因由。（荷叶包）既没因由，此人那得就起此恶念？（翠莲）事到如今，不得不说了。（荷叶包）正是。你竟老实告诉我，也写得明白。（翠莲）这贼子乘奴家丈夫出外饮酒，黑夜闯入卧房，意在调戏。那时奴家即为喊破。（荷叶包）何如？我说毕竟有个缘故。（翠莲唱）

他虑着**风声露，罪莫逃**，因此**捏虚词，便诬告。**

（荷叶包白）嗄！原来如此。小娘子请放心，我学生包你申冤出罪便了。这个注语头是要紧的。嗄，有了！

【又一体】告为**遭诬陷，受屈招，哀哀叩天把蚁命超。**

（白）祸遭恶虎花自溪，因奸不遂，劈生祸端。（赵忠妻）正是。此处要写得明白。（荷叶包）我在行的，不消叮嘱得。（唱）

他**未能青琐偷香，仇口把飞言造。**

（白）窝藏斩犯，并无实据。因严刑拷掠，含糊承认。这张状子一进，那个罪就到了花自溪身上了。（唱）

首词虚，有反坐条，恳天台，把覆盆照。

（翠莲、赵忠妻白）果然写得好。（荷叶包）凡事经了学生的手，状词无有不准，官司无有不赢。（翠莲）可要斟酌了？（荷叶包）不消斟酌，只用誊清了。我且问你，这张状子，还是要到县里，府里，道里去告？（翠莲、赵忠妻）要到总制衙门投告的。（荷叶包）怎、怎么说？（翠莲、赵忠妻）要到总制衙门投告。（荷叶包）呸！我只道你两个妇人，作成我生意，原来在此胡闹。（翠莲、赵忠妻）我们为欲申冤，远从代州到此。怎说胡闹起来？（荷叶包）你们就是代州到此，眼睛或者是瞎的？难道四只耳朵，都是聋的？岂不闻总制衙门，出生入死，十分利害，怎敢大胆，就要去告状？还不早早走你的路！

---

① 应为“就算”。

（翠莲、赵忠妻）请问总制衙门有何利害？（荷叶包）我不说总制衙门利害犹可，若说起来，不要说到那里去告状，就站在这里，也要惊倒了。（翠莲、赵忠妻）却是为何？（荷叶包）那总制种大老爷，坐拥一十三州，管理八十五县，钦颁定制，公卿将相，揖不齐肩，勅赐上方。污吏贪官，决不待奏，祸福凭其所降，死生在其所操。这个已经可怕了。他手下还有个总兵官，姓牛名健，哧，好生怕人！（翠莲、赵忠妻）嗄！那牛总兵怎么样一个人？（荷叶包）那牛总兵生得来面如蓝靛，发似朱砂，一双大耳，两道浓眉。铜铃眼，光如列炬；络腮胡，硬似钢针。身长丈二，膊阔三停。他坐在那里，犹如五殿阎罗升座；站将起来，赛过九天恶煞临凡。（翠莲、赵忠妻）告状人可经由他案下么？（荷叶包）那件事儿不经由？他每日清晨，坐在辕门上，也有投到这些军政文书，粮务文书，屯田文书，造作文书，采办文书，还有那水陆提塘，飞报文书，攘攘纷纷，络绎不绝。到得午间，又坐在辕门上，都是传出那调兵将令，防守将令，委署将令，稽查将令，斩人将令，更有那军民词讼，催解将令，桩桩件件，遣拨无遗。（翠莲、赵忠妻）那文书军令，自然每日如此。不知那告状可有日期？（荷叶包）怎么没有？凡是告状之人，当堂击鼓，拦街叫喊者，先提代书人捆打一百，那告状人不能免虎囊弹之难。（翠莲、赵忠妻）请问先生，何为虎囊弹？（荷叶包）你们不晓得嗄！那牛总兵最恼的是刁泼叫喊之人。为此在辕门上高高搭起芦棚，三股木叉，四绺绳头。有人投状，犹如鹰拿燕雀，剥去衣裳，紧紧上下捆定，吊上竿头，扯起在青云之内。两旁站立四十名无情牢子，腰下各挂大小虎囊一个。囊内装着生泥抟就、炉中烧成的神弹子，大如核桃。那牛总兵喝声放弹，只听得乒乒乓乓，噼噼啪啪，望着高竿，不管死活，一顿狠弹。弹不着者，千中难一；弹着者，十死其九。放过四百余弹，然后放下来，有命的收状，无命的抬出。如此利害，不要说你两个妇人，（唱）

【又一体】便**铁骨还伤损，铜筋难打熬。**

（翠莲白）千里到此申冤，难道不进状词不成？（荷叶包唱）

已是讼成雀角，再复**死类鸿毛，反被仇家笑。**

（翠莲白）奴家为申冤枉，即使刀锯在前，鼎镬在后，也不足惧。（唱）

只看我**不肤挠，不目逃，**就是**汤也赴，火还蹈。**

（荷叶包收笔砚，走介）（翠莲扯介）（荷叶包白）不要扯我，留着这条穷姓[1]命罢。（翠莲、赵忠妻）先生，写了重重相谢。（荷叶包）不要这样买命的。（翠莲）先生方便，与奴写一写。（荷叶包）捆打一百，你们可替得我么？（翠莲）果是冤枉嘘。（荷叶包）你们冤枉，可在我的心上？（推介。掉笔介）阿呀，两支笔都掉了。罢，也不要了，这是那里说起！（下）（赵忠妻）阿呀，二娘，方才听那先生说，虎囊弹如此利害，二娘怎受得起？不如息了此念，早早收拾回去罢。（翠莲）老姆姆，说那里话来？奴家出门之时，已把此身付之度外了。（唱）

【淘金令】东人怨深，凶吉应难料。闺人命轻，生死何须道。只要**冤狱能明，**一任**残生莫保。**

（赵忠妻白）嗄，二娘，你既执意要去，嗄，也罢！到彼我自有个道理。只是无人与你代写状词，这便怎么处？（翠莲）老姆姆，奴家自幼识得几个字。你看地下有支笔在此，不免扯下罗衫一幅，待奴家自写便了。（赵忠妻）待老身向人家借些墨并砚台来。（翠莲）不用去借。（赵忠妻）不用墨与砚台，怎么样写？（翠莲）罢！（咬指介）我就咬破指尖，写纸血状。（赵忠妻）阿呀，二娘嗄！你便如此，我看了好痛伤也。（翠莲写状介。唱）

漫道**字多潦草，语不沉着，**只这**啼痕血迹也蒙鉴诏。**

（合）

望天拯救，犹恐天高，怨气难伸，忧心如捣。

（赵忠妻白）咳，可怜，可怜！（翠莲）状词写完，但今日天气已晚，明早我同你到总制衙门去控告。（赵忠妻）晓得。二娘嗄，你

斑斑指血渍罗裳，睹处先教人断肠。

（翠莲）且听雷霆施号令，休言星斗焕文章。

（哭下）

---

① 应为“性”。

第十九出　　制府廉明施惠露

（旧有）

（四军牢引牛健上。唱）

【水底鱼】豹卒龙从，军威万国崇。辕门将令，山岳鬼神惊，节制大元戎。

（白）自家太原总制种老爷麾下，总兵官牛健是也。俺老爷坐居神州，威倾天下，权压万方。将相闻了胆惧，贼寇望之心寒。玉札金符，拿官吏等如潦草；凤章龙诰，贬宗戚等若鸿毛。为此着咱在辕门首收公文，投文状，塘报月报，禀词呈词，粮草交单等，一一查验，登记明白，然后进呈发落。恐有刁唆词讼之人，到此递状，为此辕门上，设下虎囊弹。这四十名勇健之士，以绝好讼刁笔之辈。倘有真确沉冤枉狱等情，先有本府移文，然后拿究。今日是投文日期，牢子们，（四军牢）有。（牛健）将投文牌抬出，各路公文，收进班房挂号。将令貔貅出，羽书天上来。

（金翠莲、赵忠妻上。唱）

【忆多娇】哭得眼儿朦，走得发儿蓬，盼望前途未知吉与凶，多应薄命今生缘不终。湛湛苍穹，湛湛苍穹，甚日得冤消恨融。

（赵忠妻白）呀，二娘嗄！这里是总制衙门上了。今日正是投文日期，你看辕门上果有芦棚叉木，两下挂许多弹弓，好不惊杀人也。（金翠莲）老姆姆，事到其间，也不必悲啼了。（唱）

【斗黑麻】奴只得身向泉台，命悬虎弓，再休想月缺重圆，残花再荣。

（白）老姆姆，奴死之后，你有回去之日，若见员外，千万不要说起奴家受此刑法而死。（赵忠妻）这是为何？（金翠莲）老姆姆嗄！（唱）

恐惊他魂魄丧，珠泪穷，病溺冤身，霜欺露蓬。

（合）

我心如箭攻，深仇剖骨同。死别生离，死别生离，顷刻梦中。

（赵忠妻白）二娘嗄！我想将起来，老婢今年五十三岁，就死不为夭矣。员外之恩，奴婢该当图报。不若将老婢向前鸣冤，受弹而死。若得准此血状，二娘与员外，还有相见之日。（唱）

【又一体】我是半百残年，光阴易终，又没有三男四女可从。

（金翠莲白）老姆姆，这是奴家身上之事，怎忍累及你？（赵忠妻）二娘，你我可是两家出来的？总为员外报仇，死生大家做得。二娘嗄！（唱）

况你**身怀孕，倘梦熊，**

那员外呵，

子嗣多悭，仰伊绍宗。

（合前）

我心如箭攻，深仇剖骨同。死别生离，死别生离，顷刻梦中。

（赵忠妻鸣锣介）

（军牢奔上。白）嗙！那个鸣锣？（赵忠妻）告状，爷爷。（牛健）谁人鸣锣？敢有军情急报的么？（军牢）启爷，是两个妇人鸣锣，告状的。（牛健）带进来。（军牢）嗄！告状的当面。（牛健）唗！掌嘴。该死的泼妇，问他何人代书？先拿来捆打一百。（军牢）何人代书？（金翠莲）爷爷嗄！老爷衙门法度利害，无人敢写，是小妇人自己写的血状。爷爷。（军牢）他自己写的血状。（牛健）你既晓得我法度利害，可晓得有虎囊弹么？（金翠莲）小妇人晓得的。情极无处申冤，只得投向死地。望爷爷救命。（牛健）方才是那个鸣锣？（军卒）是那个鸣锣。（牛健）与我把那老婆子衣服剥了，与我捎起来。（金翠莲）阿呀，爷爷嗄！小妇人代州雁门县人氏，丈夫赵恺被人陷害在于死地，情极含冤，千里到此的。（牛健）咱也不懂，把那老婆子扯在高竿。（金翠莲）阿呀，爷爷！待小妇人略诉口词，就死也瞑目。爷爷嗄！（唱）

【扑灯蛾】赵恺荒岁中，赵恺荒岁中，赈济贫穷众，误救一乔才，劫产恩将仇报也。陡遭冤讼，花自溪奸恶心胸，害良民奸谋百种，望龙图将血词详察究根宗。

（牛健白）咱也不懂，放弹！（军牢）放完。（牛健）放下来，可有气息？（军牢）有气息。（牛健）好一个铁骨的妇人。抬去班房赡养。唤那小妇人来。小妇人，看这个光景，这冤情毕竟是实的了。待大老爷升堂，咱与你面禀便了。（军牢）启爷，二鼓了。（牛健）打导到辕门。

（众小军、中军引种师道上。唱）

【杏花天】简膺只手扶麟凤，辅明君功比夔龙。

（白）钦承君命镇遐荒，肘后高悬金印黄。一点丹心思辅日，谩将谋略定封疆。下官种师道是也，官拜兵部尚书，总制三边，综核文武之职。因此钦承君命，移镇太原，诸路紧急公文，便于递发。今日投文日期，传总兵官。（牛健）总兵官牛健叩头。（宿[1]师道）今日各路有多少公文？（牛健）公文俱已挂号分明，共投手札禀词一十七道，外有血状一纸，受冤妇金氏，系代州雁门县人氏，鸣锣投入虎囊弹架。总兵不敢隐瞒，吴上大老爷详察。（种师道看介）受冤妇金氏，系代州雁门人氏，代丈夫赵[2]恺申冤，被告花自溪。带金氏进来。金氏。（金翠莲）有。（宿元景[3]）看你小小年纪，千里到此告状，莫非你丈夫冤情是假，被人刁哄到此，行苦肉之计，希图逃法么？（金翠莲）爷爷，小妇人丈夫赵恺，因年荒岁歉，捐资在外济贫呵，（唱）

【小桃红】**存心仁恕，周济孤穷。**

（宿元景白）孤穷者是谁？（金翠莲）就是花自溪。荒岁被人谋杀，我丈夫力救。因见他是旧家子弟，落魄无依，（唱）

因救取伊贫困也，

我丈夫呵，

待他个骨肉恁相同，他当日受恩隆，忘取污泥中，全不念旧行踪。

（白）那时乘丈夫在外饮酒呵，（唱）

乘着**月朦胧，**搴奴**鸳帐红，**

（种师道白）怎么样呢？（金翠莲唱）

妄想**图乘凤也。**

（种师道白）你可从？（金翠莲）小妇人那时喊破，那奸贼呵，（唱）

无端饮恨生冤，陷我家破入牢笼。

（种师道白）因奸不从，他将何事来陷害你家？（金翠莲）爷爷嗄！（唱）

【下山虎】他到**公堂胡哄，出首无踪。**

（种师道白）将何事出首？（金翠莲唱）

① 底本此页上方的“种”字纸条，当是贴补掉落。

② 底本此三字被一纸条上书“种师道”所遮盖，当是欲贴补旁边一行的“宿元景”三字，错行所致。

③ 底本中此页有两处“宿元景”未贴补为“种师道”，当是纸条错行或脱落。

道窝藏逃军犯，坐名罪同。

（种师道白）那逃军是谁？（金翠莲）是渭州经略府中，什么提辖官，名唤鲁达。向日与丈夫有一面之交。（唱）

他竟借影生风，恶机百种，又想占家资毒似蜂。

（种师道白）那问官如何断了？（金翠莲）那问官呵，（唱）

毫不能公听讼，只一味罗钳法不松。

（白）阿呀，爷爷嗄！小妇人呵，（唱）

入地无门叩，千里途穷，老爷，生死龙台一笔中。

（种师道白）看你裙钗弱质，为丈夫千里到此投状，不避斧钺，其志可嘉。本院就发牌前去，提窝犯同首人到此，面审便了。（种师道写介。唱）

【蛮牌令】总制大元戎，牌仰雁门令。花自溪同赵恺，并吊案一宗，提解到太原府中。真和伪细究跟踪，如违限，法不封，经承县尹，一并参同。

（白）总兵官，将此提文，仰代州雁门县，提窝犯赵恺、首人花自溪，来此听审。如果系冤情，连问官一体拿究。（牛健）金氏呢？（种师道）金氏给发路费还家，不必在此伺候。吩咐掩门。（牛健）好了，你丈夫有生路了。（金翠莲）多谢老爷主张。（牛健）金氏，你好造化。方才大老爷吩咐，你不必在此听审，与你盘费，你作速回去。我这里就发牌，着人起程便了。中军过来，将这角文书，发到代州雁门县，提拿窝犯赵恺，首人花自溪，来此听审。如果系冤情，连问官一齐拿究。（金翠莲唱）

【尾声】今朝喜得将冤控，多感台前照察公。

（牛健）

管教你[①]夫妇团圆旦夕中。

（下）

---

① 底本此页后面紧跟第二十出第二页，应为装订错误所致。为阅读方便，已按文意将错页内容调整过来。

第二十出　瑶坛洁静现祥云

（蓝畹编）

（场上预设三清圣像）

（八道官上。白）铙鼓声喧沸海潮，幡幢影飐拂云霄。一坛清醮多功德，争仰元门道法高。我等众道官是也。前者圣旨宣召天师进京，在玉虚观中，修建集福延禧罗天大醮，仰报天地之德。果是斋坛严肃，醮事虔诚。今当升奏表文之期，此时主坛官长，将次到来，须索祗候者。

（四主坛官上。唱）

【亭前送别】圣主尚虚无，臣宰效奔趋。斋坛纷剑佩，法侣杂簪裾。看香烟凝结成云雾，笼罩在妙高殿宇。

（到介）（内吹打介）（道官接介）

（道众两傍上，敲法器介。诵宝诰介）（主坛官礼拜介。起介）（主坛官白）请天师出来作法申表。（道官请介）

（四法官、四童儿捧剑笏拥天师上。唱）

【北小桃红】只这瑶坛千尺势凌空，星斗环朝拱。隐隐的珠幢高曳鸣鸾凤，有上圣降云中。

（道众敲法器介）（天师唱）

听一派金钟玉磬齐敲动，检绿字宝函虔诵。荐青词琼章恭捧，要得个一念格高穹。

（道众敲法器介）（天师执笏申表）（一知磬、一表白、四道众在旁作法事）

（一表白宣表介。白）伏以天意垂慈，遍锡下民以纯嘏。圣心致敬，仰酬上帝之鸿休，延有道之羽流，虔修斋醮。遣无违之符使，上达词章。想天鉴之非遥，一诚有感；识皇图之正永，万寿无疆。岁庆丰登，愿两旸之时若，人歌乐利，冀福祉之日增，因肃威仪。用申祈祷，谨奉表以闻。（道众敲法器介。申表介）

（二符官暗上。接表介。下）（众唱）

【调笑令】看苍穹，蔼习习拂祥风。仿佛价电车驰逐上瑶空，想象那峙黄金天阙多高迥，只用着一阵儿神飙吹送。他职司传递当遵奉，直到了近灵霄的五色云中。

（众摆执事旛伞两傍上）（道官白）行香执事俱已齐备，请诸位老爷同天师一同行香。（主坛官）吩咐摆齐执事而往。（众应介）（道众敲法器介）（绕场下）（场上暗收圣像介）（预设台介）

（众行香上）（复进坛内介）

（天师上台介。白）圣主虔诚，自当上格天心。我当祈以甘霖，使万民同沾惠泽，以见天人之感应。（众）我等正欲仰观天师大施法力。（天师仗剑作法介。唱）

【金蕉叶】又非是吸墨池江湖闭封，也不为旱太甚诗歌蕴隆。没事儿起动他海底神龙，要洒一阵润平畴的灵雨蒙蒙。

（雷公、电母、风伯、雨师上。绕场下）（众白）你看叱咤之间，雷霆疾走，风雨骤至，果好法力也。（唱）

【秃厮儿】只见他掐剑诀大施妙用，书符篆广运神通。口儿里默默把元言诵，不移时雨飞云涌，泽遍提□。

（童子持卿云[①]上。舞介）

（众士民欢跃上。白）妙嗄！（唱）

【贺圣朝】满目辉煌，璀璨天章，是卿云五色现嘉祥。则见那氤氤氲氲，瑞霭瑶阊，贲光华兆百昌，与虞廷相仿。因此上赓歌满庙廊，齐贺取圣人朝升平象，喜长此升平有象。

（舞云童子舞下）（天师下台介）（众白）雨过天晴，空中遍现五色卿云，昭现祥瑞，此皆圣主心虔，天师道高所致。（天师）喜得法事已经圆满。奉有圣旨，尚要到天平山去建醮，不敢稽迟，就此起身去也。（众）我等当躬送一程，以展敬仰之心。（行介）（合唱）

【满庭芳】多感得皇恩浩荡，致使那天心应响。施教化君圣臣良，享乐利世安康。正遇着风光佳丽，更睹这云物呈祥，同庆幸长调玉烛，齐诵祷永固金汤。看从今绵延宝祚共天长。

（下）

---

① 注：《史记·天官书》记载："若烟非烟，若云非云，郁郁纷纷，萧索轮囷，是谓卿云。"卿云，喜气也。

参考文献

（一）小说

1.（明）容与堂刊本《李卓吾批评忠义水浒传》，上海古籍出版社 1994 年影印版。

2.（明）双峰堂刊本《水浒志传评林》，上海古籍出版社 1994 年影印版。

3.（明）《插增田虎王庆忠义水浒传》，上海古籍出版社 1994 年影印版。

4.（明）《二刻英雄谱》，上海古籍出版社 1994 年影印版。

5.（明）《钟伯敬批评忠义水浒传》，上海古籍出版社 1994 年影印版。

6.（明）施耐庵著，（清）金圣叹评：《第五才子书施耐庵水浒传》，上海古籍出版社 1994 年影印版。

7.（明）施耐庵、罗贯中：《水浒传》，人民文学出版社 1997 年版。

8.（明）施耐庵：《水浒全传》，黑龙江人民出版社 1997 年版。

9.（明）施耐庵著，盛巽昌补证：《水浒传补证本》（上下），上海人民出版社 2010 年版。

10.（清）金圣叹评注：《贯华堂第五才子书水浒传》，上海古籍出版社 1994 年影印版。

11.（清）青莲室主人：《后水浒传》，黑龙江人民出版社 1997 年版。

12.（清）陈忱：《水浒后传》，黑龙江人民出版社 1997 年版。

13.（清）俞万春：《结水浒全传》，上海古籍出版社 1994 年影印版。

14.（清）俞万春：《荡寇志》，黑龙江人民出版社 1997 年版。

15. 陈曦钟编：《水浒传会评本》，北京大学出版社 1987 年版。

16. 马幼垣辑校：《插增本简本水浒传存文辑校》，岭南大学中文系 2004 年未刊本。

17. 冷佛：《续水浒传》，黑龙江人民出版社 1997 年版。

18. 程善之：《残水浒》，黑龙江人民出版社 1997 年版。

19. 姜鸿飞：《水浒中传》，黑龙江人民出版社 1997 年版。

20. 刘盛亚：《水浒外传》，黑龙江人民出版社 1997 年版。

21. 陆士谔：《新水浒》，黑龙江人民出版社 1997 年版。

22. 梅寄鹤；《古本水浒传》，黑龙江人民出版社 1997 年版。

23. 张恨水：《水浒别传》，黑龙江人民出版社 1997 年版。

24. 张恨水：《水浒新传》，黑龙江人民出版社 1997 年版。

（二）戏曲

1. 傅惜华：《水浒戏曲集》（一）（二），上海古籍出版社 1985 年版。

2.《古本戏曲丛刊》初集、二集、三集、四集、五集、九集，商务印书馆 1954 — 1986 年版。

3.（明）毛晋编：《六十种曲》，中华书局 1958 年影印版。

4.（明）朱有燉：《朱有燉集》，赵晓红整理，齐鲁书社 2014 年版。

5.（清）周祥钰、邹金生编：《忠义璇图》，刘心明等校点，北京大学出版社 2017 年版。

6.（清）蓝畹等编：《忠义璇图》残第一本，中国国家图书馆藏手抄本。

7. 王季思主编：《全元戏曲》，人民文学出版社 1999 年版。

8. 黄仕忠主编：《清车王府藏戏曲全编》，广东人民出版社 2014 年版。

9. 中国戏曲研究院：《中国古典戏曲论著集成》，中国戏曲出版社 1959 年版。

（三）史料笔记

1.（宋）徐梦莘撰:《三朝北盟会编》，上海古籍出版社 1987 年影印版。

2.（宋）王偁:《东都事略》，齐鲁书社 2000 年版。

3.（宋）李心传:《建炎以来系年要录》，中华书局 1985 年版。

4.（元）脱脱等撰:《宋史》，中华书局 2000 年版。

5.（明）宋濂等撰:《元史》，中华书局 2000 年版。

6.（清）张廷玉等撰:《明史》，中华书局 2000 年版。

7. 赵尔巽等撰:《清史稿》，中华书局 1998 年版。

8.（汉）班固撰，（唐）颜师古注:《汉书・艺文志》，商务印书馆 1955 年版。

9.（宋）蔡絛、曾敏行:《铁围山丛谈独醒杂志》，李林生、朱杰人校点，上海古籍出版社 2012 年版。

10.（宋）方勺撰:《泊宅编》，许沛藻、杨立扬点校，中华书局 1983 年版。

11.（宋）李若水:《忠愍集》，影印文渊阁四库全书本，总第 1124 册，台湾“商务印书馆”1986 年影印版。

12.（宋）罗烨:《醉翁谈录》，古典文学出版社 1957 年版。

13.（宋）确庵、耐庵编:《靖康稗史笺证》，崔文印笺证，中华书局 1988 年版。

14.（宋）邵伯温、邵博:《邵氏闻见录邵氏闻见后录》，王根林校点，上海古籍出版社 2012 年版。

15.（宋）王辟之:《渑水燕谈录》，中华书局 1985 年版。

16.（宋）王楙，张邦基撰:《燕翼诒谋录・墨庄漫录》，孔一、丁如明校点，上海古籍出版社 2012 年版。

17.（宋）吴自牧:《梦粱录》，浙江人民出版社 1984 年版。

18.（宋）叶绍翁、陈世崇撰:《四朝闻见录・随隐漫录》，尚成、郭明道校点，上海古籍出版社 2012 年版。

19.（宋）岳珂、王铚撰:《桯史默记》，黄益元、孔一校点，上海古籍出版社 2012 年版。

20.（宋）岳珂编，王曾瑜校注:《鄂国金佗稡编续编校注》，中华书局

1989 年版。

21.（宋）周密撰：《癸辛杂识》，王根林校点，上海古籍出版社 2012 年版。

22.（宋）周密撰：《齐东野语》，黄益元校点，上海古籍出版社 2012 年版。

23.（宋）朱熹：《四书章句集注》，金良年译，上海古籍出版社 2006 年版。

24.（宋）庄绰：《鸡肋编》，中华书局 1983 年版。

25.（元）陆友仁：《吴中旧事》，影印文渊阁四库全书本，总第 590 册。

26.（元）陆友仁：《研北杂志》，影印文渊阁四库全书本，总第 866 册。

27.（元）佚名：《新刊大宋宣和遗事》，中国古典文学出版社 1954 年版。

28.（元）钟嗣成等：《校订录鬼簿三种》，王钢校订，中州古籍出版社 1991 年版。

29.（明）程敏政辑：《宋遗民录》，齐鲁书社出版社 1996 年影印版。

30.（明）冯琦原编，陈邦瞻纂辑：《宋史纪事本末》，中华书局 1955 年版。

31.（明）朗瑛：《七修类稿》，上海书店出版社 2009 年版。

32.（明）李开先：《李开先全集》，卜键笺校，上海古籍出版社 2014 年版。

33.（明）李贽：《焚书续焚书》，中华书局 2009 年版。

34.（明）李贽：《李贽全集注》，张建业，社会科学文献出版社 2010 年版。

35.（明）陆容撰：《菽园杂记》，李健莉校点，上海古籍出版社 2012 年版。

36.（明）田汝成：《西湖游览志余》，浙江人民出版社 1980 年版。

37.（明）谢肇淛撰：《五杂组》，傅成校点，上海古籍出版社 2012 年版。

38.（明）张岱：《琅嬛文集》，浙江古籍出版社 2013 年版。

39.（清）顾嗣立编：《元诗选》，影印文渊阁四库全书本，总第 1471 册。

40.（清）金圣叹：《金圣叹全集》，陆林辑校，凤凰出版社 2016 年版。

41.（清）李斗：《扬州画舫录》，汪北平、涂雨公点校，中华书局 1960 年版。

42.（清）钱谦益：《列朝诗集》，中华书局 2007 年版。

43.（清）钱谦益：《钱牧斋全集》，上海古籍出版社 2003 年版。

44.（清）阮葵生撰：《茶余客话》，李保民校点，上海古籍出版社 2012 年版。

45.《十三经注疏》，上海古籍出版社 1997 年影印版。

46.（清）魏源：《元史新编》，上海古籍出版社 2013 年版。

47. 何竹淇：《两宋农民战争史料汇编》，中华书局 1962 年版。

48. 刘琳等校点：《宋会要辑稿》，上海古籍出版社 2014 年版。

（四）研究成果

1. 陈建平：《水浒戏与中国侠义文化》，文化艺术出版社 2008 年版。

2. 杜桂萍：《清初杂剧研究》，人民文学出版社 2005 年版。

3. 郭英德：《明清传奇综录》，河北教育出版社 1997 年版。

4. 胡以存：《南、北支水浒故事与〈水浒传〉成书》，《明清小说研究》2015 年第 3 期。

5. 齐裕焜：《水浒戏的贡献不可抹杀》，《明清小说研究》2009 年第 2 期。

6. 曲家源：《元代水浒杂剧非〈水浒〉来源考辨》，《陕西师范大学学报》1986 年第 2 期。

7. 孙玫：《中国戏曲跨文化研究》，中华书局 2006 年版。

8. 涂秀虹：《从水浒戏到〈水浒传〉的戒色主题》，《福建论坛（人文社会科学版）》2005 年第 4 期。

9. 汪姗：《明清水浒戏改编研究》，东华理工大学 2013 硕士论文。

10. 王国维：《宋元戏曲史》，江苏人民出版社 2001 年版。

11. 王建科：《论汉水流域的水浒戏及其传播特点》，《陕西师范大学学报》2015 年第 5 期。

12. 王平：《“水浒戏”与〈水浒传〉的传播》，《东岳论丛》2005 年第 6 期。

13. 王齐洲：《元代水浒戏三题》，《江汉论坛》2000 年第 4 期。

14. 王晓家：《水浒戏考论》，济南出版社 1989 年版。

15. 谢碧霞：《水浒戏曲二十种研究》，台湾大学出版社 1981 年版。

16. 许勇强、李蕊芹：《元代水浒杂剧与〈宣和遗事〉关系新论》，《明清小说研究》2014 年第 3 期。

17. 严铭、万平：《川剧中的水浒戏论略》，《四川戏剧》2013 年第 3 期。

18. 张筱筠：《昆剧中的水浒戏研究》，苏州大学 2015 年硕士论文。

后　记

为更好地传承戏曲文化和更好地掌握水浒故事的民间传播路径，笔者致力于在傅惜华先生编选《水浒戏曲集》的基础上，进一步汇辑、整理和研究古代的水浒戏，并幸运地获批教育部人文社科项目支持。其中清代水浒戏是傅惜华先生稍少涉及的范畴，亦是比较难以汇总和研究的领域。笔者不揣冒昧，以清代水浒戏中迄今尚未有整理本问世的《宣和谱》和残第一本《忠义璇图》校点整理入手，就《宣和谱》《忠义璇图》《虎囊弹》三种戏曲进行初步的研究，难免贻笑大方，如能起到一点抛砖引玉的效果，于愿足矣。

此著中的部分内容与笔者的博士学位论文《水浒忠义观的建构与解构》有所重合，是在业师山东大学袁世硕先生的直接指导与帮助下完成，特此致以诚挚的谢意。业师袁世硕先生在古代小说和戏曲领域均有颇深造诣，并于九十高龄仍对学术孜孜以求，对学生循循善诱，能够列于先生门墙，是我一生最大的幸运。袁先生近几年来从事《录鬼簿》的校笺和研究工作，小子辈耳濡目染，受先生惠泽良多，亦对戏曲产生浓厚的兴趣，并尝试着对水浒戏进行初步的汇辑、整理和研究，能够稍有斩获，均为先生栽培之功。

日前刚刚拿到博士毕业证书，心中不免百感交集。在博士学位论文的致谢中，也曾提及多位恩师的提携之功，硕士导师吴绍全先生以及在百忙之中欣然参加我的博士学位论文答辩的杜贵晨先生、王平先生、孙之梅先生、王昕先生、李桂奎先生，还有亦师亦友的樊庆彦先生，均为我写作此书提出过有针对性的建议和帮助，寥寥数言，难以表达诚挚的谢意，只得聊表谢忱，诸位先生辛苦了。

年届不惑尚能在三年多的时间顺利拿到学位，离不开工作单位诸位领导、同事以及家人的宽容与帮助，篇幅有限，在此一并致以谢忱。

此三种水浒戏的研究仅仅是起步，前途尚远，吾辈能不努力否！

时二〇一九年十月